中華書局

U0061559

感世 與 自適

北洋元首的文學場域

陳煒舜 ◎ 著

袁世凱

黎元洪

馮國璋

徐世昌

曹錕

段祺瑞

張作霖

袁世凱（左立者）與三兄袁世廉在洹上村隱居時合影，為袁克文所攝。

袁家後人珍藏「大鈞元模」冊頁，卷首之袁世凱小站練兵戎裝照攝於 1899 年左右，左為袁氏
自題：「不文不武，忽朝忽野，今已老大，壯志何如。甲寅冬自題」。甲寅即 1914 年。

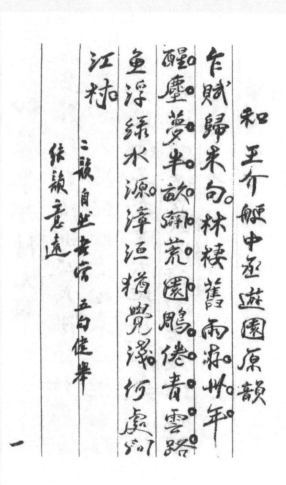

袁世凱〈和王介艇遊園原韻〉詩稿

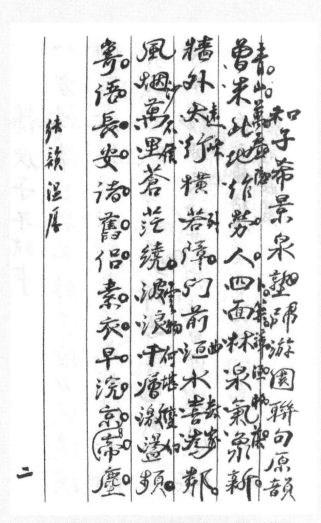

和子希景泉塾師遊園聯句原韻

青山萬疊繞蒼煙　水遠山深遠市廛
曾笑北地作勞人　四面求泉氣象新
牆外夾行橫若障　門前迴水書洗淨郡
風烟萬名浬蒼茫　繞渡浪中何堪難滂澄頻
壽語長安諸舊侶　素夜早浣京塵

結頷溫居

二

袁世凱〈和子希景泉塾師遊園聯句原韻〉詩稿

憶庚子年故事

八方烽舉古来無　群子操刀建遠謨

慚對齊疆披棘棗　臨燕水補桑榆

奔鯨風起驚魂夢　歸馬雲屯盡畫圖

海不揚波天地肅　共瞻日月耀康衢。

前三韻稍嫌質實　尚待潤色

結韻莊嚴

三

袁世凱〈憶庚子年故事〉詩稿

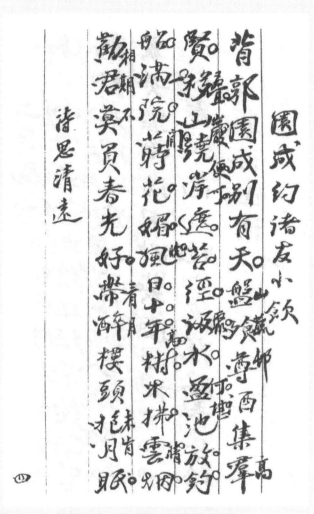

袁世凱〈園成約諸友小飲〉詩稿

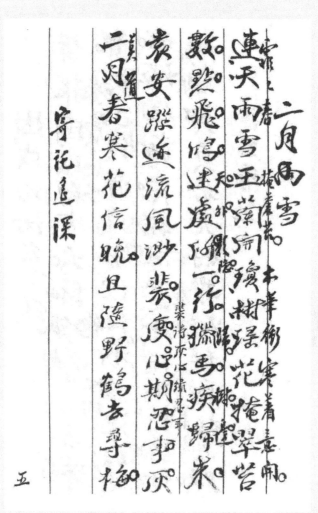

袁世凱〈二月雪〉詩稿

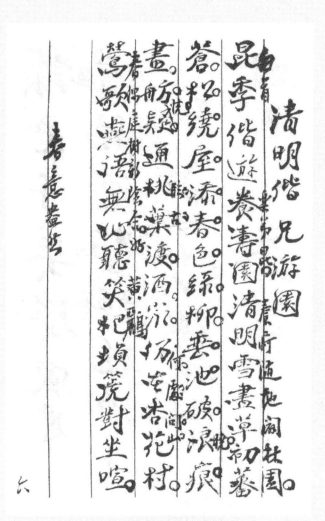

袁世凱〈清明偕兄遊園〉詩稿

登樓

樓小能容滕高簷老樹齊開軒平北

斗翻覺太行低

晚陰看月

悼眠撈明月（兆簷沉水底搔頭欲問

天月隱烟雲裏

袁世凱〈登樓〉及〈晚陰看月〉詩稿

北戴河蓮花石公園中徐世昌碑記舊照

水竹邨人集卷八

天津徐世昌

古近體詩八十一首

和淵明飲酒詩二十首

宇宙一何曠俯仰樂紆徐清秋風日美策杖出吾廬良

友久不至歡然接襟裾相對不飲酒高論頹古初

秋霖敗禾稼野水多鰋鱮舉網雖得魚不如力田疇曙

彼粉榆杜浩淼成沙洲月上兒啼飢窗外橫漁舟

萬物各相競營營何時已抱一無所求澄心涵清泚泉

流必歸德上善若水飲和徧人間功成而不恃大道

337

徐世昌〈和淵明飲酒詩〉書影

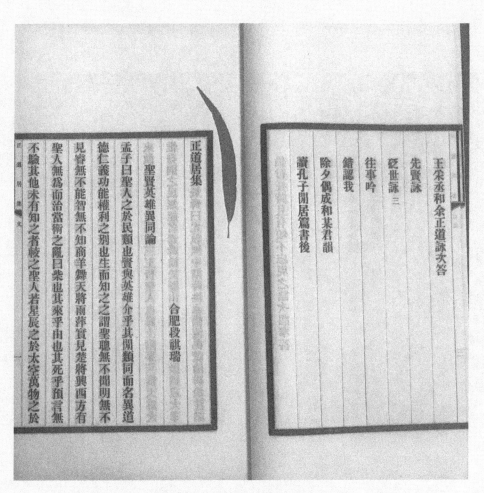

筆者所藏段祺瑞《正道居集》書影

香港昭遠墳場何福墓上黎元洪、段祺瑞題字（作者攝）

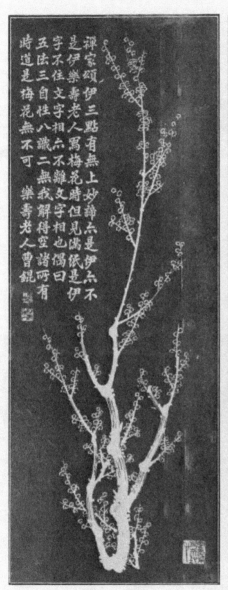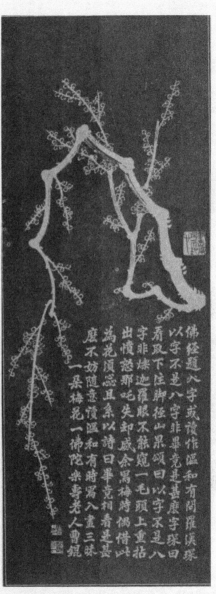

〈天津曹錕畫梅〉（載《仁智林叢刊》第 1 期〔1926 年 9 月〕）

馮國璋為華安合群保壽公司題字

黎元洪為武漢歸元禪寺題匾（作者攝）

何文匯教授序

　　陳煒舜教授賢弟以博學聞於時，其學貫通中外古今，尤善詩律。今以其詩才，精研北洋元首之詩文，以補近世文史研究之闕遺，不亦宜乎？北洋時期去今不遠，諸元首之行止，有見諸照片者，論之倍覺真切。彼等俱未免有情，與常人無大異，亦嘗經歷出處默語之事，不平則發而為詩文。觀其行止，賞其詩文，當有益於修身齊家、處世接物，故此書之義大矣。

　　煒舜取袁世凱、徐世昌、段祺瑞及曹錕之詩文而詳析之，兼論其世以見其胸懷，用力甚深。書中論詩文必繫年，論詩必及格律，言不虛發，尤覺謹嚴可信。此是真學者之述作也。

　　欲論前人之詩，不可不識詩。不識詩而論前人之詩，不可信矣。近世論詩，但賞文辭，不論聲調，以此論新詩猶未可，況論前人之古近體詩乎？茲舉一、二例以明之。

　　初唐陳子昂有〈合州津口別舍弟至東陽步趁不及眷然有懷作以示之〉五言七韻排律曰：

> 江潭共為客，洲浦獨迷津。
> 思積芳庭樹，心斷白眉人。
> 同衾成楚越，別島類胡秦。
> 林岸隨天轉，雲峯逐望新。
> 遙遙終不見，默默坐含嚬。
> 念別疑三月，經途未一旬。
> 孤舟多逸興，誰共爾為鄰？

　　此詩首句用單拗，首六聯都對偶，只第四句以「平仄仄平平」對第三句之「仄仄平平仄」為失對。然失黏失對，初唐常見，並不為

過。其詩則深具情致，方回《瀛奎律髓》卷一謂陳子昂之律詩乃近體之祖，非虛美也。詩中「別島」即「不同島」或「另一島」，既非新辭，亦不難解，且甚切題。然而 1981 年有學者成陳詩注本，竟擅改「島」為「鳧」，且曰：「別鳧，喻親友離散。胡秦，謂天各一方。」又曰：「『別鳧』，各本皆作『別島』，當是形近而訛，茲據詩意改正之。」斯大謬矣。蓋「別島類胡秦」是「仄仄仄平平」，對上句之「平平平仄仄」甚合；而「鳧」是平聲字，作「別鳧類胡秦」則不合律矣。

尤有甚者，「別鳧類胡秦」不辭，直是厚誣陳子昂者也。「別鳧」是生造辭，注者引徐堅《初學記》中蘇武〈別李陵詩〉云：「二鳧俱北飛，一鳧獨南翔。」又引庾信〈哀江南賦〉云：「李陵之雙鳧永去，蘇武之一雁空飛。」都無「別鳧」一辭。而「一鳧獨南翔」喻生別離，陳詩則但言步趁不及，以至各宿一島，如胡秦之隔，且喜孤舟逸興，何用「別鳧」為？注者於其書中論詩動輒得咎，正因彼於詩格律無所知也。

又 1999 年有學者成書，錄蘇州園林之楹聯而賞析之。書中謬語連篇，全都關乎聲調。如清初大臣宋犖有楹聯在滄浪亭云：「共知心似水，安見我非魚。」《清稗類鈔·譏諷類》亦云：「宋嘗自題滄浪亭聯曰：『共知心似水，安見我非魚。』」此是律聯，對仗工整，平仄諧協。然吾閱蘇州園林一書 2005 年增訂本，見著者改上聯為「共知心如水」，且以《漢書·鄭崇傳》之「臣心如水」為注，斯亦大謬矣。一則擅改原文，已屬無禮無義；二則改「似」為「如」，上聯聲調遂成「仄平平平仄」，不合格律，著者厚誣古人矣。若著者粗通格律，縱一時誤抄原文，再閱必知其誤。故不識格律而但賞文辭，其謬必大也。

由是觀之，詩意生於文辭，文辭本乎格律。煒舜賢弟深於詩格律，以此論詩，乃能服人，是真學者所為者也。識詩而論詩，格調大不同矣。謹為此文以嘉其能。

2023 年，癸卯正月，何文匯序於香港山樓。

八方風雨，北洋將會與誰
——段昌國教授序

　　煒舜者，一介書生文士，其忠毅勇猛頗有徐克鏡頭下寧采臣之風，卻不必聶小倩人鬼之戀的綺麗韻味。十里平湖綠滿天，他是風塵僕僕，一片傲霜。

　　煒舜說北洋元首有詩文傳世者，當推袁世凱、徐世昌、段祺瑞、曹錕。舉世滔滔，清室已如風燭殘年，幾個北洋金剛除了段祺瑞曾到德國習炸砲之術，其餘三位都是前清舊書醞釀的老人物，不知天下為何，不知清滅之後世局已是白雲蒼狗。煒舜一心念舊，孜孜矻矻，鉤沉他們的詩詞舊文，值得後人品味。

　　袁世凱是前清的「東方不敗」，在新舊之間翻雲覆雨。他在晚清風雲際會，在朝鮮大展雄風。甲午戰後他小站練兵，北洋時期（1912－1928）軍系大都為其門下。他當仁不讓，更上層樓，稱皇不能，只好改以大總統。宣統年間（1908－1911）自命為洹上釣叟，其實目光炯炯，晚清的風吹草動絲毫逃不過他的眼目。煒舜參考高有鵬〈詩人袁世凱〉一文，進一步挖掘袁氏之詩意，對一個翻雲覆雨的人來說，實為巨輪式的評價。有人讚揚袁世凱，提到其〈自題漁舟寫真〉四首，這真是袁氏能八面玲瓏的手法。民初的文人騷客乃至弄武之士，無出其右。袁世凱詩說「勳華揖讓開堯天」，自負如此。又有人歌頌他，「世凱當帝制時代，意氣飛揚……萬幾之暇，兼及文翰」。他手書感懷詩二首，其中一首是：「帝國憲章原美事，漢高約法意相通。」袁世凱的用心，有幾人了解？君子之德風，小人之德草。後世之領軍人物無不效法，最受影響的可能是馮國璋：「萬古千秋大統歌，仁風慈雨滿山河。」等於代袁世凱說出他的心聲。

　　袁世凱於宣統元年（1909 年）辭官隱居彰德府洹上村，友朋來

往如雲，背後實際操縱政事（後人效法如儀者，當以蔣介石下野如出
一轍）。因此袁世凱的詩中自然流露出稱帝之雄心，終於走向洪憲帝
制，如履霜也漸，非一朝一夕之故。

　　但袁世凱不知民風已不如往昔。章太炎在東吳要地，觀察南北
兩方，其把握世勢之轉移，非常人能比。中山先生奔走革命，如他遺
囑所言，積四十年之功，移風易俗，迨不可言。孫公北上三次共和，
而積勞逝世。章太炎曾致輓聯，因以史證今，未便懸掛也，但值得一
觀：「孫郎使天下三分，當魏德初萌，江表豈曾望襲許；南國是吾家
舊物，怨靈修浩蕩，武關無故入盟秦。」孫公在黃埔建軍，以蘇俄為
師，不久即誓師北伐。而北洋諸老猶在寓詩自娛，南北之勢消長，不
可同日而語。

　　書中討論第二位人物徐世昌，是袁世凱的手足幕僚，號稱文治
總統，非行伍出身。洪憲稱帝，在舉國譁然下，幾乎及身而絕。徐世
昌繼位為大總統，力克張勳的復辟，致力於偃武修文。據統計，徐
世昌現存的詩作達六千多篇，終身為之。徐世昌無一兵一卒，因此
澹泊明志，對魏晉以來的隱逸之風頗為嚮往，深受陶潛的影響，遺
作中與陶潛唱和的有三十一篇，所謂「來歲春濃同訪勝，桃花開遍
夕陽墩」。然陶潛並非只有名士傾向，對儒釋道也兼而習之，且以儒
家思想為中心。徐世昌究竟身在政壇，治國裕民，是其本分。如他
詩中說：「慷慨登樓酒半醺，蒼茫大地尚煙氛⋯⋯定遠誰投班氏筆，
摵山不見岳家軍。」這都是因時事所感的政治經驗。徐世昌的時代是
西潮衝擊中國，不能超英趕美，至少不可不知現代化的動力。他在位
四年，立身仍是恬淡自退，處世雖不勇猛精進，安邦定國倒也勉如
人意。

　　其實陶潛的詩平淡質樸，若非蘇軾大力提攜，陶潛並不為人所
重。蘇陶之合，煒舜有很深入的分析。徐世昌日記中說：「世界上有
三種有志之人：一為有志仙佛之人，一為有志聖賢之人，一為有志帝
王之人。求為仙佛之人多則國弱，求為志聖賢之人多則國治，求為帝

王之人多則國亂。」徐氏深諳為政之道在和，民初那些強人紛爭中，徐世昌無不以調解為主。這當然與他勤讀陶潛詩有關，「論史俾窺前古上，勸農正及早春時」。徐世昌深具文人氣息，對權勢毫無戀棧，早早即在天津購地修建住宅。雖不能像陶淵明一樣歸園田居。但人海深藏焉用隱，能隱於鬧市，駐顏不知老，也足矣。

書中論道的第三個人物是段祺瑞。煒舜對段氏用力甚勤，著有數十萬字的《正道居詩文註解》。我為其寫了篇序〈共和路上的壇與帳〉，用《聖經》的話來解釋段祺瑞的詩文與政治生涯。但在這本書以感世為名，略與前不同。

段祺瑞別號芝泉老人，年輕時即懷抱救國熱忱，到柏林軍校學習軍事理論，又轉往克虜伯砲廠學習火砲之術。他的文史修養並不因行伍出身而失色。章世劍曾讚許他「每有述作，伸紙輒千數百言……造意初若不屬，細審其脈自在。選詞初若生硬，實乃樸初，非俗手所能。」段氏雖是武人，所寫詩詞皆悲天憫人。他亦自命不負先人期許。他曾往旅順大連一遊，有感而發：「重來四十年，不禁悲與傷……旅大俄所租，專橫恃力強……不及十年間，幾度荊棘場……當時豪傑士，已盡還北邙。榮華浮雲去，大夢若黃粱。」他少懷壯志，及長遊德學其炸砲，疆本固守，不可以行一時之計。這都是八國聯軍時列強咄咄逼人，而滿清權貴毫不知大難已臨頭，因此他毅然師夷長技以制夷，希望有以治天下。但袁世凱垂空文、遏言路，芝泉老人徒呼負負。

段祺瑞最重要作品在《正道居集》，有時事評論，也有詩詞感懷，更多的是歷史感慨。自號為「正道居士」，説明他為人處事之風。段氏幼女曾回憶父親以為「作為武人，難免打仗死人，應該懺悔罪過」，因此茹素為往事釋寬。晚年時醫生勸他開葷增強體力，段氏斷然拒絕：「人可死，葷不可開。」

我小時候曾聽家中長輩説，芝泉老人反對帝制，他説那些護國軍如梁啟超、蔡松坡，都在遠方叫叫嚷嚷，有什麼用？他們都是在槍

桿下以命相抗。段氏一生不治產，所住房舍是袁世凱以女兒名義讓其暫居，權狀仍扣在手上。袁段之間的恩怨纏結，外人實難瞭解。

《正道居集》所收詩歌有三十三題五十首，芝泉老人好為五言，無論篇幅長短，幾乎一韻到底。手足凋零，子姪又不肖，心情傷痛，詩云：「比肩寥落盡，侃侃期不來，子姪雖旋繞，唯諾多凡才……仰首視老身……襟懷鬱不開。」內有子姪之累，外有日寇侵襲。段祺瑞避居天津，日派人日夜窺伺。段氏曾任保定軍校校長，門生弟子有一蔣志清者，常在學校鬧事。段祺瑞目其為人才，不忍逐出校門，便送至日本習武。侵華時，日軍從東北以下建立偽政權，蔣氏深恐芝泉老人受日逼壓。據家中長輩說，有一天早，段祺瑞身穿家常服，出門吃早餐，趁日警不注意，跳上火車直駛至濟南，打電話給錢大鈞來接。蔣氏大喜，本想親自前去，然軍務倥傯，即請錢大鈞安排一切。

在民初的點將壇上，段祺瑞從晚清到民國，時移勢遷，始終堅守正道，憂國憂民，不為己謀。「民瘼先所急，務令足衣食。」「既富而後教，登峰務造極。」他已不在位上，仍對中國的未來心懷憂思，但也充滿信心，一片憧憬。段祺瑞曾有三造共和之名，對中山先生十分感佩。孫氏積勞不治，段祺瑞有輓聯說：「共和告成，溯厥本源，首功自來推人世；革命而往，無間終始，大年不假問蒼天。」煒舜出身中文系，對聲韻相當考究。所論詩詞不合聲韻者，他都心知肚明。

最後討論的曹錕據說文化水平較低，家貧失學實為難免。曹錕信佛，對儒家也有涉獵。他在《仁書大成》中說：「仁者，天地人參也。一在上為天，一在下為地，而人為參焉。」他認為儒家的仁是融合釋迦的能仁。面臨清末民初列強入侵的內戰頻頻的局勢，曹錕認為若國人心中存有一佛，發慈悲救世之心，便能挽救國家的劫運。回觀前此的 1923 年，曹錕收買豬仔議員，獲選為大總統，當時完全不顧仁學與釋迦的能仁，遂釀成民國初年有名的賄選。

曹錕與文學淵源很深，曾整理輯成《古今百家詩鈔》，可惜此書已不復見。他喜歡齊白石的印刻，尤其在下野以後喜歡書畫。煒舜說

他晚年詩作以題畫詠梅為主，真令人氣短。怒寫竹，喜寫蘭，不知曹錕因何詠梅？陳定山説畫梅不着色。曹錕畫墨梅，可能與他學佛與仁論有關，他曾題詩道：「一梅花一如來，恆河沙無量梅花，恆河沙無量如來。」又説：「梅花之香，一切香中最清之香也。梅花之色，一切色中最淨之色也。」他畫墨梅，不知梅花之色指的是什麼？內色乎？外色乎？

曹錕曾主編《仁智林叢刊》，在第一期中畫梅題詩：「寫出東風無量樹，花開天下盡知春。世人欲識春生處，樂壽堂中把筆人。」曹錕別號樂壽老人。寫到這裏，總覺得曹錕下野後與臺上翻雲覆雨時宛如兩個不同的人物。他曾説：「余少習戎旅之事，老耽禪悅。暇日臨池，偶以餘墨為梅花寫生。或言似甚，或曰不似。余縱意揮灑，不知吾心之所至，為筆之所至耶？」好一個縱意揮灑，若是他心中仍念權勢地位，如何揮灑？我有時想人在政治圈中，是困在其中，一旦脱離，另有寄託，便覺那圈根本是牢籠，捆綁自己的心靈肉體，不知外界為何物。聽説曹錕本性寬厚，晚年隱居，登門求畫者眾，曹氏一一如願，充份説明那無形之牢籠多令人可悲。曹錕深有所感，自然流露在詩中，「北枝傳到春消息，爛漫南枝幾日開。惟有老人都道好，要他著手便春來。」這種心情意境，在劍拔弩張的政壇上是不能領會的。

曹錕善變，袁世凱狡詐多疑，徐世昌溫文有禮，段祺瑞正道自居，各有其型。白居易詩説，「……共道牡丹時，相隨買花去。貴賤無常價，酬直看花數……」《感世與自適》一書由煒舜娓娓道來，發前人所未能發，慧眼獨具，令人感佩。是為序。

2023 年 3 月 6 日

第一章

綜論：元首話語與自我形塑

　　民初北洋時期（1912－1928）前後當政的七位元首，在晚清傳統
文化中成長，同時也是中國現代化進程的親歷者。他們有着長期投身
軍旅的經歷，但對人文事業也頗為重視。其中六位皆有詩歌創作之經
驗，而表表者當數袁世凱、徐世昌、段祺瑞、曹錕四人。[1] 袁世凱最
可靠的詩作皆成於清末隱居洹上之時，既流露出對政局的憂心、懷才
不遇的憤懣，也表達了流連山水之情。徐世昌出身翰林，清末民初久
在軍政界，閱歷豐富，但詩作直接反映時事者甚少，表達的往往是山
水隱逸的自適之思。段祺瑞的詩歌多作於直皖戰爭以後，有意識地
用以感世，內容風格質樸而少雅趣。曹錕自 1924 年北京政變後，於
1926 年下野，寄情於禪悅、書畫和詩文。其詩作以題畫詠梅為主，
不無自辯乃至自悔的動機，同時也兼備了感世與自適的宗旨。可以
說，感世宗旨源於自古以來的詩教傳統，而自適宗旨則體現出個人化
抒情對於公眾角色之調整乃至對話，具有「自我書寫」（l'écriture de
soi）的功能。北洋元首詩作中感世與自適宗旨的並存、扞格與消長，
固然與民初政體對元首職能之設定與規範關係甚大，卻也視乎各人自
身個性與經歷。而對於北洋元首詩人而言，無論哪一層宗旨，都是藉

1　張作霖名下至少亦有三首詩作。其一題為〈到片瀨觀〉：「得意詩成好句多，吟肩高聳
　　骨嶷峨。憶君相對心常樂，數曲屏山一幅波。」其二云：「江南塞北雪紛飛，疑是天
　　公彈棉被。輕撲漫捲無邊舞，鋪就乾坤萬重瑞。」其三云：「本帥有原則，墨字寫成
　　黑。不是我寫錯，寸土不能失。」其一出自網上流傳之張作霖書法作品，或為其幕僚
　　所潤色。其二詩意接近張宗昌之〈下雪〉，其三為著名掌故，然文字較為淺白，是否
　　好事者附會亦待考證。

以塑造自我形象（self-fashioning）的重要手段。

第一節｜北洋元首的文學場域

　　北洋元首賦詩的傳統，可以追溯至古代帝王。龔鵬程說：帝王詩原本是中國詩史上的主體。古代所謂「詩教」，重點亦正在於王者教化這四個字。天下風氣風俗，必定是君子之德風、小人之德草，上樑不正則下樑歪的。帝王倘能作詩，且能以詩風化教化臣民，自然社會也就溫柔敦厚了起來。現實上，漢代詩壇文壇亦以帝王為領袖。劉邦之歌「大風」、漢武之詠「柏梁」，帶動了一批文學侍從之臣的獻詩獻賦，形成了具體的文學集團。直到曹魏時期的建安七子、六朝時期的竟陵八友等，結構莫不如此。帝王身邊團結了一群文人，而帝王就是中心，曹操、曹丕、曹植、梁武帝、簡文帝、陳後主之例，都鮮明不過了。唐代其實也仍如此。唐太宗、唐玄宗尤其傑出，武則天也不俗。他們不是附庸風雅，而是主持風雅，風雅由其主導。這種主導又並不是政治性的，乃是文學性的。不是因其權勢及政策施為，而是他們的文學導引了文學的發展。在其文學集團中，他們總是最顯眼的，文學造詣確能服眾，因此才能主導一代文風。[2] 換言之，傳統中國宮廷詩人群體，是與「元場域」（meta-field）──權力場域最為接近的文學場域，也是以帝王為核心，弘揚詩教、推行政治理念的重要場域。自殷周以降，宮廷文學場域所形塑的以藻飾太平、鼓吹休明為宗旨的慣習（habitus），也一樣制約着作為詩人群體領袖的帝王──縱然作為知識人的帝王在這個場域中，並非如其詩友那般屬於「統治

2　龔鵬程：〈文心史識一手兼〉，載陳煒舜：《卿雲光華：列朝帝王詩漫談》（臺北：唐山出版社，2017 年）。

階級中的被統治集團」。[3] 田曉菲則云：「對於一個寫詩的皇帝來說，其君主身分既受到歷史上帝王格範的制約，也受到其表現手段，亦即詩歌話語本身的影響。更進一步說，詩是抒情主體個人化的表達，宮廷詩卻偏偏要求抹煞個性。另一方面，帝王既是最有權力、自我意識最為膨脹的個人；卻同時也是（至少在理論上）最應該沒有個性的個人，因為在一個明君身上，私人的欲望和愛好必須臣服於君王的公眾角色。」[4] 這個「元場域」的成員，一定程度上也許還可包括宗室子弟。駱曉倩說：「宋代以前的宗室文學創作具有比較明顯的貴族特色，而宗室文人往往也是文學活動的組織和領導者。到了宋代，隨着門閥制度的徹底崩潰和宋代的宗室政策和制度的實行，宋代宗室文人具有特殊的雙重身分。一方面，他們擁有高貴的皇家血統，享有世襲或恩蔭的特權；一方面，他們又與一般的士大夫相差無幾。這就是說，宋代的宗室文化呈現出有別於前代的特色，表現在文學創作方面就是創作主體的士大夫化、個體化的傾向非常突出。從這個意義上說，宋代宗室文學是中國宗室文學發展史上的一個關鍵性的轉折環節。」[5] 這種兼具高貴血統與士大夫特徵的雙重身分，在明清兩代宗室間也很顯著。辛亥革命結束了數千年的君主制度，宮廷文學場域隨之消失。就宗室人員而言，民國建立後這種群體已不復存在，但如北洋大總統袁世凱諸子多成長於遜清，如克定、克文、克端、克權等皆擅吟詠，克文、克權尤其具有士大夫特徵。宣統年間，袁世凱隱居洹上時，克文也參與了酬唱活動，並主力編成《圭塘唱和詩》。但民國時期其他幾位元首或當國日淺，或子嗣稀少且不善文事，故與皇權時代之宗室相

3　關於場域理論，參 Pierre Bourdieu & Loïc J. D. Wacquant, *An Invitation to Reflexive Sociology* (University of Chicago Press, 1992).

4　田曉菲：書評：The Poetics of Sovereignty: On Emperor Taizong of *the* Tang Dynasty. By Jack W. Chen. Cambridge, MA: Harvard Asia Center, 2010, pp. xvii+445.《中國文哲研究集刊》第三十八期，頁 300。

5　駱曉倩：《兩宋宗室文學研究》（北京：中華書局，2012 年），頁 1-2。

對應的群體幾乎難以形成。因此，要了解這濫觴於上古君主的「詩教」傳統何去何從，吾人理應考察民初北洋政府諸元首如何透過詩歌創作來構築一己的文學場域，或許方可得到一些啟示。

　　民元以來百餘年間，中國先後出現了南京臨時政府、北洋政府、國民政府、偽滿洲國政府、汪偽南京政府、中國共產黨人民政府等政權，其中北洋政府成立於 1912 年，覆滅於 1928 年，為時僅十六年，正式履職之元首達七人之多，茲表列於下：

表一　歷任北洋元首概況

姓名	生卒年	名號	任次	任期
袁世凱	1859－1916	大總統	第一任	1912－1916
黎元洪	1864－1928	大總統	繼任	1916－1917
馮國璋	1859－1919	大總統	代理	1917－1918
徐世昌	1855－1939	大總統	第二任	1918－1922
黎元洪	1864－1928	大總統	復任	1922－1923
曹　錕	1862－1938	大總統	第三任	1923－1924
段祺瑞	1865－1936	臨時執政	——	1924－1926
張作霖	1875－1928	陸海軍大元帥	——	1927－1928

　　袁、黎、馮、徐、曹皆曾獲選為大總統，而段則擔任臨時執政，張的職稱為陸海軍大元帥，筆者為便論述，統稱「北洋元首」。除張以外，其餘六人都有詩歌或散文傳世。其中袁、徐、段之作品在生前皆有結集，曹詩迄今雖未結集出版，但筆者所輯已達百餘首之多，足窺其晚年投入詩歌創作之情狀於一斑。可以說，北洋元首創作詩歌之人數及現存詩作數量，皆居二十世紀歷屆政府之冠。清末革命黨人以推翻帝制為號召，意圖締造一西洋式之共和國；但相形之下，北洋政府的文武百官生長、仕宦於晚清，深受舊式禮教薰陶，故而更傾向於將其政權設定為清朝法統的繼承者。包括元首在內的眾多北洋官僚，既流露着濃郁的傳統文化氣息，承襲了古典的「詩教」心理，

故而樂於投入詩歌創作，並構築自身之文學場域。而他們身為洋務
運動的參與者和親歷者，也往往具有「中學為體，西學為用」的精
神──縱然這方面的主題未必反映在他們的詩作之中。

可惜的是，學界對於這些詩文的注意依然頗為不足。較早與該
主題相關的研究成果，當數毛翰〈民國首腦們的詩〉。[6] 此文着眼於孫
中山、黃興、袁世凱、蔣介石及汪精衛等五位政治人物的作品，其中
北洋背景者僅袁氏一人；作者選論了袁氏隱居洹上的若干作品，值得
參考，所言雖可進一步深入，然草創之功不可沒。此後，高有鵬發表
〈詩人袁世凱〉一文。[7] 高氏著有傳記文學作品《另一個面孔：袁世凱
的人生世界》，[8] 對袁氏之評價漸趨正面，此文亦然。文中所關注的作
品除了出自《圭塘倡和詩》，還涉及《洹村逸興》，文本分析也頗為
細緻，惜少數詩作的詮解尚待商榷。毛、高二文較傾向於隨筆性質，
故論說時有感興之語，行文或可更為縝密。此外，秦燕春所著《袁氏
左右：清末民初的流年碎影》（2009）有〈雖非當行，亦要風流：袁
世凱的詩藝情緣〉一章，對袁氏的文藝修養與好尚有所肯定，就論
袁詩也較為持平，惜篇幅不多。[9] 2017 年，中國社會科學院近代史研
究所出版《近代史所藏清代名人稿本抄本》第三輯，其中第十一冊
之《袁世凱檔》第六卷收錄詩稿五首、門聯一副、佚名手跡一張，第
九卷收錄袁克定所編之《洹村逸興》。近年，艾俊川發表〈養壽園紙
上考古記〉，對於《圭塘倡和詩》與《洹村逸興》有所討論。其文指
出中國社科院近史所不僅藏有《洹村逸興》原件，還存有幾份詩作
原稿，其中一首題為〈園成約諸友小飲〉，亦即圭塘諸集內的〈春日
飲養壽園〉。這幾份詩稿上都有「某人的批改」，改動之處袁世凱皆

6　毛翰：〈民國首腦們的詩〉，《書屋》，2006 年第 5 期，頁 4–15。

7　高有鵬：〈詩人袁世凱〉，《中華讀書報》，2013 年 6 月 5 日。

8　高有鵬：《另一個面孔：袁世凱的人生世界》（北京：清華大學出版社，2014 年）。

9　秦燕春：《袁氏左右：清末民初的流年碎影》（南京：鳳凰出版社，2009 年）。

未採用。這似可說明，詩皆為袁氏親筆。[10] 這對袁世凱原稿的生成過程，以及《圭塘倡和詩》、《洹村逸興》二書編輯情況之相關作用，皆有啟示意義。胡文輝〈跋《圭塘倡和詩》乙卯本〉談及《圭塘倡和詩》的一種罕見版本——1915 年重印本或「乙卯本」，前有王式通序，後有費樹蔚跋。費跋往往不見於此書現存其他版本，胡氏認為此文「不是捧袁」，而是「話裏有話，用捧的方式表示異議」，甚至是在洪憲帝制暗潮湧動之時，在袁克文默許、甚至授意下「借着這些漂亮的門面話來勸阻袁世凱」。[11] 這無疑為《圭塘倡和詩》一書之傳播意義賦予了新的詮釋空間。此外，費跋謂 1914 年至北京與袁克文相見，克文以《圭塘倡和詩》相贈。其後費氏南返，「念茲編流佈人間不多，輒重印一過，以貽世之知者」。至 1923 年周瘦鵑以鉛字重印《圭塘倡和詩》（筆者稱為「大東本」），袁克文於再跋中提及「比來江南印本久罄」，[12] 當可確認所謂「江南印本」即乙卯本，亦費樹蔚 1915 年重印於江南者。該資訊於《圭塘倡和詩》版本源流之考察具有重要意義。復次，吳盛青發表 'Nostalgic Fragments in the Thick of Things: Yuan Kewen (1890-1931) and the Act of Remembering' 一文，內容涉及袁世凱〈自題漁舟寫真〉四首的其一、其四，[13] 然因並非主題，所論篇幅未廣。

徐世昌學術及文教事業方面，近年時見關注者，然涉及其詩作的研究卻為數不多。值得注意的有崔建利〈徐世昌詩集敍錄〉一文，

---

10 艾俊川：〈養壽園紙上考古記〉，《掌故》，第六集（北京：中華書局，2020 年 8 月），頁 51。

11 胡文輝：〈跋《圭塘倡和詩》乙卯本〉，《華人文化研究》，第十卷第二期（2022.12），頁 261－265。

12 袁克文編：《圭塘倡和詩》，載氏著：《洹上私乘》（上海：大東書局，1926 年），不著頁碼。

13 Wu Shengqing, 'Nostalgic Fragments in the Thick of Things: Yuan Kewen (1890-1931) and the Act of Remembering', *Journal of Chinese Literature and Culture* (2019) 6 (1), pp. 239-271.

對徐氏詩集的編纂、詩篇的數量做了比較詳盡的探討與統計。[14] 又如吳元嘉〈徐世昌《二十四氣詩》之觀物、寫境特徵〉一文，着眼於《水竹邨人集》中的〈二十四氣詩〉，認為「整組詩口吻客觀而冷靜，呈現人與自然、萬物和諧共榮的境界，雖平淡而有至味，看似客觀寫實而實亦寄託了徐世昌對人生的終極理想」。[15] 此文是較為罕見的以徐氏詩作為主題的研究成果。徐氏一向奉行韜光養晦的黃老之術，形於詩歌亦多寄情田園隱逸之作，故〈二十四氣詩〉組詩之研究，可謂一臠知味。然徐氏如何在這些「平淡」的作品中體現其對時局的回應與感嘆，尚可進一步探討。至於段祺瑞、曹錕之詩文，相關研究迄今絕少，此蓋資料難得之故。

從事過詩文創作的北洋元首，無不意識到自身之公眾角色。然而，新式國體的設計卻並沒有為他們留下太多建構文學場域、弘揚詩教的空間。正因如此，無論是掌握實權的袁世凱、曹錕，還是大權旁落的黎元洪、馮國璋、徐世昌，都極少在擔任元首之時從事吟詠。即使如勤於創作、且以「文治」自許的徐氏亦然。[16] 臨時執政任上的段祺瑞也許是唯一例外，但他前此暗中操控黎、馮、徐時，詩作也同樣不多。不過，由於政治領袖的身分與需要，在他們身邊一直聚集着文人幕客，這些文人也令文學場域之構築變得可能，而這個場域的存在具有持續性，不以其主腦是否秉國之鈞作為唯一的參照。袁世凱的洹上唱和對象多為幕客，而其好友徐世昌及馮、段等北洋僚屬等卻全無和詩。《圭塘倡和詩》的付梓，讓世人得以從不同作者的詩作──亦即不同的視域來窺探袁世凱隱居的心態。徐世昌在大總統任內主持的晚晴簃詩社，以編選清詩為主，而個人在相關聚會中極少與社員酬

14　崔建利：〈徐世昌詩集敘錄〉，《文學與文化》，2015 年第 1 期，頁 112–117。

15　吳元嘉：〈徐世昌《二十四氣詩》之觀物、寫境特徵〉，《藝見學刊》6 期（2013.10.01.），頁 63–74。

16　楊穎奇主編：《民國政治要員百人傳》（南京：南京出版社，2014 年），頁 209。

唱。但是從他上任前、下野後的大量詩作中，不難發現大量的贈答之
作。同年舊友、門生故吏，可謂其文學場域的基本班底。段祺瑞身邊
的王揖唐、梁鴻志、章士釗等人，多為能文之士，他們不僅與段氏酬
唱，更曾負責段氏《正道居集》的編纂。曹錕晚年的文學活動尚待
進一步探究，但觀其主編《仁智林叢刊》中，登載有楊增犖（1860－
1933）〈仁智林叢刊敘〉、夏壽田（字午詒，1870－1935）〈樂壽園
記〉等作，這些文人當亦與曹氏有賓主之誼，協助《仁智林叢刊》之
編輯發行，以及曹氏詩畫的流播。如齊白石（1864－1957）回憶於
1902 年結識夏壽田等人，同年冬遂應夏壽田之聘到西安教畫。[17] 由於
夏壽田是曹錕的秘書，而齊白石與之交厚，因此於 1921 年應夏氏之
邀到保定小住，結識了曹錕。齊白石為曹錕作畫甚多，包括《廣爾風
圖》、《雲龍圖》、《漢關壯繆像》、《宋岳武穆像》、《十六應真佛像冊》
等畫作，以及篆刻若干。換言之，袁世凱、徐世昌、段祺瑞、曹錕各
有自己的文學場域，考察他們對於文學場域的經營情況，吾人未嘗不
可勾勒出一條北洋詩教的發展軌跡。職是之故，本書嘗試以袁、徐、
段、曹四人的詩文為中心，依次探討這些一度擔任北洋元首的政治人
物如何在勉力構築、經營的文學場域中，對自我形象進行塑造，且如
何試圖透過「詩教」來影響輿論時局、世道人心。

　　北洋元首除黎元洪、張作霖以外，皆出於北洋新軍：袁世凱為新
軍之創辦者，徐世昌為其幕僚、助手及莫逆之交。馮國璋、段祺瑞、
曹錕皆畢業於天津北洋武備學堂，是袁一手提拔的幹將，故文化背景
頗為接近。不計張作霖少即輟學，六位北洋元首的文化背景大概可分
為三類。第一類為科舉晉身，這類只有徐世昌一人。他在光緒八年
（1882）壬午科中了順天鄉試舉人，十二年（1886）以天津籍中進士。
同年五月，選為翰林院庶吉士。十五年（1889）四月散館，授翰林院

17　齊白石：《白石老人自述》（長沙：嶽麓書社，1986 年），頁 206。

編修。這自然與他少時苦學有很大關係。第二類為棄文從武，這類僅
有袁世凱一人。袁世凱為官宦子弟，兩度鄉試不第，十九歲時返鄉組
織文社，自為盟主。二十一歲時，鄉試三度不第，怒焚歷年詩稿，決
意棄文從武。第三類為軍校進修，這類有黎元洪、馮國璋、段祺瑞、
曹錕四人。黎元洪幼年雖然家貧，卻曾師從著名教習李雨霖學習儒經
及作文。光緒九年（1883），黎氏考入天津北洋水師學堂，曾在張之
洞麾下督練新軍，多次赴日本學習軍事。馮、段、曹三人早年皆讀過
書塾，也都因家貧而考入軍校，在接受軍事訓練之餘學習傳統文化。
其中段祺瑞於光緒十一年（1885）考入北洋武備學堂，習炮兵科。
十五年（1889）春獲得李鴻章青睞，選派到德國留學，先在柏林軍校
學習軍事理論，後轉往克虜伯炮廠實習。學者黃征等人指出，就讀私
塾使年幼的段祺瑞對儒家經書有了初步了解。就讀武備學堂時，每日
熟讀並背誦經史是必修課，這也為他後來的「文治」打下了基礎。[18]
透過這番話，也可持以思考馮、曹二人的仕進軌跡。（附帶一提，馮
國璋擅長算術，在學期間曾回原籍參加科舉考試，考中秀才之數學附
生額。）

　　初步統計，袁世凱在宣統年間（1909－1911）隱居洹上時所作詩
歌共 19 題 25 首，除〈自題漁舟寫真〉四首外，皆見於《圭塘倡和詩》
及《洹村逸興》。此外尚有零星詩歌，有待進一步輯佚。徐世昌現存
詩作，據今人崔建利統計達 6,186 首，上及光緒十三年（1887），下
逮去世前夕。[19] 段祺瑞生前所編《正道居集》，錄詩 35 題 54 首，筆
者又輯得 11 題 11 首。曹錕詩作多因題畫而作，生前曾手抄〈自詠梅
花詩〉100 首贈與葉恭綽，權可視為首次整理結集。此外，筆者在其

18　黃征、陳長河、馬烈：《段祺瑞與皖系軍閥》（鄭州：河南人民出版社，1990 年），頁 5－
　　6。

19　崔建利：〈徐世昌詩集敘錄〉，《文學與文化》，2015 年第 1 期，頁 112－117。

主編之《仁智林叢刊》及傳世書畫作品中輯得詠梅詩 24 首，其他詩作 3 首。其餘刊物中輯得〈玄玄奧旨歌〉16 首。至於黎元洪、馮國璋，所知現存詩作分別僅有一二首。這些詩作合共有 6,400 首左右，人均創作達 900 餘首。徐世昌情況較為特殊，如不計其人其詩，剩下五位的人均創作亦有 48 首左右。持此平均數而觀之，黎、馮創作遠低於平均數，袁世凱稍為接近，段、曹則超出此數。

　　值得注意的是，縱然現存北洋元首詩作有一定的數量，但真正創作於元首任內的篇章卻為數不多。如袁世凱洹上諸作，皆成於清末「隱居」時期。曹錕詠梅諸作，皆成於北京政變下野之後。徐世昌詩作雖多，但比勘其詩集與日記，已知創作於大總統任內者僅 6 題 7 首而已。唯有段祺瑞《正道居集》中若干作品乃臨時執政任內所為。蓋臨時執政不過名義元首，大權掌控於馮玉祥、張作霖之手，故段氏方能利用閒暇從事創作。（實際上，段氏在 1920 年直皖戰爭失敗下野後便開始究心文事，其後擔任臨時執政、再度下野，而吟詠卻一向不廢，直到去世前夕。）

第二節｜北洋詩教：感世與自適

　　袁世凱現存大部分詩歌皆創作於清末隱居洹上之時，嚴格來說算不上元首詩，卻為其繼任者起了一種推崇詩教的示範作用。袁克定將袁世凱的洹上諸作譽為中華民國之「緯文」、「虞謌」，[20] 在他看來，這些詩作預言了乃父將成為民國元首，而僚友之間的賡詠，則與虞舜、皋陶的帝廷唱和庶幾近之——且虞舜因禪讓而得天下，與袁世

20　袁克定編：《洹村逸興》（袁世凱謄抄本，1940 年代編，現藏中國社會科學院近代史所），不著頁碼。此書稿亦影印錄入國家清史編纂委員會、中國社科院近代史所、虞和平主編：《近代史所藏清代名人稿本抄本（第三輯）》（鄭州：大象出版社，2017 年），頁 685－697。

凱「勳華揖讓開堯天」（北洋及洪憲時期國歌《中華雄立宇宙間》歌詞）
如出一轍。這些固是過譽的後設之論，且有把民國肇建簡單化之嫌。
但無論新聖讖緯，還是虞廷唱和，都具有強烈的公開性；易言之，袁
世凱洹上唱和的動機，除了單純的吟詠情性外，更有影響清廷觀感、
引導社會輿論之意。有趣的是，1913 年《憲法新聞》週刊第 22 期的
〈雜纂・文苑〉欄目，竟刊登了袁世凱〈春雪〉、〈雨後遊園〉、〈嘯
竹精舍〉、〈海棠二首〉等洹上詩作。[21] 考 1913 年 7 月 22 日起，北洋
政府為制定《中華民國憲法》，由國會選舉「憲法起草委員」，至同
年 10 月 31 日完成憲法草案，史稱「天壇憲草」。當時「憲法起草委
員」多為國民黨人，與袁世凱在制憲問題上有分歧。袁氏提案主張擴
大總統權限，國會卻置之勿論。於是袁氏通電發動各省都督、民政長
官反對「天壇憲草」，又藉口國民黨議員與二次革命有關，迫使國會
休會，令「天壇憲草」告停。而《憲法新聞》創立於「天壇憲草」頒
佈前夕，內容分憲論、憲史、雜纂三部，前二者專門討論憲法問題，
雜纂則包括中外時事及詩、文、雜俎。憲法新聞社社長李慶芳（？－
1940）為國會眾議員、參議院秘書廳廳長，深受總統府秘書梁士詒
（1869－1933）之器重。不難推想，袁氏詩作之刊登縱非主動投稿，
當亦有梁士詒授意之可能，蓋是袁氏向社會表達自身性喜山水、無心
攬權──如其〈登樓〉、〈自題漁舟寫真〉等流露野心的作品便未有
選錄。因此，袁世凱洹上諸作雖未必能算作嚴格意義上的元首詩，卻
在「天壇憲草」的起草過程中發揮了一定作用，讓社會了解袁氏自我
塑造的閒雲野鶴之形象──而這種形象無論在宣統之世抑或民國初
年，對於袁世凱的野心都能起到一種保護色的效果。此外，又如王印
川、趙管侯、董其成主編，北京統一社會黨政務討論會於 1913 年發

21　袁世凱：〈春雪〉、〈雨後遊園〉、〈嘯竹精舍〉、〈海棠二首〉，《憲法新聞》週刊第
　　二十二期（1913 年）〈雜纂・文苑〉，頁 1－2。

行之《震旦》雜誌，創刊號便有〈容菴詩存〉一欄，不僅收錄《圭塘倡和詩》中所載袁世凱全部作品共十三題十五首，還收錄了《洹村逸興》中的〈落花〉、〈榆錢〉與〈病足二首〉，題為〈容菴詩存〉[22]〈落花〉等四首作品創作於宣統二年春夏《圭塘倡和詩》付梓以後，僅以謄鈔本傳世，《震旦》得以刊登，蓋為袁世凱本人或其左右如袁克文等所提供。〈容菴詩存〉之編者按語云：

> 此今大總統袁項城先生隱於豫州時所作，容菴其詩號也。偉人胸次，別有懷抱。讀其詩可以想見其為人，特錄之以示崇拜先生者。[23]

而篇末又有一插圖，繪袁氏操觚吟哦之貌，題為「詩酒自娛之偉人」。蓋創刊者邀請袁氏賜稿，以壯聲勢，而袁氏投以洹上酬唱諸作，不僅營造功成身退之形象，也用以洗刷世人心目中之武夫印象，此正所謂「別有懷抱」者。至若藉此吸引「崇拜者」，大抵也有與作為革命元勳之孫中山相抗軛之意。此外，袁世凱在位時雖然日理萬機，卻並非完全不事吟詠。如宋達元在 1933 年《化報》第 13 期發表〈寶木堂筆記卷之一：袁世凱感懷詩〉一文云：

> 世凱當帝制時代，意氣飛揚，精神倍于昔時。萬幾之暇，兼及文翰，有其手書感懷詩二首，于帝國鼎革後，為人鈔出，嘗出以示人，茲特錄之。詩雖不見典華，藉見當日袁公意旨。其一云：「薰風和悅日當中。一片熙熙萬國同。今日文明空古昔，中華景物冠西東。敢驕一姓千秋

---

22 袁世凱：〈容菴詩存〉，《震旦》，第一期（1913.02），頁 109－111。

23 同前註，頁 109。

業，教養四方三尺童。帝國憲章原美事，漢高約法意相
通。」其二云：「袞袞端坐向南方。祖國源流千秋長。旁及
英俄兼日德，上窺文武與成湯。峥嵘岱岳五點小，澎湃江
河兩線長。（原按：「長」字一韻兩押）此是祖宗發祥地，
從今努力保吾疆。」[24]

　　如果宋氏所言可信，吾人由此二詩中略可窺見袁世凱帝制時期
的心態。其一所謂「帝國憲章」，乃是指 1915 年草擬的《中華帝國
憲法（草案）》；因袁氏以君主立憲之名恢復帝制，故云「敢驕一姓
千秋業」，且以教育興國為念。然他將「帝國憲章」與漢高祖約法三
章相提並論，卻又不無自得之意。如此隱微之心情，當非捉刀代筆所
能。其二主要強調愛國保土之思。兩詩文字誠如宋達元所言「不見典
華」，且「『長』字一韻兩押」，殆非定稿。蓋袁氏作此二詩，一則
固有抒發情志之意，二則亦有帝制告成後鼓舞國民之念。然帝制未
幾取消，袁氏羞憤而死，二詩終未修訂妥善，遑論發揮鼓舞國民之
功能。

　　袁世凱對於詩歌創作的措意，自然影響到北洋政府的繼任元
首。黎元洪、馮國璋二人，對於文事之興趣似乎遠不及其他諸人。據
記載，馮國璋於甲午戰後被選為赴日欽差大臣裕庚的隨員，東渡學習
軍事。在日期間，馮氏致力於研究西方近代軍事圖籍，此後編纂了幾
部著作。途經馬關時，馮氏百感交集，曾賦詩一首：

　　　東赴日本過馬關。低首傷心恨難言。暗立興國安邦
　　志，青雲直上九重天。[25]

24　宋達元：〈寶木堂筆記卷之一：袁世凱感懷詩〉，《化報》，第 13 期（1933）。
25　張立真：《馮國璋真傳》（瀋陽：遼寧古籍出版社，1997 年），頁 45。

　　此詩固然發自真情，於憂國憂民的同時又充滿自我勉勵之意，文字也流暢自然。但就格律而言，則頗有瑕疵：四句之中，僅有末句為律句，其餘三句皆否。又「關」屬上平十五刪，「言」屬上平十三元，「天」屬下平一先，三字皆不同韻。此詩充其量只能算作七言古絕。其實姑毋論韻腳與黏對，若將此詩四句全部調整為律句，並非難事：「東赴瀛洲過馬關，傷心低首恨難言。暗立安邦興國志，青雲直上九重天。」馮氏少時在私塾、書院求學多年，方才因家道中落而投筆從戎，於詩歌創作當有訓練。然此詩格律如此，可見其不常為此道，故選擇彈性較大之古體爾。不過，根據現存文獻、文物所見，馮國璋在民元以後仍有合乎格律的詩作。如廣東小雅齋拍賣有限公司2016秋季藝術品拍賣會上，展示一馮國璋書法立軸，上有行書七絕一首：

　　　　萬古千秋大統歌。仁風慈雨滿山河。積威迫遠蠻夷服，寶祚逢綿四海和。[26]

　　此作不無傳統宮廷富貴雍雅之氣息，蓋係其在大總統任內自製。然其措辭如「大統」、「仁風慈雨」、「蠻夷服」、「保祚」等，仍接近帝制時代之套語，不易展現出民國之共和體制乃至其個人作為共和國家元首之身分。而觀乎民國時期馮氏之期刊題詞，仍多採用散文，似亦可見其與詩道較為疏遠。如其一首四言韻文，顯示出北洋政要與文學創作間存在的關係。1912年7月，民國時期規模最大的華資保險公司——華安合群保壽公司開幕。該公司徵得不少政要巨紳的支持和投資，由黎元洪任名譽董事長，馮國璋任董事。黎氏題詞曰

---

26 「馮國璋書法立軸，水墨紙本」，https://wwwdev.artfoxlive.com/product/398605.html#（2023年2月25日瀏覽）。

「承保受命」，而馮氏所題則為一首四言韻語：

> 賦稟求形，人生非偶。疧瘝夭札，天司其紐。
> 今也不然，責由人負。華安所學，馳譽九有。
> 與善為市，自童而考。願言長年，積金山阜。
> 欲盡從心，春成著手。保我大群，同躋仁壽。[27]

　　題詞前段講到從前人人命運不同，夭壽各異，只能聽天由命，但現在卻能透過保險來互助互惠。而保險金也是一筆存款，儲存多年後也是一筆可觀的財產。末二句「保我大群，同躋仁壽」不僅是告白，更有世界大同的寓意。

　　民初政要的這類韻文題詞為數不少，現存段祺瑞所作為數尤多，如〈《華僑雜誌》祝詞〉、〈《大戰事報》創刊祝詞〉、〈《大陸報》雙十節紀念增刊題詞〉、〈《安徽旅鄂同鄉會第一屆會務彙刊》題詞〉、〈朝日新聞社飛行亞歐紀念題詞〉等，皆為四言韻文。[28] 至於黎元洪之作，則為蔡濟民悼詞：

> 卓哉斯人，蓋代之英。河山毓秀，江漢鍾靈。
> 經文緯武，取義存仁。出師未捷，聯軍變生。
> 降此鞠凶，奪我元勳。神州抱痛，楚水無聲。
> 天荒地老，人往風清。瞻彼遺像，嗚咽不平。[29]

27　〈馮鞏曾祖父、民國代總統馮國璋書法欣賞〉，https://kknews.cc/culture/kx82g38.html。（2019 年 9 月 5 日瀏覽）

28　見陳煒舜主編：《段祺瑞正道居詩文註解》（臺北：萬卷樓圖書公司，2020 年）。

29　裴高才、王鳳霞編著：《無陂不成鎮（上）人文風情》（武漢：長江出版社，2009 年），頁 94。

蔡濟民（1887－1919）與黎元洪是黃陂同鄉，又是武昌起義中的義士。中華民國軍政府鄂軍都督府成立後，蔡濟民主持謀略處，輔佐黎氏。蔡遇害時，黎元洪已下野寓居天津，然因與蔡濟民關係密切，仍創作這首悼詞加以歌頌、哀弔。從傳統辨體角度觀之，馮、黎這兩首作品抒發性情之功能不在首位，固應歸入文一類，但也未嘗不可視為廣義的詩歌。正因馮、黎二人平日鮮事吟詠，這兩首作品的問世反而點出了北洋政要創作詩歌韻文的主要動機──首先是社交應酬，在達到此一功能後，還期待通過內容辭藻來進一步引導社會風氣。儘管馮氏為華安合題詞時尚未代理大總統，黎氏作悼詞時則已辭去大總統一職，但這兩篇韻文仍可具體而微地顯現北洋元首從事文學創作的基本情況。又近年所見，「藝術家」網站展示了一幅黎氏行書七絕作品：

> 笑爾何知色是空。尋芳不計路西東。此花看罷過牆去，只見鄰家花更紅。

詩後落款「莘田先生屬書」。[30] 香港星輝拍賣行「藝海拾貝－中國書畫（二）」專場（2020 年 8 月 8 日）另一件黎氏書法，同樣為這首七絕，唯末句所謂「只見鄰家」釋作「七八鄰家」。[31] 兩幅作品皆不著日期。星輝本釋文疑有訛誤：所謂「七八」二字甚小，實為一「只」字，且下文並無「見」字，蓋抄錄時偶爾遺漏。此詩標題雖未見，但玩味內容當是詠蝶之作，文字且脫胎自唐人王駕〈雨晴〉詩：「雨前初見花間蕊，雨後全無葉底花。蜂蝶紛紛過牆去，卻疑春色在

30　「藝術家」網站，https://www.yishujia.com/a/a1007898。（2021 年 10 月 6 日瀏覽）

31　香港星輝拍賣行「藝海拾貝－中國書畫（二）」專場，2020 年 8 月 8 日。https://www.epailive.com/goods/13554699。（2021 年 10 月 6 日瀏覽）

鄰家。」[32] 然黎氏所書將「春色在鄰家」之意進一步引申至「色即是空」，則「鄰家花更紅」一句似有隱喻民初政壇如走馬燈，並暗諷政客見風轉舵之意。考近代以「莘田」為表字之知名人物首推語言學家羅常培（1899－1958）。據記載，羅氏於 1916 年高中畢業時，祖父去世。當時恰逢袁世凱病故，黎元洪繼任大總統。羅常培為餬口，便到黎氏舊國會眾議院秘書處當速記技士，期間考入北京大學中國文學門，半工半讀。[33] 1917 年，黎元洪被督軍團逼迫解散國會，隨即下野，羅常培也因而去職。[34] 1921 年，羅氏自北大畢業。1922 年，黎元洪在直系曹錕、吳佩孚擁戴下二次上臺，重啟眾議院。羅氏也因此恢復了眾議院秘書廳速記技士的職務，同時兼課於京師公立第一中學。[35] 羅常培兩度供職於眾議院，首次年僅十七，再次也不過二十二歲，黎、羅重逢卻已是故人。兼以羅氏此時大學已經畢業，故黎氏雖年長三十餘歲，仍稱其為「莘田先生」。換言之，筆者推測黎元洪落款「莘田先生屬書」的一幅書法應為 1922 年或稍後所作。此詩內容切合黎氏數起數落的政壇經歷，即或非親撰，當也係幕僚揣摩其語氣捉刀之作。黎元洪於國會重見羅常培，蓋不無「同退同進」之感，故贈以此詩。然黎氏縱使復職，依然未能掌握實權，故詩中之感慨幽微而深沉，無怪其不止一次迻錄此詩贈人。

　　馮國璋、黎元洪這種以韻文題詞的方式進行社交應酬的例子，徐世昌與曹錕則相對較少。不過，徐、曹、段三位元首的詩文創作為數更夥，文化活動更豐富，故而社交應酬的方式也選擇更多。如徐世

32　〔清〕聖祖皇帝敕撰，曹寅、彭定求等主編：《全唐詩》（北京：中華書局，1960 年），冊 20 卷 690，頁 7918。

33　羅澤珣：〈羅常培先生的治學精神──紀念先生逝世 30 周年〉，《文史哲》，1988 年第 6 期，頁 75。

34　羅常培：〈羅常培自傳〉，收入中國人民政治協商會議天津市委員會文史資料研究委員會編：《天津文史資料選輯》，第 43 輯（天津：天津人民出版社，1988 年），頁 6。

35　同前註，頁 8。

昌常與詩友唱和，至於訪客求字畫、商舖求題匾時也不吝筆墨；段祺瑞、曹錕的情況庶幾近之。且段氏為故舊作輓聯碑銘、為書籍作序跋，亦為數不少。尤其是後者，如〈重刊佛祖道影跋〉、〈大學證釋序〉、〈鍊氣行功秘訣外編序〉、〈菩提正道菩薩戒論後序〉等皆是。此外，曹錕也有〈孝經敘〉、〈重摹聖蹟圖序〉、〈金剛經敘〉、〈形意拳術講義敘〉、〈傳染病八種證治晰疑序〉等。這些書籍多以佛教、儒學、武術、醫學為主題，段、曹樂於作序題跋，乃是認為其內容有益於世道人心。而曹錕晚年畫梅，將禪悅、繪畫及詩歌創作合而為一，自稱此道為「梅花禪」：「我寫梅花，願眾生鼻界中聞無上清香，不聞其他一切之香；願眾生眼界中見無上淨色，不見其他一切之色。」[36] 即便求畫者抱有奇貨可居的動機，曹錕依然相贈，乃是希望求者一歷耳根，永為道種。由此可見，徐、段、曹在政治上雖然是競爭對手，但他們恪守舊道德的立場，以及試圖運用元首（無論在任或卸任）、政要的身分優勢對舊道德加以振興弘揚的心態，卻是非常接近的。至於詩歌創作，作為振興弘揚手段之一環，往往同時兼備了發抒情志和感染讀者的雙重功能。

　　不過，徐、段、曹三人詩歌創作的策略還是頗有差異的。徐世昌係科班出身的正統文人，自幼便已培養出尚文之心，詩歌創作甚為頻密。然而民國以後，他的詩作極少涉及政事，即便偶有感時之作，也往往以典雅的筆觸、傳統的情調來消泯詩中可能浮現的現代生活經驗。筆者以為，這與徐世昌的個性與仕進經驗有很大關係。徐氏少時家貧，後來高中進士、供職翰林院後又為李鴻藻等前輩所不喜，可謂長期飽嘗世情冷暖。加入北洋團隊後雖然如魚得水，但始終不曾掌握軍權。因此他由安福國會選為大總統，自然只是徒具其名。對黃老思

---

36 「曹錕自詠梅花詩一百首冊頁」，https://auction.artron.net/paimai-art0055944262/。（2021 年 10 月 6 日瀏覽）

想的推崇，正正說明了他熟稔於趨吉避禍之道。另外，他在清亡以後出仕民國，已不符於傳統之名節觀念；若在詩作中顯露感時傷世之語，恐更貽人口實。因此，徐氏詩作中直接反映時事者甚少，而以老友唱和、讀書論學、徜徉山水田園的主題為大宗。徐世昌自 1918 年雙十節繼任大總統，至 1922 年 6 月 2 日去職，前後三年半，為袁氏以後諸元首在位最久者。徐氏雖勤於筆耕，但據其日記可知，其在任內創作書畫之紀錄遠多於寫詩。[37] 徐氏現存幾種詩集，大率以寫作時代先後為次。《水竹邨人集》之創作時間下限為 1918 年就職前夕，而《歸雲樓詩集》卷一開首為〈題蓮花石〉二首，其次為〈偶作〉、〈題孟志青遺像〉、〈小園〉、〈題綠端石大硯〉、〈辛酉守歲〉、〈八月十九夜夢中作〉。辛酉除夕為 1921 年 1 月 27 日，當時徐氏正在大總統任上。然查當天日記，並無作詩紀錄。[38] 下一首題為〈八月十九夜夢中作〉，日期當為同年 9 月 20 日或翌年（1922 年壬戌）10 月 9 日，日記也皆無作詩紀錄。徐氏於 1922 年 6 月 2 日卸任大總統，如此似可推斷三點：其一，因《水竹邨人集》刊印於其上任前夕，則〈八月十九夜夢中作〉以前之六題七首皆為任內所作。其二，徐氏作詩之紀錄，日記亦偶有遺漏之處。其三，若徐氏編集方式乃將詩稿悉數錄入，則辛酉除夕迄其卸任，幾乎全無新作（不計題畫詩），可見其任內作詩之少。[39]

37　筆者檢核所得，如 1919 年 2 月 1 日（正月初一），「作題畫小詩。」（徐世昌著、吳思鷗點校：《徐世昌日記》〔北京：北京出版社，2018〕第三冊，頁 2）同年 10 月 7 日：「今早枕上作詩二首。」（《日記》第三冊，頁 27）1920 年 4 月 16 日：「燈下作詩二首。」（《日記》第三冊，頁 47）大抵如此而已。該五詩之標題，日記皆未記錄，更不知是否收入詩集。

38　徐世昌著、吳思鷗點校：《徐世昌日記》第三冊，頁 116。

39　徐氏《歸雲樓題畫詩》卷一有〈己未元日畫梅〉一首，己未元日即 1919 年 2 月 1 日，距其去年雙十就任方及三月而已（見徐世昌：《歸雲樓題畫詩》〔民國天津徐氏退耕堂刊本〕卷一，頁 1b）。徐氏在總統任內時常作畫，每畫必有題詩。然此等題畫詩多就繪畫內容而發，鮮有涉及時局，且多未標名日期。故徐氏此時題畫詩之數量，目前尚難確切考證。

不過，即使這六題七首的內容較少與政局發生直接關係，卻也偶能體現徐世昌之大總統身分。如辛酉除夕為 1921 年 1 月 27 日，徐氏〈辛酉守歲〉七律云：

> 此夕人間酒滿卮。時平民亦自娛嬉。童孫解篆延年字，稚女能吟守歲詩。盆盎梅開晴雪後，街衢竹爆夜寒時。新華門外春先到，廊下華鐙幾百枝。[40]

尾聯「新華門」、「華鐙幾百枝」點出了詩人之元首身分：1913年，袁世凱將中海與南海闢為大總統府，內務總長朱啟鈐（1871－1964）主持將寶月樓改建為中南海正門，稱「新華門」。全詩頗有與民同樂之意。再如〈題蓮花石〉二首云：

> 海上濤頭幾萬重。白雲晴日見高松。蓮花世界神仙窟，孤鶴一聲過碧峰。（其一）
> 漢武秦皇一剎過。海山無恙世云何。中原自有長城在，雲壑風廊獨痗歌。（其二）[41]

詩中所詠蓮花石在北戴河聯峰山下。北戴河所在之秦皇島瀕臨渤海灣，相傳為秦始皇求仙時駐蹕之地。光緒二十四年（1898），清廷正式將北戴河開闢為「各國人士避暑地」。1919 年，時任安福國會參議院副議長的朱啟鈐在北戴河創建公益會，建蓮花石公園，修路築橋、設亭置景。蓮花石前立有一碑，碑陽額曰「徐大總統宸翰」，碑身鑴刻徐氏手書二詩。唯詩集中「風廊」二字，碑上作「風林」。碑

40　徐世昌：《歸雲樓詩集》（天津徐氏退耕堂刊本）卷一，頁 2a。
41　同前註，卷一，頁 1a。

陰〈蓮花石公園記〉為朱啟鈐撰文、許世英手書，記載公益會建造蓮花石公園之始末。文末云：「今大總統徐公賜詩，有『海山無恙』之名，謹沐手拜嘉，勒之貞珉，以壽此石。中華民國八年歲次己未八月十五日。」可知徐詩乃應朱氏之邀而作，所作時間當在 1919 年中秋以前。這般安排當然是基於徐氏之元首身分。徐世昌信奉道教，故題詩其一「孤鶴一聲過碧峰」等句自有仙氣襲人之感。其二則從「出世」與「入世」兩方面論述秦始皇之心態，而以漢武作陪，託古感今，內容更為可圈可點。首聯總言秦皇乃一世之雄，奢望長生而求神訪仙，卻早化作歷史過客、金棺寒灰。世事滄桑，而海山依舊。首聯由「出世」角度感嘆秦皇之誕妄，尾聯則進一步由「入世」角度申發之。長城係秦始皇為抵禦匈奴而建，也是他留下的記憶所繫之處（lieu de mémoire）。然而，長城空有銅牆鐵壁，卻無法阻止三百年前的八旗健兒從秦皇島山海關進入中原、定鼎天下。可見秦皇「入世」之舉同樣誕妄。不過，竊以為尾聯尚有深一層涵義在焉：中原大地雖不再需要秦皇所築之長城，卻自有其長城——那就是芸芸志士仁人。《南史》記載，劉宋時期名將檀道濟遭到宋文帝猜忌而被捕處決。檀道濟無比悲憤，感嘆道：「乃壞汝萬里長城！」若扣上秦皇島及明末清初的史實，明思宗誤中皇太極的反間計而賜死袁崇煥，同樣是自毀長城。如果在上位者能因良法美意而知人善任，讓仁人志士同心同德、守外安內，才能保得國家康寧，蓮花石也可因而仍舊擁有雲壑風林、超然塵外之佳景。且 1919 年適為五四運動爆發之時，作為國家元首的徐氏在這場運動中扮演了重要角色。「長城」之意象，更不應輕易略過。總而觀之，徐世昌此詩下筆，畢竟與其當時身分貼合得宜。

相對而言，段、曹皆為軍人出身，個性較為梗直，故不憚於直接表達所思所想。尤其是段祺瑞，如章士釗所言「偶操柔翰，雅善名理，每有述作，伸紙輒千數百言」。[42] 段氏對於詩、文之辨體意識並

42　章士釗：〈序〉，段祺瑞：《正道居感世集》（上海圖書館藏民國刊本），頁 1a－1b。

不太強，其詩作不重藻麗，大率以敘事、說理為務，甚或可視為有韻之偈語。他既在乎自己的元首身分，也一定程度上能對古今政局保持較為客觀的態度，加以評斷。段氏自 1924 年 11 月 24 日至 1926 年 4 月 20 日擔任臨時執政府執政，前後大約一年半左右。此時所作散文如〈聖賢英雄異同論〉、〈內感篇〉、〈外感篇〉等有一定數量，而詩歌創作則相對較少，這般創作情況與徐世昌頗為相近。觀〈內感篇〉篇末云：「凡我同胞，深望懍懷刑之戒，策公共之樂。意誠心正，身修家齊。克己功深，福利自遠。幹國成家，酬世作人，道盡於斯。皇天無親，願共勉之。」[43] 其以元首身分向國民進言之意昭然紙上。至於曹錕的詩作以題畫七絕為主，文筆較為靈動而富於意趣，然必須與曹氏散文式的題畫辭及《仁智林叢刊》所錄其他論述性文字相參照，方可進一步了解其詩意。段祺瑞的吟詠主要始於直皖戰爭失敗以後，曹錕則始於北京政變下野以後。由於段、曹不再掌握實權，反能運用在野政要的身分來弘揚其所認知的詩教，發揮「感世」之力。與此同時，在野的處境也令他們在創作時不必抹煞個性，有着一定個人化的「自適」表達。段、曹的創作仍有着步武袁氏「虞謌」、「緯文」的企圖，具備了一定的公開性，與此同時，徐氏的文字綺障則往往將其創作所思所想包裹得密不透風，令讀者僅能了解作品的表層涵義。可以說，與崇尚黃老、圓融世故的徐氏相比，主張儒釋兼修、文化底蘊有所不及的段、曹二人，反而更重視詩教的社會意義，流露出一種理想者的天真。

第三節｜本書之研究方法與架構

綜觀袁、徐、段、曹的詩作，宗旨大抵不出於「感世─自適」

43　段祺瑞：《正道居集》（上海圖書館藏民國刊本）文編，頁 12a。

光譜的兩端。吾人可由此進一步思考四位元首詩人作品間之邏輯關聯。袁世凱的洹上詩作的主題，基本上以隱居漁樵、縱情山水為主，但其深層結構卻往往帶有不甘雌伏、冀圖東山再起的意蘊，此係自適為表而感世為裏。洹上諸作雖成於清末，卻為後來北洋元首的詩歌創作起到了示範作用。徐世昌在民國以後的詩歌，一如其老友柯劭忞所言「曠然無身世之累」，[44] 多以自適為主；即使偶有感世之作，亦多虛筆，令讀者難以參透（收錄於《水竹邨人詩集》中的「丁巳和陶詩」三十一篇則是例外）。段祺瑞剛復質直，早年叱吒軍政兩界，晚年學佛勇猛精進，故其為詩亦說理多而抒情少，常作感世之語，罕有弦外之音。曹錕個性敦實，在直隸總督任上便對繪畫產生興趣，晚年將禪悅、繪畫及詩歌創作合而為一，號稱「梅花禪」，故其題畫詩能將自適與感世宗旨較為圓融地加以縮合，既不同於袁世凱的言在此而意在彼、徐世昌的深藏若虛，也不同於段祺瑞的感世意多而自適情少。因此，本書將分章討論袁、徐、段、曹之詩文，以勾勒北洋元首對其文學場域之營構。茲依次說明之。

袁世凱於宣統元年至三年間（1909－1911）辭官隱居彰德府洹上村，與友朋多有酬唱，詩作主要收錄於袁克文編《圭塘倡和詩》及袁克定編《洹村逸興》，達十九題二十五首。然而，學界對洹村酬唱諸作的文學研究仍處於起始階段。此章擬先探討圭塘諸本與《洹村逸興》的版本流傳，及〈自題漁舟寫真四首〉的相關問題，以釐清洹村酬唱文本載體之情況。其次探研這組詩歌的文本生成狀況，包括為酬唱活動分期、為酬唱詩人分類，以及探析倡和間的文本互動。再者，此章根據分期，就袁世凱詩作之文本加以舉例分析，探討其主題之變化趨勢，以見其隱居洹上時期的心路歷程。

---

44 柯劭忞：〈水竹邨人詩集序〉，頁 1b－2a，載徐世昌：《水竹邨人詩集》（民國七年〔1918〕天津徐氏雕版）。

徐世昌繼承同光詩風，清麗老拙，入民國後之詩作多以抒寫性情、寄情隱逸為主題，鮮有正面涉及時局，亦頗難考核本事。相形之下，其丁巳和陶詩三十一篇可謂異數。這組詩大約作於 1917 年（丁巳）6 月至 8 月間，時袁世凱去世經年，府院之爭、張勳復辟等事件接踵而至。如此背景，不僅令作者在詩中流露出對世事無常的感嘆，也同時表達了道家隱逸與儒家進取的思想，作為對治之方。可以說，這組詩作不僅豐富了歷來和陶詩的內涵，也集中表現了徐世昌晚年詩歌的幾大主題，頗具代表性。故此，該章先以陶潛〈飲酒詩〉為中心，扼要梳理其內容及追和譜系，探討徐世昌於陶潛思想之契合與憑藉；進而從心態、主題、體裁、風格等方面析論徐氏丁巳和陶詩之書寫策略，以見其詩歌之概貌。

由於時代及政治原因，段祺瑞著作流傳甚少，世人鮮克窺其全豹。本章以《正道居集》為中心，探析其詩文之感世宗旨。「感世」一語，來自段氏所作〈內感〉、〈外感〉二篇，其散文初編亦名《正道居感世集》。段氏強調諸集所收作品皆「有關世道人心者」，而筆者進而歸納為「感懷」、「感化」兩層涵義。此章首先梳理正道居諸集的版本情況，再詳細論析其詩文之感世宗旨如何透過「感懷」、「感化」兩種主題而呈現：第三節從歷史感慨、時局憂感兩方面討論正道居詩文的「感懷」主題，第四節從民生教化、國是建白兩方面討論其「感化」主題。

曹錕因賄選大總統之舉飽受指責。北京政變中，曹錕被推翻、軟禁，又於 1926 年 4 月獲釋，不久寓居天津租界。其下野後耽於禪修，兼及儒學，且文藝水平大進，有不少詩文書畫作品流傳。1937年盧溝橋事變後，拒絕日偽的復出請求，故國民政府在其去世後追贈陸軍一級上將，以資褒揚。曹錕晚節可風，蓋因個人修養之加強。然其去世於淪陷區，且文名一直為惡名所掩，故作品至今罕為人知。該章先以曹錕詩文中所強調的仁論為基礎，考察其晚年思想之內涵，包括論儒家之仁、論佛法之仁、論儒佛融合之仁、仁論與生活實踐四方

面。其次，此章進而從曹錕墨梅題詠之緣起、心靈圖像與創作影跡三端入手，進一步探析其對仁論之表述。

第四節｜結語

有人說，帝王詩往往有一股「帝王氣象」，包羅萬有、豪邁雄渾。漢高祖劉邦〈大風歌〉、宋太祖趙匡胤〈詠月〉等詩作固不待言，即使如梁武帝蕭衍的情詩〈臨高臺〉，沈維藩謂第二聯「草樹無參差，山河同一色」：「只此二句王者氣象，便足可令人肅然起敬：唯胸間包舉起如許山河，故筆下能造就出如此境界！」[45] 二十世紀的中國元首中，毛澤東〈沁園春・雪〉被譽為「王者之風」，退守臺灣的蔣中正為夫人題畫的「青松開霽色，龍馬動雲旗」一聯，也依然讓人感受到一絲羈魂初定後的高華之氣。相對而言，北洋諸元首的詩作卻一直乏人關注。吾人考察袁、徐、段、曹之詩文，不難將其文化取向分為兩類：袁、徐屬於傳統一類，段、曹為創新一類。袁、徐雖為晚清現代化的重要推手，但似乎並未思考過如何將現代精神與意識引入詩歌創作、乃至其營構之文學場域。無論袁世凱洹上唱和以引導輿情、有意無意間透發雄桀之思，抑或徐世昌隱逸歌詠以肥遯自保、存心裝扮成村夫野儒，其詩歌內容及創作手法相對而言都是傳統式的。兩相比對，段、曹雖然同樣屬於文化保守主義者，但他們的詩文中卻往往流露出一種現代意識，如段祺瑞對歐戰和議會政治的描寫便是，[46] 曹錕在〈學佛須知〉中甚至認為真佛世界便是共和世界。[47] 即使他們各自文學場域中的成員──那些飽讀詩書的傳統文人，也未必敢輕易如

---

45 沈維藩：〈蕭衍《臨高臺》賞析〉，吳小如等編著：《漢魏六朝詩鑑賞辭典》（上海：上海辭書出版社，1992 年），頁 899。

46 段祺瑞：《正道居集》，詩集，頁 3b－4a、8b。

47 曹錕：〈學佛須知〉，《仁智林叢刊》第三期（1926.11.），頁 13－15。

此嘗試。段、曹出身行伍，年輩晚於袁、徐，在清末官場積習未深，加上目睹洪憲帝制之失敗，故發為詩文雖非當行本色，卻能打破傳統辨體窠臼，引入現代意識。如果說馮國璋名下「積威迨遠蠻夷服，寶祚逢綿四海和」等句仍似前代帝王之語，黎元洪名下「此花看罷過牆去，七八鄰家花更紅」等句仍有因政壇失意而患得患失之感，那麼吾人不難發現，在段、曹作品中雖也存在着以現任或前任元首自居的口吻，但如此口吻不管是出於感世或者自適的宗旨，都頗有分寸：他們的自我定位只是民國元首，而非九五至尊。他們對於自身遭際既有不甘也有無奈，對於國計民生既有焦慮也有希望，如此情態與典型的「帝王氣象」相去甚遠，卻恰好反映了處於轉型階段的元首詩風貌──縱然這些秉承着古老「詩教」傳統的北洋元首們未必是有意識地去進行這種轉型。

第二章

「煙簑雨笠一漁舟」
——袁世凱的洹村酬唱因緣

第一節 ｜ 引言

　　袁世凱（1859.9.16－1916.6.6），字慰廷，號容菴，一號洹上釣
叟，清末民初政治家。早年科舉失利，投筆從戎，後成為北洋新軍領
袖，官至直隸總督、內閣總理，民國後擔任北京政府首位大總統。晚
年推行帝制運動失敗，未幾去世。

　　袁世凱現存詩作甚少，且真偽難辨，比較可靠者首推宣統二年
至三年間（1910－1911）隱居彰德府洹上村養壽園時期的酬唱之作。
光緒三十四年（1908）十月，清德宗、慈禧太后相繼駕崩後，時任直
隸總督兼北洋大臣的袁世凱深感攝政王載灃（1883－1951）有害己之
心，故稱病開缺，於當年十二月十四日（1909 年 1 月 5 日）離京回
籍養疴。[1] 抵達河南後，袁世凱在徐世昌建議下先暫居於衛輝之蘇門
百泉，深居簡出，逍遙山林。但不滿數月，遂因隨行子女水土不服，
在宣統元年五月（1909 年 6 月）上旬遷回原籍彰德府，在洹上村築
成養壽園閒居。袁氏此時仍與眾多官員保持聯繫，密切關注時局，以
圖伺機再起。袁氏罷官期間有投資實業的打算，[2] 萬一復出不成，此
即另一條後路。因此，袁氏及其友朋的洹村酬唱之作基本上呈現出用

1　嚴修：《嚴修日記》（天津：南開大學出版社，2001 年），卷三，頁 1495。
2　〔日〕佐藤鐵治郎著，李寧、盧浩文譯：《外國人眼中的袁世凱》（北京：東方出版社，
　　2013 年），頁 156－158。

世與出世兩種主題，二者之間互為扞格、映襯，甚至相反相成。而兩種主題的消長，則與時局的變化頗有關聯。換言之，為時近兩年的酬唱活動中，生成的作品在主題與內容上並非千篇一律的。袁世凱去世不久，坊間梓行《袁世凱軼事續錄》，其中〈收買清廷偵探〉一條云：「袁歸臥後，載灃恐其蓄有異謀，時密派偵探至彰德，以覘其舉動。〔……〕（袁乃）蒔花栽樹，飲酒賦詩，以掩外人之耳目。又刊印《圭塘唱和集》，分贈諸親友及門生故吏，以示其無遠志也。未幾，載灃果置袁於度外。」[3] 雖殆事後耳食之談，究可窺見洹村酬唱之性質，以及編集之目的。[4] 酬唱活動中的詩作，主要收錄於其次子袁克文所編《圭塘倡和詩》及長子袁克定所編《洹村逸興》（下稱「雲臺本」），[5] 去其重複，合計有十八題二十一首，此外尚有〈自題漁舟寫真四首〉。

　　由於袁世凱的軍人形象深入人心，加上其推動帝制大失民望，以致去世後長期聲名狼藉。近二十年間，關於袁世凱的歷史研究已頗有成果，但對於洹村酬唱諸作的文學研究卻仍處於起步階段，這些詩作多半仍會當成「以詩證史」的材料來運用。不僅如此，《圭塘倡和詩》、《洹村逸興》及相關文獻之版本研究，迄今關注度也仍不足。職是之故，本章擬先釐清洹村酬唱文本載體之情況，再將洹村酬唱活動分為初、中、晚三期，復將酬唱詩人加以分類，據此探析倡和間的文本互動，以見這組詩歌的文本生成狀況。再者，筆者會根據酬唱活動的分期，就袁世凱詩作加以舉例分析，探討其主題之變化趨勢，以見其隱居洹上時期的心路歷程。

3　野史氏編輯：《袁世凱軼事續錄》（上海：文藝編譯社，1916 年），頁 40。

4　為避免歧義，本章若非確指《圭塘倡和詩》及《洹村逸興》二書，對於這些詩作皆統稱為「洹村酬唱」之作。

5　所謂「洹村」，即養壽園所在之彰德府洹上村。而所謂「圭塘」，如內藤順太郎所言：「即橫於袁宅前洹流上之橋名也。」見氏著：《袁世凱正傳》（上海：廣益書局，1914 年），頁 135。

第二節 │ 袁世凱洹村酬唱詩之文本載體初探

　　光緒三十四年十二月十五（1909 年 1 月 6 日），袁世凱正式離京。內藤順太郎謂宣統元年（1910）春夏之交，袁氏遊覽河南衛輝名勝蘇門山百泉湖。是年五月，「於彰德府北門外洹上村，移居津門何氏所營之別墅」。[6] 而據馬勇考察，袁世凱乃是在徐世昌建議下先到河南衛輝名勝蘇門山百泉湖暫居，後因子女水土不服而遷回原籍彰德府，從兒女親家、天津鹽商何炳瑩手中購得位於洹上村的一處廢園加以重建，額曰養壽園。袁世凱終日徜徉其間，多有詩作，而其友朋幕友酬唱者甚眾。他在宣統元年六月初十（1909 年 7 月 26 日）給何炳瑩的覆函中寫道：「弟移居彰郡，業已匝月。村野空曠，較之城市，殊形清爽。房廊構造頗合法，工料亦堅致。小園一所，花樹皆新栽，圍牆四周，雜樹槐柳，數年長成，當有可觀。」[7] 養壽園落成已是夏日，而酬唱活動則遲至翌年初春方才開始。1916 年出版的《袁世凱軼事續錄》云：「項城於文藝實非所長，或謂集中諸作，多為其次公子豹岑代筆。」[8] 蓋因袁世凱向以不學無術之武夫形象為人所知，故作詩之舉未免啟人疑竇，認為係次子克文（抱存、豹岑、豹龕、寒雲）代筆。然觀圭塘諸本所錄袁世凱詩，仍偶見稚拙之處。克文或有潤色之可能，然悉為其代筆之作，則未必。近二十年間，關於袁世凱的歷史研究已頗有成果，但對於洹村酬唱諸作的文學研究卻仍處於

6　〔日〕內藤順太郎著、張振秋譯：《袁世凱正傳》，頁 134－135。

7　袁世凱：〈復副都統何炳瑩函稿〉，駱寶善、劉路生主編：《袁世凱全集》（開封：河南大學出版社，2013），卷一八，頁 424。復參《香港華字日報》1909 年 4 月 9 日第四版報道：「袁世凱入蘇門山養病，因該山有溫泉，日本醫生謂其與袁世凱病體合宜云。」同年 8 月 31 日報道第四版云，袁世凱前此辭官後在衛輝居住，因當地時疫盛行，天氣不佳，乃於「上月中旬」遷至彰德府項城外五里之別墅。

8　野史氏編輯：《袁世凱軼事續錄》，頁 125。

起始階段，[9] 這些詩作往往只是當成「以詩證史」的材料來運用。不僅如此，《圭塘倡和詩》與《洹村逸興》之版本研究，迄今也乏人關注。職是之故，本節依次考探作為袁氏酬唱詩作載體之《圭塘倡和詩》諸本及《洹村逸興》的版本流傳的相關問題，並兼論〈自題漁舟寫真四首〉之寫作背景，以釐清洹村酬唱文本載體之情況。

一、袁世凱謄鈔稿及《洹村逸興》考略

2017 年，中國社會科學院近代史研究所出版《近代史所藏清代名人稿本抄本》第三輯，其中第十一冊之《袁世凱檔》（下稱《袁檔》）第六卷收錄詩稿五首、門聯一副、佚名手跡一張之影印本，第九卷收錄袁克定所編之《洹村逸興》原件之影印本。茲將諸篇之篇目臚列於下：

9　千禧年後比較值得注意的論述，一為毛翰〈民國首腦們的詩〉（《書屋》2006 年第 5 期，頁 4－15）中有專節討論袁詩，一為高有鵬〈詩人袁世凱〉（《中華讀書報》2013 年 6 月 5 日）。然前者限於篇幅，未克進一步深入探討；後者雖有較細緻的文本分析，但體例畢竟接近隨筆性質，且對於〈寄贈庸菴友人〉、〈病足〉等作的某些細部討論尚待商榷補充。此外，秦燕春：《袁氏左右：清末民初的流年碎影》（南京：鳳凰出版社，2009 年）一書，有〈雖非當行，亦要風流：袁世凱的詩藝情緣〉一章，對袁氏的文藝修養與好尚有所肯定，就論袁詩也較為持平，惜篇幅同樣不多。而吳盛青近年發表 'Nostalgic Fragments in the Thick of Things: Yuan Kewen (1890－1931) and the Act of Remembering', (*Journal of Chinese Literature and Culture* [2019] 6 [1], pp. 239－271)，論及袁詩數首；然受主題制約，未能由此展開論述。

表一　近代史所《袁世凱檔》影印袁氏詩稿篇目

卷次	篇目
卷六 本卷原檔無題目	袁世凱撰和子希景泉塾師遊園聯句原韻詩稿（頁二）
	袁世凱撰憶庚子年故事詩稿（頁三）
	袁世凱撰園成約諸友小飲詩稿（頁四）
	袁世凱撰二月雪詩稿（頁五）
	袁世凱撰清明偕兄遊園詩稿（頁六）
	袁世凱檔存張文和門聯手稿
	袁世凱檔存佚名手跡
卷九 袁克定編《洹村逸興》 詩稿	贈庸庵友人七律二首 二紙
	雨後遊園
	嘯竹精舍 以上一紙
	登樓
	晚陰看月 以上一紙
	詠海棠二首 一紙
	落花
	榆錢 以上一紙
	病足二首 一紙
	和子希塾師遊園韻
	和景泉塾師遊園韻 以上一紙
	和王介艇中丞遊園原韻（頁一）一紙
	和馨庵都轉元韻 一紙

　　由表一可見，《袁檔》卷六詩稿五題五首，全不見於卷九《洹村
逸興》（近年所編《袁世凱全集》亦未措意），兩卷合計收錄袁世凱
詩作十八題廿一首（不計門聯）。而卷九〈雨後遊園〉五絕、〈嘯竹
精舍〉五絕，兩首一紙；〈登樓〉五絕、〈晚陰看月〉五絕，兩首一紙；
〈落花〉五絕、〈榆錢〉五絕，兩首一紙；〈和子希塾師遊園韻〉七律、
〈和景泉塾師遊園韻〉七絕，兩首一紙。根據最後兩首之題目，可知
是在遊園時酬答史濟道（子希）、權靜泉（景泉）兩位女塾師而作，

創作於同一時刻。唯因二詩篇幅較長，故鈔錄幾乎滿紙，詩題以小字著於絲欄上，當為正文鈔錄完畢後所補。[10] 袁世凱之所以在開始鈔錄時並未思及標示詩題，蓋因此乃酬唱之作，而原作本自有標題爾。然而，此前之六首作品皆為五絕，題目不同，大抵並非成於同一時刻，卻因篇幅短小而鈔錄於同一張箋紙上。由此推想，這批詩稿乃是袁世凱之謄鈔稿，而非其最初之手稿。葉德輝《郋園讀書志》卷十六〈圭塘倡和詩一卷〉云：

> 集中〈登樓〉一首，末二句本作「憑軒看北斗，轉覺夕陽低」，大有宋太祖「趕卻殘星趕卻月」之概，辛亥革命此其見端；今此本改為「開軒平北斗，翻覺太行低」，語雖不凡，失其奸雄氣概矣。[11]

現存圭塘諸本及雲臺本所見〈登樓〉詩，皆作「開軒平北斗，翻覺太行低」。可見葉德輝所見係更早之版本，當亦為酬唱之際流傳外界之未定稿。而雲臺本並非最初手稿，益可證明。

袁克文《圭塘倡和詩》序跋稱「積稿累寸，大人輒以示克文，因次其目錄，都為一編」。劉路生指出，袁世凱隱居洹上的事務之一，乃是閉門課子：「袁世凱在寓居之地設立了家塾，除長子袁克定『仍留京供職，其餘諸兒均攜之來衛，以便督令讀書』。諸女兒也同時延師教讀。」[12] 克文此時顯然也隨侍在側。加上克文長於詞章之學，故袁世凱順理成章，命其整理詩稿。克文乃過錄之，原稿歸還其父；復

---

10 國家清史編纂委員會、中國社科院近代史所、虞和平主編：《近代史所藏清代名人稿本抄本（第三輯）》（鄭州：大象出版社，2017 年），頁 692。

11 葉德輝：《郋園讀書志》（臺北：明文書局，1990 年），卷十六，頁 42a。

12 袁世凱：〈覆劉燕翼函〉、〈覆吳品珩函〉、〈覆楊春灝函〉，全國公共圖書館古籍文獻編委會編：《袁世凱未刊書信稿》（北京：中華全國圖書館文獻縮微複製中心，1998 年），上卷頁 18、42－43，中卷頁 797－798。

以其父之詩為經，以創作之先後次序相排列，編入各人和詩，遂成
《圭塘倡和詩》。《圭塘倡和詩》付印之際，袁世凱又有新作，仍補入
謄鈔稿中；然其不久即復出政壇，這批新作遂始終未曾納入再版的
《圭塘倡和詩》中，整部謄鈔稿也就一直存放於故宅。袁世凱去世多
年後，克定偶見謄鈔稿，乃編輯影印贈人，是為雲臺本。

　　現存《圭塘倡和詩》各種版本，共收錄袁世凱詩十三題十五首，
比對《袁檔》，卷六之五題五首全見於圭塘諸本，卷九除〈落花〉、〈榆
錢〉、〈病足二首〉、〈和子希塾師遊園韻〉、〈和景泉塾師遊園韻〉為
謄鈔稿或雲臺本所獨有外，其餘八題九首亦皆見於圭塘諸本，唯各詩
之題目略有出入而已。茲將雲臺本及圭塘諸本袁詩各篇的次序，表列
如下：

表二　雲臺本與圭塘諸本篇章互見表

雲臺本	圭塘諸本
贈庸庵友人七律二首 二紙	次王介艇丈遊養壽園均
雨後遊園	〈月下遊養壽園聯句上容菴師〉次韻
嘯竹精舍 以上一紙	春日飲養壽園
登樓	憶庚子舊事
晚陰看月 以上一紙	春雪
詠海棠二首 一紙	清明偕叔兄遊養壽園
落花	寄陳筱石制軍二首
榆錢 以上一紙	次張馨菴都轉賦懷見示韻
病足二首 一紙	雨後遊園
和子希塾師遊園韻	嘯竹精舍
和景泉塾師遊園韻 以上一紙	登樓
和王介艇中丞遊園原韻 一紙	晚陰看月
和馨庵都轉元韻 一紙	海棠二首
以上共計十三題十六首	以上共計十三題十五首

　　比對兩種系統的版本，有幾點值得注意。其一，從〈雨後遊園〉

到〈海棠二首〉五題六篇的次序完全一致。其二，雲臺本中〈贈庸庵友人七律二首〉（亦即圭塘諸本之〈寄陳筱石制軍二首〉）仍在〈雨後遊園〉之前。唯圭塘諸本中，兩篇之間尚有〈和馨庵都轉元韻〉，而此篇於雲臺本中則在最末。其三，〈和王介艇中丞遊園原韻〉於圭塘諸本中置首，而雲臺本則為倒數第二篇。其四，雲臺本獨有的五題六篇，皆置於〈詠海棠二首〉——亦即圭塘諸本的末篇之後。而圭塘諸本獨有的五題五首，則皆在〈次王介艇丈遊養壽園均〉之後，並未和其他與雲臺本互見之作相互穿插。進而言之，因謄鈔稿或雲臺本並不收錄他人之作，故其獨有的五題六首有何人參與酬唱，已不易知曉。如由「和子希」、「和景泉」標題可見此二首同樣具有酬唱性質。唯史濟道、權靜泉原作已難覓得；而〈病足〉、〈落花〉、〈榆錢〉諸首有何人次韻則更難考知。

　　此外值得注意的是據表一所載，《袁檔》卷六及卷九共有六篇詩稿箋紙左下角手書頁碼，當為袁世凱本人字跡，亦即卷九之〈和王介艇中丞遊園原韻〉（頁一），[13] 與卷六之〈和子希景泉塾師遊園聯句原韻〉（頁二）、〈憶庚子年故事〉（頁三）、〈園成約諸友小飲〉（頁四）、〈二月雪〉（頁五）、〈清明偕兄遊園〉（頁六）。[14] 卷六之五首如此編碼，應與卷九之〈和王介艇中丞遊園原韻〉相接續，編碼先後當係依照創作時序。由此可見，袁世凱在洹村酬唱活動之初曾着手編纂詩稿。圭塘諸本所錄詩作，基本上也是以創作時序為次，第一首〈次王介艇丈遊養壽園均〉（即〈和王介艇中丞遊園原韻〉）置首，正因創作時間最早——雖然雲臺本中此詩排在倒數第二首。圭塘諸本其餘五首中，唯〈憶庚子舊事〉（〈憶庚子年故事〉）挪至〈春日飲養壽園〉（〈園

13　國家清史編纂委員會、中國社科院近代史所、虞和平主編：《近代史所藏清代名人稿本抄本（第三輯）》，頁 693。

14　同前註，頁 617–621。

成約諸友小飲〉）之後，但〈月下遊養壽園聯句上容菴師〉次韻、〈春日飲養壽園〉、〈春雪〉、〈清明偕叔兄遊養壽園〉四首之次序依然與《袁檔》之頁碼先後相對應。

　　袁世凱於光緒三十四年十二月離京，而洹村酬唱始於宣統二年伊始。圭塘諸本中，袁世凱〈次王介艇丈遊養壽園均〉後，董士佐和詩有「春意快浮園」之句，凌福彭和詩有「東皋春已及」之句。[15] 而袁克文《寒雲集》更將自己的和詩繫於庚戌年。[16] 由此可知，這次酬唱活動必然始於宣統二年庚戌（1910）新春。再由詩題觀之，圭塘諸本之〈春日飲養壽園〉、〈春雪〉應是初春時作，〈清明偕叔兄遊養壽園〉則乃清明時作。圭塘諸本、雲臺本皆有〈海棠二首〉，海棠乃春夏之交開花，此詩應作於清明之後。至於雲臺本獨有的〈落花〉、〈榆錢〉，所詠皆暮春景象，創作時間當遲於〈海棠二首〉。又雲臺本〈和景泉塾師遊園韻〉云：「池上吟成一倚欄，老梅晴雪不知寒。年來了卻和羹事，自向山廚撿食單。」[17] 由「年來」、「老梅晴雪」可知袁氏已離京經年，此詩應作於宣統二年末，為時更晚。然圭塘諸本所收最晚寫成之作，乃春夏之交〈海棠二首〉，卻未收稍晚之〈落花〉、〈榆錢〉。可見〈海棠二首〉完成後，克文遂將前此各篇校寫付梓，而袁世凱於此後諸作雖繼續謄鈔，卻已來不及一併付梓矣。因此，圭塘諸本所收皆作於宣統二年初夏以前，皆為前期之作；而謄鈔稿或雲臺本獨有之〈落花〉以下五題六首創作於當年夏日以後，皆為中期之作。

　　此外，民初孫雄作《詩史閣詩話》，談及清末時編選《道咸同光四朝詩史》收錄袁詩的情況：「今大總統項城袁公於戊申歲冬間，以足疾歸田，居於彰德府別業。時游蘇門，以吟嘯自遣。周玉山年丈馥

15　袁克文主編：《圭塘倡和詩》（北京國家圖書館藏 1913 年影寫石印本），頁 1b－2a。

16　袁克文著、吳瞳瞳整理：《袁克文集》，頁 5。

17　國家清史編纂委員會、中國社科院近代史所、虞和平主編：《近代史所藏清代名人稿本抄本（第三輯）》，頁 692。

嘗以袁公詩稿寄示，屬余錄入《詩史》。」[18] 周馥（1837−1921）為安徽至德人，光緒三十二年（1906）奏請辭任兩廣總督，回籍就醫。袁世凱隱居洹上時，周馥曾攜子造訪，[19] 否則未必會得閱詩稿。然孫雄謂周馥所寄乃「袁公詩稿」（而非《圭塘倡和詩》），可見當是一種詩稿過錄本。進而言之，《四朝詩史》收錄袁世凱詩十一首，其中九首皆見於圭塘諸本，皆前期之作；唯〈落花〉、〈病足〉（其一）二詩僅見於雲臺本，乃中期之作。周馥所寄「袁公詩稿」既包含了少數中期所作，由此推測寄書之時，正值《圭塘倡和詩》編纂梓行之際，而袁氏仍有新作問世爾。

　　袁克定後來檢得乃父當年酬唱詩作之膽鈔稿，加以刪削調整，編訂成冊，並添以跋文、略加評語，是為《洹村逸興》。洵如程靖宇所言：「原稿在他（按：指袁世凱）死後，由他的『洪憲太子』袁克定，影印分贈世交友好。」[20] 值得注意的是，臺灣中研院史語所收藏的「容菴總統家書」，也有袁克定小序，其言曰「紹瑜八弟以輯存先公遺書來示」，落款為「民國丙子」，[21] 亦即 1936 年。又中國嘉德 2020 春季拍賣會之「筆墨文章─信劄寫本專場」有《袁世凱居仁判牘》，係袁世凱擔任大總統至稱帝期間於居仁堂處理公務之批示及手稿。《居仁判牘》原為王揖唐舊藏，後歸日本漢學家野崎誠近。冊頁首開為袁克定題跋，有「不肖趨庭問安，睹謙勞而殷憂，迴顧已三十年矣」等

---

18 〔清〕孫雄：《詩史閣詩話》，收入張寅彭主編：《民國詩話叢編》（上海：上海書店出版社，2002）第二冊，頁 156。

19 袁、周關係密切，其後袁世凱第八子克軫（1902−1942）更娶周馥之女瑞珠為妻。

20 程靖宇：〈袁世凱及其《洹村逸興》〉附影印手稿，香港《大成》雜誌第 26 期（1976），頁 19。

21 中央研究院近代史研究所編印：《袁世凱家書》（臺北：中央研究院近代史研究所，1990 年），頁 16−17。

語，[22] 可見題於 1940 年代。而《洹村逸興》與「容菴總統家書」、《居仁判牘》題跋之字跡及行文風格頗為相似，鈐印也有相同者，推想《洹村逸興》的題跋時間蓋相距不遠，當在 1930 至 1940 年代。

據《袁檔》可知，社科院近代史所不僅藏有雲臺本之原稿（卷九），同時還保存了〈和子希景泉塾師遊園聯句原韻〉以下五題五首（卷六）。既然雲臺本與圭塘諸本關係密切，又補入了中期所作〈落花〉以下五題六首的謄鈔稿，那麼為何將「和子希景泉」以下五題五首棄而不錄？主要原因當為這五題五首批註修改的痕跡十分明顯。如艾俊川指出這幾份詩稿上都有「某人的批改」——雖然改動之處袁世凱皆未採用。[23] 因此，這五題五首不僅在視覺上不美觀，那些批改之語還可能使一般讀者產生袁世凱詩藝不佳的印象；出於為尊者諱的動機，克定索性抽出這五題五首不用。

筆者一度認為：由於克定與克文向有芥蒂，因此在編纂《洹村逸興》時也未必會再覓一冊《圭塘倡和詩》加以對勘。但近年拍賣所見一扇面，正面為克定所繪萱草圖，落款為「豹弟拂暑，跂兄慧能」。現存克定書法多非贈給至親者，往往署名為「雲臺袁克定」或「慧能居士袁克定」。該扇面落款自稱「跂兄」，不無自嘲，似也有緩解緊張氣氛之意。背面為克權（1898－1941）之詩，落款云：「〈秋興上二兄〉一首，庚午近作錄奉二兄大人鈞正，五弟克權。」庚午即 1930 年。筆者曾指出：袁氏家族皆認為克定因「太子夢」而連累父親，並導致其猝逝，故多不與他往來。克定年長克權二十歲，袁世凱在日，二人交集不多。然父喪後，克權至少先後四度致詩克定，仍然心存

---

22 【中國嘉德春拍】袁世凱居仁判牘，https://mp.weixin.qq.com/s/Afu1Q69-sfQcniyyK-xOcg?fbclid=IwAR1vv59iyX22tHuCbHFKjDJiGhqNtJ_RaNCb1B327dEnJVDNPDDjm0vKSiU。（2021 年 10 月 6 日瀏覽）。

23 艾俊川：〈養壽園紙上考古記〉，《掌故》（北京：中華書局，2020 年 8 月），第六集，頁 51。

「長兄為父」的觀念，四首詩作也體現出他修補家族裂痕的嘗試。[24] 由此扇面內容觀之，克定、克文兩兄弟在 1930 年代初仍有往來，大抵是克權從中牽引彌縫之故。何況圭塘諸本在清末民初流傳甚廣，克定編纂《洹村逸興》又在克文去世多年以後，恐不至於因早年鬩牆之嫌而罔顧圭塘諸本。克定既知和王介艇一詩乃其父洹村酬唱之第一首，亦知圭塘諸本依時序將此詩編在卷首，為何卻把此詩連同〈和馨庵都轉元韻〉（圭塘諸本排第八）置於最末？筆者以為，正因圭塘諸本皆以和王介艇詩為開卷第一首，若雲臺本加以依從，殆令讀者以為此本與圭塘諸本無甚差別。其次，整部雲臺本所收袁世凱謄鈔稿中，僅此一首標有頁碼，讀者見後來諸篇並無頁碼，殆亦感到奇怪。其次，〈贈庸庵友人七律二首〉（圭塘諸本排第七）詩末有「容菴主人初稿」字樣，[25] 若將此題二首置於《洹村逸興》最前，似有袁世凱自我署名的效果。庸庵即陳夔龍（1857–1948），宣統初年袁世凱下野後接任直隸總督兼北洋大臣，民國後以遺老自居。陳氏雖將清亡的責任歸因於袁世凱，但抗日爆發後，陳氏在上海不與日偽合作，聯同遺老陳三立、馬敍、瞿鴻磯等組織逸社，定期約會賦詩，排遣憂思，且始終關心桑梓，直至 1948 年去世。克定編纂《洹村逸興》時，陳夔龍應仍在世；將其相關詩作置於卷首，當有標榜其風節之念。至於將和馨庵一首置於最後，除了進一步打亂圭塘諸本目次外，大抵也有克定一己之好惡。馨庵即張鎮芳（1863–1933），為張伯駒（1898–1982）之父、袁世凱之姻親。然而，克文曾謂張鎮芳對洪憲帝制態度反覆，並斥曰：「張以至戚，且賴先公而致祿，初寒士，今富翁矣，竟反覆若

---

24 陳煒舜：《古典詩的現代面孔：「清末一代」舊體詩人的記憶、想像與認同》（臺北：新文豐出版公司，2021 年），頁 165。

25 國家清史編纂委員會、中國社科院近代史所、虞和平主編：《近代史所藏清代名人稿本抄本（第三輯）》，頁 686。

是，斯尚不若禽獸之有心也！」[26] 不僅如此，張伯駒《續洪憲紀事詩補註》記載帝制運動時期，謂克定儲位未定，卻已喜人叩拜，儼然以太子自居，引得張鎮芳訕笑。[27] 此外，克定與孌童私語也為張鎮芳聞知。[28] 如是看來，克定對張鎮芳於公於私殆皆無好感，將相關詩作置於卷末，當寓有貶斥之意。

《洹村逸興》梓行後，流傳似乎未廣。直到 1970 年代，程靖宇在香港《大成》雜誌發表〈袁世凱及其《洹村逸興》〉一文，附有影印手稿，[29] 才令世人重見鱗爪。2013 年，駱寶善、劉路生編纂之三十六卷本《袁世凱全集》問世，全書約 3,600 餘萬字，為「國家清史纂修工程項目文獻叢刊」之一。其中第十八卷收錄袁世凱洹村酬唱之絕大部分詩作，乃目前最新之版本（下稱全集本）。詩作分為《洹上雜詠》及《圭塘倡和詩》兩部分，《洹上雜詠》即《洹村逸興》，參校 1926 年大東本《圭塘倡和詩》而成，共五七言近體詩十三題十六首。編者謂《洹村逸興》當係《大成》雜誌發表者所擬，故「據袁克定跋改為《洹上雜詠》，或更貼切」。[30] 其後為「圭塘倡和詩」，共七律四題四首。全集本編者謂《圭塘倡和詩》乃據文海本（即大東本之翻印本）整理，「共收輯袁世凱詩十三題十五首，他人詩三十題三十三首」，而「其所輯袁世凱詩與袁克定藏手稿影印本重複者有八題十首，連同他人和詩依例刪除，尚餘五首」。[31] 此五首亦即《袁檔》卷六所收諸詩。然其「圭塘倡和詩」所收，依次為〈次韻〉（月下遊養壽園聯句

26　袁克文著、梁穎點校：《辛丙秘苑》（上海：上海書店，2000 年），頁 20。

27　張伯駒：《續洪憲紀事詩補註》，載《張伯駒集》（上海：上海古籍出版社，2014 年），頁 109。

28　同前註，頁 96。

29　程靖宇：〈袁世凱及其《洹村逸興》〉附影印手稿，香港《大成》雜誌第 26 期（1976），頁 20-22。

30　〈洹上雜詠〉編者註，駱寶善、劉路生主編：《袁世凱全集》卷一八，頁 619。

31　同前註，頁 622。

上容菴師）、〈春日飲養壽園〉、〈憶庚子舊事〉、〈春雪〉，皆雲臺本所不見者。唯〈清明偕叔兄遊養壽園〉一首亦不見於雲臺本，而全集本之「圭塘倡和詩」漏收，蓋一時失檢。進一步說，全集本以雲臺本為工作底本，乃因此本係袁世凱手跡，固可理解；然袁世凱原來係以諸篇創作先後為序，而克定編輯雲臺本時卻有意打亂次序，此則全集本編者所未注意之處。易言之，若以圭塘諸本為工作底本，當更為適合。

　　就全集本之校記觀之，雲臺本（亦即袁世凱謄鈔本）與大東本在正文上幾無差異，僅標題略有出入。如雲臺本〈贈庸菴友人七律二首〉，大東本作〈寄陳筱石制軍二首〉。[32] 雲臺本〈海棠二首〉，大東本作〈詠海棠二首〉，[33] 雲臺本〈和王介艇中丞遊園原韻〉、〈和馨庵都轉元韻〉，大東本分別作〈次王介艇丈遊養壽園均〉、〈和張馨庵都轉賦懷見示均〉。[34] 大東本係據豹龕本而排印者，而此本既是克文手抄影寫，出於書法考量，或用古今字、異體字（如韻／均、梅／楳等），然內文與大東本庶幾無差。筆者以為，雲臺本既是根據袁世凱謄鈔稿所影印，自然更趨近作者原意。克文為人之子，固不敢修改詩句，然須考慮刊行後廣大讀者閱覽之便，故於某些標題略有調整。如〈海棠二首〉增一「詠」字，明其為詠物；「馨庵」前加一「張」字，以見其人為張鎮芳。王廉（介艇）當時已離職鄉居，係袁世凱之前輩，故改「中丞」為「丈」。「遊養壽園」、「賦懷見示」當分別為王、張原詩之標題，因書中未錄此二作，故仍於袁世凱和詩之題目中加以標出，以明來源。再如陳夔龍字筱石，號庸庵，袁世凱原稿題為〈贈庸庵友人〉，用別號而不用表字，且不具姓氏、官爵，蓋不欲過於彰

32　同前註，頁 619。
33　同前註，頁 620。
34　同前註，頁 621。

顯自己下野之際結交朝臣；然刊印之時政局已有所變化，而編纂體例
上，酬唱者必須列出姓名、字號、籍貫，故克文改為〈寄陳筱石制
軍〉，也讓讀者一目瞭然。

二、《圭塘倡和詩》諸本考略

宣統二年庚戌（1910），袁克文將其父詩作十三題十五首及他
人酬唱之作輯錄為《圭塘倡和詩》，刊印後餽贈友人。目前此書常
見之版本，一為克文手抄石印影寫本（下稱豹龕本），民國二年癸
丑（1913）刊印；一為上海大東書局《洹上私乘》所附（大東本），
1926 年癸亥付印。但在豹龕本問世稍前，還有一個高世異校寫本（下
稱高寫本）。高世異乃清末藏書家，官至阜城知縣，於故籍多有抄
錄。高世異與克文過往甚密，[35] 故負責抄寫，合情合理。高寫本最早
的相關記載，見於巢章甫（1910－1954）在《子曰叢刊》發表〈袁世
凱興學及其所為詩〉一文：

> 《圭塘倡和集》，為宣統庚戌年間所集，總共不過十八
> 頁的小冊子，由華陽高世異校寫，每半頁八行，每行十六
> 字，黑口魚尾，每頁有「豹龕製」及頁數，豹龕是寒雲的
> 齋名，寒雲曾號豹岑也。卷首題字和小序，都出自寒雲之
> 手。〔……〕寒雲序極簡潔可誦：「家大人以足疾致政歸田，
> 課耕訓子之暇，間以吟詠自娛，賓友酬和，積稿累寸。大
> 人輒以示克文，因次其目錄，都為一編，命曰《圭塘倡和
> 詩》云。宣統庚戌，項城袁克文。」這本小冊子載有酬唱
> 詩六十四首，袁世凱署名「容庵」，共有十五首，寒雲有五

35　韓寧：〈莫棠、袁克文跋元建陽本《極玄集》述論〉，《古典文學知識》，2019 年第 2 期，
　　頁 61－69。

首，其他則有會稽沈祖憲呂生、宜賓董士佐冰谷、番禺凌福彭潤臺、江都女士史濟道子希、靜海女士權靜泉效蘇、貴陽陳夔龍小石、吳江費樹蔚仲深、永城丁象震春農、元和徐沅芷笙、商邱謝恒仲琴、甘泉閔爾昌葆之、廬江吳保初君遂、漢陽田文烈煥庭、桐鄉嚴震髯鄉、合肥朱家磐石菴、汲縣王錫彤小汀。[36]

　　2019 年，吳矚矚整理之《袁克文集》付梓，其中《圭塘倡和詩》依據天津圖書館所藏宣統二年（1910）刻本，而以大東本參校，卷末有「華陽高世异校寫」字樣（下稱袁集本）。[37] 由於疫情原因，筆者無法至津圖親閱高寫本，茲據袁集本、豹龕本與巢章甫所言略加比對。第一，巢氏謂高寫本共十八頁，半頁八行、行十六字，黑口魚尾，每頁有「豹龕製」及頁數。豹龕本亦十八頁，半頁八行、行十六字，每頁也有手寫頁數及大黑口，並無魚尾及「豹龕製」字樣；版式雖與高寫本不盡相同，抄寫格式之傳承關係卻仍依稀可見。

　　第二，書中克文之語，巢氏謂是卷首小序，於袁集本確在卷首，豹龕本則在卷尾。巢氏迻錄此文，文字與豹龕本大抵相同，唯豹龕本於「項城袁克文」後尚有「寫記」二字，當是克文自行謄錄時補入。[38] 由於豹龕本乃克文手寫，故其跋語後有一陽文篆字圖章，刻曰「豹龕校寫本」，而豹龕本卷首有王式通敍云：「寒雲主人手書《圭塘唱和詩》既竟，屬贊一辭。」[39] 落款於癸丑十一月，癸丑即民國二年（1913）。換言之，宣統二年庚戌（1910），克文編成詩集後，隨邀高世异校寫、付梓，故其序文落款於此年。至民國二年癸丑此書重刊，

36　巢章甫：〈袁世凱興學及其所為詩〉，《子曰叢刊》，1948 年第 4 期，頁 36－37。

37　袁克文著、吳矚矚整理：《袁克文集》（天津：天津古籍出版社，2019 年），頁 125。

38　袁克文主編：《圭塘倡和詩》（北京國家圖書館藏 1913 年影寫石印本），頁 18a。

39　王式通：〈圭塘倡和詩敍〉，同前註，頁 1a。

克文再行謄錄之時，請王式通另作新序，而原序則移作後跋；當初落款之「庚戌」字樣於後跋中並未改動，唯於文末補入「寫記」二字而已。

第三，《圭塘》諸本之酬唱者，袁世凱僅標「容菴」，袁克文僅標「克文」，餘者在詩作首次出現時詳列姓名、字號、籍貫，此後再有詩作則僅列姓名。巢氏所記錄之高寫本名單，除遺漏王廉之外，其他諸人皆已依次列入。如此名單與次序，與袁集本基本上相同。[40] 而與豹盦本相比，某些詩題如〈春雪〉、〈雨後遊園〉等，詩作次序略有不同，然篇數並無出入。

第四，巢氏謂其所見高寫本載有酬唱詩六十四首，袁世凱十五首，克文五首。參以袁集本，袁世凱十三題十五首固無疑問；克文五首，即次韻〈嘯竹精舍〉一首、〈登樓〉一首、〈晚陰看月〉一首、〈海棠〉二首，亦無疑問；唯全書篇數共六十五首，而非巢氏所言之六十四首。此蓋巢氏一時誤記。至於豹盦本所收詩作共五十八首，其中袁世凱之作亦為十三題十五首，但整體數量上則短缺了七首。首先，豹盦本全無克文之詩，此已五首。其次，袁集本中徐沅、謝愃次韻〈月下遊養壽園〉各一首，沈祖憲次韻〈寄陳筱石制軍〉二首，沈祖憲次韻〈嘯竹精舍〉二首，皆不見於豹盦本。如此合計達十一首。而豹盦本中，則多出沈兆祉次韻〈春日飲養壽園〉一首，董士佐、沈祖憲次韻〈憶庚子舊事〉各一首，以及王廉次韻〈春雪〉一首。（按：王廉現存和詩僅此一首，高寫本不收，故巢氏開列之名單不見王廉。）相抵之後，恰為七首。綜合以上所言，可見作為《袁克文集》底本的高寫本，乃是《圭塘倡和詩》最早的刊本，而豹盦本則是據高寫本修訂重謄而成。然隨着豹盦本乃至大東本的付梓流行，高寫本已

---

40 《清稗類鈔‧文學類》有〈圭塘酬唱〉一條，酬唱者名單雖非依書中出場次序排列，然所據蓋亦高寫本。見徐珂編撰：《清稗類鈔》（北京：中華書局，1984－1986），卷75。

非常罕見。

　　豹龕本印行的 1913 年，內藤順太郎在東京博文館出版《袁世凱正傳》，次年由張振秋譯為中文，在廣益書局付梓。此書也將《圭塘倡和詩》置為附錄（下稱內藤本），卷首為克文序跋，此後為內藤氏之〈編者識〉：「容菴為袁世凱之號，克文，世凱第二子也。圭塘，河南彰德府城外別墅前洹水上之橋名。別墅內有小園，蒔花種竹，疊石濬池，綴點林亭，名曰養壽園。大正癸丑。」[41] 筆者以為，內藤本與高寫本關係最為密切，其因如下。第一，內藤本中克文之語在卷首，且落款處也無「寫記」二字。第二，克文所和共計五首。如此皆與巢章甫所言相合。第三，內藤本詩作之次序，與袁集本所依據之高寫本完全相同。因此，豹龕本增收之沈兆祉次韻〈春日飲養壽園〉一首，董士佐、沈祖憲次韻〈憶庚子舊事〉各一首，以及王廉次韻〈春雪〉一首，不見於高寫本，亦不見於內藤本。第四，高寫本、內藤本所錄詩作皆為六十五首。可以推斷，內藤本乃是根據高寫本而重排的版本。茲先將其細目表列於下：

---

41 〔日〕內藤順太郎著、張振秋譯：《袁世凱正傳》，頁 187。

表三　高寫本及內藤本所錄篇章

酬唱者＼詩題	次王介艇丈遊養壽園均	月下遊養壽園聯句上容菴師	春日飲養壽園	憶庚子舊事	春雪	清明偕叔兄遊養壽園	寄陳筱石制軍二首	次張馨菴都轉賦懷見示韻	雨後遊園	嘯竹精舍	登樓	晚陰看月	海棠二首
袁世凱	1	1	θ	θ	θ	θ	θ	1	θ	θ	θ	θ	θ
沈祖憲	1	1	1			1	1		2		1	1	1
董士佐	1									1			
凌福彭	1	1											
史濟道 權靜泉		θ[42]				1							
陳夔龍		1			1		1						
費樹蔚		1	1				1	1					
丁象震		1			1								
徐沅		1											
謝愷			1		1	1			1				
閔爾昌			1		2	1							
吳保初				1	1								
田文烈					1								
嚴震					1								
朱家磐					1								
王錫彤									1		1		
袁克文										1	1	1	1
總酬唱頻次	4	8	5	4	11	4	4	2	5	3	4	3	3
附豹龕本總酬唱頻次	4	7	5	4	12	4	3	2	3	2	3	2	2

42　凡係首唱之作皆以「θ」號標出，其餘數字則標示酬唱頻次。

　　酬唱之總人次為五十八。其中〈寄陳筱石制軍〉和者四人、〈海棠〉和者三人；因該二題各有二首，和者也二首皆和，因而須多算七首。如此一來，篇章總數為六十五首。相比之下，豹龕本所收詩作有五十八首，雖總數僅少高寫本及內藤本七首，但篇章卻時有差異。茲再將前文所言豹龕本篇章增減之詳情，列為表四如下：

表四　豹龕本增減之篇章（以高寫本及內藤本為參照）

篇目	添入者	剔出者	篇數增減
月下遊養壽園聯句上容菴師		徐沅一	-1
春日飲養壽園	沈兆祉一	謝愷一	0
憶庚子舊事	董士佐一、沈祖憲一		2
春雪	王廉一		1
寄陳筱石制軍二首		沈祖憲一	-2
雨後遊園		沈祖憲二	-2
嘯竹精舍		袁克文一	-1
登樓		袁克文一	-1
晚陰看月		袁克文一	-1
海棠二首		袁克文一	-2
合計			-7

　　但諸篇剔出的原因，則不能詳知。不僅如此，袁克文尚有諸本皆未收錄之作，如天津圖書館所藏 1914 年刊《寒雲集》收錄〈次王介艇廉韻游養壽園二首〉、〈家大人示遊園詩命次韻一首〉、〈雨後游園疊韻四首〉、〈登樓次韻〉、〈海棠二首次韻〉等皆是。[43] 又〈家大人示遊園詩命次韻一首〉亦見於孫雄《四朝詩史》，文字與《寒雲集》本頗有出入。[44] 此外，1920 年《遊戲新報》有克文五絕〈雨後遊園〉、

43　此書已納入吳瞳瞳整理《袁克文集》。

44　見孫雄輯：《道咸同光四朝詩史》（上海：上海古籍出版社據浙江圖書館藏宣統二年刻本影印，2013 年），頁 224。

〈登樓〉二首。[45]〈登樓〉即內藤本所收錄者，而〈雨後遊園〉即是《寒
雲集》所收錄〈雨後游園疊韻四首〉其一。又如田文烈《拙安堂詩集》
中錄有和詩二首，一為〈和項城宮太保遊園〉，一為〈和項城宮太保
二月雨雪原均〉，[46] 諸本悉收後者，而皆不錄前者。由此不難想像，
當初高世異校寫之際，已有未入選之作。[47]

再看豹龕本，以北京國家圖書館藏本為例，袁克文跋文落款為
「宣統庚戌」；然卷首有王式通（1864－1931）敘，題於癸丑十一月，
亦即 1913 年底。且王敘有「歲未三易，難發一朝」、「人厭黃屋之
尊，國有白宮之戴」等語，[48] 顯然作於清末鼎革之後。又封底裏處，
有孫雄（1866－1935）手書和詩四首，題於「辛亥三月」。以另一豹
龕本核對，王敘、孫詩全部相同（可知孫氏墨痕亦為影寫，並非親手
所為）。筆者以為，王敘、孫詩之落款皆晚於宣統二年，蓋因初刊以
後，幾度重印，方增入孫、王之文字爾。

此外，豹龕本有一種 1915 年的重印本，或稱「乙卯本」。據今
人胡文輝所言，此本「前有王式通序，作於癸丑（1913），後有費樹
蔚跋，作於乙卯（1915），只是重印本而已」。又云：「論與袁的關係，
費要比王式通深得多，但他的跋卻不是捧袁的，或者說，雖然是捧，

45　寒雲：〈雨後遊園〉、〈登樓〉，《遊戲新報》，1920 年第 1 期，頁 62。

46　田文烈：《拙安堂詩集》，收入汪夢川、熊燁主編：《民國詩集選刊》（揚州：廣陵書社，
　　2017 年），頁 85。

47　目前所見唱和諸人詩集，僅有《袁克文集》、田文烈《拙安堂詩集》、費樹蔚《費韋
　　齋集》（1951 年刊本）、吳保初《北山樓集》（合肥：黃山書社，1990 年）、陳夔龍《松
　　壽堂詩抄》（宣統三年京師刊本）及《花近樓詩存》（北京：中國書店，1988 年）數種
　　而已。袁克文、田文烈集中有未見於圭塘諸本之作。費樹蔚、吳保初集中諸作皆見於
　　圭塘諸本，文字或略有差異。陳夔龍諸集中全無和袁之詩。如此情況，當可具體而微
　　地反映唱和諸作的整體面貌。

48　王式通：〈圭塘倡和詩敘〉，載袁克文主編：《圭塘倡和詩》（北京國家圖書館藏 1913
　　年影寫石印本），頁 2b。

卻是話裏有話，用捧的方式表示異議。」[49] 頗值得吾人注意。1920 年代，克文撰寫《洹上私乘》，在周瘦鵑（1895－1968）為大東書局主編的《半月》雜誌連載。1926 年結集成書，《圭塘倡和詩》作為附編殿後，鉛印出版，是為大東本。其跋云：「昔輯《圭塘倡和詩》一卷，刊貽朋友。比來江南印本久罄，海內索讀者猶紛紜至，乃無以應焉。茲檢舊篋，得寫定原稿，爰錄示瘦鵑，俾重刊以公於世云。癸亥二月克文再識。」[50] 癸亥為 1923 年，可見大東本正式印刷前許久，克文便曾打算再版《圭塘倡和詩》。而費樹蔚補跋的「乙卯本」，當即克文所謂「江南印本」，屬於豹龕本的重印本，但距離 1923 年又有七八年之久。此時克文決定不復重印豹龕本，一來蓋因此時由周瘦鵑負責，近水樓臺；二來則因鉛印成本遠低於影寫，而袁世凱去世後，克文囊中逐漸羞澀。然大東本因此廣行於世，轉載、選錄於報刊者多有。如 1966 年，臺北文海出版社影印出版袁克文《洹上私乘》，而《圭塘倡和詩》自然包括在內。時至今日，大東本已是圭塘諸本中最常見者，《袁世凱全集》亦以此本為底本。

就袁世凱本人的詩作而言，豹龕本與大東本所收並無出入，文字也無差異，一如內藤本與豹龕本之關係。然他人之作則不盡然。大東本收詩作共四十八首，持二本相勘，茲將短缺之和詩列為表五：

49　胡文輝：〈跋《圭塘倡和詩》乙卯本〉，《華人文化研究》，第十卷第二期（2022.12），頁 262。

50　袁克文編：《圭塘倡和詩》，載氏著：《洹上私乘》（上海：大東書局，1926 年），不著頁碼。

表五　大東本所刪篇章（以豹龕本為參照）

詩題	大東本所刪和詩
次王介艇丈遊養壽園均	董士佐一首
春日飲養壽園	沈兆祉一首
憶庚子舊事	董士佐一首
春雪	謝愷、嚴震、朱家磐各一首
清明偕叔兄遊養壽園	謝愷一首
雨後遊園	謝愷、王錫彤各一首
嘯竹精舍	董士佐一首

　　以上共有十首詩作並未迻錄於大東本。如此一來，大東本便全然不見沈兆祉、謝愷、嚴震、朱家磐之名。如沈兆祉既深於舊學，又熟知時事。民國後任總統府機密，以結交各省文友著稱，人稱「小智囊」。[51] 然參張國淦《洪憲遺聞》云：「沈兆祉等多不贊成帝制，軍政執法處乃拘沈兆祉等以威嚇其餘諸人，余為說情，始獲開釋。」[52] 克文雖亦反對帝制，然不知是否以為沈兆祉不忠於其父，故刪去其詩。復如謝愷於袁世凱似無芥蒂，其詩三首全部刪去，不免啟人疑竇。總而言之，克文既云再版時「寫定原稿」，則應有刪汰準則，唯有待於日後條件圓足時再行考辨。

　　茲將圭塘諸本及雲臺本之流傳情況，列為表六：

51　朱煒：〈低首藏人海的蔡寶善〉，《湖州日報》，「飛英」副刊第 25 期（2017.10.11.）。

52　張國淦：《洪憲遺聞》，收入方建文、張鳴主編：《百年春秋：二十世紀大事名人自述》（北京：經濟日報出版社，1997 年），頁 289。

表六 圭塘諸本及雲臺本之流傳譜系

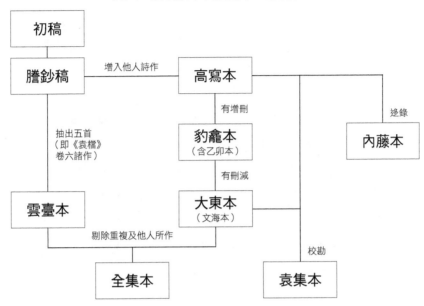

三、〈自題漁舟寫真四首〉考略

除了雲臺本的五題六首外，袁世凱此時創作的詩歌中尚有一組並未納入袁克文所編《圭塘倡和詩》，那就是〈自題漁舟寫真四首〉。這組詩作在民國時代雖偶為書刊所提及，卻往往只是一鱗半爪。1960年代，袁世凱三女靜雪（叔禎）撰寫了一篇五萬字左右的回憶錄，題為〈我的父親袁世凱〉（原發表於全國政協主編《文史資料選輯》），文中談及其父隱居洹上之詩作時，寫道：「他曾把這些唱和的詩句，編為《圭塘倡和詩集》，又列舉了〈次王介艇丈遊養壽園韻〉、〈和江都史濟道女史月下遊養壽園韻〉、〈登樓〉、〈晚陰看月〉和〈自題漁舟寫真二首〉。」[53] 實際上，袁靜雪所舉這幾首詩作中，〈自題漁舟寫真二首〉並不見於《圭塘倡和詩》諸本和《洹村逸興》，且是一組四

53　袁靜雪：〈我的父親袁世凱〉，全國政協文史和學習委員會編：《八十三天皇帝夢》（北京：中國文史出版社，2016 年），頁 13－15。

首轆轤體詩作的其一和其四。但由於袁靜雪之文影響甚大，〈自題漁舟寫真二首〉從此也廣為流傳，不少人更誤以為《圭塘倡和詩》中收錄了此作。考 1916 年 10 月，亦即袁世凱去世未幾，有題名野史氏者出版《袁世凱軼事續錄》，其中有〈吳北山代筆題詩〉一條。其言云：

> 當是時（按：即隱居洹上之時），項城有「煙蓑雨笠一漁舟」之照，項城披蓑戴笠，作漁翁裝，〔……〕上端題七字，即「煙蓑雨笠一漁舟」是也。旁有七律四首，款署容庵自題，諸名士和者約十餘家，然唱和之什，均不見於《圭塘》一集，不知何故？或謂原作四首，乃係北山代筆，項城深不滿意，故屏而不錄也。茲錄之如左，詩雖不佳，惟項城所不滿意者，究不知在何處耳。[54]

所謂吳北山或係吳北江之訛，吳北江即吳闓生（1878－1949），乃桐城派殿軍吳汝綸之子。光緒三十一年（1905）起，吳闓生曾先後擔任楊士驤、端方之幕友，宣統二年（1910），任度支部財政處總辦，次年擢任參議上行走。民國元年（1912）任北京大學預科教務長，1913 年入袁世凱幕府。如是看來，袁世凱隱居洹上時，吳闓生尚在北京任官，未必與袁氏有密切往來，遑言替其捉刀。後來如此傳聞，蓋因吳氏在袁氏幕府時與沈祖憲合纂《容菴弟子記》，且才名聞於當時之故。野史氏捉刀之說雖未必可靠，[55] 但其書列出了〈自題漁舟寫真四首〉的全文，彌足珍貴。四首係轆轤體，分別於首、頷、頸、尾聯對句反覆使用「煙蓑雨笠一漁舟」一句。袁靜雪所引實為其一與其四，當是限於篇幅而僅錄首尾兩篇，俾讀者一嚐知味爾，而今

54　野史氏編輯：《袁世凱軼事續錄》，頁 125－126。

55　筆者以為吳保初（北江）也不可能替袁氏捉刀，詳見第三節第二目之論述。

人每每依據於此。

至於《軼事續錄》「項城深不滿意，故屏而不錄」於《圭塘倡和詩》之說，未必可信；但謂〈自題漁舟寫真四首〉皆袁氏親筆題於留影（寫真）之側，則毋庸置疑：因此照作為饋贈友朋的紀念品，所見之人應該不少。如王揖唐（1878－1948）《今傳是樓詩話》云：「項城袁公，一字容庵，彰德養疴時，自號洹上漁人。有〈煙蓑雨笠一漁舟〉圖（下簡稱「漁舟照」），曾以攝影見贈，並題詩云：『百年心事總悠悠（下略）。』」[56] 而張舜九〈記袁項城遺詩〉亦云：「項城既歸故里，野綠怡情，青山養素，人咸識山中宮保，不復與聞軍政大事。當養疴彰德時自號恆〔洹〕上漁人。有〈煙蓑雨笠一漁舟〉圖（下簡稱「漁舟照」），曾以攝影見贈先祖觀察公，並題詩云：『百年心事總悠悠（下略）。』」[57] 所言與王氏大抵相同，可以為證。不過，王、張二氏所記題照詩皆僅有其四，而不及前三首。

帶有題詩之「漁舟照」，今日已難見實物。然袁氏以題詩之留影贈人，非此一例。如袁世凱六子袁克桓一系遞藏之《大鈞元模》冊頁，全冊共四十六頁，藍色絹裱，封面「大鈞元模」四字為徐世昌題籤，次頁右為袁世凱攝於光緒廿五年（1899）左右小站練兵時身穿北洋新軍軍服之留影，左為題詞箋（左上角鈐有「大總統印」）。題詞云：「不文不武，忽朝忽野。今已老大，壯志何如？甲寅冬自題。」甲寅即民國三年（1914）。此頁之後為徐世昌、黎元洪、嚴修、樊增祥等二十四位名流之題贊，最晚者題於民國三十三年（1944），題寫人是徐沅和張作相，距離袁世凱去世已達二十八年之久。[58] 誠如現藏

56　王揖唐：〈袁世凱洹上酬唱之樂〉條，見氏著《晚清民初詩壇見聞：今傳是樓詩話》（臺北：新銳文創，2018年），頁269。

57　舜九：〈記袁項城遺詩〉，《新民報半月刊》，第5卷第23期（1943），頁22。

58　袁弘哲口述、付文永整理：〈我所收藏的《大鈞元模》〉，載本社編：《百年家族：項城袁氏家族資料匯輯》（開封：河南大學出版社，2012年），頁406。

者、克桓之子袁弘哲所言，該冊頁「非一個時間段內所完成」，[59] 但可肯定的是其編集卻仍肇端於民國三年袁世凱題詞之時，此後才逐漸由克桓等嫡裔加以增補內容。袁世凱之小站留影墊以較大之硬紙殼板，遂趨近題詞箋紙之大小，有左右對稱之美。至於「漁舟照」乃是分贈友朋，固與《大鈞元模》的家族收藏性質不同，但後者之題詞形式仍具有參考價值。據吳盛青檢索，上海圖書館藏有兩張相關照片，一為袁氏獨照，一為與兄長世廉合影，以深色硬紙殼板墊底，[60] 形制與小站留影相似。上海圖書館之兩照不附題詩，不難想像，當年分贈友朋之「漁舟照」也可能是另紙題詩後，將箋紙與照片裝幀一處。然而，由於照片與題詞箋的大小相若，以毛筆題寫五十六字之七律一首已覺逼仄；加上還須饋贈多人，若各張「漁舟照」將四首七律全部題寫，幾乎不可能。故筆者懷疑每張照片僅從四首中選題一首，一如王揖唐、張舜九所狀述者；然因其四最關涉時局，故選用頻次也最高。[61]

再者，《軼事續錄》雖屬野史，然其於 1916 年出版時，與袁世凱過從者所在尚多，未見就此四首之來源提出質疑，可知將此四首繫於袁世凱名下，庶無問題。關於「漁舟照」的內容，以及拍攝情況，宜參考袁克文《洹上私乘‧遺事》之記載：

> 先公居洹上之明年，先三伯父以病解徐州兵備道職，歸居開封，而先伯母復於是年逝世。先公友愛最篤，恐先伯病中不勝悲悼，乃遣克文至開封迓先伯來居洹上。先伯

59　同前註，頁 407。

60　Wu Shengqing, 'Nostalgic Fragments in the Thick of Things: Yuan Kewen (1890－1931) and the Act of Remembering', *Journal of Chinese Literature and Culture* (2019) 6 (1), pp.247－248.

61　袁弘哲也藏有獨照一張。王碧蓉云：「相片底部有袁世凱親筆簽字，袁世凱曾為此照題詩一首，後人認為是他寫得最好的一首詩：『百年心事總悠悠（下略）。』」然袁弘哲所藏亦無題詩。見王碧蓉：《百年袁家：袁世凱及楊氏夫人後裔百年家族史》（桂林：廣西師範大學出版社，2013 年），頁 27。

遂以家事付家四兄理之，偕先庶伯母同臨洹上。先公樂
甚，日與先伯坐養壽園閒話，家人歡笑於旁，酌酒煮茗，
極天倫之樂事。時先伯身左偏，猶病僵枯，先公憂之。以
重金延法蘭西名醫梅尼博士長留村中，為先伯調治。逾年
疾大瘳，幾健若常人矣。一日，泛小舟於匯流池。先伯戴
笠披簑，危坐其中，先公則執楫立於後，使克文以鏡攝
之。影成，印數百紙，分致戚友焉。[62]

克文口中的三伯即袁世凱三兄世廉。據馬建標考證，世廉在
1909 年 9 月 8 日移居養壽園，次年 12 月 31 日逝世。而這張世廉、
世凱的合影，乃是克文於 1910 年冬日所攝。[63] 克文謂這張合影「分
致戚友」，當在世廉病故之前。但是，分贈合影時是否有題詩？筆者
以為，袁世凱〈自題漁舟寫真四首〉之中皆無涉及兄弟情誼之處，
故不應作於此時。攝影不久，世廉病故，世凱忙於打點喪事。《全
集》中收錄關於兄喪的信函不少，最晚者為〈復謝道員蔡乃煌慰三兄
之喪〉，日期為宣統三年二月二十六日（1911 年 4 月 24 日）。[64] 內藤
順太郎云：「宣統二年冬，袁之兄世廉死，袁痛雁行之摧折，心滋不
樂。」[65] 兄喪後這幾個月內，袁世凱縱有詩興，也不可能發表〈自題
漁舟寫真〉這般兼具雄心與閒情的作品，否則會對公眾形象有所損
害。因此，這四首詩大概作於 1911 年 4 月以後。而昆仲合影刊登於
《東方雜誌》宣統三年第 4 期（1911 年 6 月），引起社會高度關注，

62　袁克文著、梁穎點校：《洹上私乘》，載氏著《辛丙秘苑》（上海：上海書店，2000 年），
　　頁 45。

63　馬建標：《權力與媒介：近代中國的政治與傳播》（北京：北京師範大學出版社，2018
　　年），第三章第四節〈袁世凱與「洹上漁翁」形象的塑造〉，頁 120。

64　袁世凱：〈復謝道員蔡乃煌慰三兄之喪〉，《袁世凱全集》卷一八，頁 653。

65　〔日〕內藤順太郎著、張振秋譯：《袁世凱正傳》，頁 134－135。

則距離世廉病故已近半年了。回顧宣統二年七月初六（8 月 10 日），袁世凱致函吏部主事孫雄，稱許其：「以暇日網羅文獻，輯選歌詩，成《四朝詩史》若干卷，遠傲遺山《中州》之編，近續歸愚《別裁》之作，甚盛，甚盛！」又云：「弟養疴鄉里，寄興耕漁。偶託篇章，不過山野之間，自適其樂，未敢出以示人。乃蒙甄采及之，彌增慙惡。還祈斧削，然後登選。其中有稍覺傷時者，仍不可濫入，是為切屬。附奉二百金，聊助剞劂之費。」[66] 足見袁世凱對公眾形象及輿論之重視。孫雄《四朝詩史》收錄袁詩，乃因周馥「以袁公詩稿寄示，屬余錄入《詩史》」。周氏得閱袁氏詩稿，顯見袁氏所謂「未敢出以示人」，亦非實誠之語。袁世凱既與人酬唱，且又將作品過錄、編刊，就不可能不「示人」。且孫雄編錄袁詩，固可挾其名望；而袁氏也可待孫雄的選集來進一步昭示自己「山野之間，自適其樂」，不復有心於政事。然而袁世凱信中叮囑選詩「有稍覺傷時者，仍不可濫入」，可見其下野以後小心翼翼，一以貫之。

今人論《圭塘倡和詩》中之作，往往舉〈次王介艇丈遊養壽園均〉、〈登樓〉等詩證明袁氏此時仍有政治野心。但相比〈自題漁舟寫真〉其四的「野老胸中負兵甲，釣翁眼底小王侯。思量天下無磐石，歎息神州變缺甌」兩聯，實已不可同日而語，難怪野史氏云「尤足見其目中無人之概」。而張舜九更論此詩云：「茲誦此作，覺其氣魄之雄無與倫比，真有大好神州盡歸所有而後快之慨也。」[67] 載灃本欲除袁氏而後快，若就此詩羅織罪名，後果堪虞，袁氏絕不可能在無把握之情況下創作此詩，遑論廣為傳播。據劉路生考察，宣統元年七八月、二年六七月，有兩次「報紙喧傳」袁氏出山的熱潮。自袁世凱開缺至辛亥武昌起義爆發期間，關於袁世凱各種活動的報道消息

66　袁世凱：〈復吏部主事孫雄函稿〉，《袁世凱全集》卷一八，頁 529。
67　舜九：〈記袁項城遺詩〉，《新民報半月刊》，第 5 卷第 23 期（1943），頁 22。

有 106 條，其中涉及「出山」問題的有 64 條。保薦、敦勸袁出山者
包括了載濤、載洵、奕劻以下的多位滿漢大臣。宣統三年四、五月
間，「立憲派的首領、全國最有影響、最具號召力的官紳張謇、湯壽
潛、沈曾植、趙鳳昌等，亦向清政府表達了希望重新起用袁世凱的要
求」。[68] 然而今人張華騰指出：「袁世凱為了迷惑麻痺以載灃為首的滿
洲貴族，營造他自己醉心田園、已經沒有了宏大政治抱負的假象，特
將他在洹上村養壽園以漁翁扮相垂釣的照片送給上海《東方雜誌》公
開發表。」[69] 由此可見，直到宣統三年夏，袁氏對於皇族權貴依然非
常忌憚。

　　再觀宣統三年暮春以後的時局：三月廿九（4 月 27 日），廣州黃
花崗起義。四月，四川爆發「保路運動」。八月十九（10 月 10 日），
武昌新軍兵變，辛亥革命成功，南方各省宣佈獨立。十一月十三
（1912 年 1 月 1 日），革命黨在南京成立中華民國。與此同時，外蒙
古土謝圖汗部親王杭達多爾濟（Khanddorj）於六月初四（7 月 29 日）
祕密出訪俄國，得到俄國支持獨立。九月中旬（11 月初），「臨時總
理喀爾喀事務衙門」在庫倫（今烏蘭巴托）成立；十月初十（11 月
30 日），俄、蒙軍隊包圍庫倫辦事大臣衙門，解除清軍武裝，將庫倫
辦事大臣三多及其隨從人員押送出境。如此可謂「內憂外患」。鑑於
多省相繼宣佈獨立，奕劻、那桐、徐世昌等人及英美等國公使一致建
議起用袁世凱。於是載灃於八月廿三（10 月 14 日）任袁世凱為湖廣
總督，派其南下鎮壓起義。九月初六（10 月 27 日），袁世凱接任欽
差大臣，任命馮國璋立即對湖北革命軍展開攻勢。五日後的九月十一
（11 月 1 日），清廷任命袁世凱為內閣總理大臣。廿三日（11 月 13

68　劉路生：〈彰德養疴時期的袁世凱〉，載中國史學會：《辛亥革命與 20 世紀中國》（武漢：
　　湖北人民出版社，2001 年），頁 366－386。

69　張華騰：〈洹上漁翁垂釣照考釋〉，《文博雜誌》，2010 年第 1 期，頁 36。

日）袁世凱抵達京師，廿六日（16 日）重新組閣。《東方雜誌》發表
「漁舟照」時，四川方面的「保路運動」正如火如荼，卻尚未動搖國
本。故而此照之刊登固如張華騰所言，有迷惑載灃等權貴之意，但在
此朝野洶洶之際公開展示自己閒雲野鶴的生活，顯然是要引導輿論，
暗中向清廷討價還價、以退為進。因此筆者以為，此時的局勢縱可讓
袁氏說出「思量天下無磐石，歎息神州變缺甌」的話，卻還未敢寫下
「野老胸中負兵甲，釣翁眼底小王侯」兩句。換言之，〈自題漁舟寫
真〉其四的脫稿，大抵更在武昌起義爆發之時。此際袁氏復出之呼聲
日熾，故其詩中亦不必如前此之顧忌矣。

　　就袁世凱洹村唱酬之軌跡來看，宣統三年時局丕變，袁氏蓋已
無心酬唱，故作品除〈自題漁舟寫真四首〉之外不聞更有其他；不過
野史氏謂「諸名士和者約十餘家」，可見這組詩作仍可歸入洹村酬唱
之作，惜十餘家和詩今已難覓。正因這組詩寫作時間較晚，且別有用
意，故不僅宣統二年初刊的《圭塘倡和詩》未及收錄，連《洹村逸興》
也不見謄抄稿。而《袁世凱全集》未有收錄該四首，甚為可惜，宜待
來日補入。

第三節｜洹村酬唱詩的文本生成

　　劉路生將袁世凱下野後所作所為歸納成幾點：一、首先，宣告
遠近，專心養疴，無意復出。二、經營宅第。三、閉門課子。四、宣
導公益事業，以文會友。五、經營實業。[70] 幾點之間又相互關聯，可
說皆由第一點所引發。劉氏又云：「圖謀東山再起，仍是袁世凱內心
目標之所在。袁的詩文暴露了他的心跡。袁世凱與外界通過書信多方

70　劉路生：〈彰德養疴時期的袁世凱〉，載中國史學會：《辛亥革命與 20 世紀中國》，頁
　　366－386。

聯絡，並有各界人士到洹上拜會他，議論、贊畫國家、各省、各地的時政，乃至出謀獻策，調停矛盾。袁世凱及袁系大僚還成功的與政敵盛宣懷修復了關係。許多人（包括清朝重臣和立憲派首領）都把清朝起死回生的希望寄託在袁世凱復出的身上，媒體也大造袁世凱復出的輿論。」[71]袁靜雪說：「我父親做官的時候很少做詩，但回彰德以後，有時也和前來訪問的友人們互相唱和。」[72]酬唱者除了來訪的友朋，還有以書信方式參與者，下文更詳之。洹村酬唱活動始於宣統二年初春，至翌年春夏之交輯為《圭塘倡和詩》，已累積有詩作六十餘首。袁世凱在過往半年間酬唱較頻，可想而知。本節擬先考察洹村酬唱之始末，將活動分為三期；繼而將酬唱群體加以分類，舉例考察各類酬唱者之背景；最後依照詩人之分類，探析袁氏首唱與其他和詩間的文本互動，以見酬唱詩作之文本生成狀況。

一、洹村酬唱之始末

洹村酬唱諸人，形成了一個文學場域，眾多的唱和皆以袁世凱的作品為中心，形成交織的話語。酬唱活動的起始契機何在？艾俊川說：「無論吟詩還是垂釣，都帶有明顯的表演色彩。」[73]誠然，賦詩言志屬於「自我書寫」（écriture de soi）的範疇。所謂「自我書寫」的概念，由福柯（Michel Foucault, 1926－1984）最早提出，他以個人筆記本和通信為例，指出自我書寫乃是自我實踐、建構、關注、形塑的一種方式。「自我書寫」乃是一種過程，將來自於自我和

71　同前註。

72　袁靜雪：〈我的父親袁世凱〉，全國政協文史和學習委員會編：《八十三天皇帝夢》，頁 13。

73　艾俊川：〈養壽園紙上考古記〉，《掌故》，第六集，頁 56。

他者的兩種凝視加以協調。[74]「自我書寫」有着自我塑造的動機，袁世凱之作也不例外。《圭塘倡和詩》中的袁世凱詩乃依創作先後為序列，則卷首〈次王介艇丈遊養壽園均〉當為時最早。加上酬唱諸作每每以物候為主題，更令吾人得以考察該活動之始末。王介艇即王廉（1843－？），係河南同鄉前輩，祥符（今開封）人，同治十年（1871）進士，授翰林院編修，歷任湖南按察使、安徽布政使、直隸布政使，光緒二十二年（1896）因故革職。袁世凱回籍養疴之際，王廉已鄉居十餘年。王氏原詩題為〈遊養壽園〉，可知係應袁世凱之邀，遊園時所作。如宣統三年五月十八（1911 年 6 月 14 日），袁世凱致函王廉云：「承屬撰大集敘言，忽忽未暇，頃甫脫稿，特奉詧覽。」[75] 足見二人之交誼。王廉詩集名《大梁詩集》，今極罕見，遊園詩原作亦已難覓。但袁氏和詩前半云：

乍賦歸來句，林棲舊雨存。卅年醒塵夢，半畝辟荒園。[76]

「林棲舊雨」固指鄉居已久的王廉，而由首句、四句可知，此時正值袁世凱回到彰德不久、養壽園落成之際。考《圭塘倡和詩》中袁世凱和作以下，董士佐所和有「春意快浮園」之句，凌福彭所和「東皋春已及」之句。袁克文亦有和作，然未收入《圭塘倡和詩》，僅見於其《寒雲集》，且繫於庚戌年，亦即宣統二年（1910）。可見這次酬唱活動在當年新春。然總括圭塘諸本觀之，袁世凱和詩以下，除去袁克文，次韻者僅有沈祖憲、董士佐、凌福彭三人。沈、董皆為袁氏幕

74　見〔法〕福柯著，汪民安主編：《福柯讀本》（北京：北京大學出版社，2010 年），頁 335-348。又 Michel Foucault, trans. Robert Hurley et al., ed. Paul Rabinow, *Ethics: Subjectivity and Truth*, (New York: The New Press, 1997).

75　袁世凱：〈致前直隸布政使王廉函稿〉，駱寶善、劉路生主編：《袁世凱全集》，卷一八，頁 681。

76　袁克文編：《圭塘倡和詩》（北京國家圖書館藏 1913 年影寫石印本），頁 1a。

友，酬唱當屬自然；而凌氏時為直隸布政使，應係與袁氏通函時所作。王廉作遊園詩蓋一時雅興，不料得到袁世凱相和，並引發隨後的酬唱活動。但活動此時尚在肇端，故該題與稍後諸題相比，和詩者並不多。

此後一題為史濟道、權靜泉聯句之〈月下遊養壽園聯句上容菴師〉，包括袁世凱之作在內的和詩七首，和詩之人也多於前番。由費樹蔚和詩之「春光瀲灩管絃新」、丁象震和詩之「別業春回氣象新」等句觀之，[77] 是次遊園酬唱，大概在宣統二年二月中旬。然而，史、權聯詩中有「沿溪露冷蛩聲切」之句，乃秋日景象，若二月中旬尚無蛩聲。筆者推測聯詩蓋作於宣統元年中秋，當時袁世凱尚無和詩之念。至二年初春酬答王廉之作後，方回頭步韻史、權聯詩。換言之，史、權這首聯詩當為圭塘酬唱中最早創作者。但是《圭塘唱和詩》以袁氏之作為綱，因此這首作品只好屈居第二了。此後為袁氏〈春日飲養壽園〉，[78] 和詩四首；次〈憶庚子舊事〉，和詩三首；次〈春雪〉，和詩十一首；次〈清明偕叔兄遊養壽園〉，和詩三首。王揖唐云：「當時賓從酬唱，門庭雍睦，竊謂為項城平生第一適意之時。人或以投閒惜之，則真皮相之論矣。」[79] 以此時酬唱之頻率、和詩之數量來看，王氏所言誠不無道理。

但此後諸篇，原唱多為絕句，酬唱者也較少。與《寒雲集》參看，或可窺知酬唱活動逐漸消沉的原因。《寒雲集》中袁克文的和詩皆在庚戌年，共有五題十首，依次為〈次王介艇廉韻游養壽園二首〉、〈家大人示遊園詩命次韻一首〉、〈登樓次韻〉、〈海棠二首次韻〉、〈雨後遊園疊韻四首〉。〈雨後遊園〉後，則依次為〈美人〉、〈潞

77　同前註，頁 2a－3b。

78　此詩原題〈園成約諸友小飲〉。據艾俊川所言，中國社會科學院近代史研究所檔案所藏袁氏手稿，即用原題。孫雄《道咸同光四朝詩史》（上海：上海古籍出版社據浙江圖書館藏宣統二年刻本影印，2013 年）收錄此詩，亦然（頁 161）。

79　王揖唐：〈袁世凱洹上酬唱之樂〉條，見氏著《晚清民初詩壇見聞：今傳是樓詩話》，頁 270。

王墳早發〉、〈蘇門道中〉等作。潞王墳即晚明潞簡王陵，在河南新鄉北郊鳳凰山，距離蘇門山不遠。可見當年春夏之交，袁克文曾暫離洹上村小遊。再觀《圭塘倡和詩》，〈海棠〉是最末一題。由是推知，袁克文正在此時編成《圭塘倡和詩》。蓋《圭塘倡和詩》之付梓有一種里程碑的性質，舉世既透過此書了解到袁世凱之「出世心態」，「自我書寫」、「自我塑造」之目的基本上也達到了。加上此際籲請其復出之呼聲日高，故袁世凱當須費時謀畫，而不必繼續頻密酬唱。當年清明之後，酬唱者已不多（見圭塘諸本）。此後直至年底，袁世凱自身所作〈落花〉、〈榆錢〉、〈病足二首〉、〈和子希塾師遊園韻〉、〈和景泉塾師遊園韻〉僅五題六首（見雲臺本），亦為數寥寥矣。這幾首詩因作於袁克文編集之後，故而未能納入《圭塘倡和詩》。即使民國二年（1913）時，袁克文於大東書局再版《圭塘倡和詩》，也沒有注意將這幾首詩補入。

不過到了宣統三年，袁世凱在騷壇沉寂許久後忽然發表〈自題漁舟寫真四首〉，和者達十餘人之多[80] 前此宣統二年十一月中旬（陽曆 1910 年底），袁世凱兄長世廉去世，世凱悲慟不已，直到翌年二月（西曆三月）都在打點喪事，大抵無暇於吟詠。換言之，〈自題漁舟寫真四首〉之創作不可能早於宣統三年三月（西曆四月）。且因詩中有「釣翁眼底小王侯」等「狂悖」之語，若當時皇族內閣尚未失勢，極易賈禍，故很有可能要到武昌起義爆發、舉國敦請復出之際才正式發表，以帶動輿論。前此袁氏聯章之作，有〈寄陳筱石制軍二首〉、〈海棠二首〉、〈病足二首〉，前一題七律，後二題五絕。而此次四首七律為轆轤體，一氣呵成，打破紀錄。原作及全部和作至少達四十餘首，幾可另出一集。此大抵為袁氏復出前的政治表演，酬唱者身為賓客故舊，也樂於推轂，以和詩方式合演一臺好戲。

80　野史氏編輯：《袁世凱軼事續錄》，頁 40。

　　總觀整個洹村酬唱活動，雖濫觴於宣統元年中秋，但主要集中在宣統二年，始於年初王廉的造訪，活動隨即在春季頗為頻密。至春夏之際，袁克文編纂《圭塘倡和詩》後，活動此後漸轉冷清，甚至袁氏自身也疏於創作，詩作數量遠遜於前，但仍不絕如縷。直到當年仲冬袁世廉去世，袁世凱忙於治喪、守喪，酬唱遂告停頓。就活動自身而言，宣統二年恰好有着起盛轉衰的邏輯脈絡。步入宣統三年，袁氏先因打理兄喪，停止了酬唱活動。但入秋後創作的〈自題漁舟寫真四首〉及十餘家和詩，無疑為歷時近兩年的酬唱活動劃下一個響亮的休止符，也標誌着袁氏人生中一段嶄新歷程的開始。綜上所言，袁世凱在為期近兩年的酬唱活動中，其詩作大概可分為三期：第一為前期，由宣統二年初春到三月底；第二為中期，由當年四月至年底；第三為後期，即宣統三年。而宣統三年的大半年間，基本未聞有任何酬唱詩作。大約直到八月十九（10 月 10 日）武昌起義前後，袁世凱才發表了〈自題漁舟寫真四首〉，成為長達十個月之久的後期的唯一成果。這當然與袁氏自身狀況與時局變化關係甚大。可以說，〈自題漁舟寫真四首〉對於前、中期酬唱活動不僅意謂着總結、餘緒或迴響，也象徵着袁氏仕宦生涯的新起點。茲將這三期的詩作列為表七。

　　前期始於宣統二年初春，為時約三個月。此時正值春季，聚會較多，故酬唱之作也不少，共得詩八題四十三首。可見活動之興盛。唯從〈寄陳筱石制軍〉一題開始，已有酬唱漸少的趨勢。中期共得十題十二首，題數較前期更多。不過這九個月間，袁氏所作每為絕句短詩，酬唱者一般也不多（不計雲臺本諸篇）。以作品數量分攤於時間長度來計算，視前期頗有不及。且初夏之際，袁氏尚不時作詩；至夏秋之際以降，僅〈病足〉等三題四首而已。袁氏此時作詩未必首唱，較為被動，數量也少，蓋忙於其他事務爾。至於後期已在武昌起義前後，袁氏隱然有復出之意，〈自題漁舟寫真四首〉正是為配合復出而造勢之作。且此題之酬唱者有十餘家，比前此〈春雪〉之十一首和詩為數更多，足以想見其盛況。

表七　洹村酬唱分期表

分期	詩作[81]	袁詩數量	各家酬唱[82]
前期	次王介艇丈遊養壽園均（6）、〈月下遊養壽園聯句上容菴師〉次韻（7）、春日飲養壽園（4）、憶庚子舊事（3）、春雪（11）、清明偕叔兄遊養壽園（4）、寄陳筱石制軍二首（3*2）、次張馨菴都轉賦懷見示韻（2）	八題九首	四十三首
中期	雨後遊園（8）、嘯竹精舍（2）、登樓（3）、晚陰看月（2）、詠海棠二首（2*2）、落花（X）、榆錢（X）、病足二首（X）、和子希塾師遊園韻（≥1）、和景泉塾師遊園韻（≥1）	十題十二首	≥二十一首
後期	自題漁舟寫真四首（≥10*4）	一題四首	≥四十首
合計		十九題廿五首	≥一百零四首

二、洹村酬唱之詩人群體

　　洹村酬唱諸詩中，袁世凱之作共十九題二十五首，收入圭塘諸本者有十三題十五首。〈次王介艇丈遊養壽園均〉乃袁世凱最早的酬唱詩，若兼錄王廉原詩，則無法使袁氏之作置於卷首。然因此削去王作，令讀者難窺全豹，甚為可惜。即使史、權聯句原詩收錄入集，後來和者詩題卻往往作〈次均寄容菴宮太保〉（陳夔龍作）、〈次均上容菴府主〉（費樹蔚、沈祖憲作）、〈次均上容菴宮太保〉（凌福彭作）等，足見尊袁之意。

81　括號內阿拉伯數字，表示袁世凱以外酬唱者的詩作數量，其中〈落花〉以下三題不知是否有和詩，以X號標出。〈和子希塾師遊園韻〉、〈和景泉塾師遊園韻〉二首，由標題可知乃史、權原唱，然亦不知是否有其他和詩，故標為「≥1」。不見於圭塘諸本的袁克文和詩，計有〈次王介艇丈遊養壽園均〉二首，〈清明偕叔兄遊養壽園〉一首，〈雨後遊園〉四首，亦一併算入。

82　非袁氏首唱之詩作，計有王廉、張鎮芳、史濟道、權靜泉各一首，各本不收，今亦不存，但仍應算入。史、泉〈月下遊養壽園聯句上容菴師〉則見於圭塘諸本。本表將這五首一併算入。

據前文所言而合計，為時近兩年的酬唱活動期間，參與者至少有沈祖憲、董士佐、凌福彭、史濟道、權靜泉、陳夔龍、費樹蔚、丁象震、徐沅、謝愷、閔爾昌、沈兆祉、吳保初、王廉、田文烈、嚴震、朱家磐、張鎮芳、王錫彤、袁克文，總共二十人。以民國二年癸丑（1913）之袁克文手抄石印影寫本（下稱豹龕本）觀之，〈春雪〉之和詩為數最夥，達十一首之多，包括閔爾昌兩首，吳保初、丁象震、陳夔龍、謝愷、王廉、田文烈、嚴震、朱家磐各一首，史濟道、權靜泉聯句一首。其次為史、權之〈月下遊養壽園聯句上容菴師〉，和詩七首，包括袁世凱、陳夔龍、費樹蔚、凌福彭、丁象震、徐沅、沈祖憲各一首。再次為〈春日飲養壽園〉，和詩四首，包括費樹蔚、沈祖憲、閔爾昌、沈兆祉各一首。再次為〈清明偕叔兄遊養壽園〉，和詩三首，包括謝愷、閔爾昌、沈祖憲各一首，數量已與〈次王介艇丈遊養壽園均〉相等。至於酬唱最為頻密的詩人，首推沈祖憲，共有九題十三首。其次為費樹蔚四題五首，閔爾昌、謝愷四題四首。再次為陳夔龍三題四首，董士佐三題三首。餘者皆一、二首而已。且絕大多數詩人和至第七題〈寄陳筱石制軍二首〉，便少再動筆。除沈祖憲繼續酬唱外，僅有董士佐、謝愷偶然和詩。唯王錫彤所和二詩分別為第九題〈雨後遊園〉、第十一題〈登樓〉。馬勇云：「王錫彤宣統元年（1909）六月初專程前往彰德府拜見袁世凱，袁命其遷寓其邸第暢談數日。」[83] 足證其乃此後方加入酬唱者。至於這二十位酬唱者與袁世凱之關係，謹分類列為表八於下：

83　馬勇：〈袁世凱「開缺回籍養疴」諸問題〉，《華東師範大學學報（哲學社會科學版）》，2017 年第 1 期，頁 54。

表八　洹村酬唱者分類表

關係	酬唱者	人數
親誼	張鎮芳、吳保初、袁克文	3
同僚	凌福彭、陳夔龍、丁象震、田文烈、嚴震	5
同鄉	王廉、王錫彤	2
幕友	沈祖憲、董士佐、費樹蔚、徐沅、謝愃、閔爾昌、沈兆祉、朱家磐	8
塾師	史濟道、權靜泉	2

　　這些酬唱者於袁世凱而言或不止具有一種關係。如張鎮芳既是袁之姻親，又是同鄉及官場同僚。王廉、丁象震本與袁為同僚，又因同鄉關係而頗為接近。田文烈時任陸軍部副大臣，但在朝鮮時期便為袁氏心腹。謝愃則既是彰德同鄉，又為幕友。史濟道、權靜泉為袁家女塾之塾師，然年紀視袁為輕，故尊袁為師。如是不一而足。整體而言，同僚五人及張鎮芳、吳保初、費樹蔚等此時皆不在彰德，與袁酬唱大抵皆通過書信電報。袁雖下野，卻能對朝政瞭如指掌，乃因與這些僚友保持密切往來。限於篇幅，僅舉數人以概其全貌。

　　如袁世凱早年在吳長慶麾下時，與其子吳保初（1869－1913）有兄弟之稱。吳保初秉性剛直，不畏權貴。光緒二十三年（1897），保初因甲午之敗而上《陳時事疏》，遭刑部尚書剛毅（1837－1900）壓下未報，保初乃憤然辭歸，將奏疏刊登於上海報紙，聲名鵲起。百日維新前後，著文痛陳阻撓新法之害。變法失敗後，又寫〈哭六君子〉詩，為亡者訟冤。袁世凱任直隸總督時，「招君遊天津，月致常廩，而不得議政事」。保初在天津鬱鬱不得志，即患中風，手足偏廢。[84]光緒二十六年（1900），庚子拳亂、兩宮西遷，吳保初致函袁世凱，

84　章太炎：〈清故刑部主事吳君墓表〉，上海人民出版社編：《章太炎全集》（上海：上海人民出版社，2018 年），頁 231。

勸其「行桓文之事」，尊王道而成霸業，並贈詩云「君王神武丁多故，
好建奇功答聖時」，但袁不採納，饋以重金，保初斥而不受。[85] 辛丑
條約簽訂後，保初入京上疏，倡言歸政德宗，冀圖再行變法。[86] 今人
孫文光且云：「光緒末，至天津，為袁世凱所困，『金盡裘敝』。（孫
寶瑄《忘山廬日記》）。其間適袁一度退居，保初曾與往來唱和，詩
集中有和袁感事之詩，其言『坐昧連橫失霸圖』，當即批評袁在庚子
時未能採其書中主張。」[87] 保初在光緒末年「困」於袁氏，當因德宗
駕崩後，載灃等人視其為袁氏同黨而加以迫害，否則吳、袁不可能在
宣統年間尚有洹村酬唱之事。宣統初年，袁世凱下野，保初也因母喪
南歸江寧。辛亥後，袁世凱擔任民國總統，保初「竟不與通」，[88] 至
民國二年（1913）春病逝。吳保初畢生行俠仗義、輕財好施，於維新
派、革命派皆抱持非常同情之態度，故而對袁世凱寄予厚望，最終卻
大失所望。正因如此，當隱居洹上的袁世凱吟詠庚子舊事，自許「稚
子持刀建遠謨」，而諸人交譽紛紛之時，吳保初卻發出「坐昧連橫失
霸圖」的不和諧音，[89] 足見其品行。然袁克文編纂《圭塘倡和詩》時
依然收錄吳作，當亦乃父授意。不過整部《圭塘倡和詩》中，吳保
初的和詩僅有兩首，此蓋因其遠居天津又罹患重疾之故。此外值得
注意的是，宣統三年發表之〈自題漁舟寫真四首〉，《袁世凱軼事續
錄》稱「或謂原作四首，乃係北山代筆，項城深不滿意，故屏而不錄
也」。[90] 北山乃保初之號，故學者或從此說。然筆者以為吳保初個性

85　見章太炎〈清故刑部主事吳君墓表〉，上海人民出版社編：《章太炎全集》，頁 231。
　　參丁放：〈晚清政治風雲中的吳保初〉，《安徽史學》，1995 年第 1 期，頁 49。孫文光：
　　〈吳保初和他的《北山樓集》〉，《江淮論壇》，1990 年第 1 期，頁 98。

86　丁放：〈晚清政治風雲中的吳保初〉，《安徽史學》，1995 年第 1 期，頁 48－49。

87　孫文光：〈吳保初和他的《北山樓集》〉，《江淮論壇》，1990 年第 1 期，頁 98。

88　章太炎〈清故刑部主事吳君墓表〉，上海人民出版社編：《章太炎全集》，頁 231。

89　袁克文編：《圭塘倡和詩》（北京國家圖書館藏 1913 年影寫石印本），頁 4a－b。

90　野史氏編輯：《袁世凱軼事續錄》，頁 125－126。

耿直，未必願為袁氏捉刀。或謂「項城深不滿意，故屏而不錄」，當反映二人政見不合；然以袁氏之精明，又值政局波詭雲譎，未必輕率將此任務交予吳氏，以免增加不可控因素，旁生枝節。故此，北山當為北江之訛，而北江即《容庵弟子記》之作者吳闓生。不過無論吳保初或吳闓生捉刀之說，皆為傳聞，不足徵信。

再以陳夔龍（1857－1948）為例，高有鵬論曰：「袁世凱與陳筱石曾經有一段不平凡的交往。當年，小站練兵，袁世凱被人告發，朝廷派榮祿與兵部主事陳筱石來軍營中調查。陳筱石在關鍵時候在榮祿門前為袁世凱說話，為其辯解和開脫。袁世凱對他一直心存感激，如今作詩贈送，更顯親切。〔……〕袁寫此詩時，陳筱石為直隸總督兼北洋大臣，所以人稱此詩為袁世凱作為前任直隸總督兼北洋大臣對後任的寄語。這是有道理的。」[91] 陳夔龍與袁世凱酬唱不只一次，可見二人此時交情。故宣統三年武昌起義，陳氏力主袁世凱出兵剿殺革命黨人。然而民國建立後，袁世凱邀請陳夔龍出任民國政要，陳氏卻加以拒絕，感嘆「二百六十八年之天下，從此斷送」，從此退隱上海，以遺老自居。其晚年所著《夢蕉亭雜記》回憶鼎革前後之事而論道：「沖皇御宇，監國從寬，褫職從寬，不能鋤惡務盡。武昌難發，特起督師，猶以為長城可恃。卒至一入國門，遂移漢鼎。惡貫雖滿，竟獲善終，匪特天道難知，抑文忠所不及料者也。」[92] 然觀陳氏與袁世凱之洹村酬唱，此時恐未必會感嘆榮祿「所不及料」爾。

同鄉方面，王廉與袁世凱關係比較單純，而王錫彤（1865－1938）則有所不同。馬勇指出：「袁世凱此時似有從官場徹底退出的想法，有向實業用功的考慮。因身分或其他原因不便出面直接從事，

91　高有鵬：〈詩人袁世凱〉，《中華讀書報》2013 年 6 月 5 日。
92　〔清〕陳夔龍：《晚清重臣陳夔龍回憶錄：夢蕉亭雜記》（臺北：新銳文創，2018），〈袁世凱依附榮祿〉，頁 130。

他準備找幾個幫手在前面操作,自己居於幕後。據此時與袁世凱關係密切的王錫彤記錄,袁世凱離開北京返回河南不到二十天,1909 年 1月 23 日,『初四日,〔王錫彤〕偕李敏修謁袁宮太保於馬市街寓邸(筆者按:此時袁仍在衛輝)。〔……〕因先約定不談國事,寒暄畢遂及實業,屢詢余禹州礦場之事。蓋對於余之對待大姓家族不惡而儆之意,言外實嘉許之。此為余與袁公結契之始。袁幕友謝仲琴及其族弟勉堂均晤。仲琴自在高麗即參戎幕,至今老諸生不受褒獎,修潔士也。』」[93] 劉路生亦云:「(袁)對王錫彤說:『罷官歸田,無他留戀,惟實業救國,抱此宗旨久矣』。王錫彤以對袁素所『傾佩』,欣然應招。」[94] 實際上,袁世凱在官位時曾上奏倡導實業救國,希望為國家的富強打下基礎。[95] 因此他下野後為求自保而經營實業,理念可謂一以貫之。王錫彤十九歲中舉,至光緒三十一年(1905)應邀管理三峰礦物公司,次年積極支持自辦鐵路,促使洛潼鐵路通車,在實業界甚為突出,民國後甚至有「洋灰王」之譽。故袁世凱隱居衛輝時,與其訂交。武昌起義後,王錫彤向袁世凱分析局勢道:「革命之氣已盈海內,若再以兵力蹂之,後患方長。為袁公計,亦殊不值得。蓋專制國之大臣,立不世之功,結果只有兩路可走:一為岳武穆,身死而國危;一為曹孟德,風利不得泊也。此二者非君殺臣,則臣弒君,將何以處袁公乎?」[96] 故袁氏迫使清帝遜位,王錫彤之言對他也不無影響。

袁氏與王錫彤會面,特意安排幕友謝愃(?-1916,歷史學家謝國楨祖父)在場,亦有緣故。謝愃雖無功名,卻通曉洋務,其姪孫謝國秀云:「謝愃與我祖父謝愷曾是彰德府水利官員,管過天平渠、萬

93 王錫彤著,鄭永福、呂美頤點注:《抑齋自述》(開封:河南大學出版社,2001 年),頁 144。

94 劉路生:〈彰德養疴時期的袁世凱〉,頁 366–386。參王氏《抑齋自述》,頁 45–46。

95 〔日〕佐藤鐵治郎著,李寧、盧浩文譯:《外國人眼中的袁世凱》,頁 156–158。

96 郭廷以:《近代中國史綱》(香港:香港中文大學出版社,1980 年),頁 412。

金渠和濬縣大賚渠等。〔……〕袁下野後，謝家先到商丘，而後因謝
愃曾任衛輝知府，到衛輝百泉居住。謝家兄弟捐資重修百泉祠廟，最
後定居安陽。袁在洹北建『洹上村』，謝家兄弟則選址在安陽九府胡
同，建房一千多平方米，俗稱謝家大院為『謝公館』。」[97] 由此可知，
王錫彤、謝愃雖亦為袁氏詩友，然交往的主要原因卻在於發展實業。
這反映出袁世凱鄉居時期策劃未來的另一願景——雖然在王錫彤、
謝愃的和詩中，未必看得出來。而辛亥之際，王錫彤建議袁氏不必忠
於清朝，可見他很清楚袁氏究非甘於經營實業終老之人。

　　此外，酬唱的幕友有八人，係人數最多之類別。這類人本身便
與袁氏有賓主之誼，甚至相處甚篤，此時又多在袁氏左右，故參與酬
唱為理所當然。以沈祖憲為例，今人桑盛庭指出：「沈祖憲（1852–
1932）字呂生，祖籍浙江紹興，同治年間優貢出身。在袁世凱奉命於
天津小站練兵時，沈即在袁所成立的武衛右軍總部下的編制中任文
案（等於秘書），同僚有阮忠樞（後任秘書長），言敦源（後任內務
次長）等。袁世凱任大總統前，沈始終尾隨，充當首席秘書。長期住
在府內，辦理機要事務。〔……〕1908 年，袁世凱開缺回籍，養病於
洹上村養壽園，沈亦隨同前往，經常與袁以詩唱和，後印有《圭塘唱
和詩集》問世。沈還跟吳闓生一起撰寫《容庵弟子記》，容庵乃袁的
別號。由此可見，沈祖憲和袁世凱的關係非同尋常。」[98] 觀圭塘諸本

97　謝國秀著、李恩義（豫記作者）整理：〈一個安陽老人的真實經歷：我和袁世凱家是
　　鄰居〉，「騰訊網」，https://new.qq.com/omn/20180123/20180123G0ULBR.html。（2021
　　年 10 月 6 日瀏覽）又：天平渠之建設，乃是 1914 年開始，也是由袁世凱動議。工程
　　未半，袁世凱、謝愃先後去世，由謝愃繼續施工。至 1917 年基本竣工。〈翰墨溢香、
　　背景雄厚的《天寶渠圖》〉，歷史學家謝國楨為謝愃嫡孫，幼時於其祖父之藏書頗有
　　閱覽。

98　桑盛庭：〈「沈祖憲案」內情〉，「亦凡圖書館」，http://www.shuku.net:8082/novels/
　　baogao/mgyaxzjsh/mgyaxzjsh09.html。（2021 年 10 月 6 日瀏覽）桑氏又云民國後，由
　　於袁世凱聽信謠言，懷疑沈祖憲洩漏「二十一條」內、且暗通孫中山，沈氏曾一度遭
　　捕，然不久獲釋。此是後話。

袁詩十三題下，沈氏酬唱者達九題。且宣統二年後半，活動已較為冷落，而沈氏依然持續和詩，對袁氏之態度可見。

又如費樹蔚（1883－1935）其人，與袁世凱長子克定同為吳大澂之東床，因此頗受袁世凱信賴。宣統元年袁世凱下野時，費氏應徐世昌之邀入郵傳部任員外郎，兼理京漢鐵路事。翌年丁母憂歸回蘇州，但與袁氏仍保持聯繫，詩歌酬唱。胡文輝指出：「費氏早年就是袁的幕僚，甚受重用，在袁被迫退休時，他亦脫離袁幕，直到此年（按：指為「乙卯本」作跋的 1915 年）才接受了北洋政府新設的肅政史之職。論與袁的關係，費要比王式通深得多，但他的跋卻不是捧袁的，或者說，雖然是捧，卻是話裏有話，用捧的方式表示異議。」如費跋開首時交代自己與袁氏的關係，謂當年養壽園落成時，曾集龔自珍詩為楹聯曰：「君恩彀向漁樵說，身世無如屠釣寬。」袁氏稱許不已，「謂真能寫出心事」。言下之意，袁世凱如今卻榮任大總統，並未以「漁樵屠釣」終老，在費氏看來卻是不無可議的。他又說：

> 抑樹蔚有私愛於公：竊冀十年以後，寰宇莫安，敝屣名位，跌宕詩酒，舉韓富文馬退休後不能幾及之境，以較華盛頓門洛而無媿色，此其福德地望為何如者！息壤具在，吾言之終踐與否，則天實為之，既非公所能自主，亦非樹蔚所能臆測矣。要之，公，傑魁人也，投艱遺大，而有所弗辭，功成身退，而不必自居。

費氏希望十年後袁世凱仍舊辭官歸里，則高風亮節不僅視北宋宰輔韓琦、富弼、文彥博、司馬光諸公有過之而無不及，甚至可以比肩華盛頓。胡文輝說得好：「此跋是作於乙卯，即 1915 年，正是洪憲帝制暗潮湧動之時，費樹蔚應是借着這些漂亮的門面話來勸阻袁世凱的。所謂『息壤具在』，在傳統來說是很重的話，用在此處，意思大致是：我先把話擱在這裏，就看您能否做到了；至於『功成身退，而

不必自居」云云，尤為直白無隱，是不待解說的。」胡氏又以張一麐〈費君仲深家傳〉、傅增湘〈吳江費君墓誌銘〉相參。〈家傳〉云：「時籌安議起，物論沸騰，應召入都，直言極諫。有媒孽之者，見幾而作，褫被還鄉。」〈墓誌銘〉亦云：「乙卯歲，應召入都，補肅政史。值籌安議起，君懼危及國本，直言極諫，不見納，遂引去不復出。」可見跋語絕非泛泛之言，而確是針對復辟帝制而發。[99] 此外，費跋中還有一條重要資訊，十分值得注意：

> 甲寅之夏，公傳語尤諄至，乃觸暑入都，褻服上謁，便坐深語。見公精神意氣，視昔彌壯，而鬢鬢如雪，喟然謂曰：「漳水老農之樂，子所覩也，今復何如！」相與三太息。出晤抱存公子，贈我以《圭塘倡和集》，則曩時酬唱之作具焉。倦游南旋，臥疾累月，念茲編流布人間不多，輒重印一過，以貽世之知者，使共識公文武之兼資，情韻之不匱。

也就是說，費樹蔚在 1914 年（甲寅）夏日接獲袁世凱的諄諄慰問，於是特地北上拜謁。他發現袁氏雖然精神意氣壯於昔日，但鬢髮盡白，老境已至，故當面感喟，言下之意是勸勉袁氏急流勇退，回到漳洹，歸隱之樂自可頤養，不可與長期案牘勞神同日而語。袁氏雖也「相與三太息」，卻顯然聽不入耳。而費氏拜別袁世凱後，出來與袁克文（抱存）晤談，才首度見到這本蒐集了宣統年間贈答之作的《圭塘倡和詩》，不勝感慨。且如前所言，費氏南返後重印此書，當即袁克文所謂「江南印本」，而其重印必然得到克文授意。胡文輝論道：

99　胡文輝：〈跋《圭塘倡和詩》乙卯本〉，《華人文化研究》，第十卷第二期（2022.12），頁 262。

「費氏所以重印《圭塘倡和詩》，根本就是出於『打着紅旗反紅旗』的潛在動機，是要拿當年的袁世凱來反對現在的袁世凱，是拿袁氏曾有過的『終焉之志』，來提醒他應考慮『功成身退』，而不是更進一步，復辟做皇帝。當然，袁克文作為『皇二子』，也是不贊同父親稱帝的，其名句『絕憐高處多風雨，莫到瓊樓最上層』正是一個政治表態，那麼，或者他也是重印本的支持者或參與者吧？簡單地說，《圭塘倡和詩》的初版和重版，表面上是同一種書，背後的內涵卻迥然不同：當袁世凱正處於政治低谷之時，他通過兒子刊印此書，是有意營造一種隱逸避世的姿態，是給外人看的；當袁世凱有意攀爬政治危峰之時，費樹蔚重印此書，是有意作為一種含蓄的進諫方式，是給袁氏本人看的。」[100] 可謂鞭辟入裏。筆者以為，以克文至親關係、樹蔚舊日幕賓，雖不贊同袁世凱之政見，卻必仍懷有厚愛之心。因此該書在江南重印，除有進諫之意，也希望讓普天下知道袁世凱在清末固曾有歸隱之舉，以解除大眾之疑惑懸念。若袁世凱幡然醒悟，毋寧皆大歡喜矣。可惜歷史並未朝着克文與費樹蔚期待的方向發展（袁世凱去世後，袁克定之女家第嫁給了費樹蔚之子費鞏，這是後話）。

三、洹村酬唱的文本互動：修訂方面

洹村酬唱的文本互動，可分兩方面來考察。一為詩友對袁世凱作品的影響（包括修改的可能），一為相互之間的唱和。就第一方面而言，詩作是否袁世凱親筆所為，至今仍存在質疑聲音。如前節所引葉德輝《郎園讀書志》指出，袁世凱〈登樓〉本作「憑軒看北斗，轉覺夕陽低」，「大有宋太祖『趕卻殘星趕卻月』之概，辛亥革命此其見端」，而圭塘諸本改為「開軒平北斗，翻覺太行低」，「語雖不

---

100 同前註，頁 264。

凡，失其奸雄氣概矣」。[101] 而謄鈔稿或雲臺本的文字，也與圭塘諸本
相同，可見此詩修改時間甚早，更在袁世凱謄鈔詩稿以前。對於如此
修改，葉德輝似已道出了一個原因：初稿中的北斗與太陽在時間上乃
是處於對立面，落日讓位於新星，乃是眾所周知的改朝換代隱喻，故
葉氏將之與宋太祖〈詠初日〉詩相比擬。這般看來，是否因為袁世凱
當時身處清廷密探監控之下，如此詩句極易賈禍，故改為「開軒」兩
句，詩意轉以表現個人襟抱為主，特意遮蔽初稿展現之勃勃野心，故
而「失其奸雄氣概」？查《袁檔》卷六所收〈憶庚子年故事〉一首之
詩稿，有批語云：「前三韻稍嫌質實，尚待潤色。」[102] 就是認為此詩
前兩聯較為直露地道出了許多「庚子拳亂」時期的史事，並表達出某
些未必能投合清廷的觀點，因此建議再作潤色。但是袁世凱最後一字
未改，宣統二年付梓的《圭塘倡和詩》原原本本地收錄此作。相比之
下，〈登樓〉的內容更為隱晦，袁氏出於政治考量而作修改，筆者以
為恐怕未必。再玩味兩種版本，「憑軒」為靜態，「看北斗」為仰望；
而「開軒」為動態，「平北斗」為平視。窗戶乍開，竟能平視北斗，
可見其襟抱渾然天成，不待鎮日仰望星辰而然。「夕陽」雖在天上而
低不待言，太行在地面卻巍巍自若，其高從不減損；故以太行為喻，
不僅進一步體現其眼界之高，且一掃黃昏衰穨之氣。因此，〈登樓〉
一詩的修改，筆者以為仍是出於文學的考量。回看《袁檔》卷六所錄
五首詩稿，多有無名氏之批語及修改建議，艾俊川以其中一首〈園成
約諸友小飲〉為例，指出改動之處袁世凱皆未採用。這似可說明，詩
皆為袁氏親筆。[103] 而〈登樓〉一首早於詩稿謄鈔以前之修改，究竟是
袁世凱自為，抑或出於克文乃至其他幕僚之手，就現存文獻資料而言

---

101 葉德輝：《郋園讀書志》，卷十六，頁 42a。

102 國家清史編纂委員會、中國社科院近代史所、虞和平主編：《近代史所藏清代名人稿
本抄本（第三輯）》，頁 618。

103 艾俊川：〈養壽園紙上考古記〉，《掌故》，第六集，頁 51。

仍然證據不足。但就邏輯推論，若袁世凱十分注重文字精工，諸作恐怕一開始便已請左右修改完善，不待謄鈔後再行修改。既已完善，謄鈔後就不至於還有那麼多（至少在筆者看來甚為合理的）批改建議。若云「詩不厭改」，那麼袁世凱便應對謄鈔稿的批改建議樂而受之，而非置若罔聞。因此筆者認為，這輯詩作仍以袁世凱自行創作、甚至自行修改的可能性最大。

現在再看《袁檔》卷六所收五篇詩稿。為便承上啟下，我們先討論〈憶庚子年故事〉一首（圭塘諸本題作〈憶庚子舊事〉），詩云：

> 八方烽舉古來無。稚子操刀建遠謨。慚對齊疆披枳棘，還臨燕水補桑榆。奔鯨風起驚魂夢，歸馬雲屯感畫圖。海不揚波天地肅，共瞻日月耀康衢。[104]

與其他四首不同，此詩全無確切的批改建議，唯「建遠謨」側標密點，又總評云：「前三韻稍嫌質實，尚待潤色。結韻莊嚴。」此詩首聯、頷聯（前三韻）追憶光緒二十六年（1900）之亂局。首聯出句謂八國聯軍佔領北京之事，對句謂自身因此亂而建功立業。頷聯出句自謂當時巡撫山東（齊疆），參與「東南互保」，山東一省得以維持穩定。對句則謂對北京（燕水）方面作補救──慈禧、光緒兩宮西行之際，袁世凱一直提供救濟物資。正因如此，袁氏聲譽日隆，以致李鴻章在光緒二十七年（1901）臨終前推薦其繼任直隸總督北洋大臣。就詩作而言，字裏行間流露的心態仍以謙卑誠懇為基調，如自稱「稚子」，以及「慚對」、「補桑榆」等語皆然。但是批改者密點的「建遠謨」三字卻有玄機：就行文而言，自稱「建遠謨」則不無倨傲之感，

---

104 國家清史編纂委員會、中國社科院近代史所、虞和平主編：《近代史所藏清代名人稿本抄本（第三輯）》，頁 618。又見袁克文編：《圭塘倡和詩》（北京國家圖書館藏1913 年影寫石印本），頁 6a。

與「稚子」一詞並存一句之中，尤其突兀扞格。選擇此三字，固可以袁氏不經意顯露深層心態為解，但筆者更傾向相信是他在個人語言習慣上認為此三字不過為中性表述而已。然而在以詩文為業、善於羅織罪名的清廷官吏眼中，此三字就足以構成罪狀了。何況結合前後文來看，導致古來未有的八方烽舉，是誰之過？選擇「東南互保」，而不遣兵馬勤王，僅以錢糧補救，借國運、戰亂為一己發跡之契機，如是可謂忠乎？這些往事本來皆可採用頸聯的書寫策略，以隱喻的手法，烘雲托月地呈現，而袁氏質實，竟然一一道出（縱在他個人看來可能文筆已經甚為含蓄了）。假使逐一審視，問題皆會浮現。因此批改者稱許「結韻莊嚴」，正是鼓勵袁氏此詩全篇都要如尾聯一般，調整至以「頌聖」為主，方能自求多福。但此詩內容牽涉國家大事，非尋常風花雪月可比，故不作出批改建議，而是有待袁氏再行斟酌。稍後，此詩原封不動地刊載於《圭塘倡和詩》內，唯次序由謄抄稿之第二首（題）後移至第四首（題）。蓋因該詩不涉及物候，挪移也不至於導致時序錯亂；而圭塘諸本增入諸家酬唱之作，此詩之前已有近二十首作品，不再引人注目，這般虛晃一招，大概是袁克文編書時對批點者的回應。由是觀之，似乎清末文網不及前期之密，當然也可能是載灃等人對袁氏仍有忌憚，未敢輕舉妄動。

至於《袁檔》卷六中有批改建議的詩稿，吾人可先以〈園成約諸友小飲〉（亦即圭塘諸本之〈春日飲養壽園〉）為例，將兩種版本逐錄於下表九。

比對之下，《袁檔》本批改後的文字誠然更為精巧。首先是換去冗字、補入新意，如「盤飧尊酒」換成「山食村酒」，點出鄉野之樂。又如「蒔花」「樹木」改為「閒花」「高樹」，既是人造園林，花木必待種植，故「蒔」「樹」二字未免多餘；「蒔花」得宜自能「閒」，「樹木」得宜自能「高」，故「閒」「高」二字更能拓寬內涵。其次是調整句

表九　〈春日飲養壽園〉版本比勘

詩題	園成約諸友小飲	春日飲養壽園
版本	《袁檔》卷六批改本	圭塘諸本
正文	背郭園成別有天。 山食村酒集高賢。 疊岩便可遮苔徑， 聚水何堪放釣船。 一院鬧花媚曉日， 十年高樹拂晴煙。 相期不負春光好， 看月樓頭未肯眠。	背郭園成別有天。 盤飧尊酒共群賢。 移山繞岸遮苔徑， 汲水盈池放釣船。 滿院蒔花媚風日， 十年樹木拂雲煙。 勸君莫負春光好， 帶醉樓頭抱月眠。[105]
總評	詩思清遠。[106]	----

式，如「移山繞岸」、「汲水盈池」皆為當句對，置入頷聯似令語氣過於急促。增入「便可」、「何堪」，則文勢虛實相生，更為雍容。復次為令文義合理化，如末句「抱月眠」大概出自蘇軾〈前赤壁賦〉「抱明月而長終」，自有意趣。但若在此基礎上「踵事增華」而變成「抱月眠」，仔細咀嚼恐怕有畫蛇添足之嫌。因為蘇軾此語只是一種幻想與虛構，但袁氏卻落實在日常生活，現實中月球並不可抱，若謂此「月」乃指月光，則「抱」字又不盡合理。故批改者調整為「看月」。可是袁世凱非咬文嚼字之徒，又自有主見，不遵循修改建議，倒更能保存一己之面貌。觀圭塘諸本及雲臺本所收袁氏之作，有類似瑕纇者時而得見，如此差可證明諸作當皆為袁氏親筆。

　　而〈清明偕兄遊園〉（亦即圭塘諸本之〈清明偕叔兄遊養壽園〉）一首，透過版本比對，可發現一處袁世凱的小修改，但如此修改大抵只是受批改者啟發，確非接受其建議：

---

105 袁克文編：《圭塘倡和詩》（北京國家圖書館藏 1913 年影寫石印本），頁 4b。

106 國家清史編纂委員會、中國社科院近代史所、虞和平主編：《近代史所藏清代名人稿本抄本（第三輯）》，頁 619。

表十 〈清明偕叔兄遊養壽園〉版本比勘

詩題	清明偕兄遊園	清明偕叔兄遊養壽園
版本	《袁檔》卷六批改本	圭塘諸本
正文	白首偕遊樂弟昆。 養痾隨地闢林園。 蒼松繞屋添春色， 綠柳垂池破曉痕。 畫舫恍疑臨古渡， 酒家何處問山村。 春深庭榭新陰合， 好聽黃鸝對座喧。	昆季偕遊養壽園。 清明雪盡草粗蕃。 蒼松繞屋添春色， 綠柳垂池破釣痕。 畫舫疑通桃葉渡， 酒家仍在杏花村。 鶯歌燕語無心聽， 笑把塤箎對坐喧。[107]
總評	春意盎然。[108]	----

　　此詩首先值得注意的是《袁檔》頷聯出句七字側加圓圈，可知批改者許為佳句；對句原為「破浪痕」，批改建議調整為「破曉痕」。批改者如此建議，蓋因「曉」與「春」皆標示時間，屬對較為工整。袁世凱雖未依從，但圭塘諸本卻改為「釣痕」，無疑更為妥貼：其一，柳絲垂入水中，一如釣絲，比喻甚佳。其二，無論選用「破浪痕」或「破曉痕」，作者或批改者本意都是考慮如何與「添春色」相對。但「破浪」、「破曉」皆為較穩定之詞語，在觀感上，「破」字很容易便將「浪」、「曉」二字從「痕」字處「搶走」，乍讀之下皆不甚工穩，且產生不必要的歧義。一旦換成「釣」字就不同了：讀者知道從無「破釣」一語，因此「釣」字只能與「痕」字組成詞語。如此看來，袁世凱雖未接受批改者的建議，卻尚能由此妙悟而推出新意。

　　回觀首聯，袁氏原作「昆季偕遊養壽園，清明雪盡草粗蕃」。眾人皆知此園名「養壽」，在詩中無須重複提及。且袁世凱與三兄世廉皆在辭官後同住園中養病，「白首偕遊」尤能見其樂處。原作對句有

---

107 袁克文編：《圭塘倡和詩》（北京國家圖書館藏 1913 年影寫石印本），頁 11a-b。

108 國家清史編纂委員會、中國社科院近代史所、虞和平主編：《近代史所藏清代名人稿本抄本（第三輯）》，頁 621。

嫌拼湊，竊疑袁氏本有「雪盡草初蕃」之語，一直未曾用上，此際方才終於放入詩中。然清明節在陽曆四月初，早已無雪，此詩出現「雪盡」二字未免冗贅。且清明之草已非「初蕃」，遂改為「粗蕃」，但如此一改頗有糙礫之感。而批改建議為「養痾隨地闢林園」，誠然頗能緊扣典實。值得補充的是，若從批改者之意，則首聯二句韻腳依次為「昆」、「園」。但圭塘諸本中此詩酬唱之作首聯二句韻腳皆為「園」、「蕃」，可見眾人步韻所參照的乃是袁世凱原作，而非依批語修訂之版本。

再看原作頸聯，「杏花村」運用杜牧〈清明〉詩典故，自然不錯；「杏花村」與「桃葉渡」相對，也極為工巧。但瑕疵在於桃葉渡之得名自東晉王獻之愛妾，「畫舫疑通桃葉渡」字面固謂洹上風景之秀美可比金陵，卻也同樣令人聯想到秦淮金粉、尋花問柳，反為不妙。一旦改作「臨古渡」，便可將那層不必要的香豔涵義徹底剷除。至於對句相應調整為「酒家何處問山村」，同樣未離杜牧詩意。至於原作尾聯出句，「鶯歌燕語」雖然「無心聽」，卻與「桃葉渡」般一樣失之香豔，改為「春深庭樹新陰合」則可將前文之「蒼松繞屋添春色」意境加深一層，蒼松經冬猶翠，如今他樹亦碧，是為「新陰」，由「屋」而延展至「庭樹」，足見「春深」。如此修改頗為不俗，唯一可惜的只是「春」字重複而已。原作對句使用了《詩經·小雅·何人斯》之典故：「伯氏吹塤，仲氏吹篪。」但是，無論鄭箋稱兄弟「相應和如塤篪」，抑或禰衡〈鸚鵡賦〉云「感平生之遊處，若塤篪之相須」等等，皆是以「塤篪」為空中設喻。但「笑把塤篪對坐喧」一句卻坐實了袁氏兄弟二人相對吹奏塤篪，流於稚拙。批改者建議調整為「好聽黃鸝對座喧」，一來把「鶯歌燕語」改為「黃鸝」，避開了浮豔感；二來易「對坐」為「對座」，音不變而意變，主詞由兄弟挪至黃鸝鳥，謂黃鸝隔座向兄弟啼鳴，悅耳怡心；三來抹去「塤篪」字樣，既避免稚拙，也避免與前文之「弟昆」重複。如此可謂一舉數得。

然而，這些批改建議也非全部具有說服力，如《袁檔》卷六所

錄〈二月雪〉（亦即圭塘諸本之〈春雪〉），袁氏原作與批改本的文字可謂優劣互見：

表十一　〈春雪〉版本比勘

詩題	二月雪	春雪
版本	《袁檔》卷六批改本	圭塘諸本
正文	霏霏春雪掩蒼苔。 木華衝寒著意開。 數點飛鴻天外隱， 一行歸馬樹邊來。 袁安踪跡流風渺， 裴度心期忍事灰。 莫道春寒花信晚， 且隨野鶴去尋梅。	連天雨雪玉蘭開。 瓊樹瑤林掩翠苔。 數點飛鴻迷處所， 一行獵馬疾歸來。 袁安踪跡流風渺， 裴度心期忍事灰。 二月春寒花信晚， 且隨野鶴去尋梅。[109]
總評	寄託遙深。[110]	----

　　袁氏原詩首聯「玉蘭」與後文的「瓊樹瑤林」一樣，都是比喻雪景，非真有玉蘭綻放也。然出句言「玉蘭」，對句又言「瓊樹瑤林」，未免累贅。且樹林甚高，若視野中樹林能將地面青苔掩蓋，必然是遠景。但既是遠景，地面上是否有青苔，卻又不得而知。相比之下，青苔由白雪掩蓋就比由樹林掩蓋更為合理。至於將「玉蘭開」改為「木華開」，不僅避免意象重複，更可謂虛晃一招——「木華」既可解讀為樹枝着雪如花，也可解讀為梅花凌寒而開，與末句「尋梅」相照應。「數點飛鴻迷處所」一聯，張伯駒稱讚其「氣象開闊」有加，又紀以詩云：「猶記雄風傳詩句，一行獵馬急歸來。」[111] 但無可否認，「迷處所」為動賓結構，「疾歸來」為偏正結構，屬對並不工整。但批改者改為「天外隱」、「樹邊來」，已偏離原作詩意：飛鴻既是隱於天外，

109　袁克文編：《圭塘倡和詩》（北京國家圖書館藏 1913 年影寫石印本），頁 7a－b。

110　國家清史編纂委員會、中國社科院近代史所、虞和平主編：《近代史所藏清代名人稿本抄本（第三輯）》，頁 620。

111　張伯駒：《續洪憲紀事詩補註》，載《張伯駒集》，頁 94－95。

則其處所並未曾迷；歸馬來到樹邊，意境更是疲弱衰颯，大失原作雄傑之風。

　　而《袁檔》卷六中另一首〈和子希景泉塾師遊園聯句〉（亦即圭塘諸本之〈次韻月下遊養壽園聯句〉），批改建議饜飣於格律對仗，修改後幾乎完全失卻作者本來的精神風度，可謂弄巧成拙：

表十二　〈次韻月下遊養壽園聯句〉版本比勘

詩題	和子希景泉塾師遊園聯句	次韻月下遊養壽園聯句
版本	《袁檔》卷六批改本	圭塘諸本
正文	青山萬疊隱勞人。 卜築漳洹邨落新。 牆外遠峰橫列障， 門前曲水數家鄰。 風沙不信蒼茫繞， 雲物何堪變幻頻。 寄語長安諸舊侶， 素衣早浣帝京塵。	曾來此地作勞人。 滿目林泉氣象新。 牆外太行橫若障， 門前洹水喜為鄰。 風煙萬里蒼茫繞， 波浪千層激盪頻。 寄語長安諸舊侶， 素衣早浣帝京塵。[112]
總評	結語溫厚。[113]	----

　　相比前三首，此首之批改建議頗有值得商榷之處。原作首聯之意，謂從前身為官員（勞人），每次經過洹上村都是匆匆而過，今日終能築園此處，放眼自然氣象一新。但批改建議之文字涵義甚為簡單，僅謂辭官歸隱於新園而已，喪失了原作今昔對比之張力。至於「邨落新」云云，更覺儉嗇，遠不及「氣象新」之恢宏。原作頷聯屬對固然不算精細，然「太行」、「洹水」皆地名，可作寬對使用，不必勉強改為「遠峰」、「曲水」——且前文已有「青山」，此處又何必重出「遠峰」？又「橫若障」、「喜為鄰」相對也頗見巧思，尤其下

112 袁克文編：《圭塘倡和詩》（北京國家圖書館藏 1913 年影寫石印本），頁 2b。

113 國家清史編纂委員會、中國社科院近代史所、虞和平主編：《近代史所藏清代名人稿本抄本（第三輯）》，頁 617。

一「喜」字則情思全出。改成「橫列障」、「數家鄰」後，此聯遂全為寫景而無一情語矣。原作頸聯字面確為寫景，但以雄奇之美為主，藉以象徵作者之襟懷。但批改之後，「風沙」、「雲物」皆成為政壇波詭雲譎之比喻。且「不信」、「何堪」等語，思緒回折細密，與袁氏直來直往之個性大相逕庭。如此一來，修改後的頸聯雖與尾聯文意銜接無間，增添了承上啟下的功能，卻將袁氏自道襟懷及故鄉山水之文字轉為貶義，又失卻原旨，教其乍讀之下，情何以堪！另外需要補充的是，《原檔》袁世凱筆跡中，首聯對句作「四面林泉氣象新」；至圭塘諸本則改「四面」為「滿目」。「四面」似客觀描述，「滿目」偏向主觀感受。林泉縱美，四面皆為林泉卻未免單調。易為「滿目」則舉林之秀、泉之清以概所見萬物，為讀者留下更多想像空間，這些疏朗的空間，比起密集的實物更能見氣象之新、之大。不過，袁氏改「四面」為「滿目」，似非由批改語穎悟而來。

除《袁檔》卷六所錄五首外，卷九《洹村逸興》所收十三題十六首中僅〈和王介艇中丞遊園原韻〉一詩有無名氏評語云：「二韻自然老當，五句健舉，結韻意遠。」[114] 從筆跡與圈點方式來看，這些批點當出自一人之手，蓋亦洹村酬唱之詩友。可見袁世凱詩成即邀評驚指正，縱然未遵建議，然亦可見其與詩友互動之情狀於一斑。不過將《袁檔》兩卷合而觀之，有批點的詩稿僅包括標示頁碼之作品——亦即最早創作之六首。筆者懷疑袁世凱在創作過程中，本打算每累積數首，在初步修改後便加以謄鈔，予詩友傳觀、評論、批改。前引《袁世凱軼事續錄》謂〈自題漁舟寫真〉四首「乃系北山代筆，項城深不滿意，故屏而不錄」，此雖捕風捉影之說，卻未必全然虛構：蓋批點者由於自身之詩學識見、甚至政治立場，批點內容難洽袁氏之意，甚

---

114 國家清史編纂委員會、中國社科院近代史所、虞和平主編：《近代史所藏清代名人稿本抄本（第三輯）》，頁693。

至不以為然，因此從第七首（贈陳夔龍詩二首）開始便不再使人批點。而《圭塘倡和詩》刊印時也就仍採用原文。如是便形成了「深不滿意，故屏而不錄」的傳聞。

四、洹村酬唱的文本互動：唱和方面

就唱和方面而言，現存袁世凱所有洹村酬唱詩作中，共有五首為他人首唱而相和。但首唱之詩仍然可見者僅有史、權二女士的聯句。其他皆為袁氏首唱，而酬唱者雖不乏名家，但作品至今鮮有注意者。如表八所列，參與洹村酬唱活動者可考者已達二十人，其中以幕友、同僚兩類的人數最多。縱其酬唱之作的對象讀者大率皆以袁世凱為主，但由於背景差異，也令各人的詩作與袁氏的原唱產生不同的文本互動。吳盛青以袁氏〈春日飲養壽園〉一詩為例，認為此作捕捉了賓主友朋在佳園美景中聚會的歡樂時刻。[115] 如尾聯「勸君莫負春光好，帶醉樓頭抱月眠」，的確透發出率性自在的歡愉感。總計圭塘諸本共有六首和詩，和者費樹蔚、謝愔、沈祖憲、閔爾昌、徐沅、沈兆祉，皆為袁氏之幕友。無論出於真情或敬畏，這六首作品皆着意渲染了歸隱之樂，並分別從不同的角度表達了對袁氏的稱許之意。如閔爾昌尾聯云：「還恐二蘇無此樂，夜吟兄弟對牀眠。」將袁氏兄弟與蘇軾、蘇轍相比，認為二蘇兄弟長期分隔，不如世廉、世凱共住養壽園，以敘天倫。謝愔首聯對句稱袁氏離開北京為「避賢」。沈祖憲頸聯對句云：「笑指齊州九點煙。」皆讚賞袁氏放下政事，得失無動於心。[116] 徐沅所寫相對更為直接，其頸聯曰：「近局還應憂樂共，退

---

115 Wu Shengqing, 'Nostalgic Fragments in the Thick of Things: Yuan Kewen (1890—1931) and the Act of Remembering', *Journal of Chinese Literature and Culture* (2019) 6 (1), p.246.

116 袁克文編：《圭塘倡和詩》（北京國家圖書館藏 1913 年影寫石印本），頁 3a－3b。

方致問起居頻。」[117] 點出袁世凱並未忘懷國事，仍與許多官員保持聯繫。不知是否正因內容過於直露，使袁克文後來在修訂時剔出了這首。然而費樹蔚的尾聯也不遑多讓：「登臨定觸心靈起，如此江山忍醉眠。」[118] 不僅謂袁氏不忍生靈塗炭、獨善其身，似乎也藉揣度袁氏的機會道出了自己的心聲。相形之下，該聯令費氏此詩高於其他和詩，因為吾人除了從中看到恭維袁氏之語，也讀到了詩人自身所思。而如此心聲，與袁世凱所塑造率性自在的歡愉感是不盡諧和的。不過袁世凱辭官之際，費樹蔚應徐世昌之邀入郵傳部任員外郎，翌年（1910）丁母憂回蘇州。此時的洹上聚會，他未必能出席。或許正因為不在場，加上身值居喪時期，令他選擇以相對旁觀者角度來看待這次歡聚。

　　別處為官的舊時同僚們也同樣值得注意。幾位同僚中，與袁世凱唱和最多的是陳夔龍，共有三題四首。在贈答〈寄陳筱石制軍二首〉時，陳夔龍表達了對袁氏隱居山林的羨慕：「三徑菊松應笑我，一艭風雨正懷人。」同時又感嘆自己年齡老去，卻依然無法抽身官場：「目窮蒼狗浮雲外，心在金鼇夕照邊。」[119] 有趣的是，陳氏特別拈出「已有獅兒作帝臣」——當年袁克定在農工商部剛由右參議晉升右丞。陳氏之意，乃是有子克紹箕裘，為父自可放心寄情山水了。如此一筆，既回應了袁詩的客套話，也表達了自己居於官場身不由己的狀態。而次韻〈春雪〉尾聯云：「我擬孤山寄行腳，騎驢湖上去尋梅。」[120] 表示希望遊覽西湖（後來陳氏墓地即在彼處），進一步吐露了同願歸隱之念。正因陳夔龍的身分地位，故其詩內容不必一味以袁

117 袁克文編：《圭塘倡和詩》，見〔日〕內藤順太郎著、張振秋譯：《袁世凱正傳》附錄，頁 190。

118 袁克文編：《圭塘倡和詩》（北京國家圖書館藏 1913 年影寫石印本），頁 3a。

119 同前註，頁 13a－b。

120 同前註，頁 7a。

氏為中心，也有夫子自道的篇幅。至於陳氏次韻史、權二女士之作，後半也可圈可點：「急流江上收帆易，小隱山中著屐頻。話到先朝恩禮渥，眼枯望斷屬車塵。」[121] 雖然對袁氏急流勇退、逍遙山水表示讚許，尾聯卻饒有深意。既云先朝（慈禧太后與德宗兩宮）對袁氏恩禮優渥，潛臺詞是本朝終會比照處理的。那麼，袁氏「眼枯望斷」的御使車塵，會帶來怎樣的旨意？是就從前之功勳加以慰勞，還是再度起用？陳氏從袁氏的角度道出此意，而且點到即止、滴水不漏，可謂高明。而嚴震次韻〈春雪〉，同樣意味深長：

> 二月春光鎖未開。紛綸玉屑點階苔。偶因北海風雲變，仍化東皇雨露來。大地似聞阻花信，一陽早喜動葭灰。韶華闃寂非天意，衝破嚴寒有老梅。[122]

此詩雖然詠雪，卻言在此而意在彼，將袁氏比喻成耐寒的老梅，終能守到春光重臨之時。在芸芸和作中，此詩無疑翻出了一層新意。相比之下，吳保初所和〈春雪〉二三聯云：「袁安高臥人間世，陶令一官歸去來。往事沈沈渾若夢，相思寸寸總成灰。」[123] 結合前目所論吳保初與袁世凱的關係，此詩強調袁安、陶淵明之高潔，似乎又隱藏着規勸之意──縱然袁氏在自己的詩中也用過這兩位古人的相關典故。。

同鄉方面，王廉僅留下次韻〈春雪〉，然全詩似以寫景為主。王錫彤較晚加入酬唱活動，所和也多為絕句，卻甚有意趣。如袁氏〈雨後遊園〉寫春雨摧花的嘆惋之情，而王錫彤次韻云：「濯濯池邊柳，

---

121 同前註，頁 3a。

122 同前註，頁 8b－9a。

123 同前註，頁 7b。

盈盈階上苔。料知春雨足，不覺笑顏開。」[124] 反其意而用之，讚嘆春
雨潤物之功。又如袁氏〈登樓〉一詩有「開軒平北斗，翻覺太行低」
之語，而王錫彤和云：「不作登樓感，全將物我齊。檻前列牛斗，誰
復問高低。」[125] 竟以莊子思想消解了袁氏居高臨下的豪邁感。袁世凱
結交王錫彤，乃是希望投入實業，在辭官後另覓一條出路。而王錫彤
之詩，似也有意無意要打破袁氏原唱的窠臼，富於塞翁失馬、禍福
相倚的趣味。這與王氏自身背景，以及與袁氏交往的方式應該頗為
相關。

　　史濟道、權靜泉身為袁家女塾教師，與袁世凱也是賓主關係，
且可謂洹村酬唱活動的肇始者。雲臺本中，有袁世凱次韻史氏七律、
權氏七絕各一首，皆以〈遊園〉為題，惜原唱已不存。而圭塘諸本中
兩人之作皆為聯句，計有兩首。第一首〈月下遊養壽園聯句上容菴
師〉前文已論，另一首則是以聯句形式次〈春雪〉韻，詩云：

　　　已報枝頭杏正開。（史）又看飛雪點蒼苔。搴帷更覺東
風冷，（權）入戶還兼細雨來。作意欲添新粉本，（史）驅
寒重撥舊鑪灰。詩壇百戰堪乘興，（權）何必山中更訪梅。
（史）[126]

　　此詩雖為聯句，卻密合無間，渾然如出一手。首聯謂乍暖還寒
時節，杏花開處又飄白雪。頷聯從氣象寫到人：賞花之人回到室內，
也把本應和暖的東風和夾雪的細雨帶了進來，倍添寒意。頸聯謂無聊
之下拾起畫筆，卻要找出已經收拾好的火爐來取暖。尾聯轉言酬唱，

---

124 同前註，頁 15b。
125 同前註，頁 16a。
126 同前註，頁 11a。

顯然因為作畫不耐久坐。既云「百戰」，可見酬唱不僅能解悶，還可驅寒，遠勝作畫，令人不忍稍歇。末句「何必山中更訪梅」尤其俏皮：作詩本來就是一種雅趣，既然心中有梅，又何須煞費周章外出尋梅？這到底是領悟還是藉口，真偽莫辨，令讀者會心微笑。此題十餘首和詩中，這是唯一一首既不以寫景為主，又不全以袁氏為對象讀者之作。詩中所描寫的雖然未必只是當時的女性生活，卻處處透發着女詩人的縝密心思。

　　最後略談袁克文的和詩。克文年輩最小，又是倡和集的主編，其和詩不少，卻多未收入。考高世異寫本《圭塘倡和詩》中有〈嘯竹精舍〉、〈登樓〉、〈晚陰看月〉、〈海棠二首〉，共四題五首，其後再版時皆已剔除。此外，《寒雲集》又收錄〈次王介艇廉韻游養壽園二首〉、〈家大人示遊園詩命次韻一首〉、〈雨後游園疊韻四首〉、〈登樓次韻〉、〈海棠二首次韻〉，去其重複，共得七題十二首，計五律二首、七律一首、五絕六首、七絕兩首，大抵皆遊觀詠物之作。克文早慧多才，吟詩可謂等閒事爾。但綜而觀之，諸作頗有綺豔之語，如「嬌花」、「娟娟」、「風月」、「同心」、「嬌嬈體態」等皆是，而次韻〈海棠〉其一，真可謂香奩體：「漫將金屋貯紅妝。側臥鈎簾興味長。睡去不知燭燒久，依依輕影透霞光。」[127] 難怪沈祖憲次韻袁世凱〈雨後遊園〉後，又疊前韻「倣齊梁體」一首贈予克文。[128] 即使次韻〈登樓〉，克文「河山隨望淼，煙樹傍人低」的是公子氣，與乃父豪傑氣大不相同。《圭塘倡和詩》再版時，克文將己作刪得一首不剩，除了自謙，大概還因這幾首詩的風格與其他作品相比甚是突兀。如此也可窺見他在酬唱活動中，怎樣為自身定位。

---

127 袁克文編：《圭塘倡和詩》，見〔日〕內藤順太郎著、張振秋譯：《袁世凱正傳》附錄，頁 199－200。

128 沈氏原題為：〈又疊前韻倣齊梁體柬豹岑公子〉。同前註，頁 198。

第四節 | 詩聚與怡情山林：以《圭塘倡和詩》與《洹村逸興》爲中心

對於袁世凱隱居洹上的情況，克文於圭塘諸本跋語道：「家大人以足疾致政，歸田課耕訓子之暇，間以吟詠自娛，賓友酬和。」而克定之雲臺本跋語則云：「清季先公家居養疴，蒔花種竹，吟詠其間，如謝大傅臨安山中，有伯夷不遠之慨。」[129] 評語又云：「先公仕清在宰輔，但知翼戴二聖，鎮攝八方，邊有東山寄興之暇。洹上雜詠，可作中華民國虞謌觀，亦可做中華民國緯文觀。」[130] 兩兄弟之語雖皆有溢美，但仍有區別。克文跋語作於宣統之時，所言較為隱晦。而克定跋語作於多年以後，回首當日，故所言較為平實。所謂「如謝大傅臨安山中」、「東山寄興」，乃是東晉謝安之典故。東山再起之意，克文當年自然道不得。抑有進者，所謂「緯文」，即羽翼經書的讖緯之文；而「虞謌」則是虞舜在朝中與皋陶賽和之歌。可見克定依然站在北洋政府的立場，認為民國法統承自清廷，一如堯舜禹之禪讓。而這組酬唱詩歌，則被克定視為乃父「龍興」之祥、藻飾新朝太平之瑞了。如此一來，倒曲折地反映出克定的真實想法：在他認知中，乃父當日隱居洹上已有圖謀東山再起、甚至取代清朝之念，而非僅耽於課耕吟詠而已——縱然在傳統的敘述中，祥瑞往往產生於當事人不自知的情況下。

今人毛翰云：「綜觀其此間之詩，無非兩種情懷：一是退出官場後的怡然自得，二是仕途受挫的落寞不甘。」[131] 不過從歷時近兩年的洹村酬唱過程可見，袁世凱對於用捨行藏的考慮，並非一蹴即就，而

---

129 國家清史編纂委員會、中國社科院近代史所、虞和平主編：《近代史所藏清代名人稿本抄本（第三輯）》，頁 695。

130 同前註，頁 697。

131 毛翰：〈民國首腦們的詩〉，《書屋》，2006 年第 5 期，頁 8。

是隨着時局的發展而日漸清晰的。即使他在歸隱之初便抱有東山再起之念，但這種心態在時局尚未明朗之際，並不可能昭然體現在詩中。因此，對於他那些予人氣魄宏大之感的詩作，簡單解釋為復出之野心，毋寧過於簡單。因此，深入探析袁世凱洹村酬唱之主題，方能進一步了解袁氏自身乃至其他酬唱者此時的詩作與心態。據表七之分期，前期為時雖短，但作品最為豐富；且從袁世凱創作的時間、內容來看，亦可在一定程度上尋繹出他的心態變化。本節選取袁世凱前、中期作品（亦即《圭塘倡和詩》及《洹村逸興》所錄），並着眼於後期的〈自題漁舟寫真四首〉，透過主題和內容的探析，以呈現其創作心態的變化過程。某些前期詩作的內容在第三節〈洹村酬唱的文本互動：修訂方面〉已有涉及，此處再作進一步討論。

一、前期之一：徘徊仕隱

洹村酬唱的前期作品，無論是袁世凱之作抑或全部可考之作，數量上已接近所有詩作的半數之多。前期最早的兩題，皆為袁世凱次韻之作。如〈和王介艇中丞遊園原韻〉，王廉原作今已不見，但因兩人此時皆「無官一身輕」，故頗有惺惺相惜之意。袁氏和詩後半云：

> 雕倦青雲路，魚浮綠水源。漳洹猶覺淺，何處問江村。

無名氏評曰：「二韻自然老當，五句健舉，結韻意遠。」所謂「五句健舉」，自然指「雕倦青雲路」體現出一種高亢雄渾之美。然玩味這兩聯（二韻）如何「自然老當」，關鍵卻在第六句之承上啟下。此聯雕、魚相對，令人想起《莊子》北冥之鯤化而為鵬的典故。綠水浮出的游魚，正是倦飛的大雕所變回的。為什麼魚會浮出來呢？《莊子》云「鯤之背不知幾千里」，想然此處的綠水不夠深。如此一來，「漳洹猶覺淺」一句便可自然而然地接下去了。綠水既已具體對應為漳洹，文字便從借喻回到陳述：漳洹容不下鯤魚，偌個洹上村也一樣

容不下這位詩人。那麼，鯤魚要變回大鳥，繼續飛翔，還是尋找水更深處以相忘於江湖？這正呼應了范仲淹「進亦憂、退亦憂」的論述。但袁世凱不是范仲淹，未必有着「先憂後樂」的潛文本。他要表達的不是一味要東山再起的野心，而是在仕隱之間進退兩難的困窘徘徊之情。今人秦燕春亦謂此詩「清新自然，而又滿腔抑鬱，十分符合袁氏當時的處境與心情，確實是好詩」。[132] 如此看來，此後的詩作誠多涉及用行、捨藏兩種主題，而兩種主題的邏輯起點，正是這開卷第一首詩。

　　第二首雖也為次韻，但情形與第一首有所不同。首先，第二首的兩位原唱者為女性，她們身為塾師，雖也飽讀詩書，但畢竟無法如男性般出仕，因此與袁世凱的共鳴也許隔了一層。她們這首聯句中體現的中秋節遊園之樂，以描摹眼前景物為主，僅尾聯「漫道蓬萊仙境好，此中已似隔紅塵」點出了洹上村勝似仙境、遠離塵囂。而袁世凱的和詩雖然步韻，卻已在次年二月中旬，因此完全不著中秋之題：

　　　曾來此地作勞人。滿目林泉氣象新。牆外太行橫若障，門前洹水喜為鄰。風煙萬里蒼茫繞，波浪千層激盪頻。寄語長安諸舊侶，素衣早浣帝京塵。[133]

　　首句之「勞人」，即憂苦之人。出自《詩・小雅・巷伯》：「勞人草草。」彰德府為袁氏故里，但從前每次返鄉，都因夙夜從公，鬱結於心，不曾有一刻之清閒愉悅。對句「氣象新」，既謂荒園重建一新，也指辭官後壓力全無，故林泉入目氣象迥異。此後兩聯着眼於景物之描摹，既為「氣象新」之闡發，也對於史、權原作有所「致敬」，

132　秦燕春：《袁氏左右：清末民初的流年碎影》，頁 40。

133　袁克文編：《圭塘倡和詩》（北京國家圖書館藏 1913 年影寫石印本），頁 2b。

唯是一寫園內、一寫戶外，風致亦自不同。風煙蒼茫、波浪激盪，正是相鄰洹水的景象，這種雄健之美為袁氏所素愛，故一「喜」字令這兩聯成為了「有我之境」。正因林泉堪樂，故才有尾聯勸京中舊友早日辭官歸里、安享晚年之意──這正與首句的「勞人」相呼應。有人認為末句「稍微有點政治牢騷」、「不妨是與當局不合作的情緒」，[134]也許袁氏內心深處確實如此，但僅從這首詩而言，末句與首句相應的心情以憂為主（而非怨恨），中間六句的欣喜化解了首句之憂，順勢進入末句，還欲化解舊友之憂。且舊友們年紀已長，讓位少壯，安享晚年，有何不可？故此，若末句有明顯牢騷之意，則把前文營造的正面情感全毀壞了。整體來看，這首詩進一步發揮了前一首的退隱主題，且充滿欣喜之意；而詩中透發的如此情緒，未嘗不真實反映出袁世凱甫回故里時心境的一個面向。

二、前期之二：優游親朋

前期的作品從第三題開始，一方面持續有宴遊之作如〈春日飲養壽園〉、〈春雪〉、〈清明偕叔兄遊養壽園〉，又有書信酬唱如〈寄陳筱石制軍二首〉、〈次張馨菴都轉賦懷見示韻〉，還有如〈憶庚子舊事〉般的一己抒懷之作。第一類作品中，如「勸君莫負春光好，帶醉樓頭抱月眠」、「二月春寒花信晚，且隨野鶴去尋梅」、「鶯歌燕語無心聽，笑把塤篪對坐喧」等語，表達了對友情、親情的珍惜，依舊從不同角度呈現出林居之樂，繼承並發展了歸隱主題。袁氏此時在洹上停留已過半年，逐漸習慣了這種生活模式，開始享受這「平生第一適意之時」（前引王揖唐語）。

對於兩位官場舊友的酬唱之作，袁世凱顯然有不同的語氣。張

---

134 大眼編輯部：〈袁世凱的詩，讀出曹操的味道，也是民國時期一大奸雄〉，「網易讀書頻道」，https://3g.163.com/dy/article/G906KDSB0543W69E.html。（2021 年 10 月 6 日瀏覽）

鎮芳與袁氏本為同鄉、姻親，故詩中之語頗為敦懇：

> 人生難得到仙洲。咫尺桃源任我求。白首論交思鮑
> 叔，赤松未遇愧留侯。遠天風雨三春老，大地江河幾派
> 流。日暮浮雲君莫問，願聞強飯似初不。[135]

此詩首聯亟言隱居如在仙境。頷聯自謂與張氏乃白首之交，拋
捨不下，無法忘情求仙。頸聯似言政局之詭譎，提醒張氏國事難為
（故袁克定稱此聯「已成讖詩」）。[136] 尾聯不問張氏遊子之思，只願他
康強如昔。正言若反，倒頗能勾起張氏的鄉愁。可以說，此詩將前作
「素衣早浣帝京塵」之意坐實在張氏身上。

至於陳夔龍雖也與袁氏有舊，但此時接掌袁氏直隸總督兼北洋
大臣之位，若袁氏同樣勸其退居鄉里，倒可能令對方誤解。故寄贈陳
氏二詩，甚多頌揚之語，頗有聯絡舊誼之念：

> 武衛同袍憶十年。光陰變幻若雲煙。敏中早已推留
> 守，彥博真堪代鎮邊。笑我驅車循覆轍，願公決策著先
> 鞭。傳聞鳳閣方虛席，那許西湖理釣船。（其一）
> 北門鎖鑰寄良臣。滄海無波萬國賓。湘鄂山川謳未
> 已，幽燕壁壘喜從新。鳴春一鶚方求侶，點水群蜂漫趁
> 人。旭日懸空光宇宙，勸君且莫愛鱸蓴。（其二）[137]

其一首聯先敘兩人在武衛軍的同袍舊情，頷聯將陳氏譽為宋代

135 袁克文編：《圭塘倡和詩》（北京國家圖書館藏 1913 年影寫石印本），頁 14b。

136 國家清史編纂委員會、中國社科院近代史所、虞和平主編：《近代史所藏清代名人稿
　　本抄本（第三輯）》，頁 695-696。

137 袁克文編：《圭塘倡和詩》（北京國家圖書館藏 1913 年影寫石印本），頁 12b-13a。

的向敏中、文彥博，無論留守、鎮邊，能力皆綽綽有餘。頸聯謙虛且不無自嘲地承認自己辭官歸里的失敗，並寄望陳氏接任後大展鴻圖。尾聯恭維陳氏更上一層樓，榮陞鳳閣臺輔之位，且謂國家須之甚殷，絕不可能讓其如自己般友漁侶樵。其二首聯稱許其在直隸之位多有建樹，天下太平，頷聯謂其由湖廣總督晉陞為直隸總督，兩地百姓皆受其恩，歌頌不已。頸聯「群蜂趁人」，謂陳氏身居高位，身邊競進者不計其數，甚或有螫人的可能；而自己卻如不朋不群的鶃鷹，希望與之保持良友的關係。尾聯之意與其一相同，仍勸陳氏要留在朝中，造福天下。此二詩與次韻張鎮芳之作相比，何啻逕庭。可見袁世凱村居之際，與朝官保持聯繫，非僅為敘舊情而已。且袁氏果真與陳夔龍心心相印，實不必放軟身段，多作恭維攀附之語。其自保之心、甚至復出之念，在這兩首詩中已呼之欲出了。

　　至於前節提及之〈憶庚子舊事〉一首，也可參看。此詩作於宣統二年庚戌初春，距離庚子恰好十年。孫雄云：「庚子一役，袁公力主剿拳。以東撫之力聯合江督劉忠誠公坤一、鄂督張文襄公之洞，遂收回天捧日之功。惜晚清政治，日就腐敗，親貴弄權，耆舊屏退。雖有善者，無救危亡，重可嘆也！袁公居彰德時，有〈憶庚子年故事〉七律一首云：（略）追懷往事，感慨噓唏，救民憂世之忱，溢於言表。」[138]可知其寫作背景及內容。此詩前二聯略言庚子年八國聯軍進犯北京之際，袁世凱正在山東巡撫任上。次年，便擢陞直隸總督兼北洋大臣。當時袁氏年甫四旬，與朝中大老相比十分年輕，故謙稱「稚子」。值得注意的是，宣統三年六月廿九日，盛宣懷致函袁氏云：「回念庚子以後，公揚歷十年，禁煙、廢八股、興學、練兵，大端悉舉，方之歷朝賢將相，罕有其匹。際此時局益艱，跂盼東山再起，宏此遠謨，

138 〔清〕孫雄：《詩史閣詩話》，收入張寅彭主編：《民國詩話叢編》第二冊，頁157。

豈異人任！」[139] 盛氏恰好採用「遠謨」二字，並為其作了註解，蓋先已閱覽過《圭塘倡和詩》。頸聯「奔鯨」固指來自海上的侵略軍如鯨鯢元憝，「歸馬」則謂兩宮自西安返京，自此「天下大定」。再觀頸聯「雲屯」二字，雖是比喻歸馬，卻也暗用了《易經・屯卦・大象傳》之典：「雲雷屯，君子以經綸。」而「經綸」於國固指百廢待興，於己則指平步青雲。庚子年乃袁氏進入中樞的關鍵時刻，故踏入庚戌初春後難免感慨萬千。今昔相堪，加強了袁氏復出之念，其贈詩陳夔龍，蓋亦與此種心態相貫連。甚至吳保初即使在和詩云「坐昧連橫失霸圖」，暗諷袁氏不用己策，卻也不得不承認其「曾勞至計安宗社」，因而以「江左夷吾能再出，佇看逸足騁天衢」一聯作結，[140] 對袁氏依然抱有幻想。

三、中期：觀覽體物

洹村酬唱中期為時整整九個月，但袁氏詩作僅有十題十二首，遠不及前期創作之頻密。這一期袁氏首唱者多為絕句短詩，內容則以遊觀、詠物為多，似乎不再傾向通過宴飲、寄贈來覓詩興。不過在這類小詩中，袁氏也頗能盡緣情體物之妙。如〈落花〉：

落花窗外舞，疑是雪飛時。剛欲呼僮掃，風來去不知。[141]

落花如雪，是古來常用的比喻。此詩卻將這個比喻打破，以體現花與雪的不同：雪若落地，則累積凝結；花縱落地，卻仍能因風而

---

139 王爾敏、陳善偉編：《清代名人手箚真跡・九・盛宣懷珍藏書牘初編》（臺北：禹甸文化，1976 年），頁 4268－4269。

140 袁克文編：《圭塘倡和詩》（北京國家圖書館藏 1913 年影寫石印本），頁 6b。

141 國家清史編纂委員會、中國社科院近代史所、虞和平主編：《近代史所藏清代名人稿本抄本（第三輯）》，頁 690。

起。疑花為雪，固是癡語；更呼僮掃，可謂癡上加癡。但正因如此，最後一句「風來去不知」才有點破癡迷的興味。就措辭而言，唯「來去」一從上讀，一從下讀，二字並置，乍看略有不解。〈晚陰看月〉也有類似的意趣，不贅。再如〈雨後遊園〉：

> 昨夜聽春雨，披蓑踏翠苔。人來花已謝，借問為誰開？[142]

春雨摧花也是古詩中常見的主題。而此詩尾聯並無王維「紛紛自開落」的禪意，卻嘆息未及賞花而花已凋零。雖是詠景，似乎也有自憐之意。袁世凱曾孫弘哲藏有家傳《大鈞元模》冊頁，其中有袁世凱 1914 年的題詞：「不文不武，忽朝忽野；今已老大，壯志何如？」[143] 雖已是數年後在大總統位上所書，但這種歲月不居、英雄遲暮之感，應與〈雨後遊園〉詩是有所和應的。至於著名的〈登樓〉五絕，也作於中期：

> 樓小能容膝，檐高老樹齊。開軒平北斗，翻覺太行低。[144]

如前文所論，葉德輝謂此詩尾聯本作「憑軒看北斗，轉覺夕陽低」。然即使修改本也引起不少論者注意，仍云袁氏藉登樓表達了志向或野心。如程靖宇云：「其『開窗（軒）平北斗，翻覺太行低』之句，亦頗有『詩兆』，其重起東山，宣統三年起用，組織內閣，並以其新軍之實力，左右清室與革命之間的談判，終致挾持清室及幼帝，逼成遜位，皆係假其將領段馮之通電，然後與革命軍方面講條件，作終身

---

142 袁克文編：《圭塘倡和詩》（北京國家圖書館藏 1913 年影寫石印本），頁 15a。

143 袁弘哲口述、付文永整理：〈我所收藏的《大鈞元模》〉，載本社編：《百年家族：項城袁氏家族資料匯輯》，頁 407。

144 袁克文編：《圭塘倡和詩》（北京國家圖書館藏 1913 年影寫石印本），頁 16a。

第一任大總統，似乎都在『詩兆』中，可以看到。」[145] 筆者以為，袁氏此詩當取法自李白〈夜宿山寺〉：「危樓高百尺，手可摘星辰。不敢高聲語，恐驚天上人。」李白亦豪士，面對星辰仍須伸手攀摘，且有所顧忌。而在袁氏筆下，詩意卻因與北斗相平而縱橫恣肆了。另一方面，袁詩首句之「容膝」，當出自陶淵明〈歸去來辭〉「審容膝之易安」（也扣連其別號「容菴」之諧音）。可見袁氏有意無意在此詩中仍注意了幾分隱逸之思。

在中期的詩歌中，袁世凱似乎更勇於表達自己的情感，而非徒以耽迷山水為樂。如〈病足二首〉：

> 採藥入名山，愧余非健步。良醫不可求，莫使庸夫誤。（其一）
> 行人跛而登，曾惹齊宮笑。扶病樂觀魚，漁翁莫相誚。（其二）[146]

據馬勇考證：「袁世凱患有『足疾』，而且犯起病來還比較嚴重也是事實。」[147] 而其回籍養疴，正是以足疾為由。《香港華字日報》1909 年 7 月 12 日報道云：「日本報云：袁世凱近有寄與最親密之某日本人一書云：近日閒居，反比服官時多煩惱，且腳病未愈，杜門不出，即室內往來亦須杖而後行。」[148] 又次年六月初三（1910 年 7 月 9 日），袁氏致函河南巡撫寶棻云：「足疾邇來無甚增減。」[149] 而此詩雖

---

145 程靖宇：〈袁世凱及其《洹村逸興》〉附影印手稿，香港《大成》雜誌，第 26 期（1976），頁 19。

146 國家清史編纂委員會、中國社科院近代史所、虞和平主編：《近代史所藏清代名人稿本抄本（第三輯）》，頁 691。

147 馬勇：〈袁世凱「開缺回籍養疴」諸問題〉，頁 48。

148 《香港華字日報》1909 年 7 月 12 日第四版。

149 袁世凱：〈復河南巡撫寶棻函稿〉，《袁世凱全集》，卷一八，頁 523。

以病足為題，卻意在此而言在彼。其一首聯談到入山為足疾採藥，自非實況，而是為了替尾聯的議論作鋪墊。而尾聯所云「良醫」、「庸夫」，則未必止就足疾而論了。吾人不妨相信：袁氏刻意將自己塑造成具有雙重身分的形象：從醫足而言，自己是個患者；但從醫國而言，自己卻是良醫。醫足要避開庸醫，卻又不得不讓庸醫高居朝堂，情何以堪！字裏行間透發着進退兩難之意。其二，齊宮的典故出自《穀梁傳·成公元年》：幾國使者皆有生理缺陷，齊頃公竟派有相同缺陷者加以接待，以取悅其母蕭同叔子，導致諸國使者挾憤合謀攻打齊國。[150] 蓋袁世凱去官前夕，足疾頗為嚴重，行動不便，上朝可能時貽人訕笑（甚至包括隆裕太后在內）。但其潛文本是否有報復之念？不得而知。不過在尾聯中，這種怨憤之情似乎有所消解：現在既已隱居山林，不必衣冠楚楚地與朝中打交道，唯希望漁夫也不要一樣嘲笑自己的足疾。無論如何，「齊宮」之典，與「素衣早浣帝京塵」相比，情緒差別甚大。而袁氏詩中表達的情緒愈直接，說明他對於自己的復出準備愈有把握。值得注意的是，孫雄《道咸同光四朝詩史》於〈病足〉僅收錄其一，[151] 不知是否因為其二或有礙於時忌。[152]

---

150 《穀梁傳·成公元年》：「季孫行父禿，晉郤克眇，衛孫良夫跛，曹公子手僂，同時而聘於齊。齊使禿者御禿者，使眇者御眇者，使跛者御跛者，使僂者御僂者。蕭同姪子處臺上而笑之；聞於客，客不說而去。相與立胥閭而語，移日不解。齊人有知之者，曰：『齊之患，必自此始矣！』」見〔晉〕范寧集解、〔唐〕楊士勳疏：《春秋穀梁傳注疏》（臺北：藝文印書館據阮元嘉慶二十年（1815）江西南昌學堂《十三經註疏》重刊本影印，1989 年），頁 128。

151 孫雄：《道咸同光四朝詩史》，頁 162。

152 宣統二年七月初六（8 月 10 日），袁世凱致函孫雄，稱許其：「以暇日網羅文獻，輯選歌詩，成《四朝詩史》若干卷，遠倣遺山《中州》之編，近續歸愚《別裁》之作，甚盛，甚盛！」又云：「弟養疴鄉里，寄興耕漁。偶託篇章，不過山野之間，自適其樂，未敢出以示人。乃蒙甄采及之，彌增愧怍。還祈斧削，然後登選。其中有稍覺傷時者，仍不可濫入，是為切屬。附奉二百金，聊助剞劂之費。」見袁世凱：〈復吏部主事孫雄函稿〉，駱寶善、劉路生主編：《袁世凱全集》，卷一八，頁 529。

第五節 ｜ 題照與自我塑造：袁世凱洹村酬唱之後期

　　無可否認，洹村酬唱諸作中，〈自題漁舟寫真〉最為世人所知。這組詩作並未收入圭塘諸本及雲臺本，而是以題照的形式流傳，在當時便已產生代筆的質疑。袁氏去世，事過境遷，文本往往以選錄的形式流傳，又無可靠的足本加以校勘，故難窺全豹。如前所言，自袁靜雪在回憶文章中引用其一、其四，並合稱〈自題漁舟寫真二首〉，後人多仍之，且以為這組詩僅有兩首。所幸 1916 年出版的《袁世凱軼事續錄》將四首作品全文收錄，方令吾人今日尚能得知原貌：

> 　　身世蕭然百不愁。煙蓑雨笠一漁舟。釣絲終日牽紅蓼，好友同盟只白鷗。投餌我非關得失，吞釣魚卻有恩仇。回頭多少中原事，老子掀鬚一笑休。（其一）
> 　　中年無地可埋憂。寵辱紛紜總是休。月淡風蕭雙短鬢，煙蓑雨笠一漁舟。得魚不必求人賣，換酒無須向婦謀。今夜小船何處泊，平沙淺水白蘋洲。（其二）
> 　　不學漁師無厭求。但期寄興在滄洲。為貪山水纔垂釣，倘遇風光便可留。鷺友鷗鄰皆伴侶，煙蓑雨笠一漁舟。畫圖寫就江鄉景，樂趣能教尺幅收。（其三）
> 　　百年心事總悠悠。壯志當時苦未酬。野老胸中負兵甲，釣翁眼底小王侯。思量天下無磐石，歎息神州變缺甌。散髮天涯從此去，煙蓑雨笠一漁舟。（其四）[153]

　　這組詩所題之照，名為「煙蓑雨笠一漁舟」，故此句在四首中重複出現，而出現的位置分別為各首之首、頷、頸、尾聯對句。若略去

---

153 野史氏編輯：《袁世凱軼事續錄》，頁 126。

其二、其三，未必得知其為為轆轤體。《袁世凱軼事續錄》又云：

> 今觀其詩亦不甚佳，淺顯率直，大類項城自為，蓋豹
> 岑之作，較之猶勝一籌也。或又謂係吳北山代筆。蓋北山
> 文字雖工，然當代作之時，苦仿項城手筆，有意膚庸，使
> 人不疑為贗鼎也。[154]

　　所謂「不甚佳」，不無馬後炮式的點評色彩。這組詩作當非吳保
初或吳闓生代筆，前節已論。但其言「淺顯率直，大類項城自為」，
則庶幾是也。實際上，詩中某些用語已時而出現於袁氏隱居時期的信
函中。如宣統二年五月二十六（1910 年 7 月 2 日）致商作霖函云：「弟
杜門卻埽，衰病侵尋，志氣尤覺頹放。漳濱遁跡，祇合烟簑雨笠，從
事耕漁，不敢再出而問世矣。」[155] 至於「鷗鷺」之語，也出現在好幾
封信函中，如同年十月初三（11 月 15 日）致趙景彬函：「弟養疴鄉
里，倏將一年。間尋鷗鷺之盟，幸卸簪組之累。荒園松菊，聊可盤
桓，差有閒適之趣耳。」[156] 至於宣統三年三月十二（1911 年 4 月 10
日）致蔡廷幹函更云：「兄養疴田里，寄興耕漁。偶成池上之吟，不
盡中年之感。自維衰朽，斷難再勝艱巨，殊不作問世之想矣。」[157] 不
僅呼應着其二「中年無地可埋憂」之語，更似乎點出當時「池上之吟」
便是「寄興耕漁」而作。而同年六月二十七日（7 月 22 日），袁氏為
大名鎮總兵言敦源的家書集題跋，落款時更逕用了「洹上釣叟」的別
號。[158] 由此可見，這組詩的措辭與袁世凱當時的語言習慣大致相符。

---

154 同前註，頁 125。
155 〈復北洋發審營務處即補道商作霖函稿〉，《袁世凱全集》，卷一八，頁 522。
156 〈復河南即補直隸州趙景彬函稿〉，同前註，頁 452。
157 〈復游擊蔡廷幹函稿〉，同前註，頁 657。
158 〈為大名鎮總兵言敦源題書〉，同前註，頁 692。

毛文芳指出，明清文人一直有着自題像贊的傳統：「在筆者觀看畫像與閱讀題詠的過程中，似乎有兩股力量相互牽制，一方面是亟欲以畫像紀錄下最真實、最完美的自己，於是大量的肖像畫紛紛出爐；另一方面，卻是不斷質疑，這個畫中人是我嗎？我又是誰呢？面對肖像畫，又一味逃避閃開。無論如何，這兩股力量，都在朝向辨識真正我、展示理想我、流傳不朽我而努力。」[159] 袁世凱的「寫真」乃是比筆墨丹青更能存真的照片，那麼在他這組詩作中，是否一樣有這樣兩股力量的拉鋸呢？這組詩以其四最為知名，因其處於壓軸的位置，透露了作者的中心思想。而吳盛青指出，該作尤其契合了「垂釣」雙重涵義：將自己塑造成既具有強烈用世之心、同時又置身官場之外的形象。[160] 這當然承自中國傳統自古賦予漁翁的文化意涵。或以為此詩前三聯表達了強烈的用世之心，而陡然轉入尾聯的出世氛圍，不無突兀之感。這除了追究於袁氏文筆，尚關乎謀篇：四首詩宜作為有機整體來考察，而不應止着眼於其中一首。綜而觀之，這組詩作的主題，的確有出世和用世兩條脈絡，與酬唱初期和王廉詩「何處問江村」之意有所呼應；[161] 但隨着局勢的變化，當時用捨行藏的掙扎心理至此已頗為不同，變成用世為主、出世為輔。出世甚或是作為一種反襯，激發讀者對詩人的留戀之心，產生「先生不出，奈天下蒼生何」的想法，進而影響社會輿情。

其一先從當下的「蕭然」景象說起：自己無憂無慮地在蓑笠漁舟上，終日與白鷗為伴，任釣絲在紅蓼花中縱橫。然而，身在漁舟本就為了洗滌官場的得失心。如果不理解「其釣莫釣」的道理，不過是把

---

159 毛文芳：〈自我認同的困惑——明清文人自題像贊初探〉，載彰師大國文系編：《第六屆中國詩學會議論文集》（臺北：萬卷樓，2002 年），頁 39–40。

160 Wu Shengqing, 'Nostalgic Fragments in the Thick of Things: Yuan Kewen (1890–1931) and the Act of Remembering', *Journal of Chinese Literature and Culture* (2019) 6 (1), p.250.

161 袁克文主編：《圭塘倡和詩》（北京國家圖書館藏 1913 年影寫石印本），頁 1a。

大得失心換成小得失心而已，其執一也。故此即使投餌，也非只為了獲魚；但魚因貪食誘餌而上鉤，則是自取其咎，與釣者何干？小小一魚都為餌而亡，何況堂堂之人？人要到災禍降臨時才知道自取其咎，為時已晚。但眼見國家多事，當事者與游魚又有何區別？真可一笑置之，不言也罷。僅就這首作品而言，出世心態是遠強於用世心態的。

其二開篇仍承接其一「恩仇」、「多少中原事」之意而發揮之。首句出自明末陳子龍（1608－1647）〈秋日雜感十首〉其二之語：「不信有天常似醉，最憐無地可埋憂。」[162] 然陳氏殉國時年方不惑，袁世凱此時卻已過知命，且飽經憂患、久歷官場，所聞見、所身受的寵辱之事可謂不勝枚舉，滿腹憂愁真無可解之方。「短鬢」一語，古詩詞常見，蓋鬢角之髮看似較短也。但這個語典卻可能令讀者聯想起杜甫〈春望〉：「白頭搔更短。」甚至趙孟頫〈和姚子敬秋懷五首〉其三：「搔首風塵雙短鬢，側身天地一儒冠。中原人物思王猛，江左功名愧謝安。」[163] 建功立業既不可得，年華漸老，還不如及時抽身，在淡月蕭風中衣蓑泛舟而去。「得魚」句進一步闡發了前首頸聯之意，說明釣魚並非為了換錢。對句「換酒」不無詼諧地反用蘇軾〈後赤壁賦〉的典故，強調自身獨來獨往無所牽掛，若能求得至樂，「視去妻子如脫屣耳」。而醉翁之意在乎山水，任扁舟泛而不繫，無論停泊於平沙抑或淺水，都一樣自適。不過，既然其一已經道出了出世之樂，其二又何必開篇便有「埋憂」、「寵辱」等語？可見作者居官日久，相關回憶畢竟歷歷在目。

相對前兩首而言，其三的內容最為單薄。首聯仍在說明「其釣莫釣」的道理（漁師即職業漁夫），頷聯則與其二尾聯的意思大抵相

162〔明〕陳子龍著，施蟄存、馬祖熙標校：《陳子龍詩集》（上海：上海古籍出版社，1983 年），頁 525－528。

163〔元〕趙孟頫著、任道斌校點：《趙孟頫集》（杭州：杭州古籍出版社，1986 年），頁 74。

同，頸聯「鷺友」在其一頷聯已出現過。唯有尾聯言及尺幅畫圖，應
是點「漁舟寫真」之題爾。不過，其三也並不止是為了配合轆轤體的
格式而不得不作，若從出世主題之脈絡來看，四首各自有起承轉合的
功能。正因其三點題在尾聯，故能為其四的主題張本；而出世與用
世主題份量之消長，轉捩點就在於此聯——雖然僅從字面上看，「江
鄉」等語仍有一種「保護色」的性質。

　　前三首在出世主題的籠罩下，垂釣山水之樂得到大幅度渲染。
而用世主題則如一抹陰影般，作為前者的參照與反襯而在文本裏時隱
時現。但到了其四，兩種主題竟真如轆轤迴旋般此消彼長，而以用世
主題的成功「逆襲」告終。首聯出句所言悠悠的「百年心事」為何？
對句作了解答：那就是早年建功立業的壯志。如果單看對句，再結合
前三首的鋪墊，指向的似乎就該是懸崖勒馬。但是正因為出句的盤空
而起，讀者才知道對於這份未酬的壯志至今讓業已「鷺友鷗鄰」的作
者揮之不去。頷聯雖仍以野老、釣翁自居，卻自詡滿腹經綸，並對德
不配位的貴戚流露出極度的輕蔑。此聯出句語典出自朱熹《三朝名臣
言行錄》引《名臣傳》云：「仲淹領延安，養兵畜銳，夏人聞之，相
戒曰：『今小范老子腹中自有兵甲，不比大范老子可欺也。』」[164] 宋仁
宗時，范雍擔任延州知州，與西夏戰爭大敗而被貶。新任知州范仲淹
修城築塞、開源節流，招納流亡百姓河西羌歸附。西夏不敢小覷，故
作此語。當時清朝內憂外患，正待有將才、知軍事者力挽狂瀾。故此
詩至少在表面上乃是以范仲淹自比，如此良才而落寞山林，此非當政
者之過乎？（陳夔龍次史、權二女士聯句韻，稱許袁氏「兩字范韓曾
儷敵」，[165] 可以參看。）至於「眼底」所小之「王侯」，固可指攝政
王載灃，但結合宣統三年暮春以後的史實，大抵還可進一步詮解：四

164〔宋〕樓鑰：《范文正公年譜》（民初四部叢刊本），頁 71－72。

165 袁克文主編：《圭塘倡和詩》（北京國家圖書館藏 1913 年影寫石印本），頁 2b－3a。

月初十（1911 年 5 月 8 日），慶親王奕劻組成內閣。十三位閣員中九人為滿蒙貴族，七人為皇族，被譏為「皇族內閣」。直到武昌起義爆發後的九月十一（11 月 1 日），這個內閣才宣告解散。然而，「負兵甲」、「小王侯」之語畢竟過於引人側目。袁世凱深所交納的慶王奕劻，便是滿蒙貴族的代表人物。而內閣中的海軍大臣、醇親王之弟載洵，也曾保薦袁世凱復出。然此詩睥睨權貴，頗易招禍，與袁氏平日圓融世故的交友手腕相比，大相逕庭。如果開罪任何一位親貴，對身在江湖的袁氏而言都非妙事。此詩內容似乎顯示，皇族內閣當下不僅對於時局，連對於袁詩的諷刺都已無能為力，袁世凱復出乃是遲早之事。

其四頸聯出句自比為天下之磐石，固是大言；而對句「缺甌」之語，則不僅承接頷聯之「兵甲」——亦即借范仲淹的史實表達了對清廷連年割地的憂慮，更有可能呼應了辛亥後各省獨立的狀態。如果權貴們繼續當政，這枚已經殘缺的金甌後果更不堪言。至於「缺甌」乃至「金甌」，固可視為一般語典，但也可能具有針對性。宣統三年（1911 年）六月二十日，禮部衙門奏擬訂《國樂辦法》，獲得攝政王載灃批准。同年八月十三（10 月 4 日）、亦即武昌起義前六日，清廷正式頒佈《國樂》，題為〈鞏金甌〉，由宗室溥侗作曲、嚴復作詞。[166]《香港華字日報》1911 年 10 月 16 日以〈戎馬聲中之國樂〉為標題報道〈鞏金甌〉之頒佈，[167] 足見當時風雨飄搖之情勢。結合如此史實觀之，則袁詩「缺甌」之典，更是意有所指。

根據以上所言，則〈自題漁舟寫真〉其四的寫作時間甚或遲至武昌起義爆發至就任內閣總理之間的一個多月內。故而其內容情態少有忌憚，王公親貴早已噤聲，而對於一般讀者而言，此詩不但未必導

166 錢仁康：《新編世界國歌博覽》（上海：上海音樂出版社，2010 年），頁 13。
167《香港華字日報》，1909 年 10 月 16 日第四版。

致反感，倒更可能激起他們對權貴的憤慨，以及對袁氏復出之期盼。寫到這裏，復出之意雖已躍然紙上，卻畢竟不能挑明——無論就寫作技巧或切身利害而言。此時，轆轤體的格式倒幫了作者一個忙：前三聯的用世主題至此戛然而止，出世主題的旋律回歸，擔當起尾聲的任務。「散髮天涯從此去」一句，大抵使用了兩處典故：其一為李白〈宣州謝朓樓餞別校書叔雲〉：「人生在世不得意，明朝散髮弄扁舟。」其二為蘇軾〈臨江仙〉：「小舟從此逝，江海寄餘生。」二者皆有歸隱之意。非唯如是，此句似乎還可以從兩年（宣統元年〔1909〕）前《香港華字日報》的一則新聞中得到落實：「十四日八點，接北京專電云：『袁世凱致軍機處電，謂病尚未愈，擬赴日本就醫，不願再出山。』」[168] 如此一來，與煙蓑雨笠相伴的這一漁舟，竟可能從洹上養壽園駛至遠在天涯的東瀛了。然而，這個尾聲在前文的映照下顯得如此突然、如此倉促，卻正好呈現出欲說還休之感，引起讀者的好奇追問。用世主題雖未終篇，但無論如何卻反客為主。前三首，甚至過去近兩年的作品中一脈相承的出世主題，到此卻都化作了陪襯。可是，正因為出世主題綿亙之久，故而更體現出作者內心的掙扎，以及用世之心的可貴。

　　但是正如毛文芳所說，自題像贊這種「自我解讀」的工程最精彩之處，在於像主迎戰蓄意分裂的自我，又從不斷生成的距離中，力求一致性與親密性，有時又經由有距離的觀看與質疑，跨向一個更遠的距離，再以他者的身分觀照自我。解讀自我者，愈希望告訴他的別人「他是誰」、「他曾經是誰」，卻愈會遇到困難，因為在解釋的過程中，自我以種種方式變得多重、破碎；退回到不確定之中，於是追尋

168《香港華字日報》，1909 年 10 月 28 日第四版。

的聲音（題詠者）與呈現的內容（畫像）經常產生不相一致的現象。[169]
就袁世凱而言，無論自題小站練兵像還是自題漁舟寫真，這種不一致
確實都因拍攝與題詞的時間距離而存在着。只是題小站練兵像之際，
袁氏已身為大總統，所處環境早與十五年前練兵時大為不同。而題
「漁舟照」之際，袁氏仍在緊鑼密鼓地謀劃正式重返政壇，而題詞一
方面要具備前此洹村酬唱諸作的沿襲性，另一方面，又須應合當下的
情勢，以帶動輿論風向。從洹村酬唱諸作可見，用世之我和出世之我
之間，本就一直處於對峙的狀態。而〈自題漁舟寫真四首〉中，出世
和用世兩種心態一如轆轤之輪轉迴旋，隨着詩歌文本的進路而此消彼
長，兩者此消彼長的軌跡，恰是袁氏洹村酬唱活動心態具體而微的反
映與歸結。儘管〈自題漁舟寫真四首〉的寫作目的主要是為了影響輿
情，袁氏也終於脫下了蓑衣、穿上了大總統禮服，但今天的讀者因而
後設地指斥詩中的出世之我為虛假，是否也落入了當年那些推戴者的
同一窠臼呢？就文本而言，縱然用世之我最後掩蓋了出世之我，卻並
不意味着出世之我只是一個全然虛構的幻影。無論如何，這組光影莫
測的〈自題漁舟寫真四首〉，可謂整個洹村酬唱活動的亮點──儘管
這個亮點已是迴光返照。

第六節 ｜ 結語

　　丁中江《北洋軍閥史話》曾引用袁世凱早年「似通非通、殺氣
騰騰」的八股制藝，秦燕春就而認為：「這種霸蠻無理、野性難馴、
不着邊際的文章，的確可以令人『咋舌不已』。不過，在沒有其他佐
證的前提之下，筆者實在懷疑，此乃日後袁世凱梟雄本色暴露無餘

---

169 毛文芳：〈自我認同的困惑──明清文人自題像贊初探〉，載彰師大國文系編：《第六
　　屆中國詩學會議論文集》，頁 59。

之後，時人有意的『造偽』。」[170] 制藝如此，詩作殆也有如此情況。《袁世凱軼事續錄》中〈少年時之文字〉一條云：「項城於文字不甚雅馴，世所傳《圭塘唱和》一集，庸劣膚淺，不足道也。顧天性敏捷，而一種奇特之氣，輒流露於文字之間。」且曰：「年十八時，作〈詠懷詩〉凡十數律，名為律詩，實則音節多不諧。茲錄其二云：『人生在世如亂麻。誰為聖賢誰奸邪？霜雪臨頭雕蒲柳，風雲滿地起龍蛇。治絲亂者一刀斬，所誌成時萬口誇。鬱鬱壯懷無人識，側身天地長咨嗟。』又云：『不愛金錢不愛名。大權在手世人欽。千古英雄曹孟德，百年毀譽太史公。（按此句出韻，且不知何所謂。）風雲際會終有日，是非黑白不能明。長歌詠誌登高閣，萬里江山眼底橫。』」[171] 這些〈詠懷詩〉若真係袁氏早年手筆，也一如秦燕春所云：「袁的氣魄宏大與氣質粗陋，可謂同時存在。前者註定他成大業，後者妨礙其成大器。」[172] 不過從科舉不第至回籍養疴的三十年間，袁詩至少在格律上還是有所進步的。如同為野史氏所編的《軼事》初集，謂袁氏先退居蘇門百泉時，造訪邵堯夫、孫夏峰講學故址，曾作〈詠兩賢詩〉數首，其一云：「朱明趙宋國瀕危。猶自硜硜下絳帷。倘使當年變所學，斯人豈止作經師？」其後移居洹上時：「與幕僚談天，偶及堯舜禪位事，袁曾作有七絕一首云：『唐虞揖讓官天下，其實朱均本不賢。贏得後人覷神器，商周革命妄稱天。』是詩《圭塘唱和集》中未經編入，蓋恐貽世人口實也。今特補敘及之。」[173] 兩詩一批評清談誤國，一指出堯舜禪讓乃不得已，成為後世改朝換代之先河，文字雖仍須打磨，但立意甚佳，平仄也無可挑剔。雖止為野史所錄，真偽待辨，卻反映出時人對於袁世凱隱居之際的詩藝水平認知如何，可與稍後酬唱

---

170 秦燕春：《袁氏左右：清末民初的流年碎影》，頁 42。

171 野史氏編輯：《袁世凱軼事續錄》，頁 3–4。

172 秦燕春：《袁氏左右：清末民初的流年碎影》，頁 40。

173 野史氏編輯：《袁世凱軼事》（上海：文藝編譯社，1916 年），頁 64。

活動中的作品相參看。在酬唱時期，既有更多打磨詩藝的閒情，又有次子、幕友從旁提點，其詩作水平自較旅居衛輝時略勝一籌。

　　本章嘗試重新認識中國在現代化轉型時期，政要詩歌與相關酬唱活動之文化價值，及其與政治之間複雜而密切的關係。由於袁世凱素不以文藝知名，洹村酬唱又為時不長，兼以袁氏隱居時期的相關研究開展較遲，故而學界對這段酬唱活動的認知長期流於片面化乃至碎片化。本章以深入考察洹村酬唱諸作的文獻載體為基礎，使活動的分期、酬唱者的分類成為可能；而這些詩人的作品如何在與袁氏首唱產生文本互動，也得到了審視。在前中後三期的框架下，袁世凱的創作過程，包括詩作涵義的剖析、內容與體裁的取向、對時局的回應等，獲得通盤的觀照。袁克定將這些酬唱之作譽為民國之「虞謌」、「緯文」，雖有溢美，卻也點出了政要乃至元首詩歌與政治的關係，在清末民初依然為時人所看重。中國自古有着詩教的傳統，帝王每每透過采詩獻詩乃至賦詩言志來觀政敦民，這種傳統一直延續到清末。宣統年間的袁世凱名義上雖只是一介布衣，卻選擇以賦詩的方式來言志、解憂、敦誼，甚至與清廷權貴對話──從本章的分析可知，袁氏這些詩歌每每是出世、用世兩種主題並存，或交融、或扞格，一直處於彼此消長的狀態，因而無法片面設想出世主題必為虛託、用世主題方是真情。可以說，這兩條貫串整個酬唱活動的主題脈絡，仍較為真實地反映出袁氏的心路歷程──從前期的徘徊於仕隱之間、寄情敦睦倫誼，再到中期的遊觀詠物。而後期的〈自題漁舟寫真四首〉，這組轆轤體的七律固是為影響社會輿情而作，卻也具體而微地展現了出世主題逐漸淡去、用世主題益加強烈的趨勢。（附有題詩之《煙蓑雨笠一漁舟》圖，雖然時見記載，但百年後的今日已經難以覓得實物。期待日後文獻資料的新發現，能徹底解決〈自題漁舟寫真四首〉的寫作疑雲。）民國以後，袁世凱依然是看重這批舊作的。如 1913 年《憲法新聞》第 22 期的〈文苑‧詩錄〉欄目，便刊登了〈春雪〉、〈雨後

遊園〉、〈嘯竹精舍〉、〈海棠二首〉等作。[174] 袁氏向政法刊物投稿，
為這些當初較為私人性、甚或「掩外人之耳目」的舊作賦予了新的內
涵：他似乎有意表現自己的文藝面向，並嘗試延續前代統治者的詩教
傳統——尤其在北洋政府觀念中，法統是通過清廷遜位的方式，揖
讓而來（而非如革命黨所表述之「推翻清朝」）。在正處於現代化轉
型的中國，袁氏這種復古企圖註定遭到失敗；但至少在 1940 年代以
前，其繼任者如黎元洪、馮國璋、徐世昌、段祺瑞、曹錕等人，仍
然嘗試以賦詩乃至酬唱的方法來塑造自己作為現任或前任元首的形
象——這應該是洹村酬唱時期的袁世凱未曾想像的一筆文化遺產。

174 袁世凱：〈春雪〉、〈雨後遊園〉、〈嘯竹精舍〉、〈海棠二首〉，《憲法新聞》周刊，第
  22 期（1913），「雜纂‧文苑」，頁 1-2。

第三章

「曠然無身世之累」？

——徐世昌丁巳和陶詩芻議

第一節 │ 引言

　　徐世昌（1855.10.23－1939.6.5），字卜五，號菊人，又號水竹邨人、弢齋。祖籍天津，生於河南汲縣（今衛輝）。清末官至協理大臣（副總理），民國後曾擔任北洋政府第二任大總統（1918－1922）。幼年喪父，與弟世光（1857－1929）在寡母劉氏督促下苦讀。光緒四年（1879），與袁世凱（1859－1916）結義於開封，獲袁資助應試。光緒八年（1882）中順天鄉試舉人，十二年（1886）中進士，選翰林院任庶吉士。三年後散館，授翰林院編修。因不為前輩李鴻藻（1820－1897）等人所喜，居翰院十年未有優差，生計清苦，人稱「黑翰林」。二十三年（1897），前往天津小站擔任新建陸軍參謀營務處總辦，成為袁世凱幕僚。三十一年（1905），獲袁保舉為巡警部尚書，負責京師治安。三十三年（1907），東北改設行省，任欽差大臣兼東三省總督，推行新政，多所擘畫，以抵制日俄之侵食。宣統元年（1909），因袁世凱遭黜，自請病退，調任郵傳部尚書、津浦鐵路督辦。三年（1911），慶親王奕劻（1838－1917）主持內閣（人稱「皇族內閣」），漢人閣員僅四位，徐居其一，任協理大臣。武昌爆發起義，袁世凱復出，任內閣總理大臣，徐任軍諮大臣、加太保銜。

　　清帝遜位前夕，徐辭官隱居青島。1914 年，復出擔任國務卿。1915 年，洪憲帝制呼聲甚囂塵上，徐因反對帝制，退居河南輝縣。1916 年 3 月，袁不得不恢復民國，徐再度出任國務卿，然一月後即力薦段祺瑞（1865－1936）自代。袁於同年 6 月去世，黎元洪（1864－

1928）接任大總統，段祺瑞任國務總理，府院之爭未幾爆發，徐以元老身分應邀抵京調停。張勳（1854－1923）復辟，邀徐共事，徐極力反對。復辟失敗後，黎元洪引咎辭職，由馮國璋（1859－1919）代理總統。馮、段齟齬又生，徐世昌仍居中調解，其後馮、段相約共同下野。然一戰爆發，段祺瑞擔任參戰督辦，其後雖去總理之職，仍以督辦名義掌控政局。1918 年 10 月，皖段操控之安福國會選舉徐世昌為新任大總統。徐並無軍權，上任後以偃武修文為標榜，於上海召開南北議和會議，未見成果。1919 年五四運動，免去曹汝霖、章宗祥及陸宗輿的職務，以平民憤。當年 10 月，徐樹錚率師至外蒙古，迫使其取消自治，回歸中國。1920 年 7 月，直皖戰爭爆發，皖段失敗。1922 年，直系曹錕、吳佩孚於第一次直奉戰爭中獲勝，以「法統重光」為名邀黎元洪復出，並指徐世昌之總統為非法。徐於 6 月 2 日去職，從此隱居天津英租界。晚年以作詩、繪畫、編書為務。抗戰爆發，日偽嘗邀其出山，遭到拒絕。1939 年病逝，享壽八十五。國府主席林森於重慶頒發褒揚令，以旌表其忠誠固結、終始不渝。

北洋歷任元首中，非行伍出身者唯徐世昌一人。不僅如此，國府褒揚令稱其「學識閎通」，乃因其出身翰林，筆耕不倦之故。其自撰之作，有《退耕堂集》、《退耕堂文鈔》、《水竹村人集》、《退園題畫詩》、《歸雲樓集》、《歸雲樓題畫詩》、《海西草堂集》、《海西草堂題畫詩》、《竹窗楹語》、《藤墅儷言》、《弢養逸學》、《韜養齋日記》、《元逸民畫傳》、《百硯譜》等。主編或合編之作則有《清儒學案》、《顏李遺書》、《大清畿輔先哲傳》、《退耕堂政書》、《東三省政略》、《將吏法言》、《大清畿輔書徵》、《書髓樓藏書目》、《古文典範》、《明清八家文鈔》、《晚晴簃詩匯》等。據今人崔建利統計，徐世昌現存詩作達 6186 篇，《退耕堂集》收錄之詩作年代最早，上及光緒十三年（1887）；《海西草堂題畫詩》刊於 1936 年，年代最晚。[1] 徐氏於詩歌

1　崔建利：〈徐世昌詩集敘錄〉，《文學與文化》，2015 年第 1 期，頁 112－117。

創作，可謂終身不輟。[2]

　　柯劭忞（1850－1933）為《退耕堂集》作序，對所收詩作的內容風格，依時代之先後概括成三個階段。晚清之際，「慨然有救焚拯溺之志」，「其詩雄奇恣肆，不施繩墨而自合於規程」。民初退隱之際，「不與世接，徜徉於山岨水滋之間，作為詩歌自適其意，有陸務觀之才思而無其窠臼」。1914 年出任國務卿之際，「格愈老而意愈奇，學愈邃而氣愈昌澹」。[3]如果再進一步歸納，則遜清時代之作較多雄奇風雲之氣，偶或關乎局勢；而民國時代之作多為淡雅閒適之風，罕有涉及時事。中國之現代化轉型，徐世昌是重要推手之一，但在他的詩作中卻極少呈現出現代生活經驗──縱然其日記中不乏見外賓、做體操、理髮、觀影的記載。或者說，他對於時局的感受泰半會轉化成古典意蘊，以傳統措辭形諸舊詩。若就其民國以後的詩作內容來看，混入古人作品之中恐也難以分辨。吳思鷗等人點校《徐世昌日記》，指出其內容「對有關歷史人物的記述都失之過分簡略」。[4]以徐氏縱橫官場數十年之經驗，如斯簡略蓋出於避嫌乃至避禍之動機。且徐氏早年詩作即使雄奇，亦甚少詳談時局，這種寫作習慣到民元以後特為尤甚。兩度擔任國務卿之時，其詩作誠如柯劭忞所言格老意奇、學邃氣澹，然於二次約法、洪憲帝制等重大事件毫無涉及。蓋其以重臣而作遺民，而任國務卿、大總統，非但俊乂密勿不足為外人道，且身分轉變未必不引人非議。詩作內容過於具體，無疑授人以柄。再觀其《水竹邨人集》所收詩作時代下限為 1918 年就任大總統前夕，《歸雲樓題畫詩》及《歸雲樓詩集》則接續之。然核查《日記》，可見其在位

2　徐氏於《日記》中多有作詩之記載，惜僅言篇數，從不標出題目，遑論迻錄正文。然若通盤統計日記所記篇數，當仍可與現存詩集相比勘爾。

3　柯劭忞：〈退耕堂集序〉，頁 1b－2a，載徐世昌：《退耕堂集》（民國七年〔1918〕天津徐氏雕版）。

4　吳思鷗、孫寶銘：〈點校說明〉，徐世昌：《徐世昌日記》（北京：北京出版社，2018 年），第一冊，頁 1。

近四年間，作詩極少。可確認者僅六題七首，皆見於《歸雲樓詩集》卷一。[5] 若非未加記載，或案牘勞形、敗損詩興，則是有意不作。以1918年日記為例：2月至4月間，幾乎每日作詩；然10月接任大總統後，其公務之餘則往往以作畫、寫字為事。換言之，徐氏在任四年間，休閒方式已用書畫取代作詩。若謂須於公務繁忙之際把握休閒時間，則叉手成詩，當遠遠便捷於鋪紙濡翰。如此選擇，當非隨意。吳思鷗說：「因其（徐世昌）缺乏軍事實力，實際上成為受段擺佈的『光桿總統』。」[6] 由是推想，徐氏更不欲以詩句招引是非。其深藏隱忍之個性，由此可見一斑。即使上任前、下野後之詩作，有感於時局，文字上也經過渲染掩藏，多以抒寫性情、寄意山水為主題，而頗難考核本事。此正是柯劭忞所言「曠然無身世之累」。這自然加強了研究的難度。

　　若從知人論世的角度來看，收錄於《水竹邨人集》中的和陶詩三十一篇，相形之下可謂罕見的異數：這組詩較確切的創作時間大抵可考——應作於1917年6月至8月間，時袁世凱去世經年，府院之爭、張勳復辟等事件接踵而至。當時徐世昌先息居天津，後前往北京；既是府院調停者，也是保皇黨所爭取者，一切都看在眼裏。今人

5　按：檢核所得，如1919年2月1日（正月初一），「作題畫小詩。」（《日記》第三冊，頁2）同年10月7日：「今早枕上作詩二首。」（《日記》第三冊，頁27）1920年4月16日：「燈下作詩二首。」（《日記》第三冊，頁47）大抵如此而已。該五詩之標題，日記皆未記錄。未知其後是否收入《歸雲樓題畫詩》及《歸雲樓詩集》。且《歸雲樓詩集》與前此諸集一樣以寫作時代先後為次，其卷一先後為〈題蓮花石〉二首、〈偶作〉、〈題孟志青遺像〉、〈小園〉、〈題綠端石大硯〉、〈辛酉守歲〉、〈八月十九夜夢中作〉。辛酉除夕為1921年1月27日，當時徐氏正在總統任上。然查當天日記，並無作詩紀錄（《日記》第三冊，頁116）。然下一首於「八月十九」，當為同年10月9日（日記也無作詩紀錄，見頁142）。且徐氏已於前此6月2日卸任總統。如此看來，似乎可推斷兩點：其一，因《水竹邨人集》刊印於其上任前夕，則〈辛酉守歲〉及前此六題七首皆為總統任內所作。其二，徐氏作詩之紀錄，日記亦偶有遺漏之處。其三，若徐氏編集方式乃將詩稿悉數錄入，則辛酉除夕迄其卸任，幾乎全無新作（不計題畫詩），可見其任內作詩之少。且這幾首詩的內容與政局也幾乎全無關係。

6　吳思鷗、孫寶銘：〈點校說明〉，徐世昌：《徐世昌日記》第一冊，頁1。

章用秀云：「1917 年 7 月，張勳復辟，曾以『上諭』方式敦請徐世昌
入京。徐聞張勳擁清帝復辟，憤歎，曾兩次電張勳，勸其離京引退。
倉促發難，遽更國體，假託名義，號召全國，斷無幸成之理；實『魯
莽滅裂行動，為國家之禍首』。」[7] 可見徐世昌對於如此時代背景不
僅並非無動於衷，更積極表達個人意見。因此，將如此時代背景與詩
歌內容相比勘，便知這組和陶詩之創作並非無的放矢。就書寫策略而
言，徐世昌選擇與陶詩相應和的方式，乃因其在思想個性上與陶潛有
所契合，且可透過和陶來塑造澹泊明志的形象。故此，這組詩作不僅
流露出對世事無常的感嘆，也同時對道家隱逸與儒家進取之思想表達
了認許，並視為對治之方。可以說，徐世昌的和陶詩不僅豐富了歷來
和陶詩的內涵，也集中表現了其晚年詩歌的幾大主題，頗具代表性。
故此，本章先以陶潛酒詩為中心，扼要梳理其旨意及追和譜系，探討
徐世昌於陶氏思想之契合與憑藉；進而心態、主題、體裁、風格等方
面析論徐氏和陶詩之書寫策略，以見其詩歌之概貌。

第二節｜ 重疊與分殊：陶潛背影下的徐世昌

　　徐世昌現存六千多篇詩作裏，詩題標明和陶者共三十一篇，皆
集中創作於 1917 年（丁巳）6 月至 8 月間，計有〈連日微雨和淵明
連雨獨飲〉、〈和淵明問來使〉、〈和淵明還舊居〉、〈和淵明有會而
作〉、〈和淵明九日閒居〉、〈和淵明歸園田居〉六首（以上筆者合稱
「丁巳秋前和陶」）及〈和淵明飲酒詩〉二十首（筆者稱「丁巳秋後
和陶」）。[8] 徐氏丁巳和陶詩中最大宗者係和〈飲酒詩〉，其餘各篇也
多有飲酒之語，這與陶潛的詩酒人生是相呼應的。〈五柳先生傳〉云：

7　章用秀：《總統畫家徐世昌》（南昌：江西美術出版社，2009 年），頁 24。

8　按：《水竹邨人集》作〈和淵明歸田園居〉，逕改。

「性嗜酒，家貧不能常得。親舊知其如此，或置酒招之。造飲輒盡，期在必醉。既醉而退，曾不吝情去留。」[9] 而陶詩中言及飲酒之處也比比皆是。〈飲酒二十首・自序〉云：「余閒居寡歡，兼比夜已長，偶有名酒，無夕不飲，顧影獨盡，忽焉復醉。既醉之後，輒題數句自娛。紙墨遂多，辭無詮次。聊命故人書之，以為歡笑爾。」[10] 又如其〈連雨獨飲〉：「故老贈余酒，乃言飲得仙。試酌百情遠，重觴忽忘天。」〈問來使〉：「歸去來山中，山中酒應熟。」[11]〈還舊居〉：「撥置且莫念，一觴聊可揮。」〈九日閒居〉：「酒能祛百慮，菊解制頹齡。」〈歸園田居〉其六：「雖有荷鋤倦，濁酒聊自適。」詩題未必有酒，而內容則往往關乎飲酒。而辛亥以後近三十年，徐世昌無論在朝在野，都具有政要、元老的身分，然一如柯劭忞所言，徐氏「不與世接，徜徉於山砠水滋之間，作為詩歌自適其意」，這種風格的作品在民國以後的諸部詩集之中可說佔了泰半。其詩作卻保持着一貫的田園山林之風，幾乎反映不出仕途上的起落軌跡，這與他自身的思想取向和處世方針有很大關係，也與陶詩之風格內容有一定程度上的呼應。故本節先以〈飲酒詩〉二十首為中心，扼要梳理其旨意與追和譜系；復考察徐氏於陶潛思想契合與憑藉之情況，以釐清徐氏和陶之文化與時代背景。

一、陶潛酒詩及其追和譜系

陶潛〈飲酒〉二十首確切的創作年代迄今仍未定於一說，然大抵作於東晉末年。所謂「輒題數句自娛」、「以為歡笑」，固有遣興之意，然觀內容，則遠非僅囿於飲酒之主題而已。今人蔡瑜說得好：「對

9　〔晉〕陶潛著、王瑤編註：《陶淵明集》（北京：人民文學出版社，1956 年），頁 101。

10　同前註，頁 49。

11　按：顧農認為此詩並非陶潛所作，見氏著：〈《問來使》非陶淵明詩〉，《中華讀書報》，2015 年 5 月 6 日。

陶淵明而言，『飲酒』既有生命境界的向度，也有倫理的向度。因為飲酒足以改變人的身心情境，使個體復返於本真的狀態，個體再由此本真狀態向世界擴散。」[12] 而當這種本真狀態與紛繁俗世相遇之時，各種交激鼓動、摩盪融合的聲音，就化為了詩篇。而以酒為題，既掩蓋了這些落落寡合之音的尖銳性，同時卻又相反相成地將之強化。

宋代學者葉夢得說：「晉人多言飲酒，有至沉醉者，此未必意真於酒。蓋時方艱難，人各懼禍，惟託於醉，可以粗遠世故。」[13] 而陶潛飲酒而作詩，不僅只是為了「遠世故」，反而更從一種紆曲的角度來「走進世故」。查〈飲酒〉二十首的內容，如對田園生活之狀述、對個人情思之描摹、對前賢心志之申發、對古今治亂之評議等，可謂無所不包。在世道險惡、東晉王朝風雨飄搖的時代，陶潛心中鬱結之情亟待發紓，不難想像。但通通以飲酒為題，乃是言在此而意在彼，一方面探討人生問題，一方面為求避禍。其末首云「但恨多謬誤，君當恕醉人」，可見他已知道詩中會有「謬誤」的觸犯時忌之語，故以「醉人」自居，望有心者不要見怪。昭明太子曰：「吾觀其意不在酒，亦寄酒為跡焉。」[14] 蘇軾〈書淵明飲酒詩後〉亦云：「正飲酒中，不知何緣記得此許多事？」[15] 足見〈飲酒〉二十首之深有寄託。由是推知，陶潛其他詩作縱非以酒為題者，一旦言及飲酒，也未可等閒視之。

王夫之編《古詩評選》，〈飲酒〉二十首僅錄其四〈棲棲失群鳥〉及其十七〈幽蘭生前庭〉二首。其四之篇末評語曰：「〈飲酒〉二十

12 蔡瑜：《陶淵明的人境詩學》（臺北：聯經，2012 年），頁 256。

13 〔宋〕胡仔：《苕溪漁隱叢話》（上海：中華書局四部備要本），前集第四〈五柳先生下〉，頁 20。

14 〔南朝梁〕蕭統著、俞紹初校注：《昭明太子集校注》（鄭州：中州古籍出版社，2001年），〈陶淵明集序〉，頁 200。

15 〔宋〕蘇軾著、孔凡禮點校：《蘇軾文集》（北京：中華書局，1986 年），卷六七，頁 2112。

首，猶為汎濫。如此情至、理至、氣至之作，定為傑作，世人不知好也。」[16] 選旨雖然苛刻，然謂這組詩作「猶為汎濫」，反而可見其內容之廣博。而情、理、氣三者兼備，也是這組詩作的主要特徵。沈德潛《古詩源》則錄十首，於其二十之篇末評語曰：「晉人詩，曠達者徵引老莊，繁縟者徵引班、揚，而陶公專用《論語》。漢人以下，宋儒以前，可推聖門弟子者，淵明也。」[17] 獨到地指出了陶潛兼名士氣息、隱士生涯於一身而歸宗儒學的傾向。今人葉嘉瑩也認為，當時獨特的社會和歷史背景造成陶潛兼容儒道釋三家的思想。他自有一套定見，並不偏向任何一家，但認同人生最高的境界是「一應自然」的態度，仍以儒家思想為中心。[18] 三教由來互補，而陶潛這種兼容並蓄的思想取向，自然在不同的時代都容易引起共鳴。沈德潛有上述評語，乃是因為其二十中「汲汲魯中叟，彌縫使其淳」及「區區諸老翁，為事誠殷勤」兩聯。沈氏又評曰：「『彌縫』二字，該盡孔子一生。『為事誠殷勤』五字，道盡漢儒訓詁。[19] 近人鍾應梅《論詩絕句》亦云：「直見本源驚妙語：魯中一叟苦彌縫！」又自註：「論孔子刪述，乃彌縫之功，可謂深知孔子，洞見道本。」[20] 當承自沈德潛之說。不過，此詩開首便曰：「羲農去我久，舉世少復真。」「為事誠殷勤」之後又言：「如何絕世下，六籍無一親？終日馳車走，不見所問津？若復不快飲，恐負頭上巾。」尋繹其語，不無憤慨嗟嘆之意。狂瀾既不可挽，唯有耽湎醇醪而已。晚明陸時雍評曰：「『若復不痛飲，空負頭

16　〔清〕王夫之：《古詩評選》（長沙：嶽麓書社，1996 年），頁 720。

17　〔清〕沈德潛：《古詩源》（北京：中華書局，1963 年），頁 204。

18　「陶淵明飲酒詩專家評論－葉嘉瑩教授」，https://blog.xuite.net/gk4013/wretch/183045717-陶淵明飲酒詩專家評論－葉嘉瑩教授。（2021 年 10 月 6 日瀏覽）

19　〔清〕沈德潛：《古詩源》，頁 204。

20　鍾應梅：《論詩絕句甲乙集》（香港：香港崇基學院中國語文學系華國學會，1975 年），頁 54。

上巾」，彼直以飲酒為第一義。」[21] 撇開陸氏自身遭際不論，若就全篇而觀之，陶潛雖對儒學之陵夷頗有感嘆，但其開篇稱羲農，收結稱飲酒，則謂飲酒為第一義，實亦無可厚非。（沈德潛謂「末段忽然接入飲酒」，不然。）換言之，飲酒未嘗非「窮則獨善其身」之舉，雖合乎儒者之言，卻更近於道家。由此篇可見，陶潛對儒學有深刻之同情與體悟，然當儒學不行之際，卻能以道家思維自解。這正是此詩構思巧妙、引發後世讀者共鳴之處。又如〈飲酒〉其二：「積善云有報，夷叔在西山。善惡苟不應，何事立空言？九十行帶索，飢寒況當年。不賴固窮節，百世當誰傳？」沈德潛評曰：「〈伯夷傳〉大旨，已盡於此。末二句，馬遷所云『亦各從其志』也。」[22] 查《史記・伯夷列傳》：「或曰：『天道無親，常與善人。』若伯夷、叔齊，可謂善人者非邪？積仁潔行，如此而餓死。」又云：「子曰：『道不同，不相為謀。』亦各從其志也。」[23] 夷、齊生前雖非善終，但死後名垂千古，正所謂「求仁得仁」。這首詩中，陶潛對於儒家乃至佛教的因果思想提出了質問，卻也道出了自己所認可的答案。陶潛也在這組詩中言及自己的人生軌跡，如其十六：「少年罕人事，遊好在六經。行行向不惑，淹留遂無成。」其十九：「疇昔苦長飢，投耒去學仕。將養不得節，凍餒固纏己。是時向立年，志意多所恥。遂盡介然分，拂衣歸田裏。」談到求學、干祿、歸隱的經歷。其九則假託田父與自身的對問，表達堅決不再出仕的立場。其十三假託二客，一常醉而一常醒，相比之下，醒者拘於俗見，倒不如醉者之勘破虛偽來得清醒。至於其五「採菊東籬下」、其七「秋菊有佳色」二首，更是這組詩中的名作，以優美的筆觸描寫出遠離世情、飲酒餐菊之樂。沈德潛評曰：「胸有元氣，

---

21 〔明〕陸時雍：《古詩鏡》（臺北：臺灣商務印書館影印文淵閣四庫全書，1983），卷十。

22 〔清〕沈德潛：《古詩源》，頁 202。

23 〔漢〕司馬遷：《史記》（北京：中華書局，1997），卷六十一〈伯夷列傳第一〉，頁2124。

自然流出，稍著痕跡便失之。」[24] 可謂知言。

　　南朝隋唐時人雖敬佩陶潛之品德，但其詩看似平淡質樸，故而向不為所重。直到北宋蘇軾大力崇陶，陶詩的地位方才鞏固下來。[25]蘇軾云：「古之詩人，有擬古之作矣，未有追和古人者也。追和古人，則始於吾。吾於詩人，無所甚好，獨好淵明之詩。淵明作詩不多，然其詩質而實綺，癯而實腴。自曹、劉、鮑、謝、李、杜諸人，皆莫及也。前後和其詩，凡一百有九篇，至其得意，自謂不甚愧淵明。今將集而併錄之，以遺後之君子。」[26] 他將大量陶詩次韻，開啟後世和陶之風，至清末民初而不衰。袁行霈指出：「蘇軾的和陶詩善於將深邃的人生思考貫穿在日常生活細節的鋪敘之中，用議論的筆調統攝全篇，既不失陶詩的本色，也保持了蘇軾自己的風格。由於其和陶詩多數寫於惠州和儋州，其中不乏當地生活和風物的描寫，因而具有相當濃郁的地方特色。」[27] 橫山伊勢雄則認為，蘇軾在窮極潦倒時所作的和陶詩，作為冷靜地追求人類個性之生活方式的文學，是宋代文學的一種典型。[28] 整體而言，蘇軾和陶的歷程可分為不同階段。王士君指出，〈和陶飲酒〉做於公元 1092 年，即蘇軾知揚州時。此時蘇軾雖然經歷了烏臺詩案，但仍然積極用世，且兩年之後，他的政治生涯才達到巔峰。而他的大規模的和陶詩寫於 1095 年貶官惠州之後，那時的

24　〔清〕沈德潛：《古詩源》，頁 202。

25　按：據楊松冀所言，蘇軾以前已有胡宿等人的和陶之作。「蘇軾並不一定是第一個作『和陶詩』的人，但如蘇軾一樣大量的專力作和陶詩，蘇軾則肯定是第一人。」見氏著：《精神家園的詩學探尋：蘇軾「和陶詩」與陶淵明詩歌之比較研究》（北京：人民出版社，2012 年），頁 25－26。

26　見〔宋〕蘇轍：〈追和陶淵明詩引〉，載〔宋〕蘇軾著、李之亮箋注：《蘇軾文集編年箋注》（成都：巴蜀書社，2011 年），頁 580。

27　袁行霈：〈論和陶詩及其文化意蘊〉，《中國社會科學》，2003 年第 6 期，頁 149－161。

28　〔日〕橫山伊勢雄著、張寅彭譯：〈關於蘇軾的「和陶詩」〉，《陰山學刊》，1998 年第 2 期，頁 9－15。

蘇軾與此時相比，心態發生了巨大變化。因此，〈和陶飲酒〉有着與其他和陶詩不同的性質，把它與其他和陶詩一併歸入南遷之後的詩加以研究似有不妥。〈和陶飲酒〉是嶺南和陶詩的前奏，是此前蘇詩和此後蘇詩的轉折點。〈和陶飲酒〉仍不時流露出作者的積極用世精神，飽含作者的不平、激憤，屬有我之境；而嶺南後的和陶詩卻真正像陶潛那樣，多作田家語，質樸自然，一無罣礙，忘卻世俗之紛亂，屬無我之境。[29] 那麼，蘇軾之和陶，為何始於〈飲酒〉二十首？觀和詩其一便云：「我不如陶生，世事纏綿之。」可見當時世俗之事於蘇軾依然縈懷，當他欲求解脫而不可得，對於陶潛之豁達灑脫就更為仰慕。然而，陶潛所處乃東晉末世，無可挽回；蘇軾雖然處於激烈黨爭之中，但時局畢竟非不可為。對於朝政清明的期望，自然不可能讓他輕率改易傳統士大夫修齊治平之襟抱。因此，他的〈和陶飲酒〉一來表露出自己對陶潛的景仰尊重，二來卻愈發體現了他想追求陶潛的隱逸模式卻不可得。楊治宜說得好：「一方面，蘇軾繼承了唐人對陶淵明形象的塑造，將『酒』視為實現陶潛式理想人格不可缺少的道具；另一方面，他也充分意識到『酒』並不是陶潛的全部，在他的醉與樂背後，是對出處辭受、道之隱顯、生命與死亡等人生中難以調和的根本矛盾之深刻理解與領悟。」[30] 且如前所論，酒後之言可視為顛倒錯亂之辭，不可當真，在這樣的「保護」下，反更能暢所欲言。和詩其十二云：「人間本兒戲，顛倒略似茲。惟有醉時真，空洞了無疑。」庶幾此意。再如其十九云：「吳公門下客，賈誼獨見紀。請作〈鵩鳥賦〉，我亦得坎止。」[31] 引賈誼為同調，則其於「不問蒼生」的在上

29　王士君：〈淺論《和陶飲酒》在蘇詩中的獨特地位〉，《荷澤師專學報》，2002 年第 3 期，頁 4-7。

30　楊治宜：〈從「杯酒唱酬」到「追和古人」——試論蘇軾《和陶飲酒》詩的意義〉，《北京大學研究生學志》，2005 年第 2 期，頁 63（58－67）。

31　〔宋〕蘇軾著、李之亮箋注：《蘇軾文集編年箋注》，頁 593。

位者，似乎不無微詞。

　　蘇軾和陶之舉，對後世的影響是巨大的。元好問論曰：「東坡和陶，氣象只是蘇詩，如云：『三杯洗戰國，一斗消強秦。』（按：其二十之句）淵明決不能為此。」[32] 蘇軾雖然仰慕陶潛，追求其思想情趣，但兩人的時代背景、學問個性畢竟有很大差異。因此，他的和陶之作與陶詩在內容與風格上異同互見，是理所當然的。進而言之，模擬再似，無非優孟衣冠，反求諸己，倒能自立門戶，體現個人特色。薛天緯說：「雖然（蘇軾的）和陶詩並非每篇都與陶淵明原作內容相關，但總體觀之，這些詩或回首往事，或着眼當前；或寫為官，或寫閒居；或記交遊，或懷古人；或抒儒者情懷，或發仙道嚮往，其精神實質均不離對『適』的心境的追求。」[33] 既然蘇軾和陶唯取一適，並不追求神形悉同，這就給予後世創作者很大的發揮空間。只要個人心志與陶潛有契合之點，便可和陶。以宋金元三代而言，和陶之著名人物便有蘇轍、李綱、吳芾、王質、陳造、陳起、朱熹、趙蕃、張式、釋覺范、張鎡、劉攽、舒岳祥、于石、趙秉文、郝經、劉因、戴良、方回、安熙、牟巘、戴表元、吳萊、王惲、謝應芳、仇遠、程文海、汪克寬等，可謂洋洋大觀。明代以降，更不在話下。僅袁行霈《陶淵明集箋注》，就錄入了二蘇及劉因、戴良、周履靖、黃淳耀、方以智、舒夢蘭、姚椿、孔繼鑅等十家為數甚多的和詩，其中周履靖以下皆為明清時人。又如晚清學者、宋詩派代表詩人莫友芝有和陶乃至集陶之作，今人文迪義認為：「莫友芝再三追和陶詩，不是玩文字遊戲，而是借陶淵明的酒杯澆自己心中塊壘。如其集陶詩，表面看來是對陶

32　〔金〕元好問著：〈跋東坡和淵明飲酒詩後〉，《元好問全集》（太原：山西人民出版社，1990 年），下集，頁 107。

33　薛天緯：〈師範淵明，唯取一適──蘇軾為什麼要寫和陶詩〉，《古典文學知識》，2009 年第 5 期，頁 71。

淵明詩歌的摘抄重組，其實貫徹的仍是莫友芝情感表現。」[34] 由是觀之，莫友芝和陶的動機與方式，與蘇軾依然一脈相承。而徐世昌〈連日微雨和淵明連雨獨飲〉云「人生貴適意」，[35] 亦復如是。

經過蘇軾的聚光，陶潛的巨大背影從此深深投射在中國詩歌史的長河中。但是，並非每位和陶者都完全處於這抹投影之中。陶潛的影子與他們每個人的身段既有所重疊，又有所分殊。如果說重疊處的昏暗隱喻着他們對陶潛思想情趣的潛移默化，分殊處的光明則代表着他們各各閃耀的獨特個性。蘇軾如此，莫友芝如此，徐世昌也如此。

二、徐世昌於陶潛思想之契合與憑藉

徐世昌去世後，國府褒揚令謂其「比年息影津門，優遊道素」。所謂「優遊道素」，既指徐氏生活簡樸，也點出其為道教信徒之事實。據徐世昌座師張之萬之孫張達驤所云，徐世昌晚年隱居時，每朝起床前先靜坐練氣，午睡過後便在呂祖像前叩頭一百次，從不間斷。如此一是敬奉呂祖，二是鍛煉身體。而徐世昌崇信呂祖，從年輕時便開始了。當時世昌、世光兄弟進京鄉試，曾在柯劭忞陪同下到呂祖廟求籤，籤文云：「光前裕後，昌大其門庭。」發榜後，世昌考取第 145 名，世光為 95 名。此後世光會試不利，而世昌則高中進士，平步青雲。所謂「光前」、「昌大」，恰與籤文相合。[36] 故徐世昌畢生對呂祖拜服不已，在家中置有密室，設呂祖牌位，長年供奉，燒香叩頭，到老不斷，對外則諱莫如深。他在當大總統時，因江朝宗、錢能訓等主持的「悟善社」奉呂祖為社長，在直皖戰起時，曾一度將該社

34　文迪義：〈莫友芝和陶詩淺論〉，《黔南民族師範學院學報》，2011 年第 4 期，頁 9。

35　徐世昌：《水竹邨人詩集》卷七，頁 8b－9a。

36　〈徐定茂談徐世昌〉，「鳳凰網‧中國近代史頻道」，https://news.ifeng.com/history/zhongguojindaishi/special/xdmtxsc/?fbclid=IwAR3FLOKGOMEqAzDhvLcuvLwHnMBeMqWBZFRuYYA8fpChIAb-NvKhWen_V6c（2020 年 5 月 12 日瀏覽）。

乩壇移至總統府，占卜是否久於其位。[37]

　　不過，若以徐世昌對道教的信仰止停留於迷信層次，則不然矣。近人沈雲龍為徐世昌作評傳，謂徐氏「深嗜黃老之術」。而沈書引徐世昌去世後，香港《大公報》1939 年 6 月 7 日之社評云：「而且功名之士，恆好講黃老之術，彼既缺乏殺身成仁之勇氣與美德，動輒講求明哲保身，藏身隱暗之中，以乘他人之交敝，而後起而攫取其利，徐氏終生，殆犯此病。彼隱居幕後，恆獲有功，一旦登臺，輒召失敗，是固其用心擇術使然，無足深責。」[38] 又今人宋國濤指出：「在北洋軍閥各派系的鬥爭中，徐世昌慣以元老身分作為居間調和者出面因勢操縱。徐世昌幾經官場磨煉而成為不倒翁，其為政之道就在於精通黃老之術，而極盡縱橫捭闔之能事，在大是大非的緊要關頭，他常常能夠城府在胸，內斂不張，心中之事不為旁人所窺，是一位玩弄政治的高手。」[39] 徐世昌因馮段不合而就任大總統，時人已謂其坐收漁利。[40]《大公報》稱「好講黃老之術」是功名之士的常態，蓋因身居高位者務必小心翼翼，不敢冒進，故以柔弱雌伏自警。這種特質在徐世昌身上尤為顯著。徐世昌幼年喪父，家道貧困。進入翰院後，不得前輩青睞。加入北洋集團後，始終不曾掌握兵權。如此危機感時刻令他警醒，不但不意氣用事、率性而為，更工於心計而八面玲瓏。不過徐世昌的黃老之術，也並非止如長期以來的認知那般，「利國無能但利身」。[41] 正如秦燕春所言：「這種『不倒翁』的本領，也保證了北洋的

37　張達驤：〈我所知道的徐世昌〉，載全國政協文史資料委員會編：《中華文史資料文庫》（北京：中國文史出版社，1996 年），《政治軍事編・北洋軍閥統治》，頁 736。

38　香港《大公報》社評〈徐世昌死矣〉，沈雲龍：《徐世昌評傳》（臺北：傳記文學出版社，1979 年），頁 737－738。

39　宋國濤：《民國總理檔案》（北京：人民日報出版社，2011 年），頁 99－102。

40　如張達驤云，安福國會選舉徐氏擔任大總統時，有一議員投了「漁翁」一票，這是暗示馮、段鷸蚌相爭，徐世昌漁人得利。見氏著：〈我所知道的徐世昌〉，747。

41　張伯駒：〈續洪憲紀事詩補註〉，載氏著：《張伯駒集》（上海：上海古籍出版社，2013 年），頁 117。

根基不被動搖、保證了袁世凱復出的籌碼和基礎。」[42] 其有「水晶狐狸」之綽號，良有以也。

再者，徐世昌畢竟靠讀儒書起家，其立身固偏賴黃老之術，但治國基調卻仍歸宗於孔孟之道。郭劍林指出，徐世昌原習程朱理學，但從政後發覺此道空虛無物，於是接受參議員張鳳臺的意見，提倡顏（元）、李（塨）的躬行實踐學說。尤其在五四以後，傳統文化受到極大衝擊，徐世昌乃大力提倡顏李之學，先編輯《顏李學》13 卷，分為《習齋語要》2 卷、《恕谷語要》3 卷、《顏李師承記》9 卷，廣泛傳播。又宣揚顏李「存人、存性、存禮、存治」之思想，成立四存學會，發行《四存月刊》。特在大總統府萬字廊牆外府右街建築四幢房屋，成立四存學堂，以讀經為必修功課；營運經費由其個人解囊承擔，直至晚年未曾間斷。又在巴黎大學設立中國學院，向國外傳播傳統文化思想。[43] 可見徐世昌對儒學的推廣，是從他所認知之國家大局着眼的。

對於儒道二家之異同，徐世昌在《弢齋述學》中頗有申發。此書先登載於《四存月刊》，後於 1921 年付梓。黃濬為此書作序，開宗明義地說：

> 此書為東海府主暇日罩講治術之作，以孔子之學主日新，其用在進化；老子之學主無為，其用在不爭。本此旨以立言，署曰述學，而治道寓焉。上篇述聖哲中庸之學說，以道齊民之要領。下篇述史傳所紀學派之趨別，義利之因果。終乃擷舉我國美德數者，以為當世言治者告焉。[44]

---

42 秦燕春：《袁氏左右：清末民初的流年碎影》（南京：鳳凰出版社，2009 年），頁 64。

43 郭劍林：《北洋靈魂：徐世昌》（蘭州：蘭州大學出版社，1997 年），頁 395–396。

44 黃濬：〈序〉，徐世昌：《弢齋述學》（民國十年〔1921〕刊本），頁 1a。

　　由此可見，徐世昌認為儒道二家乃是一體兩面，為中國讀書人
立身進退所必需。儒家重進取，故能促使社會進化發達；道家重退
守，故克令人心不汩溺於物慾，而知足常樂。徐世昌在列舉先秦儒、
道二家典籍關於道之體、道之用的論述後，總結道：

　　　　合二氏之論，列而揭櫫其所謂道之體用者觀之，一為
　　有為法，一為無為法。是其方法雖殊，其認識則一。換言
　　之，其所為雖不同，其所以為則一也。蓋古者之論治，靡
　　不以道德為本，以政治為末，或且合道德政治為一談焉。
　　故六經諸子之言，無一而非道德，實無一而非政治之書。
　　蓋認道德為人類共同生活上天然之規律，有永久存在之精
　　神。而政治僅為人為之條件，亦各隨其時代變遷而已。故
　　常變者政治，不變者道德。孔子謂「為政以德，譬諸北辰，
　　居其所而眾星拱之」，老子謂「執古之道，以御今之有」，
　　皆此旨也。[45]

　　徐世昌強調儒道合一，對道家某些偏激之論也有所解說。如同
篇云：「老子之徒，乃大有慨於政治末流之弊，更進而為過甚之論焉。
《老子》曰：『大道廢，有仁義；智慧出，有大偽；六親不和，有孝慈；
國家昏亂，有忠臣。』《文子》曰：『道狹，然後任政，德狹然後任刑。』
是直認政治之生成實道德上不幸現象焉。」[46] 他又補充道：「抑有進
者，道家無為法其陳義雖高，而立說究涉空洞，非如儒家陳義立說皆
能見諸實施，究論方法亦較具體，至其具體方法實根本於個人之自修

45　徐世昌：《弢齋述學》上篇，頁 9a－9b。
46　同前註，頁 10a－10b。

其身，廣其義而郅治之隆不難立見焉。」[47] 足見徐世昌從修身治國的角度而言，對道家之立說仍是有所保留的。

以上所列舉徐世昌關於儒家修齊治平的論述，固然是其自青少年時期以來習之已久者，同時也體現出其作為施政者對國家人民有何種期盼。相對而言，徐氏民國時期的詩歌雖也偶有就論儒學之作，但整體而言仍以山林田園、悠閒自適為基調。郭劍林謂徐氏出任大總統後，在總統府集靈囿西花園廳內設立晚晴簃詩社，每逢星期天或休息日，就邀請當時的社會名流、著名學者、詩人來此談古論今，吟詩唱和，以達到以詩會友、切磋詩藝、聯繫知識分子、綜論國家大事的目的。[48] 考晚晴簃詩社成立的動機，當是以編纂《晚晴簃詩匯》為主，其中社員有王式通、樊增祥、柯劭忞、傅增湘等人。徐氏日記有時逕稱為「晚晴簃選詩社」，可見其性質。這些社員、編者之間聯誼、酬唱，容或有之，徐氏詩集中也有與他們贈答之作，但考其《日記》中大總統任內幾年，從無與社員唱和的紀錄（如前所言，其任內所作詩歌極少）。[49] 可以說，詩歌向來是知識分子的社交媒介，但對徐世昌而言卻適可而止。他更多的詩作往往都是在幽居獨處時所為，如此便令詩歌保有一定的私人性質。而這種私人性質又以悠閒自適為基調，即使在徐氏擔任國務卿時也未曾稍易，因此，道家隱逸之思就比儒家治平之念更多地成為詩歌主題，案牘勞形之餘則作為調劑，下野隱居之際則持以明志。此正是柯劭忞所謂「無身世之累」之意。茲舉七絕〈漁船〉為例：

47　同前註，頁 12b。

48　郭劍林：《北洋靈魂：徐世昌》，頁 384－385。

49　如 1919 年 4 月 29 日：「到晚晴簃選詩社。」（《日記》第三冊，頁 11）又 1921 年 3 月 6 日：「到西園與晚晴簃選詩諸君久談。」（《日記》第三冊，頁 81）此外，徐氏此時出席的還有盟鷗館詩社，但日記中似乎也無唱酬之記載。

　　賴尾餘霞映半天，綠楊幾樹一漁船。鳴榔欲過前川去，無數鸕鷀水上眠。[50]

　　徐世昌擅長繪畫，其詩佈局、着色與情調往往充滿畫意，這篇小詩便是一證。吟哦之下，翛然無塵俗之慮。再者，徐世昌對民生之關心，體現於詩中也產生了一種距離感。如七律〈春雲〉：

　　靄靄春雲覆九垓。春城端為護花來。團如柳絮飛難起，攪入梨花撥不開。非霧非煙迷巷陌，半陰半霽暗樓臺。何時泰岱油然作，霖雨蒼生賴此才。[51]

　　頷聯、頸聯狀述春雲之貌，深得體物之趣。而尾聯語意一轉，表達了對百姓的關懷。然因前三聯詞藻之富麗，而令尾聯也融入一種端雅承平的氣象。秦燕春謂其詩「有些『臺閣體』痕跡」，誠然。[52]而其暮年所作七律〈秋感〉：

　　慷慨登樓酒半醺。蒼茫大地尚煙氛。濤翻浪激疑龍戰，風急天高過雁群。定遠誰投班氏筆，撼山不見岳家軍。蕭蕭落葉長安道，滿耳秋聲夢裏聞。[53]

　　此詩有感於當時之戰亂而作變徵之音。如「登樓」、「龍戰」、「風急天高」、「班氏筆」、「岳家軍」、「蕭蕭落葉」、「長安道」等語典與事典，古雅之餘也能與時事結合無間，但如此一來，其現代生活經驗

50　徐世昌：《水竹邨人詩集》（民國七年〔1918〕刊本）卷六，頁 10b。
51　同前註，卷四，頁 12b。
52　秦燕春：《袁氏左右：清末民初的流年碎影》，頁 68。
53　徐世昌：《海西草堂詩集》（民國廿五年〔1936〕退耕堂刻本）卷一，頁 9b–10a。

則全然隱藏了。且浪濤、雁群、落葉、秋聲等景象雖云衰颯，卻仍饒徐氏筆下一貫的田園山林之致，進一步增添了此詩「不與世接」的抽離感。這與陶潛〈歸園田居〉所云「野外罕人事，窮巷寡輪鞅」的生活模式與態度是有所呼應的。只是晉宋易代，社會的性質並無變化；而民初鼎革卻結束了兩千餘年的帝制，現代化轉型時代隨而來臨。徐世昌作為中國現代化轉型的重要推手，現代生活經驗卻罕見於詩作。這只能說，詩歌作為相對私人性的文學體裁，承載的意趣不必非大眾所習見、關懷之內容不可；而徐世昌身為秉持儒道合一思想的傳統士大夫，沿襲陶潛獨善其身之傳統，以此相對私人性之體裁來表達「不與市接」的意趣，並不難理解。

當然，一如時人謂徐世昌精於黃老之術，故其詩作除了明志抒懷之外，也未嘗無營造恬淡忘世之自我形象、低調自保之意。如前所言，徐氏大總統四年任內，詩歌創作極少，蓋為避免文字賈禍。而其《退耕堂集》、《水竹邨人集》、《歸雲樓集》、《海西草堂詩集》等幾部重要詩集，皆由進士同年、史學大師柯劭忞作序。徐、柯二人為終生好友，固不待言。但民國以後，柯氏以前清遺老自居，雖供職清史館，卻拒不奉民國正朔。徐世昌將柯氏鉅著《新元史》列入二十五史，雖然無可厚非，但可能與再三請柯氏為詩集作序一樣，有籠絡保守派人士之意。且如今人周言所云：「後來徐世昌當選總統，由於徐乃前清忠臣，加上民國之後與溥儀常有聯繫，這重新燃起了遺老的復辟熱情，羅振玉致王國維信中新潮澎湃，居然主張明目張膽、大張旗鼓地舉行復辟，羅振玉亦和柯劭忞談及復辟的具體細節，比如電詢各派勢力等等。」[54] 辛亥革命時，徐世昌暗中協助袁世凱迫使清廷遜位，此後清廷是否風聞，是否仍將徐氏視為忠臣，不得而知。但清廷若要維持優待條款，甚或仍以復辟為念，與徐氏保持良好關係是必須

54　周言：《王國維與民國政治》（北京：九州出版社，2013 年），頁 95－96。

的。[55] 如徐世昌獲選大總統後，甚至擬具摺請旨是否就任。其日記引世續（1852－1921）傳旨曰：「皇上准其就總統之職並令速就任。四位主位（按：指太妃）亦云：『均甚盼其得總統，可以維持皇室。』」[56] 故柯劭忞等人雖以遺老自命，於公於私並不介意徐之「貳臣」身分，甚而引為儕類，理所自然。這也說明張勳控制北京、意圖復辟之際，為什麼立刻與徐氏聯絡，並邀其擔任清廷之要職。

如前所言，晚晴簃詩社在徐世昌擔任大總統時期與之關係密切，徐氏卻並未將之發展為自己詩歌創作之「元場域」，而僅停留於編書的文化活動而已。徐氏下野後，又在北京班大人胡同設立「徐東海編書處」，可謂晚晴簃詩社的延續，雖編成《清儒學案》等多部著作，但依然與詩歌創作關係不大。[57] 再觀徐氏詩集，其作品之贈答對象除了親戚、門生，大抵皆以遜清舊友為主。北洋軍中之同事、僚屬，徐世昌與他們詩歌往來的例子相對少見。而這些遜清舊友中，如周馥（玉山，1837－1921）、陳寶琛（弢庵，1848－1935）、王樹枬（晉卿，1852－1936）、柯劭忞、鐵良（寶臣，1863－1939）等人固然

---

55 按：張達驤謂徐氏去世後，潘毓桂送一輓聯，有「老臣不眷念幼帝」等語，斥徐不忠（見氏著〈我所知道的徐世昌〉，頁 747）。張氏又云宣統時，李鴻章嫡孫國傑致函其父張瑞蔭，謂「醇邸（醇親王載灃）深惡菊帥（徐世昌）」（同前註，頁 739）。然徐氏《日記》於辛亥後，不止一次與醇王見面。蓋醇王縱不喜徐氏，此時亦不得不與之周旋，保障皇室利益爾。又張劍引《紹英日記》民國十年五月十五日條而論云：「醇親王代表遜清皇室欲求娶徐氏女兒為溥儀之皇后時，徐氏卻從維護皇室大局出發予以婉拒，這與當年袁世凱主動要與遜清皇室攀親截然不同。而且，徐氏在自己日記裏關於此事僅書『醇親王來談』五個字，以為尊者諱，絲毫沒有炫耀的念頭。《我的前半生》的『灰皮本』與『全本』嘲弄徐世昌想把自己女兒嫁給溥儀做皇后，真是顛倒黑白。」（見氏著〈日記中的歷史：紹英眼中的清末民初〉，《中華文史論叢》，2018 年第 3 期（總 131 期），頁 274－275）溥儀「顛倒黑白」，蓋受醇王影響；事過境遷，對徐氏之個性及「貳臣」身分仍存芥蒂之故也。

56 徐世昌：《徐世昌日記》，第二冊，頁 525。

57 晚晴簃詩社在徐氏去世後依然存在了若干年，並舉行過吟詠活動。如張桂瓊指出，金兆蕃於 1923 年加入晚晴簃詩社，參與編纂《詩匯》工作；其子金問泗還在 1950 年代在晚晴簃詩社創作了〈友人約同江邊探枸芑頭佐夜飲晚晴簃詩酒會因未能赴〉、〈孔子生日為晚晴簃詩社作〉、〈孟子生日為晚晴簃詩社作〉等詩。見張桂瓊〈金問泗的社交詩詞初探〉，《華人文化研究》，第七卷第一期（2019.06），頁 160、162。

忠於遜清，但也有不以遺民自居者，如樊增祥（1846－1931）、江瀚（叔海，1857－1935）、易順鼎（實甫，1858－1920）、嚴修（範孫，1860－1929）、張元奇（珍午，1860－1922）、周樹模（少樸，1860－1925）、宋小濂（鐵梅，1863－1926）、錢能訓（幹臣，1869－1924）等皆是。易言之，徐世昌雖一度有元首之尊，但就詩歌創作之場域觀之似乎僅為其中一員，這些遜清舊友之吟詠活動也未必以徐氏為核心。如徐氏〈和柯鳳孫同年韻〉，蓋作於 1916 年袁世凱去世前後，其詩云：

> 廿年舊事如談夢，百首新詩可共論。自有滄洲圖粉壁，固應風雪閉柴門。剪松移石通三徑，種秫劖桑共一村。來歲春濃同訪勝，桃花開遍夕陽墩。[58]

此詩首聯既敘舊誼，又點出兩人長此以來的詩歌往還。頷聯出句來自李白〈同族弟金城尉叔卿燭照山水壁畫歌〉中「高堂粉壁圖蓬瀛，燭前一見滄洲清」兩句，滄洲指隱士所居，蓬瀛為仙人所在，謂隱居出塵之思。對句風雪柴門出自劉長卿〈逢雪宿芙蓉山主人〉，言家居之簡陋。此聯整體狀述了遺民之清苦與自得。頸聯出句出自陶潛〈歸去來辭〉，當指柯劭忞之隱居。對句亦與陶令有關。《晉書·陶潛傳》謂其為彭澤令時：「在縣公田悉令種秫穀，曰：『令吾常醉於酒，足矣。』妻子固請種秔，乃使一頃五十畝種秫，五十畝種秔。」[59]「劖桑」則出自陸游〈村居遣興〉「伐荻劖桑敢愛勞」。但值得注意的是，陶潛種秫乃是在為官之際。因此，此句與其說繼續描寫柯氏生活，毋

58　徐世昌：《水竹邨人詩集》卷四，頁 1a－1b。

59　〔唐〕房玄齡主編：《晉書》（北京：中華書局，1997），卷九十四〈列傳第六十四〉，頁 2460。

寧說係徐氏自謂，向老同年表示自己「身在朝堂、心在山林」。所謂「共一村」固可解作秔桑同村，卻未嘗非其表白，宣稱自己與遺民老友並非殊倫。兩人既非殊倫，自可有來春聯袂同遊之約了。

又如宋小濂本為監生，遜清時長期在東三省、內蒙古為官。宣統時官至黑龍江巡撫。民國元年，成為首任黑龍江省都督，後改任參政院參政、中東鐵路督辦。宋氏善詩，又供職東北，故與徐世昌往來較多。1917 年，徐氏作〈題宋鐵梅晚學齋圖〉二首曰：

　　邊風鐵甲鬢成絲。老未封侯事可知。書劍歸來人不識，一廬風雨苦吟詩。
　　竹徑松窗綠意侵。人間自有好園林。研朱細讀田何易，門外黃塵幾尺深。[60]

其一之首聯出句，謂宋小濂長期供職邊疆，歷練豐富。對句感嘆其事功未竟：1913 年 8 月，沙俄政府藉齊齊哈爾巡警檢查俄籍朝鮮人之故，對北洋政府施壓，宋小濂被迫辭職，從此回到關內，轉職參政院。參政閒職，遠非巡撫可比，故宋氏得以閒暇讀書吟詩矣。晚清之際，徐世昌與宋小濂在東北共事，一定程度上延緩了日俄之侵略。如今改朝換代，而沙俄於東北染指日甚。宋小濂之辭官，顯然也觸動了徐世昌的回憶。故尾聯謂當年事功化為烏有，而今無人識得，只能吟詩自遣，一則惜宋，一則乃自惜爾。其二首聯暗合於陶潛詩意，尾聯謂天道禍福難料，細參易理，則世事喧囂、人生得失絲毫不必掛心。相勘之下，其一既有慷慨之音，其二則以山林清音而調和之，可謂曲終奏雅，歸於平淡。

今人潘靜如指出：「徐世昌以『遜清相國』而任民國總統，一方

60　徐世昌：《水竹邨人詩集》，卷七，頁 17a。

面借助於與前清同僚的舊誼、對遜清幼主的『忠敬』來縮合清遺民群體，一方面又借助於總統身分利用行政資源來廣開徵詩、獻詩之路。他的這種雙重身分和『東食西宿』的巧宦行徑，也招致了部分清遺民的反感，因為這構成了對遺民倫理的戲侮。可是，又不能否認，徐世昌等北洋舊人的確多是情感或精神上的清遺民，雖然他們在個人出處上不能守遺民之節。」[61] 而由以上所舉二詩可見，徐世昌畢生能與遺民、非遺民左右逢源，不僅因其精於「黃老之術」。蓋其人生經驗豐富、交遊廣闊，深諳人情練達；詩歌縱為交遊之媒介，然因其精神上之遺民心態，故於平淡恬靜處時時流露真情，絕非尋常應酬可比。無論以「種秫」自比，還是以歸隱自期，徐氏之作都深受陶詩影響。不過與陶潛的胸無點塵、一片純真相比，徐氏之深於城府，自然遠甚。他對陶潛的追摹，一方面出於內心之悅慕，此為契合陶潛思想處；另一方面出於處世之需要，此為憑藉陶潛思想處。但無論契合或憑藉，在徐氏而言殆亦淄澠難分。陶詩貴自適，然古今和陶者之時代、背景、性格、經歷各各不同，對於自適的看法必定言人人殊。一如前節所言，徐世昌立於陶潛的背影中，卻未能與之重疊；那些分殊之處，正體現出徐氏自身「內斂不張」卻又「縱橫捭闔」的特色。

第三節 ｜ 欲飲悄無言：徐世昌丁巳和陶詩之書寫策略

　　徐世昌丁巳和陶詩三十一篇的寫作時間，皆在張勳復辟前後，亦即 1917 年夏秋之際。持日記與詩集相勘，可以當年立秋（8 月 8 日）為界，將這些篇章分為前後兩批。自端午（5 月 23 日）起，時居天津的徐氏先後創作了〈連日微雨和淵明連雨獨飲〉、〈和淵明問

61　潘靜如：〈《晚晴簃詩匯》編纂史發覆——兼論清遺民與徐世昌等北洋舊人的離合〉，《蘇州大學學報（哲學社會科學版）》，2018 年第 2 期，頁 157。

來使〉、〈和淵明還舊居〉、〈和淵明有會而作〉、〈和淵明九日閒居〉、
〈和淵明歸園田居六首〉等十一篇作品。其中前三篇創作當在 5 月、6
月間，此時尚不知張勳復辟之事；次兩篇創作當在 7 月初，委婉表達
了反對復辟之意，也對與事諸遺民老友表示憂心；〈和淵明歸園田居〉
六首當作於復辟失敗之後不久，有總收前意的動機。以上前一批作
品，可稱為「丁巳秋前和陶」。大約一個月之後的立秋至乞巧（8 月
24 日）之間，已從天津前往北京的徐世昌又創作了〈和淵明飲酒詩〉
二十首。這組詩作在〈和淵明歸園田居〉的基礎上擴而充之，將視野
前推，進一步回顧洪憲帝制運動、乃至清末民初以來的政局，隱晦地
加以感嘆評說，可稱為「丁巳秋後和陶」。由於秋後和陶之時，局勢
暫歸平靜，徐氏得以從更超然的角度來觀照得失，但內容因此也鮮見
故實、更為抽象，耐人尋味。本節以秋後所作〈和淵明飲酒詩〉二十
首為中心，輔以秋前諸作，從背景、主題、體裁、風格等方面探討徐
世昌和陶諸作之文學與文獻價值。

一、書寫背景：「丁巳秋前和陶」諸作述論

討論徐世昌和陶詩的創作心態，必須先了解其背景。辛亥前後
姑按下不表，僅從帝制運動開始回顧。1915 年 10 月 23 日，徐世昌
眼見袁世凱對帝制完全動心，乃引疾辭去國務卿一職。[62] 12 月 12
日，袁世凱申令承認帝制，以徐世昌、趙爾巽（1844－1927）、李經
羲（1857－1925）、張謇（1853－1926）為「嵩山四友」，並改明年
為洪憲元年。1916 年 1 月 26 日，徐氏在日記中寫道：「世界上有三
種有志之人：一為有志仙佛之人，一為有志聖賢之人，一為有志帝
王之人。求為仙佛之人多則國弱，求為聖賢之人多則國治，求為帝

62　郭劍林：《北洋靈魂：徐世昌》，頁 165。

王之人多則國亂。世之操治化教育之權者盍審諸！」[63] 賀培新論此語云：「自籌安會成立，政象紛紜，故公慨乎言之也。」[64] 3 月上旬，徐世昌致函袁世凱，勸其撤銷帝制，信中有「及今尚可轉圜，失此將無餘地」之語。21 日，袁世凱登門拜訪徐世昌，久談，共進晚飯，至二更天始歸。袁氏「以時局危迫，再三約出維持大局」，遭到徐氏堅持。[65] 22 日，袁世凱申令撤銷帝制，復任徐世昌為國務卿，再具呈辭。23 日，袁世凱派曹汝霖、錢能訓登門力勸，徐氏「惟有勉任艱鉅，盡力維持國家大體而已」。[66] 徐世昌復職後，通電獨立各省尋求和解，然議和最終不成。4 月 22 日，徐氏再度辭職，推薦段祺瑞接替。[67] 6 月 6 日，袁世凱在羞憤中去世。徐世昌於當天日記寫道：「數十年老友一旦恒化，為之痛哭。」[68] 徐世昌隨即協同段祺瑞等人辦理後事。當年 8 月下旬，乘火車至河南彰德，主持下葬事宜，隨後暫居輝縣寓所。徐世昌、袁世凱識於微時，多年以來相交莫逆。練兵小站、推翻清廷，可謂合作無間。對於袁氏稱帝，徐氏明確表達反對立場。至其去世，又悉心為之安排後事。學者謂其在大是大非的緊要關頭能有城府在胸，泂然。

　　袁氏去世後，黎元洪接任大總統，段祺瑞任總理，府院之爭日熾。10 月 30 日，馮國璋當選副總統。11 月 14 日，徐世昌應黎元洪之邀，抵京調解政爭。[69] 1917 年 2 月，段祺瑞主張參與一戰，對德

63　徐世昌：《徐世昌日記》，第二冊，頁 426。

64　賀培新：《水竹邨人·年譜》，卷下，載北京圖書館編：《北京圖書館藏珍本年譜叢刊》，第 184 冊（北京：北京圖書館出版社，1999 年），頁 193－194。今人林志宏認為徐氏乃是「藉以說明民主共和之無當」。或可斟酌。見林志宏：《民國乃敵國也：政治文化轉型下的清遺民》（臺北：聯經，2009 年），頁 43。

65　徐世昌：《徐世昌日記》，第二冊，頁 436。

66　同前註。又見郭劍林：《北洋靈魂：徐世昌》，頁 167。

67　徐世昌：《徐世昌日記》，第二冊，頁 439；郭劍林：《北洋靈魂：徐世昌》，頁 167。

68　徐世昌：《徐世昌日記》，第二冊，頁 445。

69　同前註，頁 463。

宣戰，受到黎元洪反對。4 月 26 日，徐世昌自北京抵天津。[70] 5 月 10 日，段祺瑞迫使黎元洪解散國會。23 日，黎元洪下令免除段祺瑞總理職務，段氏憤而離京赴津。6 月 7 日，安徽督軍張勳奉黎元洪命率兵北上，調停政潮，14 日入京。30 日，張勳與陳寶琛等召開「御前會議」，密謀復辟。7 月 1 日，張勳、康有為等三百餘人正式擁立溥儀復位。黎元洪隨即逃至日本使館。徐世昌當天日記云：「今日得京中消息，張勳恭請皇上復臨御天下躬理大政，聞皇貴太妃、醇王、世中堂（按：即世續）均不以為然，無力阻止，有哭泣墜淚者。」[71] 足見其不贊同張勳復辟。段祺瑞本來支持張勳調解，不料張勳倒行逆施，於是與黎元洪暗中聯繫，達成討逆協議。7 月 1 日當晚，段祺瑞帶着黎元洪的討逆密令和印章，秘密乘火車至馬廠。3 日，段氏以討逆軍總司令身分在馬廠發表通電，誓師討逆。4 日，清廷授徐世昌為太傅，旋又諭其以太傅大學士輔政。8 日，徐氏日記云：「聞張勳兵潰敗，已釋戈不戰，張勳諸人已數日不進內。張勳、康有為諸人願取消復辟，為自保計。如此兒戲，魯莽滅裂，置國家、幼主於不顧，殊堪憤恨。」[72] 10 日，徐世昌致電張勳，明確表示不贊成其「倉卒發難，遽更國體」。[73] 12 日，討逆軍三路圍攻北京，張勳竄入東交民港荷蘭使館。復辟歷時僅十二天。14 日，黎元洪通電去職，馮國璋代理大總統，以段祺瑞為國務總理，掌握中央大權。31 日，徐世昌乘火車至北京。[74] 8 月 3 日，代總統馮國璋登門拜訪。5 日，醇親王載灃登門拜訪。[75] 至 1918 年 4 月 19 日攜眷離京，20 日清早先至河南彰德

70　同前註，頁 477。

71　同前註，頁 483。

72　同前註，頁 483－484。

73　郭劍林：《北洋靈魂：徐世昌》，頁 180、430。

74　徐世昌：《徐世昌日記》，第二冊，頁 486；郭劍林：《北洋靈魂：徐世昌》，頁 430。

75　徐世昌：《徐世昌日記》，第二冊，頁 486。

袁世凱墓察看工程良久，又到袁宅，袁克定留飯久談。21 日歸輝縣寓所。[76] 此時距其就任大總統，不到半年爾。可以說，徐世昌作為北洋元老，其和陶詩的書寫背景，就反映出民初共和與帝制角力的消長軌跡。

徐世昌於 1917 年 4 月 26 日離京赴津，暫居五弟世綱宅中。當時，他已在天津英租界牛津道（今和平區新華南路與睦南道、馬場道交口），購得空地一塊 15.3 市畝，修建住宅。[77] 至 5 月 26 日，住宅落成，正式喬遷。[78] 當天日記云「作詩一首」，應即《水竹邨人集》卷六〈移居〉一詩。[79] 又 6 月 19 日日記云：「午刻偕光弟約姜翰青、那琴軒、呂鏡宇、吳仲怡橋梓宴集。」[80] 而《水竹邨人集》卷七有〈贈姜翰青都統〉一詩。[81] 此詩之前第二首為七律，題曰〈余移居後頗有閒適之致偶讀淵明移居詩率爾賦此〉，當作於前此一二日。詩云：

> 靖節先生樂可知。南村卜宅有新詩。枌榆社近爭攜酒，漢魏人遙但訪碑。論史俾窺前古上，勸農正及早春時。藤牀莞蓆殊安穩，五柳當門颺綠絲。[82]

查陶潛〈移居詩〉共二首，首各六聯，皆五古體裁。詩題所謂「率爾賦此」，即在說明此詩並非追和之作。然觀全詩內容，的確呼

76　同前註，頁 510。

77　「徐世昌故居」，http://www.wenbao.net/html/whyichan/lsmc/tianjin/mingsheng/guju/xushichang.htm（2021 年 10 月 6 日瀏覽）。

78　徐世昌：《徐世昌日記》，第二冊，頁 480。按：日記謂是「德租界」，蓋因其新居在英、德租界接壤之處。

79　徐世昌：《水竹邨人詩集》，卷六，頁 15a－15b。

80　徐世昌：《徐世昌日記》，第二冊，頁 482。

81　徐世昌：《水竹邨人詩集》，卷七，頁 6b。

82　同前註，頁 6a－6b。

應詩題所云「閒適之致」。換言之，此詩為稍後和陶之先聲；且由此可知，徐氏和陶之初衷，乃是通過呈現「閒適之致」以明志，或云自我形塑爾。

查《水竹邨人集》卷七有〈丁巳端陽〉、〈端陽微雨坐友梅海亭上偶作〉、〈範孫過訪閒話感賦〉、〈連日微雨和淵明連雨獨飲〉諸作，其中第四篇乃徐氏首度和陶之作。考丁巳端午乃 6 月 23 日，至和〈連雨獨飲〉時，標題稱「連日微雨」，當在端午後兩三日。時張勳雖已進京，而溥儀尚未復位。故此詩云「得酒欣然醉」、「人生貴適意」，[83] 尚承襲着 6 月 19 日七律的「閒適之致」，有隱居自得之趣。緊接的〈和淵明問來使〉，尾聯曰「他日巾車歸，來伴白雲宿」；此後〈和淵明還舊居〉尾聯則曰「何日還舊居，短童掃徑待」。[84] 皆有思念輝縣故鄉之意。徐世昌這幾篇和陶詩，皆選取原詩標題與己事相應者和之，以〈連雨獨飲〉與〈還舊居〉的旨意最為清楚。而〈問來使〉一篇，陶潛乃是透過問故鄉來人，表達思鄉之情。徐氏此篇和詩云：「昨來山中人，問我山中屋。」[85] 所謂「山中人」當即徐氏河南之鄉人。

此後數篇，主題便有所轉變。如〈有會而作〉一篇，陶潛的主旨乃是表達縱然家貧卻拒絕嗟來之食的志向。而徐氏和詩，則云「荊榛任翦鋤，閒花落更掃」，「長揖謝時輩，去嘗神農草」。[86] 感嘆無論美麗的花朵還是蕪穢的荊棘，最後皆一體消亡；因此不如離群索居，以避禍殃。如此觀之，似乎作於 7 月上旬，清廷復辟後邀其輔政之際。此詩之後，為〈和淵明九日閒居〉。值得注意的是，此時距離重陽節尚有三個月之久，追和此詩，似乎並不應景。然其前半云：「聖人治

---

83 徐世昌：《水竹邨人詩集》，卷七，頁 8b–9a。

84 同前註，頁 9b。

85 同前註，頁 9a。

86 同前註，頁 10a。

禮讓，歲序去不停。」參《論語・里仁》：「能以禮讓為國乎，何有？」
而徐氏《弢齋述學》亦謂中國古哲思想有裨於世界者四端，其二曰
「好讓」，且舉帝堯、泰伯讓國為例云：「天下國家而可讓，則今日國
與國之間又何爭焉？」[87] 再玩徐氏此處詩意，當云清廷已揖讓遜位，
時代變化，已不可從頭再來。此應係針對復辟而言。

末二聯云：「眷言懷良友，日暮但惆悵。天半有停雲，獨立勞相
向。」[88] 如前所論，徐氏有不少舊友以遺老自居，此時清廷復辟，皆
出面支持。身在天津的徐氏對他們表示懷念，言下之意乃是對他們的
處境表示憂心爾。再觀詩中有「荒畦菊正肥」、「小甕餘村釀」等語，
則是以隱居之樂提醒諸老，並以耐寒之菊相勉勵。

稍後，徐世昌又作〈和淵明歸園田居〉六首，此時當已是復辟
鬧劇落幕之後，故這組詩有總結前事之意。[89] 如其一云：「組綬非所
榮，簿書勞神智。」申言出仕之勞累。其四云：「莫射天邊鴻，人物
兩相安。」固有「數罟不入洿池」之意，但深層涵義未嘗非勸戒遺老
舊友們勿再知其不可為而為之，行此魯莽滅裂的復辟之舉，令家國動
盪不安。其六云：「王道至坦平，南山亦幽峻。」則謂當年出仕固須
戮力，而今改朝換代，身為遺民當安於隱居，其高風亮節也自不遑多
讓。整體而言，徐氏和〈歸園田居〉六首，既有因復辟結束而告誡舊
友之旨，也不無自勉自警之意。[90] 以上所論，即徐世昌「丁巳秋前和
陶」十一篇的概況。

87　徐世昌：《弢齋述學・結論》，頁 3a－3b。

88　徐世昌：《水竹邨人詩集》，卷七，頁 10a－10b。

89　同前註，頁 11a－12a。

90　按：徐世昌日記於當年 6 月 26 日（五月初八）有「晨起，作詩六首」之記載（頁
　　482）。然此時距端午方三日，從時序來看，當非和〈歸園田居〉六首，且和詩之內容
　　也與此時之政局不甚相契。

二、書寫主題：「丁巳秋後和陶」的感世之旨

整體而言，徐世昌「丁巳秋前和陶」基本上仍保持着「閒適之致」的主題，但其中的後八篇已因應時局變化，暗中轉化成感世之旨。「丁巳秋後和陶」的〈和淵明飲酒詩〉二十首繼承並拓展了這種書寫模式。筆者以為，〈和淵明飲酒詩〉二十首乃是〈和淵明歸園田居〉六首之擴充、拓展，當時局勢相對穩定下來，徐世昌乃透過這組詩作將近年的事件，以含蓄的筆法作一通盤之回顧與評論。

考《水竹邨人集》，〈和淵明飲酒詩〉之前有〈丁巳立秋遣興〉，之後有〈丁巳乞巧前一夕〉。丁巳立秋為 8 月 8 日，乞巧前一日為 8 月 23 日，則〈和淵明飲酒詩〉當作於這半個月之內。查徐世昌這段時間的日記，每天作詩或一二篇、或三四篇不等。[91] 則其遍和二十首〈飲酒詩〉乃是有計劃的創作，當非如其他詩作般一時興起而成。郭劍林引賀培新《徐世昌年譜》所言，謂「是歲（按：即 1917 年丁巳）作詩特多，皆收入《水竹邨人詩集》」，[92] 正因該年北京政局動盪，而徐氏深感乏力，故將抑鬱託之於詩。與陶潛、蘇軾不同，徐世昌在創作〈和淵明飲酒詩〉二十首之餘，並無詩序或其他文字講解這組詩歌創作的背景、動機。若將各篇內容一一與陶、蘇之作對看，也未必有直接呼應之處。不過，這組詩歌既然是集中在十餘天內完成的，其主題、體裁、風格肯定存在着一致性。只是在「閒適之致」的基調下，各篇創作之前或許沒有嚴格的謀篇，唯意之所適而已。但綜而觀之，各篇主題仍可歸納為幾個方面，茲逐一論述之。

二十篇作品中，最能與時代背景相扣合者，當為其四。此詩夾議夾敘，而以敘為輔、議為主：

91　徐世昌：《徐世昌日記》，第二冊，頁 487－488。

92　郭劍林：《北洋靈魂：徐世昌》，頁 183。

> 富貴如煙雲，功業亦草草。昨日華堂宴，清辭發蘭
> 藻。今日過其門，牆傾屋欹倒。溝水日南流，斜陽下城
> 堡。入世無炎涼，百卉自榮槁。歸山飲流霞，駐顏不知
> 老。[93]

溝水南流、落日下城，正是無情之時光的隱喻。在逝者如斯的歷史長河中，王朝的更迭只是轉瞬間事。一國如此，更何況一家、一人之富貴功業？眼看白雲蒼狗，只有放下執念、安時處順，才能獲得心理上的平衡，並以正常的心態去面對世變。再如其十五「金碧幾時銷」、「富貴有窮期」等語，[94] 同是此意。而其四之敘述高度抽象化，似乎在狀述亙古不變的景況，而非就某人某事而發。然而配合寫作時代，不難想像徐氏此處所議敘者，既包括了清廷、民國之朝代、政體，也涵蓋了袁世凱、黎元洪、張勳等個人。尤其是袁世凱，發家致富、位極人臣、榮膺總統大位，最後卻妄圖稱帝，身敗名裂而死。徐作為袁之終生密友，無袁之助不能飛黃騰達，長期為袁出謀劃策，但對其稱帝之舉大為反對。至袁臨終前悔悟，卻又出於舊情而為之收拾殘局、料理後事，可謂無可挑剔。這前後不過四十年間事，一切都是徐氏所親見親歷，滄桑變幻之感，不可能不深刻。袁世凱次子克文曾為其父作傳，而贊曰：「先公天生睿智，志略雄偉。握政者三十年，武備肅而文化倡。乃以一忽之失，誤於奸宄，大業未竟，抱恨而終。悲夫，痛哉！」[95] 固有為人子者溢美迴護之詞，但在北洋僚友看來，袁世凱稱帝之舉，亦實是一子之錯而滿盤落索。張伯駒《續洪憲紀事詩補註》寫袁克文在乃父逝後登臺飾演崑曲《慘睹》中的建文帝，註

93　徐世昌：《水竹邨人詩集》，卷八，頁 1b。

94　同前註，頁 3a。

95　袁克文著、梁穎點校：《洹上私乘》，載氏著《辛丙秘苑》（上海：上海書店，2000 年），頁 31。

云：「寒雲演此劇，悲歌蒼涼，似作先皇之哭……回看龍虎英雄，
門下廝養，有多少忘恩負義之事，不啻現身說法矣。」[96] 比對袁世凱
在世時，克文經常在中南海舉辦宴會，與友人唱曲賦詩，其五弟克權
曾描繪他：「連珠調轉千峰月，片玉詞驚一片才。」[97] 撫今追昔，情
何以堪！此正徐詩所云「昨日華堂宴，清辭發蘭藻」。而人走茶涼、
門庭冷落，自是「入世無炎涼，百卉自榮槁」。然世態人情，棄寒趨
暖，自古如是。花團錦簇、烈火烹油，安得不逆料有朝一日家亡人
散？徐氏身居官場，長期以退隱為念，而袁世凱卻無此覺悟。若袁氏
一早悟得此理，歸山飲酒、管他今夕何夕，豈致後來之敗？

其次，對於遺老諸友參與張勳復辟之舉，徐世昌在「丁巳秋前和
陶」諸作中已表達了自己不苟同的看法，並對他們的處境感到憂心。
如今雖然事過境遷，但徐氏透過〈和淵明飲酒詩〉其九，仍對諸友作
出了委婉地勸諫：

> 　　讀書不療貧，為農長苦飢。數卷神農經，人病必求
> 醫。壺公朝入市，賣藥果何為。日日雜屠沽，有道人不
> 知。君子當濟物，達人貴逢時。着手天下春，民物自熙
> 熙。有如飲醇酎，芳甘浸肺脾。既醉亦陶然，載詠風人
> 詩。[98]

所謂「書中自有黃金屋」並非必然，讀書之意義在於明道達理，
獲得精神富足，而非作為謀求功名利祿的工具。讀書人不能安貧樂
道，便是沒有盡本分，與勤力稼穡卻忍受飢寒的農人相比，應當自愧

96　張伯駒：《補洪憲紀事詩註》，載《張伯駒集》，頁 115。

97　袁克權：《袁克權詩集》（天津：天津古籍出版社，2008 年），頁 50。

98　徐世昌：《水竹邨人詩集》，卷八，頁 2a。

不如。詩中繼而引用《神仙傳》中壺公之掌故，謂壺公身為方外神仙，尚且側身市集屠沽之間，施藥救人，何況讀書人志道依仁，更應以安世濟物為念，讓世界和煦太平，一如歡言酌春酒，充滿洋洋暖意。（當然，此詩末二聯提及的飲酒只是陪襯，無關宏旨。）徐氏弦外之音，蓋以並非任何人都有幸運的遭際，只有動靜不失其時，其道方才光明。參其十二云「貴顯本有時，才質當求己」，[99] 同是此旨。這顯然是對着力挽狂瀾於既倒的遺老諸友說的。遺老們與徐世昌一樣，對遜清依然保有深厚的眷戀之情，然而時不再來，共和進程已是無可逆轉的歷史趨勢，任何人妄圖改變，無疑都屬螳臂當車。遺老們讀至此處，自應如人飲水，冷暖自知。且如前目所言，徐氏秋前所作〈和淵明九日閒居〉中「小甕餘村釀」等語，有以隱居之樂提醒諸老之意。而〈和淵明飲酒詩〉其六也有「柘陰社鼓鳴，小甕熟村醪」之聯，[100] 對句用語與其和〈九日閒居〉極似。雖云可能只是語典的偶然複用，但和〈九日閒居〉詩中已賦予此語特殊之意義，若看在諸老眼中，似曾相識，殆亦別是一番滋味。

在這組詩作中，徐世昌一如既往地描寫了隱逸生活的美好。如其六言及朝耕夕耨之辛勤，其十一言及與鄰叟話桑麻，其十八言及遊觀山水之癖好，不一而足。而其十云：

> 巢許富野性，用綺有童顏。不為塵世羈，難得日月閒。巖耕土脈膌，荷鋤空往還。一瓢長無酒，翛然屋兩間。日午且高眠，白雲掩松關。[101]

---

99 同前註，頁 2b。
100 同前註，頁 1b。
101 同前註，頁 2a－2b。

　　此處所謂野性，乃指樂好鄉野隱居之性。參唐人鄭谷〈自遣〉詩：「誰知野性真天性，不扣權門扣道門。」[102] 堯舜時期的高士巢父、許由便是富於野性之人。至於秦漢之際東園公、夏黃公、綺里季、甪里等四皓，避秦亂世而隱居商山，采芝充飢，年過八旬而鶴髮童顏，宛如神仙。隱者儘管以力耕為務，家徒四壁，卻可率性起臥，有酒即醉，不與紅塵相接，不為俗事所牽。查徐世昌自年輕時便喜耕種，至晚年而不衰，且居室以「退耕堂」為名，足見其志趣於一斑。值得注意的是，袁世凱稱帝前夕，冊封徐世昌為嵩山四友之一，表示不敢以此四舊友為臣，且備顧問諮詢，「用堅白首之盟，同寶墨華之壽」。如此名目，即仿效商山四皓而來。不過據記載，詔書頒下時，趙、李、張三人默不作聲，既不領封，也不謝恩；徐世昌身為袁氏好友，卻也冷冷地對身邊人說：「所為『嵩山四友』，即永不敘用之意。」[103] 不過，徐氏身穿四友特種禮服的留影卻流傳至今。實際上，袁世凱作為徐氏好友，對其性格是十分了解的。不敢以其為臣，並將之與四皓相比，考慮尚算周到。正因如此，徐世昌縱然反對洪憲帝制，卻仍勉強接受了如此稱號。位列四友之一，在反袁者看來自然乏善足陳；但對籌安會諸人而言，卻能體現一種清高的姿態。其十九云：「高蹈勵頹俗，君子貴務本。」[104] 詩意可以互見。這無疑也可歸入徐氏自我形塑之策略。秦燕春謂徐世昌離京隱居衛輝前夕，曾對苦苦挽留的袁世凱知會交底：「帝制自為，此係大事，萬不可不稍留餘地。如果親近好友都捲進你這盆皇帝渾水，關鍵時刻，誰來替你以局外身分折衷調和收拾殘局啊？」秦氏進而論道：「想來，無論誰是『袁世凱』，此

102　〔清〕聖祖皇帝敕撰，曹寅、彭定求等主編：《全唐詩》（北京：中華書局，1960 年），第 20 冊卷 676，頁 7747。

103　張達驤：〈我所知道的徐世昌〉，載全國政協文史資料委員會編：《中華文史資料文庫‧政治軍事編‧北洋軍閥統治》，頁 742。

104　徐世昌：《水竹邨人詩集》，卷八，頁 3b。

時此刻都會為徐世昌此等推心置腹而又能設想周到，甚至『捨己為人』的謀劃，感激涕零的吧。誰還會顧及他此舉是否主要為了『利身』而一番『造作』呢。」[105] 所論可謂曲盡其情。且商山四皓雖係隱士，卻為穩定漢室帝位傳承大有功勞。如是看來，徐詩「甪綺有童顏」之語，殆亦非無心所發。

除了政局以外，徐世昌在這組詩中也談及民生疾苦，這與陶、蘇相勘頗為顯著。如其二：

> 秋霖敗禾稼，野水多鱨鮋。舉網雖得魚，不如力田疇。睠彼枌榆社，浩森成沙洲。月上兒啼飢，窗外橫漁舟。[106]

首句乍看似乎與陶潛〈歸園田居〉其三「常恐霜霰至，零落同草莽」之意接近。但陶氏所寫蓋為棄官躬耕後的一種「甜蜜痛苦」，而徐氏此詩則是寫到秋雨連綿導致水災，令故鄉城為澤國，百姓無法安居，直至終篇也少閒適之意。查 1917 年 7 月 20 日至 28 日，直隸省境內連降大暴雨。入秋後又降大雨，海河流域山洪暴發，數十條河流相繼漫水或決堤破河，鐵路中斷，直隸全境受災，以天津、保定兩地受災最為嚴重。9 月中旬，天津南運河被洪水衝破河堤。24 日夜，洪水突湧市區，水深處竟達丈餘。日、法、英、德租界也未能倖免，全市數十萬民眾流離遷析，棲食無所，災情奇重。徐世昌日記自 7 月 20 日起，每有「大雨」之記載；而 31 日則云：「飯後檢點行李，申刻偕室人攜幼弱登車，初更後安抵京寓。」[107] 可見徐氏此次赴京，實

---

105 秦燕春：《袁氏左右：清末民初的流年碎影》，頁 66。
106 徐世昌：《水竹邨人詩集》，卷八，頁 1a。
107 徐世昌：《徐世昌日記》，第二冊，頁 486。

為避災。然回顧天津桑梓，災情日趨嚴重，不禁悲從中來。復如其十四，當也與這場天災有關：

> 秋風吹茅屋，疏雨滴空廊。有客偶蒞止，夜語對繩牀。出沽半缾酒，野饌炊黃粱。孤鐙耿耿明，百憂集衷腸。慇勤勸我友，寂寞勿相忘。[108]

詩中客人應為天津舊友，因水災逃至北京，遂與徐世昌有聯牀夜話之事。不過所謂「茅屋」、「繩牀」、「野饌」、「孤鐙」等，當為投合陶詩風格而使用的詩化用語，乃虛擬而非實錄。如此更能營造出水災後的淒苦氣氛。沽酒對酌，夜話相慰，冀能稍解友人流離失所之憂爾。

復次，徐世昌在這組詩中還表達了儒道合一的思想。如其十六便寫到縱然隱居卻不廢儒書之研讀：

> 歲晚日無事，補我未讀書。六經在人世，日月照天衢。秦火燔書後，羽翼出漢儒。道義託文字，所得亦緒餘。緬懷洙泗澤，至教無歧途。百家分門戶，仍傍聖人居。[109]

全篇將六經儒學置於無上地位，而末兩聯更揭櫫了以儒學為本的思想，乃至諸子百家皆以儒學馬首是瞻。這與其後《弢齋論學》的觀念顯然是一致的。徐氏蓋畏讀者以其一味宣揚道家學說，故特撰成此首以表心跡。如此一來，其三對於老子之推崇，就不顯突兀了：

---

108 徐世昌：《水竹邨人詩集》，卷八，頁 3a。
109 同前註，頁 3a。

　　萬物各相競，營營何時已。抱一無所求，澄心涵清沚。眾流必歸德，上善本若水。飲和偏人間，功成而不恃。大道入元虛，稽首拜李耳。[110]

至於最末的其二十，更是曲終奏雅，將儒道二家合寫一處：

　　兩間有至道，萬物託以生。周流貫六虛，撝埴日冥行。下士大笑之，誹謗於焉生。孰能挽狂瀾，操舟涉寰瀛。著書五千言，乃抉天地精。閉戶窮研索，大隱祇逃名。道體本無為，所為無不成。濟世有傳人，鏡清砥以平。願飲康樂酒，比戶安鑿耕。勿謂儒生迂，守道猶硜硜。[111]

　　泰半篇幅闡發道家之徒所言之大道，至尾聯乃點出儒生硜硜所守者亦為此道，足見殊途同歸之意。一如前引《弢齋述學》之言：「是其方法雖殊，其認識則一。換言之，其所為雖不同，其所以為則一也。」茲不贅言。再觀其十七：

　　年少陳俎豆，貞教在我躬。禮樂今崩壞，慨焉想古風。心志廢簡述，帝天安可通。醴酒如不設，賢哲何由逢。[112]

　　談到自己自幼習儒，以道統自任，面對「禮崩樂壞」的民國局

110　同前註，頁 1a－1b。
111　同前註，頁 3b－4a。
112　同前註，頁 3b。

面，不由發思古幽情。他甚至進而強調酒醴在儒家文化中的重要地位。總而觀之，當時五四運動雖尚未爆發，但中國傳統思想已日益收到來自歐西之衝擊。如何在延續共和制度的同時，讓傳統思想與時俱進，也是這組詩歌所關注的重點。此亦陶、蘇〈飲酒詩〉中較少正面涉及者。

　　對於酒本身，徐世昌也有所道及。如其十三曰：

　　　醉鄉無何有，聞別有天地。上古造酒人，亦自有深意。聖賢範以禮，神仙偶然醉。下至塵外人，一樽無餘事。賦詩有餘興，更作醉鄉記。[113]

　　當然，此詩顯然也非單純為酒本身譜寫微觀歷史。所謂「別有天地」，蓋暗用《神仙傳·壺父》之言：「公語長房曰：『卿見我跳入壺中時，卿便隨我跳，自當得入。』長房承公言為試，展足不覺已入。既入之後，不復見壺，但見樓觀五色，重門閣道，見公左右侍者數十人。」[114] 處於醉態時，彷彿進入了另一個仙境似的空間，令人得以暫時逃避現實中的苦痛。而造酒人之「深意」，可參《弢齋述學》所言：「聖哲感於物質文明之發達，實為人類幸福之危機。故儀狄造酒，禹疏儀狄；紂為象箸，箕子刺之。」[115] 此處固就奇技淫巧而發論，但釀酒之術發明後，令人類面對不如意的現實時往往採取迴避態度，沉溺幻想，不思進取，這正是禹疏儀狄之故，亦即詩中所言「聖賢範以禮，神仙偶然醉」。《論語·鄉黨》：「惟酒無量，不及亂。」故儒道二家對於酒的態度都是小酌怡情、適可而止。末句所言〈醉鄉記〉乃

113　同前註，頁 2b－3a。
114　滕修展等注譯：《列仙傳神仙傳注譯》（天津：百花文藝出版社，1996 年），頁 380。
115　徐世昌：《弢齋述學·結論》，頁 5a。

清初戴名世所作，其言云：「吾嘗聞夫劉伶、阮籍之徒矣。當是時，神州陸沉，中原鼎沸，所天下之人，放縱恣肆，淋漓顛倒，相率入醉鄉不已。而以吾所見，其間未嘗有可樂者。」[116] 在戴氏看來，這個醉鄉天地易位、日月無光，以致醉鄉有人，天下無人。可見醉鄉之造成，其因在於社會之動盪。如此既可見徐氏對酒的真實取態，也不難發現他對政局混亂、民生塗炭之現實的無力之感。正因如此，其七中的三聯就容易理解了：「讀書綠陰下，懷古望羲軒。我持一樽酒，欲飲悄無言。且復理瑤琴，鴻飛杳無痕。」[117] 既然酒是忘憂物，為什麼停杯不飲、悄然無語，反而復理瑤琴？自然是讀書想見上古至德之世，悠然神往，回顧當下卻不堪多言爾。可見這組和陶〈飲酒詩〉中描繪的酒，並非度一切苦厄的仙藥。

三、書寫技法：「丁巳秋後和陶」的體裁擇用與風格塑造

飲酒之主題寬闊，其意多不在酒，故而飲酒詩涵蓋之內容也相當廣泛。加上陶潛有着三教融合之思想，兼濟獨善、濯纓濯足、世出世間法，皆為其所包納，傳統士大夫之思想幾乎不出其範圍。徐世昌〈和淵明飲酒詩〉二十篇中，有十六篇直接以酒入詩。其餘四篇雖並未正面點出飲酒，但仔細尋繹，這四篇的內容大抵皆與他篇互涉。如其二言及天津大水，與其十四相應；其十二言及貴顯在天，與其九互補；其十五言及富貴有盡，可與其四參看；其十六言及讀儒書，實與其十七相連貫。這些篇章既然兩兩對照，讀者自能會心。陶、蘇〈飲酒〉各二十篇，也非篇篇有酒，若勉強安插飲酒字樣，反而刻意可厭。任其自然而然，文義似斷實連，倒有虛實相生之妙。

徐氏〈飲酒詩〉中拈出飲酒字樣的十六篇，儘管主題有互見處，

116〔清〕戴名世：《戴南山集》（上海：大連圖書供應社，1935），下冊，頁81。
117 徐世昌：《水竹邨人詩集》，卷八，頁1b—2a。

但各篇中提到的酒幾乎都有不同的書寫方式——無論是從內容還是手法而言。從結構來看，除了其十三就論酒之為物，故以「醉鄉無何有」一句開首，其餘各篇都是在中後段乃至收結處才提及飲酒。處於中後段者，如其三「飲和徧人間」之語出自《莊子‧則陽》，意謂使人自得中和之道，只是以飲借喻，並非真飲。其九「有如飲醇酎，芳甘浸肺脾」則是明喻，謂善政之下百姓的和煦快樂。其七「我持一樽酒，欲飲悄無言」更是狀述自己今古相勘、心中不樂而無法飲酒。再看收結處點到飲酒者，如其一「相對不飲酒，高論負古初」是良友相會後飲酒助談，其十一「偶酌兩三樽」、其十九「年豐村釀熟」描寫農家之樂，其四「歸山飲流霞」是論及富貴煙雲、功名草草後的自解之法，其五「何如飲吾酒」、其七「勸君飲美酒」是面對事理不偶、萬物虛盈時的自適之語，甚如其十七「醴酒如不設，賢哲何由逢」強調酒作為儒家禮樂文化體系之必要組件。收結處提及飲酒，往往是在營造意境、發表議論之後，但手法也各有不同。如其一幾乎純粹營造意境，先言宇宙曠垠，再言秋日和美，復言良友相會，如是一脈而下，遂齒及相對飲酒。其五前二聯寫景，道及出門拄杖、孤松五柳；次二聯轉入說理，強調觀空致虛、無為守拙；尾聯點出「太羹未易調，何如飲吾酒」，便水到渠成了。又如其四前四聯亟言世事滄桑，第五聯「人世無炎涼，百卉自榮槁」雖有議論之意，但仍就情境着墨，鋪陳不多；故而第六聯（尾聯）「歸山飲流霞，駐顏不知老」兩句，遂有橫雲斷山的面貌、戛然而止的節奏。如此似有面對風雲變幻、人世悲喜，何如以不解解之之意，透過飲酒點出一種頓悟之感。綜而觀之，中後段言及飲酒者，這類情況多為設喻或轉折，既賴前文鋪墊，又須後文申發，故無法將酒置於收結處。而收結處言及者雖然變化多端，但一來能凸顯點題的效果，二來相對於前文所敘所議，既能順勢而肯定，又能逆勢而否定，尤其是所議可能干犯時忌之處，可用飲酒來消解之。如此手法固然承自陶潛、蘇軾，然徐世昌久經官場，遠非陶、蘇可比，故其〈飲酒詩〉措辭看似平淡，然紙背透發的

波譎雲詭之力，甚可玩味。

陶詩皆為古體，格律上之掣肘較少，文字渾然天成，無斧鑿痕跡而言淺意深，這就為後世之模擬、追和者提供了極大的方便。蘇軾遍和陶詩，幾乎全部採用次韻的方式，而造意措辭幾無勉強湊合之感，足見其詩藝之高超。而後世和陶者，往往有只是用韻而不次韻者，更有另擇他韻者，然相對原詩而言，一般皆一韻到底，句數也會一致。徐世昌之和陶詩，幾乎皆為另擇他韻。以〈和淵明飲酒詩〉觀之，除了其十五，陶、徐皆為入聲十一陌、十三職通押，並無用同一韻者。原詩二十首，平聲韻十三首，上聲韻四首、去聲韻一首、入聲韻二首；徐氏和詩則平聲韻十首，上聲韻七首，去聲、入聲韻各一首，頻次大抵接近。又如〈和淵明歸園田居〉其六，前四聯押去聲二十七沁（m 韻尾），後五聯押去聲十二震（n 韻尾），[118] 二者在宋代以前甚至未必能視為鄰韻而相借。再如〈和淵明飲酒詩〉其一，共有四聯，而陶潛原作則有五聯；其十八共有五聯，而陶氏原作為四聯。查徐世昌與友儕之唱和詩，形式上往往十分嚴謹。然其和陶詩卻較為寬鬆，足見係有心為之，透過體裁來刻意營造出一種唯意之適、不拘格套的感覺。

至於格律方面，陶潛時代聲病之說尚未確立，故陶詩平仄皆渾然天成。蘇軾之時，近體詩格律已發展完備。故其在和陶〈飲酒〉時，因意識到古詩體裁，故刻意避免律句。至於徐世昌和陶〈飲酒〉，與蘇軾又有不同之處。徐氏二十篇，共計 109 聯、218 句。這些句型可分為三種：一、完全不合律者；二、完全合律者；三、特殊格律安排者。第三類又可係分為幾類：

A. 下三仄句式，即「（平）平仄仄仄」；

---

118 徐世昌：《水竹邨人詩集》，卷七，頁 12a。

B. 「單換詩眼」句式，即「（仄）仄仄平仄」；

C. 單拗句式，即「（平）平仄平仄」；

D. 雙拗上句句式，即「（仄）仄仄仄仄」、「（仄）仄平仄仄」；

E. 孤平句式，即「仄平仄仄平」；

F. 下三平句式，即「（仄）仄平平平」。

　　以上 A、B 兩類，只是特殊平仄安排，仍為合律。C 類之單拗亦算合律，唯唐代前期之另一款單拗「（仄）仄平仄平」則不計，歸入完全不合律一種。D 類之雙拗上句，下句須以「（平）平平仄平」句式救之。但徐氏這組詩作，各聯上下句大多數皆非平仄相對之關係，且並非近體，自然無所謂救與不救。E、F 兩類雖為近體詩大忌，但只是語音不響亮而已。為方便起見，本文將此六類皆視為特殊格律安排之句式，性質介乎前二種之間。經過初步統計，茲將這三種句式出現之頻次表列如下：

編號	第一種	第二種	第三種	總計
1	0	5	3	8
2	2	3	3	8
3	4	1	5	10
4	1	3	8	12
5	0	3	7	10
6	1	4	3	8
7	2	6	2	10
8	2	3	5	10
9	4	7	5	16
10	2	6	2	10
11	4	5	3	12
12	3	4	5	12
13	4	0	6	10

（續上表）

編號	第一種	第二種	第三種	總計
14	2	4	4	10
15	1	6	3	10
16	3	4	5	12
17	1	2	5	8
18	0	2	8	10
19	4	2	8	14
20	7	7	6	20
總計	47	79	96	220

　　整體而言，縱然〈和淵明飲酒詩〉二十首係古詩體裁，但第一種（完全不合律者）的句式，數量不到全部句數的四分之一，且僅為第二種（完全合律者）的二分之一強。再者，第二種之頻次又不及第三種（特殊格律安排者）多。由此可見，徐氏在創作時並未因其為古體，而刻意避開律句，反而大量使用。如此蓋能使整體的平仄音調更為和諧。但為免因和諧而導致欲振乏力之感，故以折衷方式，採用各款介乎前二種之間的特殊格律安排句型，令篇章在音調和諧之餘也不乏矯健嶙峋之感。再以聯為單位而觀之，二十篇、110 聯中，上下句皆為律句者共有 12 聯，其中平仄相對者僅 4 聯，分別在其一、其九、其十五及其二十之中，同一篇從未出現兩次或以上。而上下句皆非律句者也僅 5 聯，分別是其三、其十一、其十三各 1 聯，其二十有 2 聯，平仄皆不相對。餘下的 93 聯中，第一、二種句式搭配者有 14 聯，第一、三種搭配者有 22 聯，第二、三種搭配者有 39 聯，第三種句式自行搭配者有 18 聯之多。而第三種句式本身又可分為六類，自行搭配時也往往錯落有致。唯其二、其二十之尾聯，上下句皆用下三平句式；再如其十九之第四聯上句用 B 類句式，下句用 D 類句式，略為接近。但如此情況畢竟不多。可見徐世昌於平仄格律甚為講究，力求音調在和諧與矯健兩種風格之間取得平衡。

因為第一種（完全不合律者）句式只佔整體的四分之一弱，故各篇獨自看來，竟不多見。如其一全篇共四聯，一、三、四聯上句皆為第三種句式，下句皆為第二種；而第二聯兩句不僅合律，而且平仄完全相對：

> 宇宙一何曠，俯仰樂紆徐。清秋風日美，策杖出吾廬。良友久不至，歡然接襟裾。相對不飲酒，高論負古初。[119]

此詩以良友相會為主題，正因要表達一種和樂美好之感，故格律尤其和諧，並無一句不合律者（第一種）。再如其十三（前文已引不贅）共 5 聯 10 句，從酒本身談到其局限，哪怕沉溺醉鄉也未必佳事。10 句中有 4 句為第一種句式，6 句為第三種。第三種的和諧度介乎前二種之間，故而兼具調節與增強之功能。由於此詩之中，完全合律的第二種句式竟一例都無，因此與其他篇章相比，音調顯得最不和諧。而這恐怕正是徐世昌所期待的效果──透過音調的不和諧表達對酒之臧否。復如其二十作為末篇，總共 10 聯 20 句，為篇幅最長者，而格律變化也不少：

> 兩間有至道，萬物託以生。周流貫六虛，擷埴日冥行。下士大笑之，誹謗於焉生。孰能挽狂瀾，操舟涉寰瀛。著書五千言，乃抉天地精。閉戶窮研索，大隱祇逃名。道體本無為，所為無不成。濟世有傳人，鏡清砥以平。願飲康樂酒，比戶安鑿耕。勿謂儒生迂，守道猶硜硜。[120]

---

119 徐世昌：《水竹邨人詩集》卷八，頁 1a。
120 同前註，頁 3b-4a。

　　如第一、九聯上句皆為第三種句式，下句皆為第一種句式；第三
聯兩句則剛好相反。第十聯兩句皆為下三平，也屬於第三種。第五、
六聯上下句皆不合律（第一種），而悉為平收。第二、六、七聯上下
句皆合律（第二種），且第七聯兩句平仄剛好相對。十聯之中，縱有
搭配相同者，但由細部觀之，則句式亦不相同。如第二聯上句為平起
平收，第六聯上句為仄起仄收，雖皆合律，實則相異。此篇開首論道
家之道，而結尾則謂儒道合一，且承接前十九篇之餘緒，因而氣勢縱
橫。故格律之變化多端，正好呼應內容之一往直前，亦足見詩人心情
之波瀾起伏矣。

　　至於寫作技巧方面，因限於篇幅，茲僅以對仗說明之。整體來
看，〈和淵明飲酒詩〉二十首中並不乏詞性嚴格相對的對仗。但如前
所言，一聯之中平仄完全相對者僅有四例，而這四例裏並無一例是詞
性也相對者。唯一近似者為其十八之第四聯：

　　　　密竹護春溪，幽蘭發秋蘰。[121]

　　詞性、語意皆非常工穩。此詩縱然押仄韻，但平仄也幾乎完全
相對，唯下句「發」、「秋」二字平仄對調，是為單拗，本文雖歸入
第三種句式，卻仍然合律。再觀其十九第二聯：

　　　　春花媚林屋，秋月臥隴坂。[122]

　　詞性也完全相對，唯上句平起仄收，下句仄起仄收，平仄並不
相對。類似的例子頗為常見，茲再舉如下：

---

121 同前註，頁 3b。
122 同前註。

1. 讀書不療貧，為農長苦飢。（其九‧第一聯）
2. 巢許富野性，甪綺有童顏。（其十‧第一聯）
3. 青山銜落日，牛羊入孤村。（其十一‧第一聯）
4. 村路溪流折，山寺嵐煙吞。（其十一‧第三聯）
5. 枯楊委道旁，爨薪敗竈底。（其十二‧第三聯）
6. 秋風吹茅屋，疏雨滴空廊。（其十四‧第一聯）

　　和前例一樣，雖然詞性對仗工穩，上下句營造的意境密合無間，但平仄嚴格相對者並無一例。且從這幾例可見，如此詞性工穩的對仗，多居各詩之首聯，此即所謂「雙起」之法，令全詩具有先聲奪人的氣勢。其次，諸詩也有連用對仗者，如其五：

　　出門一拄杖，逍遙問莊叟。窗外有孤松，宅畔種五柳。觀空虛可致，無為拙能守。人事本難齊，物理有奇偶。太羹未易調，何如飲吾酒。[123]

　　全詩首、尾聯為散句，而第二、三、四聯皆為偶語，若非平仄不對，幾可以排律視之。不過如第四聯之「本難齊」、「有奇偶」，顯然也是屬對有意不嚴謹，以追求古體質樸之感。這種半對半不對、意對詞不對的例子，也比比皆是，如：

1. 眾流必歸德，上善本若水。（其三‧第三聯）
2. 富貴如煙雲，功業亦草草。（其四‧第一聯）
3. 人世無炎涼，百卉自榮槁。（其四‧第五聯）
4. 聖賢範以禮，神仙偶然醉。（其十三‧第三聯）

123 同前註，頁 1b。

第 1 例「歸」、「若」一為動詞、一為介詞，勉強可算寬對。第 2 例「煙雲」為並列名詞，「草草」為疊字形容詞，全不工整。第 3 例「炎涼」、「榮槁」雖然工整，但「人」為名詞，「百」為數詞，也不工穩。第 4 例上句「範」為動詞，「以禮」為修飾動詞之狀語短語，下句「醉」為形容詞作表語，偶然為副詞作狀語，兩者詞性也差異頗大。這種寬對，徐世昌也用於扇面對，如其四之第二、三聯：「昨日華堂宴，清辭發蘭藻。今日過其門，牆傾屋欹倒。」前後兩聯以意對之而詞不對，接近排比手法。

綜上所言，從格律與屬對兩方面的技巧來看，徐世昌似乎有意為其和陶詩製造一種介乎古近體之間的風格：在格律上，他多採用拗句、律句，對於完全不合律的句子卻未必青睞，但諸聯之間卻又往往失黏，如此令這組詩的音律一定程度上有着諧和感，卻又不同於近體的悅耳；有着古拙感，卻不同於古體之詰屈。而在屬對上，他有意避開工對、巧對，但又不止於單行直下，而以意對為主，這與他對格律的處理是一致的。如此技法與風格，與詩中哀世、勸世卻又遺世、隱世的雙重旋律正好班配。

第四節 │ 結語

北洋元首中尚有一定數量詩文傳世者，當推袁世凱、徐世昌、段祺瑞、曹錕四人。袁世凱宣統年間的洹村酬唱詩，被其子克定譽為中華民國之「虞謌」、「緯文」。段祺瑞、曹錕之詩文，或作於虛位元首任上，或作於下野之後。也許因為出身行伍，段、曹之作往往直抒胸臆。不過，推崇傳統道德思想，與身為非帝制國家元首，在段、曹眼底毫端似乎並無違和之處。他們既看重自己作為現任或前任元首（而非專制君主）的身分，又時時在其詩文中強調傳統三教教義乃對治時局之良法，甚至持以與西方政治思想相比照、對話，甚至可說形成了北洋時期特有的「元首詩風」。相比之下，徐世昌雖是科班士子

出身，畢生致力吟詠，但不僅在大總統任內罕有詩作，下野後的作品也一樣迴避現代生活經驗，多以傳統隱逸生活入詩，罕見對時局的正面評述，遑論「元首詩風」。筆者以為，是由於早年經歷和長期出仕清廷、擔任袁氏幕友的歷練，令他深為信奉儒道融合的思想；而這種明哲保身的心態，也使他在軍人掌握實權的大總統任內如履薄冰，不欲以詩文賈禍。然而與段、曹晚年成為戒律謹嚴的佛教居士不同，徐世昌畢生崇道，且深受黃老之術的利益；加上他畢竟有着段、曹所不具備的文士氣息，故在他的詩歌中不時能發現關於飲酒的描寫。這便為他追和陶詩之舉造就了可能性。

蔡瑜論陶潛對酒之追求道：「酒醉後的身體所呈顯的行止，能夠免於各種意識的虛矯，使群體中的個體經由『本真』相互映照，『人間』乃提昇為具有渾融之韻的『人境』。」[124] 有趣的是，張達驤回憶翰林前輩李鴻藻不喜新進的徐世昌，是對他有「虛矯過人」的定見。[125] 如此看來，徐世昌 1917 年和陶，究竟是繼續着三十年前的「虛矯」之舉，還是久歷官場之後回歸本真之言呢？秦燕春所言頗堪深思：「徐世昌從一介寒儒，至清朝宰相，由民國總統，到退耕老人，他是科舉起家、翰林入仕的文治名臣。他的為人做派，多了幾許不染俗筌的灑脫，少了幾許勾心鬥角的殘忍；多了幾分精明理智的小心，少了幾分利令智昏的狂妄。」[126] 正因其「不染俗筌」，令他對陶潛產生共鳴，透過飲酒的主題來宛轉地抒發胸臆；正因其「精明理智」，令他的和詩畢竟帶着自己的面目，而非陶潛之優孟衣冠。可以說，徐世昌的三十一首丁巳和陶詩，具體而微地呈現出他的思想情態，乃至詩風的整體面貌。在秋前和陶的前三首，亦即〈連日微雨和淵明連雨

124　蔡瑜：《陶淵明的人境詩學》，頁 256。
125　張達驤：〈我所知道的徐世昌〉，頁 737。
126　秦燕春：《袁氏左右：清末民初的流年碎影》，頁 71。

獨飲〉、〈和淵明問來使〉、〈和淵明還舊居〉之中，不難發現他因天津新居落成，而相信自己從此可徜徉於山水田園之間的欣悅之情。但隨後的〈和淵明有會而作〉、〈和淵明九日閒居〉、〈和淵明歸園田居〉等三題八首，卻見證了張勳復辟的剎那成敗。寄情自然的主題，被憂心時局的主題所取代。而丁巳立秋前後的直隸水災，迫使徐氏返京避患，而他秋後所作的〈和淵明飲酒詩〉二十首，進一步回顧了洪憲帝制運動、乃至清末民初以來的政局，同時也對自己儒道合一的思想加以闡述。在帝制廣遭唾棄、袁氏聲名狼藉、國家四分五裂、現代化呼聲日熾、傳統思想難以為繼的時代氣氛中，徐世昌這位前朝的知識菁英，此際應深深體會到話語權的逐漸失落。而他這些內容與形式皆不合時宜的和陶詩，在時人看來又何嘗不是醉語！這些醉語，從深處隱隱透發出對時局動盪不堪的痛心，對老友驟然故去的感傷，對傳統文化式微的憂慮，以及對自身安時處順的加勉。而十年後，當北伐的號角吹斷了北洋政權的法統，一度曾為遜清遺老的徐世昌，回想陶潛這位易代逸民，心頭應又是一番滋味吧。

第四章

「國勢飄搖慮陸沉」
——段祺瑞《正道居集》之
感世宗旨探論

第一節｜引言

　　段祺瑞（1865.3.6.－1936.11.2.），原名啟瑞，字芝泉，晚號正道居士、正道老人，安徽合肥人。民初國務總理、臨時執政，早年即與馮國璋、王士珍（1861－1930）並稱為「北洋三傑」，為袁世凱去世後的主要北洋領袖。早年家貧，光緒十一年（1885）考入北洋武備學堂，習炮兵科。十五年（1889）春，獲李鴻章（1823－1901）青睞，選派到德國留學，先在柏林軍校學習軍事理論，後轉往克虜伯炮廠實習。甲午戰起，督率學生協守炮臺，抗擊日軍。是年底，清廷命袁世凱組辦新建陸軍，武器、編制、操練全用西法，為中國陸軍近代化之開端，亦標誌北洋系之肇始。段祺瑞擔任炮隊統帶、監督兼代理總教習，成為袁世凱的親信。二十七年（1901），以三品知府銜任武衛右軍各學堂總辦。同年剿滅景廷賓之亂，陞正二品候補道，加巴圖魯號，賞戴花翎。三十二年（1906），接任北洋陸軍速成學堂（後擴建為保定軍官學堂）督辦。宣統二年（1910），賞頭品頂戴，加侍郎銜，外放任江北提督。三年（1911），任清軍第二軍軍統、湖廣總督。

　　民國元年（1912）初，帶領北洋將領四十六人通電，請清帝退位。袁世凱就任大總統，段祺瑞出任陸軍總長。1913年，一度代理國務總理，後署理湖北都督兼領河南都督。1915年，袁世凱簽訂「二十一條」，段以養病為由辭職。是年底，袁世凱謀畫稱帝，段不擁護。1916年3月，袁世凱被迫取消帝制，邀請段祺瑞出任國務總理。6月袁去世，黎元洪接任大總統，段祺瑞與之產生府院之爭，引

發張勳復辟，段氏組討逆軍平亂。此後馮國璋、徐世昌繼任大總統，段氏皆為實際秉政者。1920 年直皖戰爭爆發，皖軍敗績，段祺瑞隱居天津，開始吃素念佛。1924 年，馮玉祥（1882－1948）發動北京政變，聯合張作霖（1875－1928）請段祺瑞擔任臨時政府執政。1926 年春發生「三一八慘案」。4 月 9 日段氏通電下野，再隱天津。1931 年九一八事變後，拒絕日本拉攏。兩年後應蔣介石（1887－1975）之邀移居上海。1936 年在上海病逝，享年七十二。

段祺瑞出身行伍，然有一定文史修養。其北洋同袍言敦源云：「公既精算術，復專習炮科，最有心得，嘗學於德意志之克虜伯炮廠。中國舊學則邃於編年史，讀史、兵略諸書，又熟於孫子、韓非子諸家。篤嗜古文，以桐城派為鄉先輩所創，尤瞿近之。論者每短北方軍人未嘗學問如公之博覽強識、過目不忘，往往口誦若數家珍者，尚已。」[1] 由此可了解段氏涵養之大略。段祺瑞晚年尤好創作詩文，先後結為正道居諸集。章士釗（1881－1973）為收錄段祺瑞散文的《正道居感世集》作序，論云：「惟公偶操柔翰，雅善名理，每有述作，伸紙輒千數百言。以釗少解文墨，屬令洗伐。釗亦以此道非公所長，意存獻可，而反覆視之，轉無以易。造意初若不屬，細審其脈自在。選詞初若生硬，實乃樸茂，非俗手所能。」[2] 復如徐一士（1890－1971）論其詩文云：「文學非所長，然頗留心翰墨，所作亦有別饒意致者。」[3] 其後《正道居感世集》正續集、《正道居詩》正續集合編為《正道居集》。

如段祺瑞〈自序〉所言，《正道居集》所收詩文皆「有關世道人心者」，段氏且希望此書一出，「庶幾聖經賢傳，精意煥發，奠安海

1　言敦源：〈段芝泉總理五十九壽序〉，《虩莊文存》（香港：1965 年刊本），頁 47a。

2　章士釗：〈序〉，段祺瑞：《正道居感世集》（上海圖書館藏民國刊本），頁 1a-1b。

3　徐一士：《亦佳廬小品》（北京：中華書局，2009 年），頁 78。

內，極於四遠，冶世界於一鑪，咸沐大同之化云爾」。[4] 進而言之，段祺瑞編定《正道居集》的標準，至少有二端：一、諸通電、公文並非段氏所作，並非納入。二、如〈友梅姻丈絕筆詩惻隱憂傷次韻奉挽〉、〈陸軍上將遠威將軍徐君神道碑〉或講述亡者之生平業績，或表達作者之哀感，與《正道居集》其他篇章的旨意有所不同。尤有進者，《正道居集》雖無「感世」字樣，但「感世」之旨仍一以貫之。先觀《感世集》所收五文，〈聖賢英雄異同論〉以史論為主，借古喻今。〈內感〉、〈外感〉二篇論述清末民初之內政、外交，〈靈學要誌序〉、〈靈學特刊序〉則對中國傳統之宗教推崇備至。前三篇更被段氏視為得意之作，觀其〈賦答修慧長老〉詩可知：「宣揚大同化，竭力聖功傳。聖賢英雄論，兩感內外篇。」[5]《正道居集》之文卷增入三篇，〈儒釋異同論〉進一步闡發傳統宗教之殊勝處。〈產猴記〉先言家中所養兩猴之癡迷，歸結出「愛之不以道而殺之，雖愛奚益」之理，以勸誡世人克己接物。〈因雪記〉雖云「啟發兒曹之文思」，然對於國事陵夷的現狀亦有「曲致虔誠，默禱上蒼」的祈願。至於詩歌部分，如〈賦答修慧長老〉、〈孔道鳴〉、〈達觀〉、〈十勵篇〉、〈八箴〉、〈正道詠〉、〈讀孔子閒居篇書後〉等皆鼓吹儒釋二道之作。〈砭世詠〉三首、〈末世哀〉、〈時局幻化感〉、〈閔世〉、〈持正義〉、〈觀世篇〉、〈醒世〉等皆感懷時局之作。他如〈先賢詠〉吟詠李鴻章，〈藤村子爵索書口占即贈〉贈日本友人，〈弱弟哀〉悼念亡弟，〈旅大游〉紀錄遊觀，〈詠雪二首次某君韻〉吟詠冬雪，〈和伯行韻〉乃和李經方（1855－1934）弈棋之作，不一而足。然整體而言，這些詩作的主題皆以「天下大事」為依歸。各篇之中，段氏作為民國大老、國家元首的意識非常強烈。即使如〈弱弟哀〉之自悲，或其他詩作之酬唱，對

---

4 段祺瑞：〈自序〉，《正道居集》（上海圖書館藏民國刊本），頁 2a。

5 同前註，詩卷，頁 1b。

象讀者亦非僅其個人或二三友朋，而是全國民眾。兼以段氏本身嚴肅刻板、不苟言笑，故詩文集中幾乎沒有吟風賞月的作品。筆者以為，「感世」即所謂「有關世道人心」，其「感」可由「感懷」及「感化」兩個主題而呈現之。「感懷」乃客觀世界對於個人心靈的根觸，包括歷史感慨與時局憂感；「感化」則為個人思想對於群眾意識的影響，包括民生教化與國是建白。下文擬先綜論正道居諸集之版本，然後依次論述《正道居集》所收詩文之「感懷」及「感化」主題，以見其感世宗旨。

第二節｜ 段祺瑞正道居諸集版本綜論

段祺瑞《正道居集・自序》云：「溯余髫齡就傅，歷十餘載，探討聖賢之精蘊，誠欲有所建白，不負先人期許而光大之也。」[6] 今人黃征指出，就讀私塾對段的一生影響很大，它使年幼的段祺瑞對儒家經書有了初步的了解。[7] 進而言之，段氏此時也必然受到舊體詩文寫作的訓練。其後段祺瑞投筆從戎，光緒十一年（1885）進入天津武備學堂，先學習兵法、地利、軍器、炮臺、算法、測繪等課程。復如黃征所云，清王朝為了鞏固統治，「中學為體、西學為用」乃是不可逾越的原則，熟讀經史，以感發忠義之心，仍是該學堂的根本宗旨，故每日熟讀並背誦經史一段，依舊是段祺瑞等人的必修課。這也為後來段祺瑞的「文治」打下了牢固的基礎。[8] 由於他兼通軍政、文義，其後能在芸芸將帥中脫穎而出，可想而知。彭秀良指出，徐樹錚民國十四年（1925）的〈上段執政書〉提到為已經去世的林紓

6　段祺瑞：〈自序〉，《正道居集》，頁 1a。
7　黃征、陳長河、馬烈：《段祺瑞與皖系軍閥》（鄭州：河南人民出版社，1990 年），頁 3。
8　同前註，頁 5–6。

（1852－1924）、姚永概（1866－1923）請飭存恤，又為柯劭忞、王樹枬、馬其昶（1855－1930）、胡玉縉（1859－1940）、陳漢章（1864－1938）、賈恩紱（1865－1948）等名宿請求厚贈祿養。此書不但是對段的請求，也是對段多年敬重名士宿儒的一個回顧。[9] 段祺瑞作為袁氏門生，清末編練新軍的不少重要文字如《編練章制》、《戰法操典》、《訓練操法詳晰略說》等，「半由其手訂」。[10] 然目前所見其名下之著作，僅有正道居諸集而已。段氏《正道居集‧自序》云：

> 癸亥歲五易元首，選非其道，浙遼軍興，國無政府……海內環請，未忍膜視，遂就臨時執政。適遊士風靡，侈談新奇，人心澆漓，將無底止。念非孔孟之道不足以挽頹風，欲述斯旨，難已於言。凡有關世道人心者，漸積成帙。友好堅促，一再刊行。[11]

段祺瑞早年戎馬倥傯，無暇文事，民國以後於政壇數度起落，年齒既長，亦漸多感慨，故其詩文多為晚年所作。今人李慶東指出，段祺瑞東山再起擔任臨時執政（1924－1926），軍國大事自有張作霖、馮玉祥等人代為操辦，因此每逢失意閒暇之時，便賦詩作文、代聖賢立言，乘機超脫一下。故寫於這一時期的作品保留下來的最多。[12] 如〈聖賢英雄異同論〉、〈內感篇〉等作於執政任上，先結為《正道居感世集》。1926 年下野後，復居天津，作詩更為頻繁。此外，段氏外孫女袁迪新（1922－2016）云：「每天早上起來，外公頭件事便

9　彭秀良：《段祺瑞傳》（北京：中華書局，2015 年），頁 242－243。

10　中國社科院近代史所民國史組編：《清末新軍編練沿革》（北京：中華書局，1978 年），頁 26。

11　段祺瑞：〈自序〉，《正道居集》，頁 2a。

12　李慶東：《段祺瑞幕府與幕僚》（杭州：浙江文藝出版社，2010 年），頁 37。

是念經誦佛，待吃過早飯，他的老部下王揖唐便過來，幫他整理編選歷年來的詩文，準備刊印一部《正道居集》。」[13] 王符武回憶，一起披閱舊時詩文、協助刪定者還有王覺三。[14] 兼以〈自序〉有「一再刊行」字樣，可知《正道居集》在段祺瑞自臨時執政下野之後仍有編輯。今人胡曉《段祺瑞年譜》則於 1929 年之下紀錄：「居天津日租界須磨街。與王揖唐討論《正道居集》。」[15] 1933 年，段祺瑞南下上海，則《正道居集》之最後編定刊印，當在此四年之間。

上海圖書館所藏正道居諸集，共有四種，即：《正道居感世集》、《正道居詩》、《正道居詩續集》及《正道居集》。《感世集》收錄〈聖賢英雄異同論〉、〈內感篇〉、〈外感篇〉、〈靈學要誌序〉、〈靈學特刊序〉五文，前有章士釗序，落款為十五年（1926）二月。名為《感世集》，蓋因書中有〈內感〉、〈外感〉兩篇。而〈內感篇〉更於 1925 年 3 月 24 日刊登於《政府公報》。「內感」是對國內時局的感想，「外感」是對國際時局的感想。[16]〈內感篇〉論內政，〈外感篇〉論外交，反映了段祺瑞施政的核心思想。[17]

---

13 《環球人物》雜誌編：《往事如煙：民國政要後代回憶實錄》（北京：人民出版社，2013 年），頁 40。

14 黃征、陳長河、馬烈：《段祺瑞與皖系軍閥》，頁 305。

15 胡曉：《段祺瑞年譜》（合肥：安徽大學出版社，2007 年），頁 253。

16 見魯迅〈馬上日記·豫序〉註，魯迅先生紀念委員會編纂：《魯迅全集》（北京：人民文學出版社，1973 年），頁 289-302。

17 此外，大連圖書館藏有《聖賢英雄異同論》不分卷，民國十五年鉛印本一冊，題為「段勳業撰」。其出版年份與上海圖書館《感世集》之章序落款相合，蓋為此文之單行本。又網上谷歌圖書（Google Books）資料所見，有章士釗《聖賢英雄異同論》，所藏何處未詳。觀上海圖書館《感世集》，扉頁及各文題下並無段祺瑞之署名；而章序云「合肥段公勳業炳然一時」，此蓋大連圖書館誤以「段勳業」為著者姓名者。而谷歌圖書將著者題作章士釗，則有兩種可能：一、因著者於書中未有署名，遂誤以序者為著者也。二、段氏此文先登於章士釗主編《甲寅週刊》第 1 卷第 26 期，章氏以筆名孤桐下按語曰：「右為執政徵文命題，內行校閱各卷，忽饒興趣，爰擬斯篇，以示多士。孤桐謹識附。」而其目錄又不標著者姓名，後人遂可能誤以此文為章氏所為，《章士釗全集》亦收入此文。進而言之，大連所藏及谷歌所見《聖賢英雄異同論》之相關資料皆涉及章士釗，可見此單行本亦有章序在前。然上海圖書館《感世集》章序已云：「本集所收文特五篇耳。」若單行本猶以章文為序，則前後所言不符焉。

〈聖賢英雄異同論〉一文，《甲寅週刊》作〈聖賢與英雄異同論〉。除此文外，段祺瑞尚有好幾篇作品登載於此刊。[18]《甲寅週刊》既是章士釗在段祺瑞授意或默許下創辦的，故持正道居諸集比觀，段祺瑞與甲寅派在思想政見上非常契合。茲將段氏刊登於《甲寅週刊》的作品表列如下：

表一

	篇名	編號及日期	備註
1.	二感篇	18 期，民 14.11.14.	正道居諸集分為〈內感篇〉及〈外感篇〉。
2.	聖賢與英雄異同論	26 期，民 15.01.09.	單行本及正道居諸集作〈聖賢英雄異同論〉。
3.	產猴記	31 期，民 15.02.27.	
4.	因雪記	33 期，民 15.03.13.	
5.	和蘇戡	38 期，民 16.01.01.	正道居諸集不收。
6.	有感次範孫和王仁安均	40 期，民 16.01.15.	正道居諸集不收。
7.	覺迷吟	43 期，民 16.02.19.	
8.	弱弟哀	45 期，民 16.03.05.	

除〈聖賢與英雄異同論〉未有署名外，〈二感篇〉、〈產猴記〉及〈因雪記〉題段祺瑞本名，詩篇則題「正道」。誠如《中國現代文學期刊目錄彙編》所言，此刊共登「特載」八篇，包括章士釗的一封電

18　民國十四年（1925），章士釗任段祺瑞執政府教育總長，於 7 月 11 日在北京出版《甲寅週刊》。至十六年（1927）2 月停刊，前後共出四十五期。該刊早期曾刊登反袁文章，其後在文化上宣揚尊孔讀經，主張保存國粹，反對新文化運動；經濟上主張農工並重，側重農業發展；政治上反對國民黨黨治，主張民權。其作者群因政見相似，被稱為「甲寅派」。《中國現代文學期刊目錄彙編》指出：「該刊刊登了不少當時北洋軍閥政府執政段祺瑞的文章，段祺瑞命題的徵文，章士釗段祺瑞的呈文，反映段祺瑞政府意旨的『時評』。章士釗的文字每期都佔相當多的篇幅，因此，該刊被人們稱之為『廣告性的半官報』。」（見唐沅等編：《中國現代文學期刊目錄彙編》〔天津：天津人民出版社，1988 年〕，第二卷，頁 973）

報、三個呈文和段祺瑞的四篇文章。而段氏的四篇詩作則刊登於「詩錄」部分。[19] 而目前所知其他刊物所載段氏詩文聯語，亦表列如下：

表二

	篇名	期刊、編號及年份	備註
1.	祝詞	《華僑雜誌》1 期，民 2	正道居諸集不收。
2.	創刊祝詞	《大戰事報》創刊號，民 7	正道居諸集不收。
3.	增刊題詞	《大陸報》雙十節紀念增刊，民 7	正道居諸集不收。
4.	輓衍聖公孔令貽聯	孔府檔案	正道居諸集不收。
5.	輓前總統馮國璋聯	《河間馮公榮哀錄》，民 8	正道居諸集不收。
6.	故清封光祿大夫傅公墓表	民 9（位於北京豐臺區大紅門街道北京軍區空軍黃亭子招待所）	正道居諸集不收。
7.	清光祿大夫傅公墓誌銘		正道居諸集不收。
8.	重刊佛祖道影跋	《佛祖道影》，民 11	正道居諸集不收。
9.	題黃鶴樓聯	吳恭亨《對聯話》卷四，民 13	正道居諸集不收。
10.	致祭孫中山文	《大公報》，民 14.03.23.	正道居諸集不收。
11.	慰許世英喪子書	《南洋商報》，民 14.05.19.；《海潮音》6 卷 4 期	正道居諸集不收。
12.	內感篇	《政府公報》3400 期，民 14；《晉民快覽》民 14 年 4 期	

19　〈聖賢與英雄異同論〉也是段祺瑞的徵文命題之一。郭雙林云：「第二次有獎特別徵文從 1925 年 10 月 3 日開始，題目為〈聖賢與英雄異同論〉，由段祺瑞擬定，獎金也由段捐出三千元廉俸支付，到 10 月底齊稿。根據第一次徵文啟事，凡獲獎的文章都將在《甲寅週刊》上刊載。事實上，兩次徵文，入選文章達一百一十六篇，而在《甲寅週刊》上公開刊登的僅三篇，即潘大道的〈代議不易辨〉、文天倪的〈科道制與代議制之利害得失如何立法與彈劾二權之分合利弊安在此項條文應如何規定其各分別論之〉和唐蘭的〈聖賢與英雄異同論〉，分別為第一次有獎徵文的第一、二名和第二次有獎徵文的第一名。由此可見徵文效果，至少在章士釗看來不怎麼樣。」（郭雙林：〈論《甲寅》雜誌與「甲寅派」〉，本書編委會編：《近代文化研究的繼承與創新》〔北京：中華書局，2010 年〕，頁 358－359）而錢仲聯《夢苕庵詩話》云：「嘉興唐蘭庵（蘭），……曾作〈聖賢英雄異同論〉，應《甲寅週刊》之徵。段芝老見之，大激賞，醵以四百金。金脫手豪遊，數日而盡。己而敝車贏馬，泊如也。其落拓自喜如此。」（錢仲聯：《夢苕庵詩話》〔濟南：齊魯書社，1986 年〕，頁 81－82）唐蘭一文刊登於 31 期。

（續上表）

	篇名	期刊、編號及年份	備註
13.	外感篇	同上，民 15（五周年紀念號）	
14.	王郅隆墓碑	民 14.07.（「碑帖菁華」網）	正道居諸集不收。
15.	田文烈神道碑銘	《拙安堂詩集》，民 15	正道居諸集不收。
16.	輓孫中山先生聯	《喚群特刊》民 15 年 3 期	正道居諸集不收。
17.	輓前總統黎元洪聯	徐徹《黎元洪》，2022	正道居諸集不收
18.	大學證釋序	《大學證釋》	正道居諸集不收。
19.	鍊氣行功秘訣外編序	張慶霖《鍊氣行功秘訣外編》	正道居諸集不收。
20.	中秋節日作十首三（錄十首）	《遼東詩壇》16 期，民 15；《上海畫報》（民 15.10.04.）；《大漢公報》（民 15.10.20.）；《南洋商報》（民 15.12.17.）。	正道居諸集不收。《遼東詩壇》以外皆題〈將軍歌〉。
21.	奉贈清浦子爵	同上 18 期，民 15	正道居諸集不收。
22.	詠雪二律	同上 23 期，民 16	
23.	策國篇	同上 24 期，民 16	
24.	賦答修慧長老	同上 26 期，民 16	
25.	旅大游	同上 27 期，民 16。又載《國聞週報》4 卷 31 期，民 16	
26.	伯型枉詩次答	《國聞週報》4 卷 29 期，民 16	正道居諸集不收。
27.	大廈詠	《民視日報》民 17（七周年紀念彙刊）	正道居諸集不收。
28.	贈徐專使李恩兩副使序	《來復》90 期，民 18	正道居諸集不收。
29.	覆蔣總司令函書	《軍事雜誌》（南京）第 3 期，民 17；《合肥文史資料》第 14 輯，1996	正道居諸集不收。
30.	禮義廉恥立	《遼東詩壇》68 期，民 20	正道居諸集題為〈閔時〉。
31.	畫論一則	民 20，私人收藏	正道居諸集不收。
32.	時輪金剛法會緣起	《現代佛教》民 23.03、《佛教居士林特刊》民 23.06、《佛學半月刊》民 23.05	正道居諸集不收。

（續上表）

	篇名	期刊、編號及年份	備註
33.	病中吟	《興華》30 卷 12 期，民 22	正道居諸集不收。
34.	友梅姻丈絕筆詩惻隱憂傷次韻奉挽	《北洋畫報》18 卷 895 期，民 22	正道居諸集不收。
35.	《鴻嗷輯・樹德篇》題詞	《鴻嗷輯・樹德篇》，民 23	正道居諸集不收。
36.	贈蔣中正	王芸生〈贛行雜記〉（上），《國聞週報》11 卷 37 期，民 23	正道居諸集不收。
37.	會長段祺瑞氏致總裁書狀	《中日密教》1 卷 2 期（民 23.11.）	正道居諸集不收。
38.	菩提學會籌備委員會函請贊助經費	《西陲宣化使公署月刊》1 卷 6 期，民 24	正道居諸集不收。
39.	菩提學會函懇頒發藏文甘珠丹珠兩部經論以便迻譯	同上	正道居諸集不收。
40.	讀孔子閒居篇書後	《詩經》1 卷 6 期，民 25	
41.	題詞	《安徽旅鄂同鄉會第一屆會務彙刊》民 25	正道居諸集不收。
42.	楹聯	同上	正道居諸集不收。
43.	菩提正道菩薩戒論後序	《佛學半月刊》123 期，民 25	正道居諸集不收。
44.	菩提學會初迎能海大師來滬講經函	同上 127 期，民 25	正道居諸集不收。
45.	菩提學會再迎能海大師來滬講經函	同上 127 期，民 25	正道居諸集不收。
46.	菩提學會迎請覺拔上師函	同上 127 期，民 25	正道居諸集不收。
47.	章太炎壽辰頌詞	《中央日報》2413 號，民 24.01.08.	正道居諸集不收。
48.	劉母高太夫人誄	《佛學半月刊》130 期，民 25.07.	正道居諸集不收。
49.	于博士就南京大主教職紀念冊題辭	《文藻月刊》1 卷 2 期，民 26	正道居諸集不收。
50.	八勿	《教育生活》4 卷 4 期，民 25	正道居諸集不收。

（續上表）

	篇名	期刊、編號及年份	備註
51.	陸軍上將遠威將軍徐君神道碑	《徐樹錚先生文集年譜合刊》，民 51	正道居諸集不收。
52.	為保護袁世凱遺產致蔣介石手札	《檔案與史學》1996 年第 1 期	正道居諸集不收。
53.	輓海陸軍大元帥張作霖聯	《張氏帥府志》，2013	正道居諸集不收。
54.	朝日新聞社飛行亞歐紀念	2015 年秋季日本美協拍賣	正道居諸集不收。
55.	別廬山	《大器磅礴：于右任碑派書風與民國風華》，2017	正道居諸集不收。
56.	楊藝芳祠宇落成聯	蠡：〈段祺瑞的絕筆〉，《錫報》（民 25.11.15）	正道居諸集不收
57.	致楊翰西函	同上	正道居諸集不收

　　上海圖書館所藏《正道居詩》僅錄〈賦答修慧長老〉、〈砭世詠〉一、二，合計三首。《詩續集》則有〈策國篇〉、〈孔道鳴〉、〈弱弟哀〉、〈藤村子爵索書口占即贈〉、〈覺迷吟〉、〈末世哀〉、〈旅大游〉、〈懷舊〉、〈閔時〉、〈達觀〉、〈十勵篇〉、〈八箴〉、〈贈度青〉、〈和均畷範孫逸塘〉、〈詠雪二首次某君韻〉，合計十五題三十二首。

　　此外，北京國家圖書館藏有《正道居感世集》四冊，著錄為「一卷，詩二卷，續集一卷」。實則每冊一卷，第一卷為《感世集》，第三、四卷分別為《正道居詩》及《詩續集》。第二卷亦即所謂「續集一卷」，書名為《正道居感世續集》，收錄〈儒釋異同論〉、〈產猴記〉、〈因雪記〉三文。《感世續集》乃上海圖書館所未藏者。進而言之，《感世》正續集及《正道居詩》所收作品篇幅較長，故每篇頁碼皆獨立編排；唯《詩續集》諸篇則統一序次頁碼。

　　至於上海、北京諸圖書館所藏《正道居集》，係《感世集》、《感世續集》、《正道居詩》及《詩續集》的合訂本。全書前有段祺瑞自序，次為目次，分「文目」、「詩目」，正文亦編為「文」、「詩」兩卷。兩卷首頁首行皆僅標「正道居集」四字而無文、詩字樣，次行標「合

肥段祺瑞」，頁碼則兩卷分別編排。文卷所收諸篇仍依《感世》正續集之編排次序。詩卷依次全收《正道居詩》及《詩續集》諸篇，又增入十八首。[20] 換言之，《正道居集》共收文八篇，詩三十三題五十首，乃目前內容最為齊備者。本章所論，亦以《正道居集》為中心。

　　如表一及表二所見，現存民初期刊中尚有不少段祺瑞佚詩佚文。如《甲寅週刊》之〈和蘇戡〉、〈有感次範孫和王仁安均〉，《遼東詩壇》之〈中秋節日作十首〉、〈禮義廉恥立〉，《民視日報》之〈大廈詠〉，《興華》之〈病中吟〉，《國聞週報》之〈伯型枉詩次答〉，《來復》之〈贈徐專使李恩兩副使序〉，《佛學半月刊》之〈菩提正道菩薩戒論後序〉、〈菩提學會迎請覺拔上師函〉、〈菩提學會初迎能海大師來滬講經函〉、〈菩提學會再迎能海大師來滬講經函〉等皆是。又如救世新教《大學證釋》一書中有段祺瑞序文，亦不見於正道居諸集。[21] 次者，段氏佚詩亦偶存於遺墨中，如〈友梅姻丈絕筆詩惻隱憂傷次韻奉挽〉，[22] 此蓋亦刪削之一例。復如 1934 年夏，段祺瑞應蔣介石之邀移居上海已屆一年，因胃出血而在蔣介石安排下到盧山避暑，接受《大公報》記者王芸生採訪。他說覆函中寫了一詩，尚能記憶：

> 憂樂與好惡，原盡與民同。三章法定漢，民足國不窮。
> 興邦用順守，世民竟全功。提倡興百業，四海揚仁風[23]

　　今人殷文波有〈段祺瑞覆蔣介石信〉一文，謂其祖父殷樹森為老同盟會員，教其抄寫此信於《聽潮軒書齋尺牘抄本》之〈名人尺牘

20　計有〈和伯行韻〉、〈可憐吟〉、〈時局幻化感〉、〈伯行枉詩且有頌不忘規之語次韻奉答〉、〈閔世〉、〈持正義〉、〈懺占〉、〈饒舌僧〉、〈正道詠〉、〈觀世篇〉、〈醒世〉、〈王采丞和余正道詠次答〉、〈先賢詠〉、〈砭世詠〉三、〈往事吟〉、〈錯認我〉、〈除夕偶成和某君韻〉、〈讀孔子閒居篇書後〉。

21　此筆資料蒙臺南成功大學林彥廷博士告知。

22　見李慶東：《段祺瑞幕府與幕僚》，頁 73。

23　見賀偉：〈民國要員與盧山〉，《檔案天地》（2007 年第 1 期），頁 15。

之部〉。原尺牘已不存，然殷文波由能背誦原文。[24] 其信云：「兄曾讀孔氏之書，忠恕接物，富貴浮雲，此亦海內所共知者。古有名〔明〕訓：『民為〔惟〕邦本，本固邦寧。』爾稱主義既在民，際此民不堪命，希三致意焉。」與「提倡興百業，四海揚仁風」之旨意正合，此詩當即該覆函所附者，而其作固在《正道居集》刊行之後。

其次，由於身居要職，段祺瑞名下的通電、公文為數甚多。而這些文字不少皆出自徐樹錚（1880－1925）之手。光緒二十八年（1903），徐樹錚懷揣自撰《國事條陳》求見山東巡撫袁世凱。袁氏看罷以為見解不凡，遂指派山東督練公所總辦段祺瑞接洽考察。段祺瑞對這位青年極為欣賞，一見如故，從此視徐為入室弟子，文案公牘皆交其主辦。如民國元年（1912）初，身為湖廣總督兼第一軍總統的段祺瑞聯合四十六名北洋軍官，兩度領銜向清廷發出請願共和的通電，贏得「一造共和」之名，而通電即為徐樹錚手筆。此後如1917年〈討張勳通電〉、十三年起臨時執政諸令亦然。1925年12月30日，徐樹錚遭馮玉祥遣人暗殺。段祺瑞得聞噩耗，乃為徐樹錚購置棺木，親撰〈陸軍上將遠威將軍徐君神道碑〉。又1927年，北伐如火如荼，段祺瑞於9月17日致函蔣介石，敦促其保護袁世凱遺產。[25] 這些文字皆不見於《正道居感世集》，亦未錄入最後編定之《正道居集》。

由於《正道居集》刊印不久，段祺瑞即南遷上海。其後抗戰爆發，國難方殷。故此書之流傳極為有限。目前僅上海圖書館、北京圖書館等寥寥幾處有藏，鮮為人知。世人對《正道居集》所錄篇章之認知，大抵來自《一士類稿》。該書有〈談段祺瑞〉一篇，作於段氏初逝之際，錄有〈因雪記〉、〈先賢詠〉、〈和伯行〉、〈詠雪二首次某君韻〉其一、〈伯行枉詩且有頌不忘規之語次韻奉答〉及〈策國篇〉，

24　見殷文波：〈段祺瑞覆蔣介石信〉，《合肥文史資料》，十四輯，頁75－76。
25　張愛平：〈段祺瑞致蔣介石的一封密信〉，《檔案與史學》（1996年第1期），頁72。

前一為文，後五為詩。錢仲聯編《清詩紀事》，亦將該五詩迻錄，因
故流傳較廣。此外，集中〈持正義〉一詩，亦見於曹汝霖《一生之
回憶》，文字略有差異，可資校勘。若非曹氏紀錄，今人僅憑《正道
居集》，固難知此詩乃段祺瑞贈曹汝霖之作。2014 年，劉春子、殷
向飛所編《段祺瑞：三造共和的籠中虎》一書，除選錄〈因雪記〉、
〈先賢詠〉、〈伯行枉詩且有頌不忘規之語次韻奉答〉、〈策國篇〉、
〈內感篇〉、〈聖賢英雄異同論〉、〈外感篇〉、〈產猴記〉諸詩文外，
且錄有〈為保護袁世凱遺產致蔣介石手札〉、〈挽孫中山聯〉、〈遺言〉
三篇。[26]

第三節 ｜ 正道居詩文的感懷主題

正道居詩文的創作，大抵皆在 1920 年代中後期，此時段祺瑞曾
擔任國家名義元首（臨時執政），不久下野，故富於寫作閒暇。段祺
瑞熟諳古史，每有評騭，對於晚清民初史則更因親身經歷而多所議
論、興慨。抑有進者，民初以來憂患相尋，故正道居詩文對於時局的
憂感，又往往可回溯到民初史事。本節對於感懷主題之討論，即分為
歷史感慨及時局憂感兩方面來開展。

一、歷史感慨

段祺瑞的歷史知識甚為豐富，如〈聖賢英雄異同論〉便有段落
自三皇五帝至元代的歷史作了一番通盤評論。其論元代之興曰：

元太祖成吉斯汗起於漠北，強弓怒馬，衝突無前，

---

26 劉春子、殷向飛編：《段祺瑞：三造共和的籠中虎》（南京：江蘇文藝出版社，2014 年）。
　　按：〈為保護袁世凱遺產致蔣介石手札〉即民國十六年 9 月 17 日之信，錄入張愛平之
　　文章者。

我外無人，人盡死不足惜。宋敝於金，而金亦力竭。收漁
人之利，進據中原，長驅而南，至於印度之鐵欄關。納角
端之忠告，即日班師，西滅國四十，洪波蕩漾於俄境，英
雄之稱，赫耀全球。馬上得之，不能馬上治之。幸有耶律
楚材、廉希憲、劉秉忠三賢宰相，學識超邁，尤為罕見。
補苴罅漏，苟安八十餘年，一經挫敗，風捲敗葉，掃蕩無
餘。一國之英雄如是，一鎮一隅之英雄更可知矣。武功之
結果，可為後世之殷鑑。[27]

段氏認為，英雄如成吉思汗，若不行聖賢之道，在歷史上也只
是過眼雲煙。如此論述，顯然是勸戒民初割據四方的軍閥，不要以英
雄自居而殘暴不仁。此外，正道居詩文中也不時引用相關典故，如
〈內感篇〉云：「唐虞之民，鼓腹而歌，帝力何有。桀紂之世，時日曷
喪，民願偕亡。」[28] 不僅簡單扼要地描繪出堯舜、桀紂時代的社會面
貌，且暗引《帝王世紀》及《尚書》的文字。[29] 又如〈達觀〉篇：「據
國不納父，剔瞶被子篡。謀蓋都君績，欣欣喜自獻。共叔請大邑，鄭
莊任滋蔓。黃泉誓見母，梟獍無少閒。」[30] 歷數剔瞶、象（都君）、
鄭莊公等不孝不悌的掌故，不一而足。

段祺瑞在清末已經出仕，故其詩文不時會回顧那段歷史。無論
回顧古史還是近代史，都有鑑古知今之意。如〈先賢詠〉即以長篇五
古的體式評述了晚清重臣、合肥先賢李鴻章的一生事業，從李鴻章早

27　段祺瑞：《正道居集》，文卷，頁 6a－b。

28　同前註，頁 8b。

29　《帝王世紀》：「帝堯之世，天下太和，百姓無事，有老人擊壤而歌曰：日出而作，日
　　入而息，鑿井而飲，耕田而食，帝力何有哉！」《尚書·湯誓》：「時日曷喪，吾與汝
　　偕亡。」

30　段祺瑞：《正道居集》，詩卷，頁 9b－10a。

年入曾國藩幕，征粵匪、討捻軍、甲午海戰、庚子賠款，以敘事為經、議論為緯，全面評述了這位鄉先賢的一生事蹟，流露出作者的推崇之情。而其〈往事吟〉亦云：「文學諸大老，唱和韻矜奇。自命為清流，濁者究是誰？」「殊知徒專橫，內外相乖離。購艦三千萬，林園供虛糜。」「北洋敵日本，合肥一肩仔。其他廿二省，何嘗有所資？」[31] 對於甲午戰爭前夕，自命清流的翁同龢（1830－1904）等閣臣、挪用北洋軍費建造頤和園的西太后，以及其他作壁上觀、置身事外的封疆大吏皆有批評。後文又齒及庚子之亂：

　　庚子復仇教，八國決雄雌。親貴嘉其義，強悍猛熊羆。
　　三數賢輔佐，致身肝膽披。誇大僅一觸，隨即撤殿帷。
　　責難嚴且厲，國幾不堪支。舊都還須臾，氣概復訑訑。[32]

　　在段祺瑞看來，義和團盲目仇視洋教，已有失偏激。而端王載漪（1856－1922）乃至西太后等竟惑於團民神功之說，更是不可思議。他還認為，八國聯軍的殺傷力被人誇大，而西太后卻信其言，隨即西逃。故列強在談判桌上咄咄逼人，庚子賠款使中國利益大受損失。但兩宮還都後，滿清權貴依然洋洋自得。國事之不可為，由是可見。對於作為故主的西太后，段祺瑞在詩中盡量避免指名道姓，然對於其施政之不滿，則溢於言表。

　　其次，有些篇章在談及清末歷史時，還結合了段氏的自身經歷。如光緒九年（1883），清軍決定在旅順口修築海岸炮臺十二座、陸地炮臺九座，共要安裝大炮八十尊。在北洋武備學堂學炮工的段祺

31　同前註，頁 23b－24a。

32　同前註，頁 24a。

瑞奉派到旅順修炮臺。[33] 四十四年後的 1927 年 4 月至 9 月間，段祺瑞故地重遊，到大連居住了一段時間，寫下〈旅大游〉與〈懷舊〉兩篇詩作。〈旅大游〉云：

> 重來四十年，不禁悲與傷。子徵鎮金州，薌林旅順王。
> 魯卿繼其後，毅軍屯其傍。甲午一戰後，相率去不遑。
> 旅大俄所租，專橫恃力強。比鄰偏鬥狠，促之走彷徨。
> 不及十年間，幾度荊棘場。白骨塚如山，表彰有一坊。
> 當時豪傑士，已盡還北邙。榮華浮雲去，大夢若黃粱。[34]

「子徵鎮金州，薌林旅順王」兩句下雙行小註曰：「當時有此語。」子徵即劉盛休（1840－1916），為段祺瑞同鄉前輩、淮軍將領，劉銘傳（1836－1896）之族姪。劉銘傳辭職歸里後，劉盛休接統銘軍二萬餘眾。光緒中葉，率銘軍駐防金州（大連），補授南陽鎮總兵，籌修戰守設施。段祺瑞修築炮臺，正是因應劉盛休的要求。薌林即劉含芳（？－？），安徽省貴池人，通曉法文，為李鴻章得力助手。光緒七年（1881）起奉李鴻章之命駐守旅順十一年，把旅順建成了北洋海軍重鎮，功績顯著。魯卿為龔照璵（1840－1901），亦合肥人，光緒十六年（1890）經李鴻章推薦，總辦旅順船塢工程。甲午戰爭中，龔氏聞知金州失守，就乘海軍廣濟輪逃往煙臺。次年為清廷判處死刑，後未執行。其後俄、德、法三國干涉，日本撤離，金州和旅順為沙俄租借，號稱達里尼市（Дальний，遙遠之意）。日俄戰後又為日本佔領，改達里尼為大連，至抗戰勝利後方才歸還。段氏此詩前半以敘述為主，即使寫龔照璵之潰敗，也只是「相率去不遑」一句，又旁帶

33　吳廷燮：《段祺瑞年譜》（北京：中華書局，2007 年），頁 9。
34　段祺瑞：《正道居集》，詩卷，頁 7b。

「毅軍屯其傍」，以映襯龔氏的不戰而走，頗有冷峻之感。而全篇最後四句，雖富於對劉盛休、劉含芳的業已物化、世事滄桑的感慨，卻隱含着旅大已非中國所有的惋惜。至於〈懷舊〉一篇，則進一步描述了日治之下旅大的面貌：

> 大連設國防，柳樹屯居中。不才曾承乏，要塞分西東。
> 回首四十年，光景大不同。俄強租旅大，日勝執為功。
> 海壩仍依舊，大興土木工。商業萃西岸，萬國梯航通。
> 向罕人跡到，今多百家叢。君子求諸己，自問須返躬。
> 旅順儲軍備，糾糾氣尚充。惜哉人我見，幻化豈云終。[35]

　　日本自沙俄手中接管旅大後，參照俄國原來的規劃圖進一步建設，不僅人口稠密、商業繁榮，軍備也充實。持日人管制的旅大與當時中國內地相比，差距甚大。故「君子求諸己，自問須返躬」兩句，意謂國人雖然痛恨日本，卻不能不捫心自問，有沒有如日人般團結一致、發憤圖強？然今人張鳴論道：「最根本的是，自打二十一條之後，中日兩國之間國民的基本信任已經蕩然無存……二十一條對中國人，尤其是對知識界的刺激實在是太大了，早已風聲鶴唳，任何中日間的交易，都可以向喪失權益的方向解讀。以當時的慘痛經驗而言，這樣的解讀，也未必沒有道理。」[36] 因此，此篇篇末「惜哉人我見，幻化豈云終」兩句，感慨良深。此見已成，要國人以敵為師，談何容易！此詩標題雖是對往事的感懷，卻也表達了對時局的態度。

　　此外，段祺瑞對自己當年主政時的措施也有追憶。如其贈給曹

35　同前註，頁 8a。

36　張鳴：《北洋裂變：軍閥與五四》（臺北：遠流出版事業股份有限公司，2011 年），頁258。

汝霖（1877－1966）的〈持正義〉詩，着力評述了自己對西原借款
的態度。西原借款是 1917 至 1918 年間段祺瑞政府和日本寺內正毅
（1852－1919）內閣所簽訂一系列借款的總稱，因日方經手西原龜三
（1873－1954）而得名。寺內鑑於前任大隈重信（1838－1922）內閣
強迫中國接受「二十一條」不成，決定調整對華政策，採取懷柔方
式，停止支持南方革命黨人，增加對北洋政府的經濟援助，以擴大其
在華利益。經曹汝霖、陸宗輿、章宗祥三人承辦，以山東和東北地
區的鐵路、礦產、森林等為抵押，前後獲得貸款 1.45 億日元。今人
許毅、趙雲旗認為：「西原借款」是段祺瑞政府為了封建獨裁，而與
日本帝國主義進行的一筆骯髒的政治交易。[37] 然段氏〈持正義〉詩辯
解道：

> 不佞持正義，十稔朝政裡。立意張四維，一往直如矢。
> 側目忌憚者，無辭可比擬。謂左右不善，信口相詬訾。
> 唱和聲嘈雜，一世胥風靡。賣國曹陸章，何嘗究所以？
> 章我素遠隔，何故謗未弭。三君曾同學，宮商聯角徵。
> 休怪殃池魚，亦因城門毀。歐戰我積弱，比鄰恰染指。
> 強哉陸不撓，樽俎費唇齒。撤回第五件，智力亦足使。
> 曹迭掌度支，讕言騰蕙茞。貸債乃通例，胡不諒人只。
> 款皆十足交，絲毫未肥己。列邦所稀有，誣衊乃復爾。
> 忠恕固難喻，甘以非為是。數雖百兆零，案可考終始。
> 參戰所收回，奚啻十倍蓰。[38]

37 許毅、趙雲旗：〈「西原借款」與段祺瑞獨裁賣國〉，載許毅主編：《北洋政府外債與
封建復辟》（北京：經濟科學出版社，2000 年），頁 196。

38 段祺瑞：《正道居集》，詩卷，頁 17b－18a。

　　西原龜三畢生以「王道主義者」自居，認為作為東亞民族精髓的王道，即和合一致，王道的現代化、經濟化是協同協力的精神、發揚與實現，[39] 故其願為寺內內閣為借款事宜奔走。據顧維鈞（1888－1985）回憶，當年外債之發行，中國政府的實收均不到九成。[40] 然日本借款卻因寺內的懷柔政策及西原的王道主義理念而實足交付、滾滾西來，故段氏稱許為「款皆十足交」、「列邦所稀有」、「忠恕固難喻」，其因在此。至於段氏試圖以西原借款達成其武力統一的理念，誠如馮學榮所言，以孫、段為代表的南北雙方都各自認為自己是正義的、「中華民國正統」，而且都想要武力統一全中國。[41] 其後國民政府同樣是以武力北伐來達成南北之基本統一的。張鳴則謂：參與西原借款的曹、陸、章沒有如從前經手借款的梁士詒（1869－1933）、盛宣懷（1844－1916）般拿回扣，大體上是乾淨的，個人品行也的確要好些。[42] 此亦即段氏所謂「絲毫未肥己」。李北濤云：「天真爛漫之學生，滿腔熱血，無可發洩，一有刺激，立即爆發。乃有雄桀之徒，乘機利用，貽禍江東，令學生集矢於所謂親日派之曹汝霖，舉凡日本二十一條交涉、青島懸案、巴黎和會失敗，無一不歸咎於曹，遂有五四風潮之發生，硬說曹親日賣國，再拉出兩位被稱親日派之章宗祥（1879－1962，時任駐日公使）、陸宗輿（1876－1941，時任法制局長）為陪客，已打倒曹、陸、章之口號，遊行狂呼，橫行一切。」[43] 蓋國人自古以來強調志節，流於意氣之爭時，對外強硬者多目為愛國志士，主和者乃斥為賣國。近代國難接踵，這種情況尤為嚴重，形成一種虛矯

39　〔日〕西原龜三：《經濟自治論策》（東京：國策研究會，1926 年），頁 4。

40　唐德剛：《民國史軍閥篇：段祺瑞政權》（臺北：遠流出版事業股份有限公司，2012 年），頁 238。

41　馮學榮：《從共和到內戰：見證北洋十七年》（香港：中華書局，2014 年），頁 187。

42　張鳴：《北洋裂變：軍閥與五四》，頁 237。

43　李北濤：〈段祺瑞及其同時名人〉，載蔡登山主編：《北洋軍閥：雄霸一方》（臺北：獨立作家，2014 年），頁 41。

的愛國主義高調。清末民初，只要與外人交涉而妥協者，多數會被扣上「賣國賊」、「漢奸」之名，曹、陸、章的遭遇也不難想像。然三人身為技術官僚，所做的包括引入西原借款的中日交涉，都無非是承襲了晚清外交官們一貫的做法，盡可能在字面上摳來摳去，以求減少損失，盡可能用協議和條文，對強暴的對手加以某種約束。[44] 段祺瑞面臨政府財政危機，對日本的借款欣然接受，甚至一開始就不打算歸還，而這筆款項最後也終於成為日本政府的壞賬。故段祺瑞在晚年作此詩時，始終認為中國佔了大便宜。然如寺內正毅所言：「本人在任期內，借與中國之款，三倍於從前之數；實際扶植日本在中國之權利，何止十倍於二十一條。」[45] 寺內之言雖不無自我吹噓，然其着眼處顯然並不止於經濟，這與段祺瑞的認知存在着很大的差異。當然，段氏仍相信自己主政時「持正義」而「一往直如矢」，則未免剛愎自用之譏了。

二、時局憂感

上目所論〈懷舊〉一詩，詩題雖云回顧往昔，然以不少篇幅描寫大連在日本佔據後的發展現狀，而嘆息國人不能以日為師，已可納入時局憂感的範圍。而前節言及的〈聖賢英雄異同論〉勸戒各地軍閥棄英雄之殺戮而行聖賢之仁義；〈因雪記〉中念佛、弈棋、觀景的筆墨雖佔去全文泰半，實賦予大雪以消災除禍的涵義，寄望上蒼為時局「啟一線之生機」。此外，《正道居集》中尚有不少篇章涉及時局憂感的主題。如其對於國際局勢，不時發表意見。舉例而言，〈砭世詠〉二論述一戰以來的局面道：

44　同前註，頁 238。

45　劉彥：《帝國主義壓迫中國史》（上海：太平洋書店，1931），下卷，頁 137。

> 歐戰撼全球，大地盡瘡痍。列強相對峙，彼此爭雄雌。
> 怨讟積愈久，兇惡愈前茲。飛機空中走，爆彈任意搗。
> 綠氣死光發，大邑盡殭屍。罔論婦與孺，草木也枯萎。
> 暴力反仁義，胡以立根基？物已先自腐，蟲生更何疑。[46]

段祺瑞認為，歐戰本身的性質就是列強爭霸，反仁義、行暴力，幾無公義可言。加上船堅炮利、科技先進，戰後赤地千里的情形，也就不難想像了。比對〈外感篇〉云：

> 塞爾維亞導火一線爆發，致令全球驚撼，動員六十兆，死傷三千萬，亙古所無，創此惡劇。孤人之子，寡人之妻，淒涼悲慘，鬼神涕泣。敗者勿論，即使勝者所得幾何？百不償一，元氣大傷，宜有警惕，以慎將來。而戰後之約，名為減兵，仍競能是圖，務絕異己。潛艇也，飛機也，綠氣也，死光也。男婦老幼，戰員與否，觸機便發，一鑪可冶。酷烈兇殘，千百倍前。[47]

對於戰勝國怙惡不悛，毫不總結教訓而依舊大力投入軍備競賽，感慨不已。既然講強權而忘公理，那些居中調停的國際和平組織無疑形同虛設：

> 海牙和會，力理相聞，似難允執厥中，幾同故事。國際聯盟，理勝而力弱，永久和平，仍難作為保障。[48]

46　段祺瑞：《正道居集》，詩卷，頁 3b－4a。

47　同前註，文卷，頁 12b－13a。

48　同前註，頁 14b。

海牙會議（Hague Conventions）一稱「世界保和大會」或「萬國和平會議」，由俄皇尼古拉二世（Николай II，1872－1918）發起，第一次會議於 1899 年舉行，參加者有中、俄、英、法、美、日等二十六國；第二次會議於 1907 年舉行，與會四十四國。兩次會議通過十三個公約、三個宣言，合稱「海牙公約」。實際上，列強以和平的外衣自我裝扮，只是麻痹敵方，假裁軍、真備戰。至於作為聯合國先行者的國際聯盟（League of Nations），在《凡爾賽條約》簽訂後組成，高峰期擁五十八個會員國。然而國聯缺乏軍隊武力及執行決議的強制力，最終難以調解國際糾紛，無法阻止法西斯侵略及二戰爆發。故段祺瑞稱前者「力理相閧」、後者「理勝而力弱」，可謂一語中的。

至於有關國內時局的憂感，形諸詩文者為數更多。如〈閔世〉篇云：

> 漸流為政客，侈談無羞恥。更進列黨籍，堅持彼與此。
> 納污斂群眾，附勢爭延企。利用為前導，犧牲類糠粃。
> 伐異幟鮮明，自詡森壁壘。嗟彼風不古，趨下心若水。[49]

民初的議會政治，乃是從西方引入的。然而此制在英美行之有年，在中國卻是草創。國會議員生活腐化、攻訐不休，成為人們普遍

49　同前註，詩卷，頁 8a。

的印象。[50] 段祺瑞在詩中指責這些政客廣納黨羽、趨炎附勢、黨同伐異，也不為無因。夏如秋認為，段祺瑞雖有「三造共和」之美譽，而無「共和」之思想。張勳復辟失敗後，段氏再起，卻拒絕恢復「臨時約法」和國會，這是他最大的失誤。[51] 此言雖然，但如張鳴論黎段府院之爭云：段祺瑞雖然是個武人，但當時對西方代議制的迷信，卻是一種大**趨勢**，段祺瑞也不能例外，也幻想着可以通過這種制度的正經運作，獲得成效，改變中國的面貌。但真的操作起來，段祺瑞發現事情完全變了味。大家對權力紛爭有興致，但於制度建設卻無心情。自從前國民黨系統的議員領袖孫洪伊入閣，做了內務部長，並與徐樹錚、段祺瑞發生激烈權力鬥爭後，段祺瑞跟國會的關係變得日益緊張。[52] 故批評其「繼承了袁世凱的衣缽，繼續推行專制獨裁統治」云云，[53] 立論不免有所偏頗。近來有學者指出：第二屆民國國會（安福國會）一直被認為是段祺瑞的御用政客團體「安福俱樂部」一手包辦製造而成，有不少污點，但其立法運作過程，可圈可點處如行政監督權的實施、文官制度的立法等，還是不少。[54]

　　進而言之，段祺瑞對於政黨政治雖有接觸，卻並不可能徹底了

50　正如唐德剛所言：「『議會政府』（Parliamentary Government）原是我國近代史上，政治轉型運動的終極目標。不幸在轉型初期，這個議會卻是個無法躐等施行的體制，一個可笑的大盲腸。它那八百羅漢的議員也是頗為社會輿論所詬病的，生活腐化的高級官僚，何以如此呢？……他們原是各省區之內，對革命有功的革命派和立憲派（老保皇黨），甚或是一些特地為競選議員而組織的各種社團的頭頭，相互鬥爭和協調，在經過各省縣的諮議局或省議會（也不是民選的），和各省都督，分別派派出來的，他們沒有選民。……這個羅漢廟，卻是個逐漸腐爛的政治醬缸。任何才智之士（包括梁啟超），一旦投入，為時不久，就會變成一個黨同伐異，爭吵不休的北京特產的幫閒政客。」見唐德剛：《民國史軍閥篇：段祺瑞政權》，頁155－156。

51　夏如秋：〈段祺瑞的棋局〉，載氏著：《皖遊札記：解析中國近現代歷史上若干事件和人物的真實細節》（臺北：萬卷樓出版有限公司，2014年），頁238。

52　張鳴：《北洋裂變：軍閥與五四》，頁60。

53　許毅、趙雲旗：〈「西原借款」與段祺瑞獨裁賣國〉，載許毅主編：《北洋政府外債與封建復辟》，頁167。

54　嚴泉：《民國初年的國會政治》（北京：新星出版社，2014年），頁83－105。

解。其〈內感篇〉云：

> 但名之以黨，能無偏乎？然世界所尚，未敢擅斷。
> 無奈人欲無盡，我見太深，獨立難支，攫取無據。巧立學
> 說，以資號召，一呼萬應，勢力雄厚，有恃不恐，殺機頓
> 生，驅逐無辜，流血萬千，自殘國力，在所不卹。下而有
> 共產黨、無政府黨，流品龐雜，鳩集尤易，身無長物，因
> 利乘便。假愛國之名以禍國，愛群之名以害群。氣燄滔
> 天，大地震撼。謂之民意，人莫我何。[55]

　　蓋其以施政者當有「不偏不黨，王道蕩蕩」的格局，若拘於一
黨，則所見必有偏差。可是，傳統中國的言官監察功能，隨着明清以
來君權的膨脹已日益萎縮，幾乎淪為替帝王監管百官的工具。相比之
下，西方政壇朝野兩黨相互督促的制度行之有效，可為傳世之法。不
過，要讓這種西式的政黨政治令國人「淪肌浹髓」，並非一朝之事，
而段氏身後出現的「黨天下」的情況，卻也不幸真如其所逆料，以一
個擁有共同利益的小集團來掌控政權，與古代帝王的「家天下」庶幾
無異。進而言之，即使段氏之皖系，乃至北洋，雖非政黨，卻未嘗不
是一個利益集團。如段氏的西原借款受到時人及後世詬病，除因牽涉
日本之外，更重要的緣故同樣是被認為黨同伐異。黃征論云：從名稱
看，除少數幾項為軍事借款外，大部分都是以經濟建設的名目出現。
但實際上恰恰相反，絕大部分是用作政府和軍事開支的。段祺瑞政府
舊是依靠日本不斷「輸血」，才能維持其統治和逐步擴大軍隊，連年
不斷地對南方進行戰爭。[56] 這些借款中究竟有多少用於南方戰爭，至

55　段祺瑞：《正道居集》，文卷，頁 10b－11a。
56　黃征、陳長河、馬烈：《段祺瑞與皖系軍閥》，頁 94－95。

今猶有爭議。儘管段祺瑞信奉武力統一，將對南方的戰爭視為正義事業，但旁人看來卻只為了皖系及北洋的私利，這卻也正是其〈閔世〉詩中鞭撻最重者。

抑尤有進者，段祺瑞也論及共產主義在中國的興起，其〈觀世篇〉曰：

> 歐戰勝利者，都若帶箭麋。民命不足惜，暴厲殊堪悲。
> 悖天好生德，何處立根基。攫拿出常情，人豈弗鑑茲。
> 隱忍近百年，并未較毫氂。物腐蟲自生，國內若棼絲。
> 生活日漸高，貧富有等差。學說因風起，傾慕馬克斯。
> 工黨勢力眾，持論恆紛歧。蘇俄刱共產，未免更支離。
> 泰山與丘垤，自來有高卑。強壓令齊一，怪誕竟如斯。
> 一般喜新彥，歐風爭欲窺。寓目皆至寶，無學辨醇疵。
> 糟粕篇滿載，歸言願實施。一旦政柄握，可以為欲為。[57]

段氏認為左傾思想為國人所喜，是因為鴉片戰爭以來中國屢受列強侵凌，割地賠款、民生凋敝所致。國內物價上揚、貧富分化，適逢蘇聯不斷通過「第三國際」向外輸送共產主義思想。共產主義者以無產階級代言人自居，自然容易贏得知識分子和貧苦大眾的歸心。社會上有不同階層的人本屬自然，一如泰山與丘垤的高卑之差。雖說高岸可以為谷、深谷可以為陵，但這並非朝夕之事。如果強調階級鬥爭，勉強要泯滅高卑之差，唯有去高就卑而已。故段氏目其為「怪誕」。而國內一般知識分子好新務奇、崇洋以為寶，可是學力不足、不辨精華糟粕，強欲將中國改為共產體制，希圖一旦秉政。對於這種情狀，作為文化保守主義者的段祺瑞表達了極大的焦慮。此外，鄧演

---

57 段祺瑞：《正道居集》，詩卷，頁 19b－20a。

達（1895－1931）、宋慶齡（1893－1981）在共產國際的支持下組織
第三黨，段祺瑞在〈砭世詠〉二也有談及：

> 國際第三黨，自內持異辭。小康僅有法，一壞若漏卮。[58]

　　1927 年，蔣介石清共，國共分裂。宋慶齡認為「容共」是孫中
山的既定政策，蔣介石此舉是對孫中山的背叛。另一方面，宋、鄧等
人也對中共當時的暴力土改政策有所保留，因此欲於國共之外另組
「第三黨」，並希望得到蘇聯共產國際的支持援助。然而，第三黨提
倡「平民革命」，把工人、農民、小商人和青年學生都歸入「勞動平
民階級」，視為「革命群眾」，與共產黨的「工農革命」路線大相逕
庭，自然得不到蘇聯的支持。[59] 段氏稱其為「國際」第三黨，而所持
異辭又「自內」而發，不無春秋筆法。在他看來，第三黨招攬城市平
民，只有「小康之法」（如周恩來〔1898－1976〕云：「第三黨是代表
小資產階級的。」），而其理念及行為一若漏卮，無法自圓其說，於
事無補。不久，第三黨乃因國民黨和共產國際的雙重壓力而失敗，自
然不待蓍龜而知了。

第四節 ｜ 正道居詩文的感化主題

　　所謂感化主題，可分為民生教化及國是建白兩方面，亦即段祺
瑞的個人信仰和治國理念之呈現。整體而言，段氏相關思想不出儒釋
兼融之道：即信奉以儒治人、以佛治心。五四以來，傳統遭到破壞，

58　同前註，頁 3a。

59　見樊振：〈宋慶齡鄧演達海外籌組「第三黨」始末〉，《縱橫》，2011 年第 12 期；諶旭彬：
　　〈宋慶齡籌組「第三黨」始末〉，http://view.news.qq.com/a/20131011/000001.htm。
　　（2015 年 2 月 17 日瀏覽）

而新的秩序卻未能馬上建立。段氏竭力倡導回歸傳統道德，未嘗不標誌着中國社會對於當時現狀的一種反應。對於內政與外交，段氏也多所建白，其對於日本的態度尤堪注意。

一、民生教化

如前文所言，段祺瑞早年在私塾和軍校便接受儒家教育，晚年又皈依佛教，故儒釋合一構成了正道居諸集中民生教化思想的主要內容。例如在〈儒釋異同論〉一文中，他先引述世人所言「世間法勤求治道，澤被生民；出世間法四大既假，萬象皆空。儒釋兩教之大別，確鑿可據」。但卻不以為然：

> （兩教）異途同歸，無非為斯世斯民也。蓋孔子以道德仁義禮為準繩，隱居求志、行義達道、明德新民、止於至善、修身齊家治國平天下為依歸，天覆地載，一視同仁，泯其畛域，包羅萬類。世尊以生老病死苦啟悲憫，普渡眾生，佛之宏願，茹苦自修，現身說法，不種因為真諦，無人無我，免啟紛爭，應該法界性，勿令心妄造；甘居清寂，涵育大千，名曰出世，無時不心乎世間也。孔子曰：「先進於禮樂，野人也。後進於禮樂，君子也。如用之，則吾從先進。」固知文明之進步，爭競之風愈烈，所以從先進者，欲復上古敦樸之習，有以抑勒之與！佛悟徹終始，隨緣善化之旨，正復相同……至於克己復禮，非禮勿言、勿聽勿視勿動，作善降祥，作惡降殃，與夫身口意所生，貪嗔癡所戒，皆自治之工夫，更無所謂異同也。[60]

60　段祺瑞：《正道居集》，文卷，頁 21a－21b。

段氏釋《論語》「先進」一節，乃從何晏舊說：「歸之淳素，先進猶近古風，故從之。」[61] 他認為佛教主張「甘居清寂」，正與孔子「從先進」之意相同；文明進步，社會變化五花八門，導致人心不古，必須以敦樸之道以治之。其次，段氏認為儒釋在善惡觀念上皆強調自治，也無異同可言。而兩者略有差異者：

> 惟聞其聲不忍食其肉、君子遠庖廚，僅不聞其聲已耳，仍不免於食。顧天生動物，業由自作，應遭慘劫，理有固然；然恣口腹者，即使適可而止，而物與之說，猶未盡致。其胎卵濕化，賦性本同，在如來視為一體。不殺則滅因，滅因則無果，由惻隱之端，極仁愛於究竟……又夫子之道，忠恕而已，己所不欲，勿施於人。無故加之而不怒，所挾持者甚大。彌勒佛偈有云：「人罵就說好，人打自臥倒。他也省力氣，我也少煩惱。」逆來視為前因，自無痕迹可言，此儒與釋微有不同之處。[62]

宋儒張載〈西銘〉曰：「民吾同胞，物吾與也。」謂以生民為同胞、萬物為同類，故當泛愛人和世間所有物類。然如《孟子》所言「聞其聲不忍食其肉」，卻猶不免於食肉，則儒者「物與」之說，在段祺瑞看來尚乏踐行之實。反而佛教茹素，卻是儒家惻隱仁愛的極致。根據段府老僕王楚卿回憶，段祺瑞拜佛茹素始於 1920 年直皖戰爭失敗下野。[63] 而段氏幼女段式巽（1901－1993）則回憶，段祺瑞以為「作為武人，難免打仗死人，應該懺悔罪過」，故通過吃素來為過

---

61 〔魏〕何晏註、〔宋〕邢昺疏：《論語注疏》（臺北：藝文印書館據 1815 年阮元刻本影印），頁 96。

62 段祺瑞：《正道居集》，文卷，頁 19b－21a。

63 王楚卿：〈段祺瑞公館見聞〉，《文史資料選輯》，第 41 輯。

去在軍旅生涯中殺人的罪孽而懺悔，釋冤解結。據說段祺瑞晚年胃部潰瘍出血，醫生家人勸他開葷以加強營養，段祺瑞斷然拒絕道：「人可死，葷不可開。」[64] 可見其修行之力。而站在佛教立場勸戒世人，段氏主要強調者亦為戒殺。參以其他作品，如〈賦答修慧長老〉：「殺生佛所戒，意味深淵泉。」「眾生累世業，大劫成自然。」[65]〈砭世詠〉一云：「天竺大明王，智慧賅六通。……戒殺說因果，玄奧越太空。」[66]〈末世哀〉更針對施政者云：「天有好生德，忍作荊棘場？因果罔或爽，戕人還自戕。殘民逞私意，自然有天殃。」[67] 不一而足。其次，他認為處理旁人的嗔念，儒家只是以忠恕之道來承受、化解，而佛教則將這種承受視為對前因的償還，更為徹底。段氏以為儒家只注重現世，而佛教則「大慈大悲，無量無邊，不止娑婆世界而已」。因此他總結道：「以進為進者，儒學也，立身之具，美善兼通。以退為進者，釋教也，能世人之難能，潛移默化，此儒釋所以異同也。」[68] 換言之，段祺瑞以為儒釋二道用世之心一致，其差異只是方法與功夫程度的不同而已。

　　在所謂「世間法」方面，段祺瑞對孔子同樣推崇不已。其〈孔道鳴〉云：「則天惟唐堯，無能名郅隆。孔子集大成，獨肩道在躬。至誠贊化育，大德配蒼穹。萬古生民類，悉在教化中。孝弟仁之本，綱常澈始終。修齊逮治平，體用悉貫通。至道括瀛寰，小康進大同。」[69] 此外，段氏還有兩組詩向世人弘揚傳統道德，以儒家思想為主，佛教為輔。其一為〈十勵篇〉，包括〈勸學〉、〈倫常〉、〈規婦〉、

64　戴健：〈段祺瑞：皖系北洋軍閥集團的首領〉，載周軍、周延柏主編：《皖系北洋人物》（合肥：安徽人民出版社，1993 年），頁 24–28。

65　段祺瑞：《正道居集》，詩卷，頁 1b。

66　同前註，頁 2b。

67　同前註，頁 7a。

68　段祺瑞：《正道居集》，文卷，頁 22b。

69　同前註，詩卷，頁 5a。

〈存仁〉、〈處世〉、〈交游〉、〈作人〉、〈出仕〉、〈治道〉、〈因果〉；
其二為〈八箴〉，包括〈仁〉、〈義〉、〈禮〉、〈智〉、〈孝〉、〈弟〉、
〈忠〉、〈信〉。如〈存仁〉篇云：「求學原為己，但期不違仁。富貴浮
雲去，惟有德潤身。陋巷亦可樂，憂道不憂貧。好惡雖異俗，自來各
有真。」[70] 主要將「四書」成句檃括為詩，以便世人記誦。

　　對於道教思想，正道居詩文也有涉及。然其〈儒釋異同論〉云：
「道教雖介儒釋之間，似難以竣其極。」[71] 意謂道教之理未及儒釋爾。
不過有趣的是，段氏仍有〈靈學要誌敍〉、〈靈學特刊序〉二文，揄
揚道教。五四運動崇尚科學精神，而靈學的出現乃是對五四精神的反
動。所謂靈學，一般包括他心通（心靈感應）、天眼通、招魂術、輪
迴、先知先覺、意念致動等內容。七年（1918）初，上海成立了靈學
會，出版《靈學叢志》，設「盛德壇」扶乩，而其倡導者竟是籌建中
華書局的俞復（1856－1943）、陸費逵（1886－1941）和翻譯家嚴復
（1854－1921）。1919 年，迮仲良、朱翰墀、朱品三等人在北京成立
一個靈學組織悟善社，建「廣善壇」，以孚佑帝君（即呂祖）為壇主，
以「鬼神救國」為宗旨，當年 9 月發行《靈學要誌》。1924 年，悟善
社創立救世新教，次年經北洋政府內務部批准，在北京組成總會。此
教中心人物是安福系政客江朝宗，策劃及捐助人包括段祺瑞、錢能訓
（1869－1924）、陸宗輿、曹汝霖、吳佩孚（1874－1939）、章宗祥等
人。[72] 故段祺瑞為《靈學要誌》作敍，順理成章。其敍曰：

　　　　靈者，神明之謂也。我孚佑帝君悲劫運之浩蕩，立社
　　都門，命名悟善，以神仙之妙用，補人事之不足，書沙驗

70　同前註，頁 11a。

71　同前註，文卷，頁 19b。

72　路遙主編：《民間信仰與社會生活》（上海：上海人民出版社，2011 年），頁 68。

事，覺世牖民，善者使益向善，惡者懼而知改。[73]

　　蓋以世人多僅講求現世利益，不信三世因果；若以鬼神之事導其向善，不敢在現世為非作歹，則道教之功用亦不可沒。然而全篇之中，段氏所論述的基礎仍為儒釋二家，而以《老子》、《太上感應篇》等道書之言而印證之。至於〈靈學特刊序〉則進一步討論到科學與信仰之間的矛盾：

　　　夫萌芽之科學，以管窺天，誤人實深。長此以往，人類滅絕，所以仙佛本其婆心，不憚塵勞，預言禍福以警俗，使之悟善，格其前非。特惜省之不猛，且少見而多怪耳。[74]

　　黃克武指出：民初盛行的靈學研究一方面源自西方和日本的心靈研究與中國社會的扶乩傳統，另一方面則因一戰之後中國社會對西方物質文明的過度發展感到絕望，企圖闡明精神的價值、啟發道德修養與宗教情懷的思潮有密切關係。[75]嚴復作為達爾文《天演論》的首譯者，而提倡靈學，蓋因天演論所帶出弱肉強食的叢林法則未嘗不成為帝國主義侵略政策的依據。而段祺瑞於詩中不時提及西方列強使用高科技武器，導致死傷慘重，[76]故其兩度為悟善社的刊物欣然命筆作序，良有以也。

　　有趣的是，段祺瑞還偶將身邊發生的故事寫成散文，藉以勸導

73　段祺瑞：《正道居集》，文卷，頁 15a。

74　同前註，頁 18b。

75　黃克武：《惟適之安：嚴復與近代中國的文化轉型》（臺北：聯經出版事業股份有限公司，2010 年），頁 165。

76　如前引〈砭世詠〉二、〈賦答修慧長老〉等篇中皆有相關詩句。

世人。如〈產猴記〉曰：

> 　　家養兩猴，數年不育。本日產一猴，雌猴乳之，撫
> 之，愛護之，卵翼之，惟恐不至。雄猴凝視環走窠外，至
> 情油然而生。出於天真，不能自休。詰朝告者曰：「兩猴爭
> 覆其子，窠狹猴眾，孺猴殭斃。」兩猴痛甚，仍堅握其屍
> 不失。取而埋之，則相從號咷，終日不食。試還之，堅握
> 焉如故。蠢哉猴也，愛之不以其道而殺之，雖愛奚益！ [77]

　　兩猴爭寵其子，反導致幼猴凍死。段祺瑞從這則軼事中，歸結
出「愛之不以其道而殺之，雖愛奚益」的道理，又進一步闡發道：

> 　　總之父嚴母慈，兄友弟恭，孝悌始於家庭，仁愛推
> 於四遠，內而夫唱婦隨，外而睦婣任卹，誠經世之大法，
> 興家之要素。海枯石爛，此誼未可忘也。但初娶之婦善教
> 之，而難養之性以馴。嬰孩之子善教之，而禮義之方以
> 立。及其長也，勤課問學以立身，督責克己以接物，達己
> 達人，而中正之道於是乎成。諺云：「人莫知其子之惡。」
> 溺愛者恆如是也。縱其情欲，任性而為，迨死到臨頭，不
> 堪救藥，藉使椎心泣血，而亦無可如何耳。何以異於猴之
> 自殺其子者乎？夫復誰尤？ [78]

　　此文先登於《甲寅週刊》，章士釗按語云：「昨歲（案：即 1925 年）
除夕，執政草此見示，所記事小，充類義大，意莊於昌黎之傳毛穎，

77　段祺瑞：《正道居集》，文卷，頁 22b－23a。
78　同前註，頁 23b－24a。

詞切於柳州之紀橐駝,其志蓋欲傳示子孫,默持風會,苦心孤詣,盡見於辭。爰揭登焉,藉明世道。今之君子,幸勿囫圇讀之。」[79] 雖不無溢美,然段氏創作之本意,亦克進一步說明之。在五四運動以後提倡傳統道德,未免貽人以頑固守舊之譏。其所謂「難養之性以馴」,對女性社會角色仍抱持着過時的認知,更有可能引人非議。不過,西方的民主和科學精神,在段氏看來並未在中國產生立竿見影之效。民初的議會政治的爭執不休,令他在平定張勳復辟後決定組織「御用國會」;而當時學界對德先生、賽先生的仰慕,在他看來卻往往以破壞、犧牲傳統道德為代價。因此,段祺瑞晚年大力鼓吹傳統道德,希望國人回到儒釋二道的懷抱,就不難理解了。

二、國是建白

段祺瑞的民生教化思想以儒釋二道為依歸,他認為先有此修身齊家的基礎,方可治國。他晚年曾作〈策國篇〉長詩,較全面地談論到自己對國家發展的理念,徐一士稱其「關懷國事之忱,溢於言表」。[80] 其詩云:

> 鄉鎮聚為邑,聯邑以成國。國家幅員廣,畫省為區域。
> 民與國一體,忍令自殘賊?利害關國家,胡可安緘默?
> 果具真知見,與邦言難得。民智苦不齊,胸襟寡翰墨。
> 發言徒盈庭,轉致生惶惑。政府省長設,各國垂典則。
> 邑宰如家督,權限賴修飭。統治成一貫,籌策紆奇特。
> 政不在多言,天健無休息。晚近綱紀隳,高位僉人弋。

---

79 段祺瑞:〈產猴記〉,《甲寅週刊》,1 卷 31 期(1926),頁 1。參章士釗:《章士釗全集》,第 6 卷,頁 144。

80 徐一士:《亦佳廬小品》,頁 82。

武夫競干政，舉國受掊克。擾攘無寧土，自反多愧色。
往事不堪言，掃除勿粉飾。日新循序進，廉恥繼道德。
農時失已久，飢寒兼憂逼。民瘼先所急，務令足衣食。
靖共期力行，百司各循職。良善勤獎誘，去莠懲奸慝。
言出法必隨，不容有窺測。土沃人煙稀，無過於朔北。
曠土五分二，博種資地力。兵民移實邊，十省兩千億。
內地生計裕，邊疆更繁殖。道路廣修築，交通無閉塞。
集我國人資，銀行大組織。獨立官府外，經理總黜陟。
發達新事業，隨時相輔翊。輸入減漏卮，製造精品式。
肥料酌土宜，灌溉通溝洫。比戶餘粟布，孝弟申宜亟。
既富而後教，登峰務造極。國際蒸蒸上，誰復我挫抑？[81]

這篇長詩對於時局的看法，可歸納為幾點：

一、自由言論：民眾與國一體，若有想法或建議，不應緘默不語，真知灼見自可一言興邦。然而，段認為民智不齊，受過教育的國民為數甚多，如果眾聲喧嘩，收效只會適得其反。

二、權集中央：段祺瑞任總理時，主張武力統一，功敗垂成。他認為，地方官員的職責就像管家，權限應該受到中央制約，不能使其割據坐大成為土皇帝。只有在大一統的格局下，政令才可施行無礙。他更坦白承認：近年來小人得志、武夫干政，戰和無常，令全國生靈塗炭，自己與有責焉，回顧往事，於心多愧。

三、富民勸善：連年征戰，導致農時久失，人民衣食堪憂。政府在勸農之餘，還應協助灌溉溝洫。為使百姓生活安穩，更要獎善懲惡，不至為歹徒所威脅壓榨。

81　段祺瑞：《正道居集》，詩卷，頁 4a–5a。

四、實邊修路：段祺瑞指出東北地廣人稀，而土壤肥沃。若能移
　　民實邊，不僅可減少內地的競爭，也可令邊疆富庶起來。而
　　配套措施，則以修路通車為首要。

五、發展工商：中國銀行事業不發達，每受外人掌控掣肘。國人
　　若能集資興辦銀行，同時進一步發展工商業，生產優質貨
　　品，則對外貿易逆差可以舒緩。

六、提倡道德：在人民富有之後，政府便應通過教育來提升全民
　　的知識水平，樹立正確的道德觀念。

根據徐一士所云，此詩作於 1927 年，即國民革命軍北伐之際。
此時段祺瑞已下野居於天津，作為此詩，當有感於北洋政權風雨飄
搖，然對中國的未來卻依然滿懷憧憬。

外交方面，段祺瑞在〈十勵篇‧治道〉篇寫道：「孔子大同化，
覆載盡包藏。親親而仁民，由邇及遐荒。種族畛域泯，無所爭威強。
庶減刀兵劫，救世功無量。」段祺瑞雖因西原借款而被視為親日派，
但他在袁世凱時代反對簽署「二十一條」，並打算與日本決一死戰；
晚年又為避免遭漢奸利用，舉家自天津南遷上海。至於西原借款，惲
寶惠（1885－1979）回憶段祺瑞一開始就準備賴賬不還，並向代總統
馮國璋直言不諱。[82] 而前引段氏自作〈持正義〉篇，則稱讚借款的寺

82　惲寶惠回憶：一天，細雨初晴。馮國璋總統打電話到國務院，約段祺瑞總理到馮國璋
　　家中，有事面談。段內閣的秘書長惲寶惠告訴段時，段說：「好，咱們去，開開櫃子，
　　帶着點錢，大概是馮老四又想贏我幾個。」他認為是馮約他打牌。當惲陪着段見到馮
　　後，才知不是那麼回事！段剛一坐下，馮就說：「現在外面都說你竟向日本借債，打
　　內戰搞武力統一，你要慎重啊！」段問：「誰說的？是誰在發這種不利於國家的謬論？」
　　馮說：「你別管是什麼人說的啦，事情不是明擺着嗎？」段說：「政府經濟拮据，處處
　　需要錢，入不敷出，不借債怎麼辦？打內戰統一，誰願意打內戰？可是你不打他，
　　他打你，就拿湖南的情形來說吧，是我們要打仗，還是他們要打我們？主持一個國家
　　的人，沒有不想統一的，難道說你當大總統，願意東不聽命，西不奉令，跟中央對抗
　　嗎？」馮說：「可是債借多了，將來怎麼還哪？打仗又沒有必勝的把握，枉使生靈塗
　　炭，實在叫人痛心！我看還是都慎重點好。」段說：「慎重是對的，可是不能不幹事
　　呀。咱們對日本也就是利用一時，這些借款誰打算還他呀，只要咱們國家強起來，到
　　時候一瞪眼全拉倒！」（王毓超：《北洋人士話滄桑》〔北京：中國文史出版社，1993
　　年〕，頁 45）

內內閣「款皆十足交」、「列邦所稀有」、「忠恕固難喻」。段氏之詩固有可能為事後粉飾其說，然其與馮國璋本有瑜亮心結，「賴賬不還」也只怕是搪塞之言。筆者以為，段氏並未將寺內內閣與其前任大隈內閣一概相量，簡單地視為「敵國」。在段祺瑞眼中，寺內、西原所奉行的王道政策，一改日本的帝國主義形象，與他所推崇的儒家思想有了契合點。否則，僅因「款皆十足交」便以「忠恕」稱許對方，無乃太過。曹汝霖指有了這筆貸款，「官員無欠薪，軍警無欠餉，學校經費月必照發，出使經費月必照匯，即清室優待費用四百萬元從未積欠，至交卸時，庫存尚有三百萬元，此皆財政部有賬可稽」。[83] 解決了政府營運的燃眉之急，再以餘款策劃南征，方才符合輕重緩急。正如張鳴所論，從康有為到孫中山都有過出賣領土主權以換得中國改革和強大之資本的設想，段祺瑞如果這樣想也不奇怪。更何況就當時而言，段祺瑞並沒有意識他的親日會導致主權的流失。[84]

段氏還有〈藤村子爵索書口占即贈〉一詩，先錄於《正道居詩》。此藤村氏即藤村義朗（1871－1933），為日本之實業家、政治家，曾任上海公共租界工部局董事。其向段祺瑞求書，段氏藉此機會口占一詩，表達了自己對日外交的看法。詩云：

> 黠者唱黃禍，意在謀分瓜。神皋渡弱水，相望僅一窪。
> 種族文化同，由來是一家。兄弟不鬩牆，外侮疇能加。
> 我本大農國，願共話桑麻。盈朒互相資，比鄰孰與遮。
> 舵工善觀風，轉致路三叉。南針握不移，直指自無差。
> 諸君惠然來，意氣薄雲霞。交鄰有大道，此願不厭奢。

83　曹汝霖：《一生之回憶》（香港：春秋雜誌社，1966 年），頁 176。

84　張鳴：《北洋裂變：軍閥與五四》，頁 249。

根本誠已固，枝葉自榮華。宣尼大同化，推行極天涯。[85]

　　中日「同文同種」之說，本為日人所造。甲午戰爭後，日本為了與英、俄等國勢力抗衡，遂製造「同文同種」、「日中一體」的輿論，企圖拉攏中國為其所用。而這種輿論的產生，靈感則來自「滿漢一體」的格套：滿清以完全不同於漢族的文化、文字和生活習俗而入主中原二百餘載，只因旗人主動融入了中華文化體系。[86] 段祺瑞早年親身經歷甲午戰爭，不可能不了解此說的由來。然其在詩中強調「種族文化同，由來是一家」，則是希望中日能坦誠相處，顧念「兄弟之情」，不復以兵戈禍及兩國百姓。參以其作於十五年（1926）的〈奉贈清浦子爵〉，也有稱許對方「慷慨謀國利，相摯為睦鄰」、而相聚則「同朋東亞事，肯為道諄諄」等語。[87] 可嘆的是，幾年後就發生了九一八事變，而段祺瑞風塵僕僕自津赴滬後，書面回答記者道：「當此共赴國難之際，政府既有整個禦侮方針和辦法，無論朝野，皆應一致起為後援。瑞雖衰年，亦當勉從國人之後。」又曰：「日本暴橫行為，已到情不能感，理不可喻之地步。我國唯有上下一心一德，努力自救。語云：『求人不如求己。』全國積極準備，合力應付，則雖有十日本，何足畏哉？」[88] 由是推之，蓋其以前此與寺內、西原相交則喻之以理，與藤村、清浦等相交更感之以情也。

85　段祺瑞：《正道居集》，詩卷，頁 6a。

86　見徐博東、黃志平：《丘逢甲傳〔增訂本〕》（臺北：秀威資訊科技股份有限公司，2011 年），頁 102。

87　段祺瑞：〈奉贈清浦子爵〉，《遼東詩壇》，16 期（1926），頁 3。按：清浦子爵即清浦奎吾（1850－1942），大正末年（1924）曾任內閣總理大臣。

88　《申報》，民國廿二年（1933）元月 23 日。

第五節 | 結語

　　宋國濤說得好：段祺瑞出身行伍世家，飽嚐世間冷暖；身懷救國之志，卻無法施展強國才華；受新式軍事教育和有留學歐洲經歷，但思想行為方式卻受中國傳統文化影響很深。[89] 劉春子、殷向飛則云：「以事功論，民國人物與段祺瑞相侔者指不勝屈、而以情操初衷論，則與段祺瑞相提並論者少。遊走於爾虞我詐的政壇，段祺瑞自白固有英雄欺世之語，然而嘗一臠而知鼎味，從段氏片言隻語中，我們可以望見其風骨，也能於其間品鑑民國往事之滋味。」[90] 本章在簡介段氏生平、梳理正道居諸集的版本情況後，繼而論析《正道居集》詩文之感世宗旨。感世宗旨可透過兩個主題來呈現：感懷、感化。感懷包括歷史感慨及時局憂感兩方面，段氏對古今歷史及國家現狀的評騭與感嘆每每形於筆墨。如〈聖賢英雄異同論〉歷數各代史事，藉以勸戒民初割據軍閥。〈先賢詠〉評述李鴻章的一生事業，〈旅大游〉與〈懷舊〉談到甲午戰後中日國力此消彼長的現實，〈持正義〉甚至以曹汝霖等人與日交涉的往事為主旨。對於西方諸國弱肉強食的行徑，段氏頗有批評。而二〈感〉篇、〈砭世詠〉等對於國內議會政治的混亂、學生運動的紛紜、共產主義的興起，也表達了頗深的憂慮。「感化」則包括民生教化、國是建白兩方面。民生教化方面，〈儒釋異同論〉重申二教殊途同歸，〈孔道鳴〉、〈十勵篇〉等則為儒釋合一之道的引申。段氏對道教的評價雖不及儒釋，但仍肯定其勸善之旨，故有〈靈學要誌敘〉、〈靈學特刊序〉二篇之作。甚至如〈產猴記〉，更以接近寓言的形式揭櫫「愛之不以其道而殺之，雖愛奚益」的道理。國是建白方面，如〈策國篇〉提出對自由言論、權集中央、富民勸善、實邊修

89　宋國濤：《民國總理檔案》（北京：人民日報出版社，2011 年），頁 51。
90　劉春子、殷向飛編：《段祺瑞：三造共和的籠中虎》，頁 7。

路、發展工商、提倡道德等政策的看法。〈藤村子爵索書口占即贈〉等詩則始終不卑不亢地表達出中日睦鄰的外交觀念。誠然,《正道居集》所收詩文乃研究其生平思想以至近代歷史的第一手資料。不過,段氏雖然對於舊學有一定基礎,但長期服務軍政界,對於詩文之道畢竟生疏,故行文措辭或有不逮,茲於此節於其得失附論及之。

黃征認為,段祺瑞在北洋同儕中資歷較高,學識較深,熟讀經史,國學根柢很好。[91] 周俊旗亦云,段祺瑞不是文學家,但他的文學雅興不淺,在北洋軍人中也可稱是不多見的。[92] 然如前文所引,章士釗謂正道居文「造意初若不屬,細審其脈自在;選詞初若生硬,實乃樸茂,非俗手所能」。所謂「樸」,蓋即「選詞初若生硬」;所謂「茂」,則篇幅之宏廣,如章氏謂段祺瑞「每有述作,伸紙輒數千百言」也。而徐一士稱其詩文「別饒意致」,論〈因雪記〉:「以文家境詣言,雖尚欠功候,而無冗語,無華飾,真率而具樸拙之趣。本非文人,不必以文人之文繩之也。」又論〈先賢詠〉:「雅有勁氣,亦未可以詩人之詩繩之。」[93] 合而觀之,因無冗語華飾,故篇幅雖廣而無害其樸,反具有真率拙樸的勁氣。進而言之,段氏擔任臨時執政後,僅為名義上之元首,故能於閒暇中作詩為文。然其究為軍人出身,早年百忙之中亦無暇涵泳前賢詩文而模擬創作,故其晚年操觚,遣詞未必突出,乃須以意取勝爾。

《正道居集》所收詩歌共三十三題五十首,近體七律有〈和伯行韻〉、〈伯行枉詩且有頌不忘規之語次韻奉答〉二首,五律有〈詠雪二首次某君韻〉,七絕有〈和均是範孫逸塘〉一首,五絕有〈贈奚度青〉一首。古體方面,七古僅〈懺占〉一首,其餘四十三首皆為五言

---

91 黃征、陳長河、馬烈:《段祺瑞與皖系軍閥》,頁9。
92 周俊旗:《百年家族:段祺瑞》(石家莊:河北教育出版社,2006年),頁283。
93 徐一士:《亦佳廬小品》,頁81。

古詩。〈和伯行韻〉一詩，《一士類稿》附有李經方原詩，亦為七律。可知《正道居集》所收四首律詩，皆因酬唱而作。至於〈贈奚度青〉詩，除押韻外亦不合平仄格律，僅可視為古絕。綜而觀之，段祺瑞好為五古，原因蓋有數點：

一、五言視七言為短，而無七言之搖曳之姿，更富古拙之感。

二、古體韻腳較寬，又可用仄韻，彈性更大。

三、古體不講求黏對，且句數無上限，便於長篇之敘事、議論，能營造出「勁氣」。

四、五古每句必為五言，沒有變化，整齊劃一，無「發唱驚挺、操調險急」之弊，合乎段祺瑞的嚴肅個性。

此外，段祺瑞所為五言古詩無論篇幅長短，幾乎全為一韻到底，似乎模仿杜甫〈自京赴奉先縣詠懷五百字〉，既渾淪一氣，又富於質樸蒼莽之感。這也同樣呈現出段詩「整齊劃一」的特點。如〈先賢詠〉一詩，徐一士稱許為「雅有勁氣，亦未可以詩人之詩繩之」之作。整篇七十六句，三百八十字，一東、二冬換韻到底，從李鴻章早年入曾國藩幕，征粵匪、討捻軍、甲午海戰、庚子賠款，以敘事為經、議論為緯，全面評述了這位鄉先賢的一生事蹟。全詩風格端重、深沉而冷峻，不僅營造出時局險惡的氣氛，也反襯出作者對李鴻章的推崇之情。段祺瑞早年因李鴻章之賞識而留學德國，終生感懷，置以為像。正如徐一士所言：詩中敘李事間有未盡諦處，無關宏旨，要見其對鄉先賢欽慕之意耳。段在職時之肯負責任，蓋有李氏之風。[94] 且此詩作於段氏晚年，「國危而復安，深賴一老翁」二句，未嘗非夫子自道。參段氏輓孫中山聯，[95] 自我矜伐而以絃外之音出之，若無文學

94　同前註。

95　其聯云：「共和告成，溯厥本源，首功自來推人世；革命而往，無間終始，大年不假問蒼天。」（見《喚群特刊》，民國15年（1926）第3期，頁10）稱孫氏有共和首功，其實隱含了自己的「三造共和」之功。又聯首「功」字出律，改為「義」字則協。

根柢，斷難如此。

再看〈弱弟哀〉一篇，乃段祺瑞悼念三弟段啟勳去世而作，其中有句云「阿兄六十三」，故此篇亦作於晚年息居津門之時。詩中對於兩弟的先後辭世深表哀痛，繼以佛理自我慰藉。[96] 然其動人之處，仍在於悲感之情：

> 仲弟四十七，三弟五一纏。前後八年間，暮鼓遞相催。
> 阿兄六十三，晚景夕陽隤。長幼原有序，胡獨不然哉？
> 比肩寥落盡，侃侃期不來。子姪雖旋繞，唯諾多凡才。
> 仰首視老身，孤聳白雲隈。怡怡樂何有？襟懷鬱不開。[97]

將手足凋零、子姪不肖的悲涼晚景，描寫得令人動容。與其他敘事、說理的篇章不同，此篇是《正道居集》中罕見的抒情詩作，段氏以遞相催促的暮鼓聲比喻兩弟之故去，而自身也處於夕陽晚景中，烘托出觸手可及的死亡意識。又如在批評子姪庸碌之後，緊接「仰首視老身，孤聳白雲隈」兩句，體現出自身志節清高卻後繼無人的奈何感。而「怡怡樂何有？襟懷鬱不開」一聯，更有漢魏遺風。當然，如「三弟五一纏」一句為倒裝，「胡獨不然哉」以感嘆詞收結，似有湊韻之嫌。然正因五古之體式可巧可拙，延展力強，故尚未為大疵。

此外，段氏幾首和韻的律詩由於主題、內容已為友人所定，故其和詩能體現出不同的風貌。如〈伯行枉詩且有頌不忘規之語次韻奉答〉：

96　段祺瑞二弟啟輔（1873－1919）字碧清，在家務農；三弟啟勳（1874－1927）字子猷，日本陸軍士官學校三期，歷任奉天參謀處總辦、憲兵學堂總辦，授陸軍中將。

97　段祺瑞：《正道居集》，詩卷，頁 5b。

披裘玩雪不知寒。庭角初春賞牡丹。放眼天空觀自在，關心國勢敢辭難？眾生且願同登岸，滄海何憂既倒瀾？砭痛契深瘳厥疾，回環三復竟忘餐。[98]

全篇文字淺白暢達，格律較謹嚴，二、三聯對偶也尚算工整，唯第四聯出句略嫌詰屈聱牙。此篇內容，以玩雪賞花起始，繼而抒發作者不欲獨善身，而願解民倒懸之心。與〈因雪記〉相比，似乎新意不多。然因七律本身的形式美，使此篇相較他作多出幾分流暢婉轉之姿。又如《一士類稿》記載，李經方與段稔交，觀其與客弈，有詩云：「儼同運甓惜光陰。鎮日敲棋玉漏沈。代謝幾人稱國手，後先一著見天心。漫爭黑白分疆界，轉瞬興亡即古今。局罷請君觀局外，縱橫南北氣蕭森。」[99] 而段和韻云：

孜孜聞道惜分陰。國勢飄搖慮陸沉。顛倒是非偏鼓舌，躊躇樞府費機心。網維一破那如昔，虞詐紛爭直到今。惡貫滿盈終有報，難欺造物見嚴森。[100]

李經方詩原題未詳，然段氏詩題僅曰〈和伯行韻〉，似乎意味着僅依原詩形式，而主題已有改變。觀李詩主體以對弈為主，尾聯「局罷請君觀局外」，方將視野自棋盤延伸至廣大的現實世界，透發出世事如棋的感慨。比較之下，段祺瑞的和詩不再着眼棋局，而逕論天下大勢。此正是二詩主題不同之處。段詩雖也表達了「國勢飄搖」的「陸沉之慮」，但感慨少而說理多，說理而一氣呵成，較李氏原作多

98　同前註，頁 16a。

99　徐一士：《亦佳廬小品》，頁 81。

100　段祺瑞：《正道居集》，詩卷，頁 14b－15a。

出一段清剛不阿的氣勢。

不過，《正道居集》中一些勸世性質的說理詩，更加接近於佛偈。如〈八箴〉之〈信〉：

> 請求人不厭，在己有權衡。一經唯諾後，毅然速踐行。
>
> 虛偽身難立，肯令世人輕。劍贈心早許，挂墓見真誠。[101]

誠如蕭子顯論詩言：「若無新變，不能代雄。」[102] 此詩以議論為主，雖可稱「布帛菽粟」之理，卻平實而無新意。雖然尾聯採用了延陵季子丘墓掛劍的典故，令全篇有所生色，但依然平淡質木，味如嚼蠟。

此外，段詩不足之處，尚有數端。茲逐一舉例言之：

一、押韻不嚴：如〈達觀〉篇以上聲旱、潸、銑、阮（半）及去聲翰、諫、霰、願（半）為韻，然「千古有遺恨」、「誰復能逃遁」幾句則不叶。又如〈閔世〉篇以上聲紙、尾、薺及去聲寘、未、霽為韻，然「每納瓜田履」則不叶。

二、折腰句式：[103] 段氏五古中，上三下二的句式時見。如〈贈奚度青〉：「千百倍平民。」[104]〈持正義〉：「曹迭掌度支。」[105] 此體前代雖有，然不宜多用；古體用折腰體，尤傷其沉鬱之氣。如「千百倍平民」句因押真韻無法調換，然「曹迭掌度支」並非對句，未嘗不可調整為「度支曹迭掌」焉。

101　同前註，頁 14a。

102　〔梁〕蕭子顯：《南齊書》（北京：中華書局，1997 年），頁 908。

103　元人韋居安《梅磵詩話》云：「七言律詩有上三下四者，謂之折腰句。」七言詩句上三下四、五言詩句上三下二，皆可稱為折腰句。

104　段祺瑞：《正道居集》，詩卷，頁 14a。

105　同前註，頁 18a。

三、措辭生硬：如〈王采丞和余正道詠次答〉「三王奉行力」一
句，[106] 本為出句，無須押韻。然謂「奉行甚力」則可，去一
「甚」字，失之生硬，改為「三王力奉行」或更佳。又如〈砭
世詠〉三：「世人身為我，鄭重加愛護。」[107] 出句本意乃「我
為世人身」，且無須押韻，勉強倒裝，未免做作之嫌。

四、文字淺俗：如〈錯認我〉詩有「文昌十七世，那個堪承當」
之句，[108]〈閔世〉有「措大偏暴富」之句，[109]〈往事吟〉有「抵
隙信口吹」之句，[110] 類似語錄體的語言風格，而詩味蕩然。

散文方面，如〈內感〉、〈外感〉二篇刊出不久，就被魯迅譏諷
為「擺空架子」。《魯迅全集》註云：「在〈內感〉篇內，他（段氏）
大談封建的『道德仁義』，滿含殺機地說：『最奇特者，人之所無，
而我更有澎湃之學潮，可謂新之又新⋯⋯不加裁制，胡可以安良
善。鄭子產曰：「水懦民玩多死焉。」故唐堯四凶之殛、孔子少正卯
之誅⋯⋯不得已而出此。是必有故。』」[111] 今人黃征則認為這一段
「殺氣騰騰」，又指出這篇文章比較集中地反映了段祺瑞這一時期的
哲學、政治思想；段氏慨嘆中國自古以來征戰無已，百姓倒懸，指出
戰爭與死亡的製造者是人，但卻不敢明確指出是帝國主義和軍閥，而
把根源歸之於因果報應，從宗教中找到開脫的理由；且反對學習西方
的民主政治和思想，頑固地堅持孔孟之道。[112] 李慶東則從文章結構的
角度切入而論云：「該文開宗明義地提出這樣一個中心論點：『道德仁

---

106 同前註，頁 21a。

107 同前註，頁 23a。

108 同前註，頁 27a—b。

109 同前註，頁 17b。

110 同前註，頁 24a。

111 見魯迅〈馬上日記‧豫序〉註，魯迅先生紀念委員會編纂：《魯迅全集》，頁 289－
302。

112 黃征、陳長河、馬烈：《段祺瑞與皖系軍閥》，頁 281。

義，為立身之本，機巧變詐，實戕性之賊。』接着，段祺瑞便對這個中心論點從不同角度進行了闡發。首先，他認為人的貧富死生『皆由天定』，善惡恩怨則是『因果相循』，『輪迴轆轉』，故『朝聞道夕死可矣』！接着，他又大談治國之道和孝悌之教，認為雖然『孝悌始於家庭』但並『無畛域之分』，『大凡治國之道，綱紀為先』，只要『道之以政，齊之以刑』，就可以做到『民免而無恥』。最後，他對一切『離經叛道』的新生事物進行了猛烈攻擊，嘲笑學習西方科技將『轉貽效顰之譏』，污衊馬列主義、共產黨和學生運動是『假愛國之名以禍國，愛群之名以害群』。在此基礎上，他提出了自己『導揚民智』的主張：『凡我同胞，深望懍懷刑之戒，策公共之樂，意誠心正，身修家齊，克己功深，福利自遠，干國成家，酬世作人，道盡於斯。』這篇千古奇文，堪稱集儒家綱常禮教、佛家因果輪迴和軍閥理論之大成。如果以此理論來『導揚民智』，那才真是『假愛國之名以禍國，愛群之名以害群』呢！」[113] 撇除政治立場，李氏對此篇結構的分析還是合理的。以此猶可見此文的思路清晰，論述有致。魯迅所謂「擺空架子」，雖認為此篇內容無甚新意，卻也不否定其具備架構、章法。又今人楊天宏云：「段祺瑞在當上臨時執政之後，曾作〈內感篇〉，用半文半白的語言，表明政見及心跡，雖然遭到一些人的挖苦嘲笑，但也贏得了慷慨贈送諛詞，稱其為『武人中之能文者』的個別捧場者。」[114] 段氏遣詞造句誠然有生硬之處。如此篇開首云「仰觀伏羲五千年來」，語意便有問題：一、回顧五千年歷史，似不宜用「仰觀」一詞；二、若以伏羲為中國歷史肇端，不如改為「伏羲以降五千年來」。此蓋段氏欲令篇首先聲奪人，斟酌損益，反畫虎不成爾。然

---

113 李慶東：《段祺瑞幕府與幕僚》，頁 33。

114 楊天宏：〈北伐前夕中國政治中文武關係的變化〉，《社會科學研究》，2001 年 05 期，頁 118－124。

觀後文，引經據典之餘，不失排奡雄渾之氣。如其言曰：「任大事者，欲速不達。為國家人民計，不得不動心忍性，委婉善導，以期有濟。迂迴蕩漾，固所難免。而仍復潰決奔騰，不知禍之所屆，茫茫神州，將焉所託？則萬萬有不可也。」[115] 謂段氏「用半文半白的語言」，蓋亦先入為主之見。

再如〈因雪記〉一文，乃十五年（1926）作於臨時執政任上，其主旨與七律〈伯行枉詩且有頌不忘規之語次韻奉答〉相似，而書寫策略頗為不同。茲迻錄全文如下：

> 丙寅正月五日卯正，披短衣，著下裳，淨面漱口後，念淨口真言。披長衣，念淨衣真言，整冠，取念珠，放下蒲團，跏趺西向坐，冥目寧神，虔誦佛號，廿轉數珠，合掌讀願文。頂禮已，啟目垂手，收念珠入袋中，起身去蒲團，五年餘如一日也。持煙及盒，排闥穿房，入外客廳，劉玉堂、周堯階、汪雲峰擁坐奕案，俱起逆余，雲峰讓一坐。堯階久不奕，欲先試之，讓三子，兩局俱北。雲峰繼之，所負之數與堯階兩枰等。適點心至，饅首兩碟食其一，又盡麥粥兩盂。劉謂雪似嫌小，舉目視之，屋垣皆白。遂出念珠，默誦而行，出後門，過上房，赴後園，沿荷池，循引路，搴衣登山。安仁亭近在右側，但不能窮千里之目。轉而左向更上，至正道亭。旋視遠邇，一白無邊，蒼松翠柏，點綴搖曳，清氣襲人，爽朗過望。因思厲氣久鍾，不雨雪已數月。既雪矣，乖戾之意大殺，人民災劫或可豁除。然環顧豫鄂魯直臨榆張北，陰雲慘淡，兵氣沉霾。自顧職之所在，不免憂從中來。綱紀蕩然已久，

---

115 段祺瑞：《正道居集》文卷，頁 11b－12a。

太阿倒持有年，人事計窮，欲速不達，心力交瘁，徒勞無補，惟有曲致虔誠，默禱上蒼，由無量之慈悲，啟一線之生機已耳。越涵慧亭，俯首降階，遵曲徑，穿小橋，傍石洞，繞山陽，過宅神祠，歸坐內客廳。如意輪王咒百十一遍，往生咒倍之，大明王真言、往生真言等，接續誦畢，完一日之課程。遂援筆誌之，以啟發兒曹之文思。[116]

此文初登於《甲寅週刊》時，章士釗按語曰：「執政近為〈因雪記〉一首，辭旨顯白，無待申釋，中有五年餘如一日一語，此其恆德之貞，萬非後輩所及。愚特揭焉，以諗君子。」[117] 坊本轉錄，或作「困雪記」，似謂時局、民生之窘迫，如困於大雪，非也。觀其文中有「既雪矣，乖戾之意大殺，人民災劫或可豁除」之語，則雪之意象當屬正面，「困雪」當為排版之誤。而所謂「因雪」，當有尋繹大雪（消災之法）由來之涵義。章士釗曰「造意初若不屬，細審其脈自在」，正此意也。徐一士論此文曰：「一篇短文，有敘事，有寫景，有感慨，有議論，以文家境詣言，雖尚欠功候，而無冗語，無華飾，真率而具樸拙之趣。本非文人，不必以文人之文繩之也。時當大局風雲日亟，政府地位，危疑震撼，若不可終日。段氏身為執政，憂念中猶有悠閒之態，蓋果於用人，已惟主其大綱，不必躬親諸務，亦其素習然也。」[118] 李慶東云：「〈因雪記〉是段祺瑞的一篇抒情散文，主要記述了他吃齋念佛的生活、登山觀雪的雅興和悲天憫人的心情。文中最精彩的，要算這段因景生情的議論：『……然環顧豫鄂魯直臨榆張北，陰雲慘淡，兵氣沉霾。自顧職之所在，不免憂從中來。』」但因手中

116 同前註，頁 24a–25a。

117 段祺瑞：〈因雪記〉，《甲寅週刊》，1 卷 33 期（1926），頁 1。參章士釗：《章士釗全集》第 6 卷，頁 184。

118 徐一士：《亦佳廬小品》，頁 79。

無權，受人挾制，只能徒呼『心力交瘁，徒勞無補』。這雖係無病呻吟，但畢竟是他走投無路的真實寫照。」[119] 既然認同段氏所言「心力交瘁」，不宜稱其「無病呻吟」；雖然受人挾制，畢竟身為執政，不可謂「走投無路」。相比之下，徐一士所言「憂念中猶有悠閒之態」，把握全文風格，更為持平。其寫念佛、弈棋、登臨，娓娓道來，不疾不徐，悠閒之態自生。而寫景處如：「旋視遠邇，一白無邊，蒼松翠柏，點綴搖曳，清氣襲人，爽朗過望。」寥寥數語，而意態全出。其次，筆者認為徐氏既以全文「無冗語，無華飾」，其所謂「尚欠功候」主要蓋就措辭而言。如「劉謂雪似嫌小」，「嫌」字意有未穩。「厲氣久鍾」之「鍾」，雖為集中專一之意，然主要用於正面事物，如鍾情、鍾愛、鍾靈毓秀等，若施於厲氣，似有不妥。「如意輪王咒百十一遍，往生咒倍之，大明王真言、往生真言等，接續誦畢」，「大明王真言」、「往生真言」皆可以「誦畢」作謂語，然「如意輪王咒」、「往生咒」後分別有「百十一遍」、「倍之」之補語，似不可共用「誦畢」，宜於「如意輪王咒」前復增一「誦」字。

　　近年來，學界及民間對段氏之評價逐漸改觀。然而，因喜其人而溢美其作，與不以文人視之而漠視其作，竊以為過猶不及，其失一也。故特舉隅附論於此，以見其要。此外，李慶東在其《段祺瑞幕府與幕僚》一書中指出：段祺瑞當國時大量援引軍閥、政客及各種人才，形成了一個以他為中心的幕府，長期把持北洋政府；而其幕府中軍閥、官僚、政客、幹僕、豪奴、漢奸、買辦無所不有，集近代中國各種人物之大成。幕府顯然構成了以段氏為核心的「元場域」。而段氏在 1920 年直皖戰爭下野以後，依然保有若干文化幕僚，陪伴其吟詠、弈棋、編書等。如王揖唐在 1928 年北伐成功後遭到通緝，逃入天津日租界，從事著述活動，並主力為段氏編纂《正道居集》，儼然

---

119 李慶東：《段祺瑞幕府與幕僚》，頁 37—38。

其僚屬。易言之,晚年在津門作寓公的段祺瑞,依然殘留着一個源自其在位期間形成的文學場域。再觀段氏詩集內,有詩文往還者可分為幾類:其一為北洋僚友,如奚侗、徐樹錚、嚴範孫、王揖唐等;其二為其他政商名人,如李經方、鄭孝胥、蔣中正、王銘槐等;其三為外賓,如日本政要清浦奎吾、藤村義朗等,其四為方外人士,如修慧長老、能海大師、覺拔上師等。與虛位元首徐世昌被遜清遺老視為「貳臣」相比,實權派的段祺瑞一直以「三造共和」自居,這也是他在風燭殘年之際依然擁有一個具有廣度之文學及文化場域的主要原因。

第五章

「箇中妙理借梅舒」

——曹錕詩文所見仁論初探

第一節 ｜ 引言

　　曹錕（1862.12.12.－1938.5.17.），字仲珊，晚號樂壽老人、渤叟、惟仁，天津大沽人，北洋直系領袖，曾在賄選疑雲中當選第三任民國大總統。曹錕幼年家貧，其父曹本生任職排船工。曹錕幼年曾入私塾四年，據說頗有悟性和志氣，能粗通經史，書法也頗有功夫。但因家中生計困窘，十六歲時推車下鄉販售布匹。至光緒八年（1882）投淮軍，十一年（1885）入天津武備學堂，五年後畢業。任宋慶所部毅軍哨官。二十一年（1895）轉入天津小站，任袁世凱麾下營幫帶。袁世凱任直隸總督後，二十八年（1902），任直隸常備軍右翼步隊第十一營管帶。翌年任京旗常備軍（後改為陸軍第一鎮）第一協統領。三十三年（1907）升任陸軍第三鎮統制。宣統三年（1911）授副都統。武昌起義爆發，奉命至山西討伐革命軍。民國元年（1912）1 月調防北京。2 月，發動北京兵變，袁世凱藉以拒赴南京就任臨時大總統。1914 年，任長江上游警備司令。翌年擁袁稱帝，先後獲授將軍府虎威將軍、一等伯，率部赴四川鎮壓護國軍。袁氏去世後，任直隸督軍。曾支持張勳復辟，旋又隨段祺瑞討伐張勳，任西路討逆軍總司令。1917 年，任直隸督軍兼省長，主要駐守保定。後奉命南下討伐護法軍。1919 年 12 月，因馮國璋去世而成為直系首領。翌年 7 月，在直皖戰爭中獲勝，任直魯豫巡閱使，段祺瑞下野。1922 年，於第一次直奉戰爭中擊敗奉系，獨自控制北京政府。曹氏以恢復法統為由，逼退大總統徐世昌，迎黎元洪復職，並謀劃取而代之。曹氏下

屬、洛派領袖吳佩孚雖不贊成，然曹氏在直系佔上風，又獲美國總統哈定支持，遂派人驅走黎元洪，並收買、威脅國會議員，於 1923 年 10 月 6 日當選大總統，卻也落得「賄選總統」之譏。隨即頒佈實施《中華民國憲法》，雖然是中國歷史上首部正式頒行的憲法，卻因賄選而備受譏刺。1924 年 5 月 31 日，與蘇聯達成協議，正式簽署《中俄解決懸案大綱協定》及其附件，從此正式建立外交關係。1924 年 10 月，第二次直奉戰爭爆發。馮玉祥等發動「北京政變」，軟禁曹錕於中南海延慶樓。馮氏遂與奉系張作霖改建臨時直政府，而以段祺瑞為臨時執政。1926 年 4 月 10 日，馮玉祥部下鹿鍾麟發動兵變，段祺瑞再度下野。曹錕獲鹿氏釋放，避居六國飯店。5 月 1 日，發出補行辭職通電。6 月 6 日，離京赴保定。9 月至鄭州與吳佩孚會合。1927 年 2 月，因奉軍進軍河南，遂移居天津租界。盧溝橋事變後，日軍佔領天津，幾度派人遊說曹錕復出，組織偽政府，遭到拒絕。1938 年 5 月 17 日，因肺炎病逝。國民政府隨即追贈曹錕為陸軍一級上將，並發佈褒揚令，讚許其保存民族氣節。

　　一般認為，北洋諸元首除張作霖外，曹錕之文化水平屬於較低者。蓋其幼年家貧失學，稍長販布為生。縱然肄業天津武備學堂時，仍須修讀與文化相關的課程，但曹氏當時已二十餘歲，且志在馳騁疆場，故於文化亦未必上心。然而隨着官階愈高，曹氏也愈感到文化之重要，並逐漸加以學習，而學習又以佛法為開端。參段祺瑞三女段式巽（1901－1993）所言，其父以為「作為武人，難免打仗死人，應該懺悔罪過」，故通過吃齋唸佛來為過去在軍旅生涯中殺人的罪孽而懺悔。[1] 曹錕在大總統任內，也曾發信心將團城中清代入貢的白玉佛移

1　戴健：〈段祺瑞：皖系北洋軍閥集團的首領〉，載合肥市政協文史資料委員會、阜陽市政協文史資料委員會編：《皖系北洋人物》（合肥：安徽人民出版社，1993 年），頁 24－28。

至中南海紫光閣，以便早晚香花供養。[2] 筆者且以為，1924 年北京兵變固然宣告了曹錕政治生涯的終結，而一年半後的獲釋卻也標誌着他文化生涯的開端。據記載，曹錕在幽居中南海期間以種菜自娛，並戒掉了鴉片癮，由此可窺見其逐漸在生活習慣上的調整改善。觀曹氏獲釋不久發表於《仁智林叢刊》中的作品，對於佛理不僅頗有認識，且具新見。可推曹氏學佛，大約也始於延慶樓幽禁之時。觀段祺瑞學佛始於直皖戰爭下野之後，曹錕軍旅生涯與段氏相似，故其學佛大約同樣基於軍人之背景、而始於政治上的失意。進一步說，曹錕縱已下野，依然關心國事，又對自己前任元首的身分頗為在意。因此，其學佛不僅只追求自了，也有普渡眾生之願。與段祺瑞不同，曹錕不僅強調佛法與儒學的同修，更嘗試將儒學因素納入佛法體系，而兩者的契合點就在於對於仁的論述。職是之故，本章就曹錕生平著作進行概述後，先就其散文、佛偈、學術著述爬梳仁論的內涵，再探析其詩作中如何體現這種仁論思想。

第二節│ 曹錕著作概述

　　黎元洪之子黎紹基說：「曹錕是一個沒有受過教育和毫無知識的人，只是因為有一支數量龐大的軍隊由他控制，所以不管是合法還是非法他都可以為所欲為。」[3] 張樹勇指出此文於 1925 年由英文寫成，「當時黎元洪尚在，作者在某些問題的觀點和提法上有值得商榷之處」。[4] 黎紹基對曹錕的看法也存在着偏頗，說他「沒有受過教育和毫無知識」，誠然有誤，但這也反映了時人對曹錕的整體印象如

2　蘊輯：〈曹錕與白玉佛〉，載《佛化新青年》，第 1 卷第 9—10 期（1923），頁 4。

3　黎紹基著、張樹勇譯：〈黎元洪的一生〉，收入全國政協文史資料委員會編：《我所知道的黎元洪》（北京：中國文史出版社，2021 年），頁 21—22。

4　張樹勇：〈譯者附記〉，同前註，頁 22。

何。其實曹錕在直隸督軍任上，名下便有作品傳世。如民國十二年
（1923）時，他獲得明刊本《孔子聖蹟圖》，便命人描摹，再以工整
水墨繪製，刊行流傳。曹氏在書中不僅親題「萬世師表」、「金聲玉
振」，更作有序文一篇，其言云：「中夏者，法制之國也。孔子者，
制法之聖也。周公所以治天下之法，《周官》是也。孔子所以治天下
之法，《春秋》是也。撥亂世，返之正，立法三世而致太平者，莫大
乎《春秋》，故曰春秋經世，先王之志也。」又云：「今國家亟望法治，
國民殷殷於制憲，而有感於孔子筆削之微旨而推論立法之本，以俟賢
者而就正焉。」[5] 此時曹錕已掌控了北京政府，以「法統重光」之名
邀前總統黎元洪復職，並有取而代之之心。他在〈重摹聖蹟圖序〉中
強調所謂「法治」、「制憲」，正與他當時的政治取向相契合。而他繼
任總統後隨即通過「雙十憲法」，也與此序之言相呼應。

　　1924年，曹錕在北京政變中遭到軟禁而下野，開始對宗教發生
濃厚興趣。學佛的同時，也開始學習書畫。有學者指出他晚年隱居
津沽時，「他每天早上起得很早，到院中練練自己編的一套虎拳，然
後回到屋裏打坐練氣功。早飯後不是練書法，就是畫畫。曹錕喜愛
國畫，尤其擅長畫梅花、山石、螃蟹、一筆虎等……曹錕不僅擅長
書畫，而且頗有文才」。[6] 曹錕著作並未結集，但隨着資訊事業的發
展，不少遺作皆漸為世人所見。如曹錕下野後移居保定養壽園，出
版《仁智林叢刊》，先後發行三期。此刊之編纂，絕非曹氏一己之力
可致，必然有賴於其幕僚團隊。查刊內作者夏壽田、楊增犖、彭壽莘
（1872－1947）、李翊灼（1881－1952）、韓德清（1884－1949）、雷
光宇（1879－？）、黃敦懌諸人，包括政客、軍官、學者等，其中大

5　曹錕：〈重摹聖蹟圖序〉，《聖蹟圖》（曹錕民國十二年〔1923〕珂羅版印本），頁 1a－b。
6　文斐編：《北洋三雄：徐世昌、曹錕、孫傳芳》（北京：中國文史出版社，2004 年），
　　頁 95。

抵也有該刊物的編輯者。如夏壽田為曹氏秘書、彭壽莘為直系軍人，他們早在曹錕擔任直隸督軍時便已是其幕僚，曹氏繼任大總統時一榮俱榮，下野後尚能不離不棄，可謂曹氏文學及文化場域的重要成員。

觀《仁智林叢刊》雖僅出版三期，但曹錕名下的作品為數不少。這些作品往往落款丙寅，亦即 1926 年曹氏定居天津前夕。茲表列如下：

《仁智林叢刊》所載曹錕相關作品

期數	標題	類別
第一期	1. 樂壽園自敘	散文
	2. 得雨記	散文
	3. 金剛經敘	散文
	4. 仁佛前偈	佛偈
	5. 天津曹錕畫梅〔照片四幅〕	書畫
	6. 孝經敘	散文
	7. 念佛淺說歌	佛偈
	8. 保定武廟碑	散文
	9. 仁佛後偈	佛偈
	10.保定城南樂壽園中種樹引泉之樂壽老人天津曹琨〔照片四幅〕	照片
第二期	1. 不二說	散文
	2. 天津曹錕畫梅〔照片三幅〕	書畫
	3. 好生說	散文
	4. 佛性偈	佛偈
	5. 法名自敘	散文
	6. 仁書大成卷一	學術著述
	7. 鄭州行邸寫梅花題詩一首	詩歌
第三期	1. 天津曹錕書佛光記〔照片〕	散文、書畫
	2. 天津曹錕書阿彌陀佛真言〔照片〕	佛偈、書畫
	3. 天津曹錕書訓言〔照片〕	散文、書畫

（續上表）

期數	標題	類別
	4. 説佛一	散文
	5. 仁書大成卷二	學術著述
	6. 佛光記	散文
	7. 鄭州海灘禪寺釋迦臥像記	散文
	8. 阿彌陀佛真言	佛偈
	9. 學佛須知	學術著述
	10.仁書大成卷三	學術著述
	11.仁書大成卷四	學術著述

　　觀其類別，主要可歸為散文、佛偈、詩歌、書畫乃至學術著述。這些作品雖然不無幕僚潤飾之嫌，但畢竟很大程度上體現了曹錕晚年的思想內涵和藝文造詣。

　　《仁智林叢刊》登載之《仁書大成》，係從五經注疏中擷取論仁之說，略加按語，編輯成書。然目前所見，卷一為《周易》，卷二為《尚書》，卷三為《毛詩》，卷四為《周禮》，尚未及於《春秋》。曹錕長期駐守保定，下野後仍居保定樂壽園，而《仁智林叢刊》即編刊於此時。然 1927 年，奉軍進駐河南，又逢國軍北伐，旋即統一全國。曹錕卜宅天津租界，當有避開政治清算之意。故《仁書大成》乃至《仁智林叢刊》之編刊戛然而止，其因蓋此。

　　曹錕自保定遷居天津後，似乎更着力於書畫，而於著述漸少究心。然從其畫作中仍可輯得若干佚文。隨着近年拍賣事業的發達，不少曹錕的書畫作品皆重新面世。其書法作品內容以前人詩文及對聯居多，而畫作則往往有自撰之題畫詩文，學界目前尚重視不足。其中最值得注意者，當為 2016 年 5 月北京東方大觀國際拍賣有限公司展出的「曹錕先生自詠梅花詩一百首」冊頁（一作〈梅花詩自詠一百首〉，下文簡稱〈詠梅百首〉），曹錕跋語云：

余少習戎旅之事，老耽禪悅，暇日臨池，常以餘墨為
梅花寫生，並賦詩吟詠。茲積百首錄呈裕甫先生郢正。辛
未四月曹錕。[7]

辛未即 1931 年，裕甫為著名政治活動家、學者葉恭綽（1881－
1968）之別號。這段跋語篇幅雖短，卻透露了曹氏晚年學佛，而臨池
書畫則是學佛之輔助。且曹氏喜畫梅，每畫皆自撰題畫詩一首，前後
累積竟達百幅之多，故將詠梅詩輯錄一卷，贈送葉氏。觀卷中小楷不
失一貫圓潤之風，然筆力稍弱，且偶有別字，蓋病中所書，由此亦可
見並非倩人代筆。而全卷皆有硃圈斷句，當為葉恭綽展讀時所為。再
者，網上拍賣所見尚有若干梅花圖，題詩不錄於此百首之中者，益可
知曹錕對梅花之酷愛。至於少數松樹、怪石、佛像之圖，則往往題以
散句。

1918 年曹錕尚在直隸督軍兼省長任上，奉命南下與護法軍作
戰，突染重病。徐世昌介紹名醫曹元森為之治療，痊癒極速。於是曹
元森請曹錕為己所編纂之《傳染病八種證治晰疑》作序。查曹錕當年
所作序文云：「每思息肩於泉石，致志於黃老而未遑」，[8] 可見其尚在
督直之際，欣慕道家之說。而 1926 年 11 月 21 日《小日報》上，有
署名巢雲者〈和曹錕玄玄奧旨歌〉一文，小引云：「曹三爺自蒞鄭州
以來，忽耽禪悅，兼事塗抹。近作〈玄玄奧旨歌〉如干首，玄之又
玄，使人索解無從，殆即諺所云『玄真道士放屁，句句真言』乎？
戲和之如左。」後文即和詩二首及曹氏原作二首。[9] 所言雖不無輕佻

7　「曹錕自詠梅花詩一百首冊頁」，https://auction.artron.net/paimai-art0055944262/。
　　（2021 年 10 月 6 日瀏覽）

8　曹錕：〈傳染病八種證治晰疑序〉，曹元森纂、陳舒述：《傳染病八種證治晰疑》（民國
　　21 年〔1932〕刊本），頁 2a。

9　巢雲：〈和曹錕玄玄奧旨歌〉，《小日報》，1926 年 11 月 21 日。

戲謔之意，但謂 1926 年曹錕獲釋、到鄭州投靠吳佩孚之際，開始佛教修行和文學創作，當符合實際情況。〈玄玄奧旨歌〉共有七言絕句十六首，署名一川者曾於 1935 年 10 月 1 日《鐵報》之〈如是我聞室補白〉（二九五）收錄全部作品。茲迻錄數首如下，以見其概略：

> 兩眼橫平如一字，中間一點是玄關。關門令尹誰能識，萬古青牛自往還。（一）
> 好個人心大圓鏡，虛空方寸是明臺。早知佛在當中坐，步步靈臺拜佛來。（二）
> 臍下一寸又三分。此是丹田氣候溫。練盡人間文武火，不知三昧世中存。（三）
> 左玄右牝兩邊分。玄牝相交是命門。無極忽然成太極，陰陽從此下氤氳。（五）
> 腦後玉閣名玉枕，相傳此是北天門。至誠齋戒無他念，明日朝天拜至尊。（七）[10]

　　這些詩作的內容雜糅了佛教、道教乃至氣功觀念。一川云：「其字署輒作惟仁，或曰係寄名乩壇之法名也。」[11] 此誠與〈傳染病八種證治晰疑序〉中「致志於黃老」之言有相呼應處。然而，曹錕刊登在《仁智林叢刊》第二期的〈法名自敘〉一文，同樣發表於 1926 年，但文中相關解說卻以融合儒佛為主，無涉於降乩、道教或氣功。大抵曹錕獲釋後，亟欲從傳統信仰上尋求精神寄託，先是主張釋道合一，稍後則精進於佛學，而將之與儒學相扣連。故〈玄玄奧旨歌〉十六首，亦不復刊登於其主持之《仁智林叢刊》矣。唯是曹錕思想從「黃老」

10　一川：〈和曹錕玄玄奧旨歌〉，《鐵報》，1935 年 10 月 1 日〈如是我聞室補白〉（二九五）。

11　同前註。

轉向「禪悅」之動因，尚待進一步考證。

復次，曹錕亦時有為書籍作序，如其為〈金剛經序〉、〈孝經敘〉，已刊登於《仁智林叢刊》。又如前文提及之《傳染病八種證治晰疑》，乃楊浩如、張菊人、陳企董、陳伯雅、孔伯華等人於 1918 年廊坊防疫工作之總結，由曹元森、陳舒纂述，前有徐世昌、曹錕作序，曹錕序乃受曹元森邀請而作。此外，網上又流傳一幅曹錕手書之〈形意拳術講義敘〉。考該講義為民初武術大師薛巔所著，1929 年 10 月由天津縣國術館發行。2017 年，北京科學技術出版社將此書收入《薛巔武學輯注》，曹敘亦有註釋。曹錕為《形意拳術講義》作敘，蓋因自身也好拳術、氣功，故與薛氏惺惺相惜爾。且據說曹錕晚年隱居天津時，上門求字畫者頗多，而曹氏多不拒絕。由此可知，曹氏之佚畫、佚文，日後當陸續有所發現。

第三節｜曹錕仁論內涵梳理

《論語·陽貨》：「子張問仁於孔子。孔子曰：『能行五者於天下為仁矣。』請問之，曰：『恭、寬、信、敏、惠。』」這是早期儒家對仁之涵義的界定。曹錕少時學習過儒家經典，此後又耽於禪悅，故晚年下野時，極力提倡儒佛融合之論。在他看來，二者契合之處即在一仁字。本節分為三目，依次探討曹錕如何論儒家之仁、佛法之仁、儒佛融合之仁，及其與生活實踐之關係，以對曹氏仁論之內涵加以梳理。

一、論儒家之仁

曹錕論儒家之仁，以《仁書大成》所言較為全面。《仁書大成》蓋曹氏鳩集幕僚編纂，以仁字為關鍵詞，蒐羅五經中相關文字，臚列注疏及諸家之說，最後斷以己語，並加贊語。曹氏當初計劃納入多少種經書，已不得而知。由於《仁智林叢刊》前後只出版了三期，《仁

書大成》也僅有四卷，分別為《周易》、《尚書》、《毛詩》、《周禮》
四種。四者所論涉及四方面，亦即本體、民生、自然、政治四者。茲
逐一論析之。

《周易》方面，《仁書大成》卷一列舉了以下文字：

〈文言〉曰：元者，善之長也；亨者，嘉之會也；利
者，義之和也；貞者，事之幹也。君子體仁足以長人，嘉
會足以合禮，利物足以和義，貞固足以幹事。君子行此四
德者，故曰：「乾，元、亨、利、貞。」〈乾・文言〉

乾九二，乾之同人，見龍再田，利見大人。

君子學以聚之，問以辯之，寬以居之，仁以行之。
《易》曰：「見龍在田，利見大人。」君德也。〈乾・文言〉

復六二，復之臨，休復吉。

〈象〉曰：休復之吉，以下仁也。〈復・象・六二〉

安土敦乎仁，故能愛。〈繫辭上〉

一陰一陽之謂道，繼之者善也，成之者性也。仁者見
之謂之仁，知者見之謂之知，百姓日用而不知，故君子之
道鮮矣！〈繫辭上〉

顯諸仁，藏諸用，鼓萬物而不與聖人同憂，盛德大業
至矣哉！〈繫辭上〉

天地之大德曰生，聖人之大寶曰位。何以守位？曰
仁。何以聚人？曰財。理財正辭，禁民為非，曰義。〈繫
辭下〉

子曰：「小人不恥不仁，不畏不義，不見利不勸，不威
不懲。小懲而大戒，此小人之福也。」〈繫辭下〉

昔者聖人之作《易》也，將以順性命之理。是以立天
之道，曰陰與陽；立地之道，曰柔與剛；立人之道，曰仁
與義。兼三才而兩之，故《易》六畫而成卦；分陰分陽，

迭用柔剛，故《易》六位而成章。〈說卦〉

諸條之下羅列各家之說，茲不一一舉出。而曹錕卷末斷語云：

> 仁者，天地人參也。一在上為天，一在下為地，而人為參焉。老氏曰「道生一，一生二，二生三，三生萬物」是也。在人為仁，在天為元。伏犧作《易》曰：「乾，元亨利貞。」乾備四善，而元為之長，萬物之所資始。故孔子曰：「元者，善之長，君子體仁，足以長人也。」一陽生曰復，〈復·初〉之陽即〈乾·初〉之陽，〈復·六二〉之休復即〈乾·九二〉之見龍，故孔子於〈乾·九二〉言仁以行之，於〈復·六二〉言以下仁也。天地之大德曰生，大生，乾之仁也。廣生，坤之仁也。生生之謂易，聖人之仁也。天地絪縕，萬物化淳。仁為天地生人之本，聖人於乾坤見易之縕者，以此。於復見天地之心者，亦以此。故孔子曰「立天之道，曰陰與陽。立地之道，曰柔與剛。立人之道，曰仁與義」也。[12]

元亨利貞為四時之善，元為四善之長，君子體察、遵行即為仁心。換言之，曹氏認為仁就是天道乾元在人身的呈現。《易傳》稱〈乾·九二〉「仁以行之」，〈復·六二〉「以下仁」，於諸爻之中僅以仁字許此二爻，正因其爻象皆有仁厚愛人之意。曹氏引王闓運論〈乾·文言〉曰：「成明德不必在君位，凡長人者皆君德也……上棟下宇，居之寬也，長人則仁行矣。」又引王弼論〈復·象·六二〉曰：「得位處中，最比於初。上無陽爻，以疑其親陽，為仁行在初之上，

---

12 曹錕：《仁書大成》卷一，《仁智林叢刊》，第二期（1926.10），頁 10。

而附順之，下仁之謂也。」因此，天地之生人與長者之愛人，有着一樣的模式與意涵。

　　進而言之，天地大德曰生，是因為民情本來就好生惡死。因此，為政者必須順應民情。曹錕在《仁書大成》卷二之末斷語曰：

　　　　〈仲虺〉言：「湯初征自葛，攸徂之民，室家相慶曰：『徯予后，后來其蘇。』」蘇之為言，再生也。桀暴則民死，湯仁則民生。好生惡死，民之情也。得民則王，豈有他哉！」[13]

　　《尚書・仲虺之誥》引用夏商之際人民之語，將商湯弔民伐罪比喻為令人復蘇。曹氏就復蘇一語加以發揮，指出為政者「仁則民生」，如此就能順應好生惡死的民情。同卷又列舉此篇之語：

　　　　惟王不邇聲色，不殖貨利。德懋懋官，功懋懋賞。用人惟己，改過不吝。克寬克仁，彰信兆民。

　　曹氏引蔡沈註曰：「湯之用人處己者如此，而於臨民之際，是以能寬能仁。謂之能者，寬而不失於縱，仁而不失於柔。《易》曰：『寬以居之，仁以行之。』君德也。君德昭著，而孚信於天下矣。湯之德足人聽聞者如此。」[14] 更點出了為政者之仁愛不可毫無底止，而須寬嚴相濟。值得注意的是，經文「克仁」一語，蔡沈解釋為「能仁」，正為曹錕從融合儒釋的角度建構其仁論提供了理論基礎。此外，《仁書大成》卷三舉《詩・召南・騶虞》云：

13　曹錕：《仁書大成》卷二，《仁智林叢刊》，第三期（1926.11），頁 8－9。
14　曹錕：《仁書大成》卷二，《仁智林叢刊》，第三期（1926.11），頁 1。

彼茁者葭，壹發五豝。于嗟乎騶虞！

又列孔穎達正義：「五豝止一發，不盡殺之，猶如戰然，仁心之
至，不忍盡殺之故也。」曹錕在斷語申發曰：

> 聖人親親而仁民，仁民而愛物。蒐田以供賓祀，國之
> 大典，不可廢也。於此猶有不忍之心，壹發而止，可謂仁
> 之至矣。[15]

以為禮制上雖要畋獵以祭祀，但獵人見到五頭野豬卻止發一
箭，不忍趕盡殺絕，足見仁厚之心。而如此仁厚之心並非此獵人所獨
有，而是有聖人在位，將仁愛推而廣之，由仁民而擴充至愛物之故。
再者，曹錕認為在上位者不僅要以仁愛為政，還要以仁愛為
教。《仁書大成》卷四引《周禮‧地官司徒》云：

> 以鄉三物教萬民而賓興之：一曰六德，知、仁、聖、
> 義、忠、和。

復引賈公彥疏曰：「仁者，內善於心，外及於物。」曹錕繼而下
斷語道：

> 功成作樂，治定制禮。《周官》六篇，為周公致太平之
> 書，所言治天下之故，至纖至悉也，獨於司徒賓興萬民，
> 以仁與智聖義中和為六德之選者，蓋以一家仁一國興仁，

15　曹錕：《仁書大成》卷三，《仁智林叢刊》，第三期（1926.11），頁1-2。

舉一仁而不仁者遠，即舜舉皋陶、湯舉伊尹之意也。[16]

更進一步引申出人民學習六德、修養具足後，便能獲得政府的拔擢，報效家國而造福萬民。

除了《仁書大成》，曹錕還在其他篇章中闡釋了相關思想。鄭逸梅云：「賄選總統曹錕，為當時清議的不容，但其人卻喜提倡舊道德。以《孝經》一書，孔子為曾子陳孝道，乃天經地義之著述……遂斥資雕版精印《孝經》一巨冊，以貽戚友及僚屬。」[17] 曹氏作〈孝經叙〉云：

> 孔子志在《春秋》，行在《孝經》。《春秋》撥亂世而反之正，聖人之用也。《孝經》明天經地義以順民行，聖人之體也。國之本在民，治國者以正人心為本，正人心者以孝為本。故曰聖人之德，無以加於孝也。吾願吾國人童而誦之，成人而踐履之，百歲皓首而不忘，使天下萬世咸知吾國人以孝為立國之大本，是則世道人心之幸也夫。[18]

考曹錕前引《周禮・地官司徒》所教萬民的三物，除六德外還有六行、六藝，而六行即「孝、友、睦、姻、任、恤」。而《論語・學而》記載有若之言曰：「孝弟也者，其為仁之本與！」可見曹錕刊印《孝經》並為之作敘，也是基於其仁論思想。他希望全國老幼對於《孝經》皆能誦讀、力行，對於世道人心自然大有助益。

16　同前註。

17　鄭逸梅：〈曹錕精印孝經〉，《子曰叢刊》，第 5 期（1948），頁 19。

18　曹錕：〈孝經敘〉，《仁智林叢刊》，第一期（1926.09），頁 1。參民國十五年曹錕刊《孝經》（日本關西大學圖書館藏）。

二、論佛法之仁

曹錕的仁論融合儒佛，就佛法而言，主要是從釋迦牟尼的漢語意譯切入。《修行本起經》大三・四六二中：「汝卻後當得作佛，名釋迦文（漢言能仁）。」[19] 換言之，該經夾註以釋迦之意為「能」，文（牟尼）之意為「仁」。後世相沿不替。然茲考諸梵文，釋迦（śākya）字面之意固為「能」、「大能」，但本為佛祖所屬印度種族之名，原非其所專有；牟尼（muni）有二義，一為寂默，一為賢人。二語合在一處，即為釋迦族賢人之意。古譯「能仁」，亦即能族之賢人（人、仁相通）。若謂牟尼一詞有仁愛之意，未免曲折。當然，佛法未嘗不言仁愛，其與仁愛相對應的觀念即為慈悲（maitreya）。《佛光大辭典》云：「慈愛眾生並給與快樂（與樂），稱為慈；同感其苦，憐憫眾生，並拔除其苦（拔苦），稱為悲；二者合稱為慈悲。佛陀之悲乃是以眾生苦為己苦之同心同感狀態，故稱同體大悲。又其悲心廣大無盡，故稱無蓋大悲（無有更廣、更大、更上於此悲者）。」[20] 大乘佛教中，諸佛既以慈悲心拯拔世人，恰與儒家仁愛之概念相契，故中土將釋迦牟尼一語譯為能仁，也無可厚非。正因如此，曹錕對佛法之慈悲觀念非常強調。如〈說佛一〉：

> 余書佛字多矣，千佛萬佛，其實祇是一佛。即是慈悲救世之一心。人人心中存一佛，即人人心中存一悲慈救世之心，劫運自然挽回，天下自然太平。此則余書佛字之真意也。[21]

---

19 〔漢〕西域三藏竺大力共康孟詳譯：《修行本起經》卷下，收入大藏經刊行會編輯：《大正新脩大藏經》（臺北：新文豐圖書公司，1983－1985年），第3冊，頁472。

20 慈怡主編：《佛光大辭典》（高雄：佛光文化事業有限公司，2012年），頁5805。

21 曹錕：〈說佛一〉，《仁智林叢刊》，第三期（1926.11），頁1。

面對清末民初列強入侵、內戰頻仍的時局，曹錕以為國人心中皆因存有一佛，發慈悲救世之心，這樣才能挽救國家的劫運。而其常書佛字，便是敦促世人發佛心之意。又如〈鄭州海灘禪寺觀釋迦臥像記〉：

> 或問余曰：「我佛如來，三十二相，八十一好，娑眾婆生仰瞻具足，於四大威儀中獨現臥相，何耶？」余告之曰：「佛說般若波羅密，諸相非相，我尚不以相見如來，更何有於威儀之別耶？我正覺佛，自覺覺他，悲願廣大。今眾生迷夢深矣，日顛倒於貪癡瞋恚之中，遷流生死，不自覺悟。我佛雖偃寢一堂，而無量慈悲，普照一切眾生，十方目前，萬年一念，吾不以相見如來，而以心見如來，如睹青蓮妙目，顧盼眾生，一一援手，引登彼岸也。」[22]

曹錕依據《金剛經》中「諸相非相」之說，認為所謂四大威儀皆是虛妄。而臥像乃佛祖臨終之貌，縱然世壽將盡，慈悲心卻分毫未減，依然能普照一切眾生。世人若可擺脫無明，覺悟佛祖的廣大悲願，則無論其相是否威儀具足，皆不要緊。再如〈訓言〉一文，落款為「丙寅八月」、「於鄭州」，當是為某法會所作。其言曰：

> 我佛如來，轉大法輪，救一切眾生，同證無上菩提。聲聞緣覺獨樂涅槃，我佛所訶責，正以其但知自度，不肯更發度人弘願耳。文殊大心，普賢大行，開一切方便甘露門，凡以自度度人而已。世界眾生，應以種種身得度者，觀自在即現種種身而為說法，所謂自度具足，然後度人具

22　曹錕：〈鄭州海灘禪寺觀釋迦臥像記〉，《仁智林叢刊》，第三期（1926.11），頁1–2。

足也。世界眾生，有一未度，地藏誓願，不先成佛。所謂度人具足，然後自度具足也。凡我會中大眾，皆是福根深厚，與我佛有最大因緣，會師為大眾先導，尤當勇猛精進，惟一不二，仗我佛大慈，生眾大信，人人發文殊大心，人人修普賢大行，人人好生，人人向善，挽回今日世界劫運，其在於斯。[23]

曹錕認為不應學習聲聞、緣覺之小乘，止知自度自了，而無普渡眾生的弘願。他先後列舉文殊大心、普賢大行、觀音大悲、地藏大願，以為皆是因自度度人而發，而自度度人之弘願，則皆源於以佛為師。若大眾生信、發願而力行之，則世界之劫運，當可改變。進而言之，曹錕又在〈金剛經叙〉中指出，此經就是佛祖為破小乘執而作：

我佛如來，登等正覺，轉大法輪，始說華嚴為第一時教，說阿含為第二時教，說方等為第三時教，說般若為第四時教，說法華涅槃為第五時教。《金剛般若波羅密經》者，佛為破小乘執而說也。佛於鹿苑說苦集滅道四諦，證諸小乘，入有餘涅槃。復憫小乘之執為實有，乃廣說般若，滅度無量無邊眾生，令入無餘涅槃。般若之體，離諸名相。般若之用，能破一切。曹溪大師聞人誦《金剛般若》一句，徒步萬里，求法黃梅。及至三鼓入室，受法傳衣，畢竟祇是初聞初悟一句《金剛般若》而已。龐居士有言：「但願空諸所有，切勿實諸所無。」吾願善說般若者為世尊之不說說，吾尤願善聞般若者為迦葉之聞聞也。[24]

23　曹錕：〈訓言〉，《仁智林叢刊》，第三期（1926.11），頁1–2。
24　曹錕：〈金剛經叙〉，《仁智林叢刊》，第一期（1926.09），頁1–2。

　　曹氏認為，小乘諸人因四聖諦而入有餘涅槃，佛祖憐憫其偏執，方為滅度無量無邊眾生講《金剛經》，令入無餘涅槃。六祖慧能初聞初悟一句《金剛般若》，便能直指心性，徹悟大道，這正是般若之妙用。唐代禪宗大德龐蘊臨終前向朋友贈言道：「但願空諸所有，切勿實諸所無。」所謂實諸所無，即是以虛妄為實有，心生貪念，不斷追逐，因求不得產生痛苦而永無止境。與其如此，還不如將身邊所有視為空無，一無所求，不生妄想，自能法喜充滿，與道相俱。由此觀之，曹錕以為小乘之執也屬虛妄，而《金剛經》恰能對治這種虛妄。虛妄既破，方能同體大悲，普渡眾生。由此可見，曹錕論佛談及的「慈悲救世」、「無量慈悲」、「自度度人」、「滅度無量無邊眾生，令入無餘涅槃」等，雖皆為佛法思想，然無一不可歸結為「仁」。

三、論儒佛融合之仁

　　曹錕對於儒經中的仁愛頗有闡發，又對佛法中的慈悲十分強調，不僅如此，他在不少論述佛法的作品中，都增入了儒學因素。如〈仁佛前偈〉曰：

> 我佛能仁，大慈大悲，普度眾生。惟仁繼佛度世，惟一弘願曰自度度人。自度度人，即心是佛。度人自度，眾生皆佛。心佛不二，自度具足。度人具足，諸佛眾生不二。度人具足，自度具足，諸佛說法惟一。曰心離心別無佛法。惟仁說法，惟一曰仁，離仁別無心法。萬法不離一心，一心能生萬法。眾生本心，即是諸佛本心。諸佛本心，即是眾生本心也。諸佛本心中一念之仁，慈覆眾生。眾生本心中一念之仁，悲仰諸佛。慈覆無量，本心惟一。悲仰無量，本心亦惟一也。諸佛眾生，無量心惟一心。法無量，仁惟一。無量無量，惟一惟一，聽吾偈曰：
> 惟仁弘願度世，惟一大法曰仁。

度人具足自度，自度具足度人。

佛法惟一曰心，離心別無佛法。

心法惟一曰仁，離仁別無心法。

仁是諸佛本心，仁為不二法門。

仁於無量佛所，種諸無量善根。

諸佛因緣出世，祇為眾生大事。

眾生一念菩提，佛佛等無一異。[25]

　　曹氏將釋迦牟尼稱為仁佛，且提出佛法中惟一的心法、乃至諸佛本心就是仁，獨一無二。而〈仁佛後偈〉則云：

達摩直指人心，惠能見心成佛。

仁為人之本心，心外別無他物。

仁是無上智慧，照破一切愚癡。

仁是具足圓覺，仁為無量慈悲。

仁是敬老慈幼，仁是愛物仁民。

仁是視人猶己，仁是推己及人。

仁是眾善奉行，仁是諸惡不作。

祇此便證菩提，何處更求極樂。[26]

　　偈中指出「仁為無量慈悲」，明確將儒學的仁與佛法的慈悲相對應。而所言「敬老慈幼」、「愛物仁民」、「視人猶己」、「推己及人」皆為儒家之說，而「眾善奉行」、「諸惡不作」則語出《太上感應篇》，益可見曹錕之說不僅融合儒佛，也納入了道教思想。類似觀念在〈好

25　曹錕：〈仁佛前偈〉，《仁智林叢刊》，第一期（1926.09），頁1-2。

26　曹錕：〈仁佛後偈〉，《仁智林叢刊》，第一期（1926.09），頁2。

生說〉中也有呈現：

> 孔子說仁、老氏說慈、釋迦牟尼說度眾生，總是此好
> 生之一念而已。天地之大德曰生，天地之所以能長久無窮
> 者，祇在此一點生機，生生不已。人心一小天地，人能一
> 念好生，即此一點生機便充滿十方世界，所有山河大地、
> 人民國土，無情有識，下至一草一木之微，莫不於此一點
> 生機中自在遊行，自然長養。學道之人，常將此好生一念
> 種在心田，生生不已，一念如是，念念如是，乃至千萬億
> 念無不如是，念念以度人救世為心，念念與孔子、老氏、
> 釋迦牟尼心心相印，息息相通，世界中一切惡念、一切殺
> 機，從何而起？即自身中一呼一吸，總是春夏生氣，不與
> 秋冬肅殺為緣。心主泰然，百體從令。太和之氣，發於一
> 心而普及世界。一切兵戈水火、凶荒疾疫，不禳自解，豈
> 非好生之德與天地同流乎？以此養生則長生不老，以此治
> 國則天下太平。余言雖淺，此理不虛。願與同志共證之
> 也。[27]

此文仍承襲《易傳》「天地之大德曰生」的相關論述，將儒釋道
三家之說共冶一爐，以為只要心中常存好生一念，與聖賢相呼應，推
爾廣之，則劫運可救、世界可歸於太平。不僅如此，曹錕更為自己取
惟仁之法名。〈法名自敘〉云：

> 釋迦名能仁，余名惟仁。釋迦萬能，余則惟一。釋迦
> 之仁，猶余之仁也。余之惟仁，猶釋迦之能仁也。惟者惟

---

27 曹錕：〈好生說〉，《仁智林叢刊》，第二期（1926.10），頁 1–2。

一，不二也。惟初太極，道立於一。天得一以清，天之不
二也。地得一以寧，地之不二也。惟精惟一，堯舜之不二
也。一以貫之，孔子之不二也。抱一以為天下式，老子之
不二也。惟一真實，我佛釋迦之不二也。仁者，天地好生
之德也。天地之大德曰生，萬物資始，天之好生也。萬物
資生，地之好生也。君子體仁足以長人，親親而仁民，仁
民而愛物，聖賢之好生也。諸佛出世，惟一大事為眾生開
佛知見，為眾生示佛知見，為眾生悟佛知見，為眾生入佛
知見。如來慈覆，眾生悲仰，三世諸佛之好生也。惟者仁
之體也，仁者惟之用也。惟一者不二之體，不二者惟一之
用也。仁者好生之體，好生者仁之用也。體用兼備，故曰
惟仁者不二好生也。釋迦以大慈大悲普度眾生，余以不二
好生普救眾生。釋迦以仁為萬能之本，故曰能仁。余以仁
為惟一之宗，故曰惟仁也。[28]

　　此文可謂曹錕對儒家及佛法中「仁」之認識與理解的濃縮。此
文之惟字有二義，一為獨一，二為思維。曹錕認為，只有存有仁心，
念茲在茲，不作他想，終能充盈宇宙，與佛相契。而一心不二，天地
堯舜孔老釋迦皆是如此，故能成其為天地堯舜孔老釋迦（按：曹氏又
有〈不二說〉一文，茲不贅論）。他又提出惟與仁、惟一與不二、仁
與好生三對互為體用關係的概念，而三者又歸本於惟仁二字。參以
〈仁佛前偈〉中「惟仁繼佛度世」之言，可見惟仁一名，有取法釋迦
及孔老聖賢之意，並以救度眾生之擔荷自許。再觀〈學佛須知〉，不
僅依然強調儒佛融合，更在此基礎上將佛法與民國的政治理念相結合
起來，其第八章曰：

28　曹錕：〈法名自敘〉，《仁智林叢刊》，第二期（1926.10），頁1–2。

學佛須知佛法真理即是共和真理。

學佛須知佛法真理是普度眾生。共和真理是平等、是博愛、是自由。

學佛須知佛是大平等人，一切自在。

學佛須知佛是大博愛人，一切慈悲。

學佛須知佛是大自由人，一切解脫。

學佛須知佛以無私利心，普度眾生。無私利心是不貪，不貪是平等真理。

學佛須知佛以無憎恨心，普度眾生。無憎恨心是不瞋，不瞋是平等真理。

學佛須知佛以無嫉忌心，普度眾生。無嫉忌心是不癡，不癡是自由真理。

學佛須知不貪便不盜，不瞋便不殺，不癡便不淫。人人不盜不殺不淫，即是真共和世界。

學佛須知真共和世界，人人真平等，人人真博愛，人人真自由，即是真佛世界。[29]

曹錕將平等、博愛、自由與自在、慈悲、解脫及三無漏相對應，更提出共和世界就是真佛世界。可見他雖然下野，隱居津沽，卻依然心懷家國。故其學佛不僅為出世間法，同時也可算世間法也。

四、仁論與生活實踐

曹錕將儒學之仁與佛法之慈悲結合起來，形成其仁論思想。這種思想也體現在他的日常生活之中。民國十一年（1922），時任直隸督軍的曹錕在保定建成新官邸，名曰樂壽園。同年，曹錕在此慶賀

29　曹錕：〈學佛須知〉，《仁智林叢刊》，第三期（1926.11），頁13－15。

六十大壽。次年康有為到保定，特又為樂壽園題名「老農別墅」。曹錕自北京獲釋後，仍回保定樂壽園隱居，作〈樂壽園自敘〉，其言云：

> 樂壽園者，仁智之所宜居也。孔子嘗曰智者樂、仁者壽，又曰智者樂水、仁者樂山。吾園蓋居乎山水之間，其名之也固宜。若夫博施濟眾，堯舜猶難。之才之美，周公不足。惟仁與智，則吾豈敢？雖然，吾既有斯園也，務勉吾仁智而居焉，人之情也。[30]

可見此園名為樂壽，一有頤養天年之意，二則運用《論語》「智者樂、仁者壽」、「智者樂水、仁者樂山」的典故，以仁智雙修、勇猛精進自勉。故自字號樂壽老人、刊物名《仁智林叢刊》，良有以也。其言又云：

> 吾園罕臺榭而多樹植，罕臺榭故人之造作簡，多樹植故天之畀予豐。惟夫天之畀予者豐，故吾之居是園也，寡求而恆足，身勞而心逸。人之與吾處者，安其率易而無虞詐。物之與吾群者，恣其長養而無矯揉。乃至吾園中一昆蟲草木之微，皆得有以遂其天年，斯則吾之所謂仁也。惟夫人之造作者簡，故吾之居是園也，偃息其間易以為安，傳之子姓易以為守，斯則吾之所謂智也。自今以往，鄉人父老賓客故舊之從吾於斯園也，其有樂天之天，舉天之所畀予者以相娛悅，吾願得而為鄰，相與永朝夕焉。於古有之，所謂里仁為美處仁，是智者也。其有樂人之樂，舉人

30　曹錕：〈樂壽園自敘〉，《仁智林叢刊》，第一期（1926.09），頁1。

之所造作者以相詔勉，吾則謝不敏焉。《易》不云乎？仁
者見之謂之仁，智者見之謂之智，斯亦吾之所謂見智見仁
也。於是記焉，以諗來者。[31]

　　這段文字進而闡發仁、智之涵義。園內少臺榭而多樹植，這顯
然延續了其軟禁時期種菜的習慣，康有為題此園為老農別墅，並非無
因。由於園中與曹氏相處的人皆率意坦誠，園中的動植物皆能享其天
年，在曹錕看來，這就是仁的體現。而鄉人父老賓客故舊隨意進出此
園，與自己敘舊言歡，則契合孔子所謂「里仁為美」的擇鄰之智。有
學者指出曹錕晚年隱居天津時，每到夏日的傍晚，院子裏常常有些窮
鄰居來閒聊。這些人中有拉洋車的，也有賣菜的，還有賣大碗茶的。
大夥坐在小板凳上，喝着茶水，聊着天。曹錕不讓家人給他擺躺椅，
也坐在小板凳上，光着膀子，揮動着大蒲扇，和大夥聊年景、聊行
市、聊政局，談笑風生，好不自在。[32] 實際上，曹錕這種擇鄰之舉，
在保定樂壽園時便已開始了。
　　曹錕對仁論的實踐，不僅圍於自身之安養，更包括對百姓的關
懷。丙寅夏日，河北久旱。曹錕擔心農作物失收而導致饑荒，於是在
保定設壇求雨，三日後竟天降甘霖。有人請他藉此機會說佛法，「使
眾生知真樂之所在」。於是曹氏作〈得雨記〉云：

　　　老人曰：「客言允矣。凡生於天地之間者，莫不有求。
　　求而得之則樂，則樂人之情也。雖然，古者生人之嗜欲
　　簡，生眾而食寡，耕三而餘一，雖有旱而不為災。其求之
　　也恆儉，其得之也恆易。雖得之而不知其為樂也。後世嗜

31　同前註，頁 1—2。
32　文斐編：《北洋三雄：徐世昌、曹錕、孫傳芳》，頁 96。

欲日孳，物力不足以濟，豐歲縱恣，不知畜畜，小不給則攘竊，大不給則兵爭。其求之也恆奢，其得之也恆難。得之雖樂，樂亦僅矣。今也耕者常飢，甚者為盜賊，幸得所求，苟免溝壑役而已。役者常痛，甚者疫厲，幸得所求，苟免夭札而已。苟免者，何樂之足云？先覺有言：求不得苦。求得無竟，苦樂亦無竟，大慈之悲憫又寧有竟乎？」客曰：「是則然矣。然則老人何勤勤焉雨之是求？又何欣欣焉得雨之為樂耶？」老人曰：「言各有當也，吾民之苦甚矣，苟有稍蘇吾民者，則盡吾力以求之，求之而得，不愈於不得耶？幸免於溝壑，而乃求致之康樂。幸免於夭札，而乃求遂其長養。一雨之澤，一溉之功，吾又何敢少之也？老人無求，以眾生有求，故老人有求。老人無得，以眾生有得，故老人有得。眾生得雨而樂，故老人得雨而樂。無求而求，無得而得，夫是之為真樂。」[33]

曹錕先以「八苦」之求不得苦切入，以為古人嗜欲簡，故容易知足；今世嗜欲日孳，故常為求不得苦所折磨，耕者常飢、役者常痛，甚至淪為盜賊。由於人類不厭求索，然求得之樂少，求不得之苦多，追逐無休，故世尊悲憫眾生之心也無休。然而，曹錕仍以求雨、求豐收為務，而以求雨成功為樂。其言云「苟有稍蘇吾民者，則盡吾力以求之」，此「蘇」字顯然取自《尚書‧仲虺之誥》中「后來其蘇」之「蘇」，使萬民自災禍中復蘇，便應合上天好生之德，就是仁愛的極致。因此在曹錕看來，自己本無所求，求雨乃是求眾生之求，得雨之樂也是樂眾生之樂。因此所謂真樂，乃是無求而求，無得而得，一切以眾生為依歸。

---

33 曹錕：〈得雨記〉，《仁智林叢刊》，第一期（1926.09），頁 1–2。

　　再如 1929 年，曹錕應武術家薛巔之請，為其《形意拳術講義》作敘。他在敘言中談到：

　　　泰西今言三育，吾國古稱六藝。禮樂者，德育之事也；射御者，體育之事也；書數者，智育之事也。後世既分文武為二科，又重文而輕武。儒者方勞神敝精於八比帖括之學，以雍容雅步為賢，固不屑留意於技擊；武科功令徂取弓刀石及騎步射，亦不足以窺拳術之堂奧；而方外之士，習以自衛，且以噓噏吐納、熊經鳥申為養生助道之具，祕不輕言；至江湖遊俠之徒，亦各有師承，久之亦漸失其真。求能深造有得、因技而進乎道者，難乎其選矣！有造育人才之責，不為之倡率，明立課程，而草澤之間，轉相授受，以為祕術。其弊也，勇於私鬥，怯於公戰，遂以好勇鬥狠為世詬病。此非拳術之過，而國家重文輕武之過也。誠使國家復古大學之法，知有文事者之必有武備，則知所謂春夏干戈者，即今之所謂兵勢體操也；所謂秋冬羽籥者，即今之所謂柔式體操也。今之學校，當列拳術為專科。拳術既精，本根先立，一切槍法、劍術，不旬日而可皆通。[34]

　　據記載，曹錕少時看到善良的父母經常受到漁霸和惡棍的欺凌，便產生了有朝一日為父母伸屈報冤的想法，於是一面讀聖賢書，一面學習武術、練拳腳、舞棍棒，打下了一定的功底。雖不能說是文武雙全，但也不是大字不識的魯莽漢子和手無縛雞之力的文弱書生。[35] 加上曹錕日後加入軍隊，故對於武術救國之道深有體會。他指

34　見薛巔：《薛巔武學輯注：形意拳術講義》（北京：北京科學技術出版社，2017 年）。

35　周玉和、高樂才：《曹錕全傳》（哈爾濱：黑龍江人民出版社，2001 年），頁 3。

出，中國六藝可與西洋德智體三育相對應。中國古代便注重體魄之訓練，但後來因科舉勃興，重文輕武，武學遭到邊緣化，不僅秘而不傳，乃至好勇鬥狠。但是，他認為文事、武備兩道不可偏廢，若現代學校能將拳術列為專科，必然大有益於國民。蓋體育本為德智二育之重要輔助，只有身強體健，才能仁智雙修，造福世界。

第四節│ 從墨梅題詠看曹錕對仁論的表述

曹錕與文學的淵源，民國二十五年（1936）的《星華》雜誌便有報道云：「曹津居無俚，常檢視歷來名家詩詞，加以整理，輯成《古今百家詩鈔》一書，計蒐羅名詩一千首，如宋元之陸放翁、薩雁門，明清之唐六如、袁子才，近人中之林子超、胡展堂、汪精衛等，皆有作品被搜集，分門別類，註解詳盡，現已付梓，不日出版。」[36] 當時國府早已北伐成功，而曹錕作為北洋遺老，能選錄林、胡、汪等國府政要之作，一方面可見其選詩之視野，另一方面也可知其業已放下政治成見。惜此書今已難見。不過從曹錕的墨梅題詠中，仍可得知他對詩詞的喜愛。

陳定山（1897-1987）指出，畫梅始於唐代邊鸞、刁光胤，其後黃筌、孔嵩親受刁氏之法，南唐徐熙父子則為邊氏傳人。其後宋徽宗畫亦喜折梅枝。但五代北宋所畫不過水邊林下，一枝半幹，沒有專為此花寫照的專家。直到南宋楊無咎，師從釋仲仁，一洗丹青，專畫墨梅，創圈畫不着色法，為後世墨筆畫梅之祖。此後王庭筠、趙孟堅、趙孟頫、王冕、陳獻章、文徵明、陳繼儒、金農等人，皆可稱

36　未明：〈曹錕輯百家詩：每月生活費祗三百元〉，《星華》，第 1 卷第 1 期（1936），頁 14。

專家。[37] 而張高評教授說得好:「梅之見於詩歌,從先秦兩漢之實用功能,發展為六朝唐五代以來作為審美欣賞主體,至宋代而梅花之象徵意象始告完成。梅花象徵意象之生成,受宋型文化之制約,得儒家比德文化、文士寫意寄興、禪師游戲三昧之觸發,加以詠物詩、題畫詩之興盛,於是詩情、畫意、禪趣融通,而蔚為梅花審美文化之集大成。」[38] 曹錕的墨梅題詠,就其寫作動機與內容而言也不出張氏所歸結者。民國十五年的一幅墨梅中,曾引用近代詩僧八指頭陀(1851－1912)的〈白梅詩〉前四句作為題詞:「一覺繁華夢,惟留淡泊身。意中微有雪,花外欲無春。」可見曹氏在發掘梅花特質與佛理共通之處的同時,也從前人詩作中找到了文學上的印證。

一、曹錕墨梅題詠的緣起

曹錕晚年喜好書畫創作,尤愛畫梅,這種愛好可追溯至其直隸督軍任內。當時曹錕和前清大吏張之萬的公子張瑞蔭過從甚密,瑞蔭將表兄李清芬推薦給曹錕當任秘書。李清芬字子苾,號梅坡,直隸寧津人,光緒十七年(1891)舉人,書法歐虞,畫承家學。曹錕愛才,讓李氏每天作畫,不預他務,人稱「畫秘書」。曹錕愛上畫梅,乃是受到李清芬影響。兩人關於梅花的對話,有這樣一段記載:

> 有一天,曹督軍和畫秘書在書齋閒談,話題談到梅花。曹錕問:「為什麼古代人稱梅為『花魁』呢?」梅坡說:「因為每當春回大地之時,在群芳之中,首先發舒的便是色香並茂的梅花,所以人們不但讚它為『花魁』,還習慣稱它

---

37 陳定山:〈畫梅與梅花〉,陳定山原著、蔡登山主編:《陳定山談藝錄》(臺北:新銳文創,2021 年),頁 299－301。

38 張高評:〈墨梅畫禪與比德寫意:南北宋之際詩、畫、禪之融通〉,《中正漢學研究》,2012 年第一期(總第十九期),頁 135。

為春梅。」曹錕又問：「古詩中有『萬花敢向雪中出，一樹獨先天下春』，這也是讚頌梅花的佳句吧？」梅坡說：「松竹梅被世人譽為歲寒三友。有人喜梅之清香，讚它『香中別有韻』。有人好梅之風采，喻為『月明林下美人來』。有人愛它『冰肌玉骨』，有人稱它『世外佳人』。但對它最高的頌讚則是『凌厲冰霜節愈堅』。」曹錕聽到這裏，點頭讚賞說：「你我所見略同，我也認為『凌厲冰霜節愈堅』這句話，才是對梅花最大的推崇。」曹錕身邊有這麼一位畫秘書，耳濡目染，日久天長，再經梅坡加以指點，畫法大有長進。尤喜畫梅花，經過十多年的筆耕，畫的梅花別具一格，高雅有致。[39]

　　如果這段對話可信，足見曹錕在督直之時，已經有一定文藝修養。李氏以外，他對文人墨客也頗為禮遇，齊白石便與曹錕交情甚厚，他的印章多是齊白石所刻。這些文化人皆是曹錕文學及文化場域的重要成員。不過，曹錕將精力投入藝術創作，還是要等到下野之後。此時的曹錕身體多病，只要病情稍有好轉，他便練習書畫。有人指出：「他在傳統繪畫方面的造詣可謂別具一格，高雅有致。曹錕尤其擅長梅花，其畫面清爽，用筆簡潔乾淨，濃淡相宜，給人清秀疏雅、意境含蓄之美。一筆一墨均是作者一片心靈風景，梅花的風韻和氣節得以淋漓盡致地表現出來。」[40] 不過，較少為世人所注意的是，曹錕在不少墨梅圖中都有七絕形式的題畫詩。在《仁智林叢刊》中，便收錄了幾首他墨梅圖和詩作。隨着近年曹錕書畫作品逐漸重新出現

39　王雄康：《歷史的碎片：小站大人物》（北京：團結出版社，2015 年），頁 110。

40　小清說歷史：〈齊白石為他刻印、畫畫，「賄選」總統曹錕的畫梅情結〉，http://k.sina.com.cn/article_6431043220_17f51ee9400100bub8.html?cre=tianyi&mod=pcpager_focus&loc=8&r=9&doct=0&rfunc=100&tj=none&tr=9。（2021 年 10 月 6 日瀏覽）

在拍賣場中，我們更發現大量相關作品，如第二節提及的「曹錕自詠梅花詩一百首」冊頁即是。這些詩作大抵都是他的原創，格律諧和，文字雅緻，意態往往生動活潑。學者吳梅（1884－1939）曾在《詞曲通論》中譏評道：「比如詠梅花者，累代不能得數語，而鄙者或百詠、或數十詠，徒使開府汗顏、逋仙冷齒耳。」[41] 吳氏所言是否針對曹錕而發，尚待進一步考證；但所謂「累代不能得數語」，卻不盡然。如著名學者俞陛雲（1868－1950）偏愛梅花，每見涉及梅花的掌故便隨手鈔錄，並綴以詩，日久匯成《梅花記事百詠》一書。再如徐世昌題畫詩中，也有不少詠梅絕句。如其〈己未元日畫梅〉云：

> 十里五里春風至，千樹萬樹梅花開。羅浮鄧尉香如海，生意都從筆下來。[42]

己未即 1919 年，時徐氏出任大總統未幾。又如〈題畫梅〉：

> 寫盡千枝與萬枝。孤山春色總宜詩。夜深夢遇林和靖，放鶴亭邊對茗時。[43]

如前文所言，曹錕於 1918 年曾為《傳染病八種證治晰疑》一書作序，文中稱徐世昌為「東海師」，可見當時二人關係尚佳。[44] 則徐

41　吳梅：《詞學通論》（臺北：五南出版有限公司，2017 年），頁 2。

42　徐世昌：《歸雲樓題畫詩》（民國天津徐氏退耕堂刊本），卷一，頁 1b。

43　同前註，卷一，頁 3a。

44　曹錕：〈傳染病八種證治晰疑序〉，曹元森纂、陳舒述：《傳染病八種證治晰疑》，頁
　　2a。按：沈雲龍論徐、曹出現裂痕，謂段祺瑞及安福系推舉徐氏為大總統，於直系之
　　曹錕「曾多方為之運動，冀餌以副總統一席，收為己助，雖初度選舉未成，其後兩次
　　續選（十月八日及十六日），終格於舊交通系及研究系的反對而告緩選，迄未能如願，
　　致使段對曹之諾言永不兌現，成為日後直、皖戰爭之主因」。見氏著：《徐世昌評傳》
　　（臺北：傳記文學出版社，1979 年），頁 382。

氏對於曹錕墨梅題詠之習慣或不無示範作用。且毋庸置疑的是，曹錕墨梅題詠，也屬於其學佛及仁論的一個環節，因此他往往透過詩作闡發其理，也屬自然。如其題墨梅道：

> 一梅花一如來，恆河沙無量梅花，恆河沙無量如來。過去未來現在恆河沙無量梅花，過去未來現在恆河沙無量如來。梅花即是如來，如來即是梅花。我今皈禮天人師等正覺調御丈夫梅花如來佛。

為什麼梅花可以與如來相等同？曹錕在另一則題詞中言及梅花的本體：

> 梅花之香，一切香中之最清之香也。梅花之色，一切色中之最淨之色也。我寫梅花，願眾生鼻界中聞無上清香，不聞其他一切之香，願眾生眼界中見無上淨色，不見其他一切之色。無上香、無上色，是為香色中無上菩提。

曹氏以梅花之香色為香色中無上菩提，最清最淨，可令眾生透過鼻界、眼界得以徹悟。他又將梅花香氣與六祖慧能的法身香之說扣連起來：

> 曹溪大師說「自性五分法身香」，一戒香：自心中無惡念是也；二定香：境相見前，自心不亂是也；三慧香：自心無礙，常以智慧觀照自性，不造諸惡。雖造諸善，心不執著是也；四解脫香：自心無所攀援，不思善、不思惡，自在無礙是也；五解脫知見香：自心達真理，和光接物，無我無人，直至菩提真性不易是也。樂壽老人曰：「余寫梅花，亦有自性香見。吾畫者得聞梅花自性香，即得聞曹溪

五分自性香，吾無隱乎爾也。」[45]

　　慧能此說，出自《壇經·懺悔品》。「自性五分法身香」指的是修行者成就五個方面的功德，五分法身依次為戒、定、慧、解脫和解脫知見。就頓法而言，五者不分次第，共處自性法身中。而所謂香，乃是功德及殊勝境界的譬喻，故曹錕將梅花之香氣與之對應。曹氏又一則題詞曰：

　　　若彼國土天人見此樹者，得三法忍。一者音響忍，二者柔順忍，三者無生法忍。

　　三法忍之說，出自淨土經典《無量壽經》：「又無量壽佛，其道場樹，高四百萬里，其本周圍五十由旬，枝葉四布二十萬里，一切眾寶，自然合成……若彼國人天，見此樹者，得三法忍：一者音響忍，二者柔順忍，三者無生法忍。」又云：「聞其音者，得深法忍，住不退轉，至成佛道；……目睹其色、鼻知其香、舌嘗其味、身觸其光、心以法緣，皆得甚深法忍，住不退轉，至成佛道。」隋代慧遠《無量壽經義疏》卷下解曰：「慧心安法，名之為忍。忍隨深淺差別為三，次列三名：尋聲悟解，知聲如響，名音響忍，三地已還；捨詮趣實，名柔順忍，四五六地；證實離相，名無生忍，七地已上。」[46] 曹錕題詞將梅花當作無量壽佛的道場樹，顯然是因其清淨的特性趨近佛理。世人見真梅也好，見其所繪之梅也好，若能悟得以無我的慧心而安住於真實法，即如見佛，得三法忍。曹氏既「老耽禪悅」，除對淨土信

---

45 〈天津曹錕畫梅〉，《仁智林叢刊》，第三期（1926.11），不著頁碼。

46 〔隋〕慧遠：《無量壽經義疏》，收入大藏經刊行會編輯：《大正新脩大藏經》（臺北：新文豐圖書公司，1983-1985），第 37 冊。

仰了解外，也熟稔禪宗信仰。

在曹錕看來，梅花本體清淨，故存有佛性。他又將梅花的本體特徵與自己畫梅之舉相結合，以對應佛教三身之說：

> 佛有三身，梅花亦有三身。人見鐵榦，人見冰花，是梅花清淨報身。我寫鐵榦，我寫冰花，是梅花清淨化身。惟有梅花清淨法身不可得見而可得見，不可得寫而可得寫。此處乃是真正梅花清淨法身也。

梅花綻放，一如佛陀出世，雖是清淨，卻也有隕落圓寂之時，故云報身。將梅花的形象寫入圖畫，乃是應機說法，故云化身。而佛陀法身實即大道，道不可見，但其運行的法則卻可得而知，梅花開落的規律也一樣可知。在曹錕的論述中，梅花若要三身具足，除了現實之報身，還必須有畫圖之化身，兩身互動互補，才能令畫者、觀者體會到法身之所在。因此，曹錕把畫梅之舉稱為「梅花禪」。如《仁智林叢刊》第一期有〈天津曹錕畫梅〉插圖四幅，其四之題詩云：

> 寫出東風無量樹，花開天下盡知春。世人欲識春生處，樂壽堂中把筆人。此余梅花禪也。[47]

曹錕別號樂壽老人，詩中顯然以修行、傳播梅花禪者，正是自己。另一首題畫詩中也提及梅花禪：

> 禪家有六三點頌，今渤叟以三點寫梅花，亦可謂渤叟梅花禪也。系以詩曰：點出梅花百萬圈，三星斜月勢相連。

---

47 〈天津曹錕畫梅〉，《仁智林叢刊》，第一期（1926.09），不著頁碼。

不須認作伊三點，只算梅花渤叟禪。

梵書 ❀ 字母，讀「伊」或「以」，其形從三點而成，稱為以（伊）字三點。《佛光大辭典》云：「此三點之排列位置無縱無橫而一無所缺，故一般多為譬喻之用，與『天主三目』一詞同義。《涅槃經》中即以之喻指如來之三德祕藏，而用以表示法身、般若、解脫等三德圓具。南本《涅槃經》卷二〈哀歎品〉（大一二・六一六中）：『何等名為祕密之藏？猶如伊字，三點若並，則不成伊，縱亦不成。如摩醯首羅面上三目，乃得成伊，三點若別，亦不得成。我亦如是，解脫之法亦非涅槃，如來之身亦非涅槃，摩訶般若亦非涅槃，三法各異亦非涅槃。我今安住如是三法，為眾生故，名入涅槃，如世伊字。』此外，亦有以之喻指三菩提（實性、實智、方便）、三佛性（正因、了因、緣因）、三寶（佛、法、僧）、三道（苦、煩惱、業）等一切之三法者。」[48] 正因如此，曹錕遂藉「以」字的筆法來畫梅朵，每畫一朵便是禮讚三寶一次。既然每朵梅花都有繪圖者的佛心與佛力之加持，故曹氏稱其為梅花禪。對於觀畫者而言，如何體悟箇中禪理呢？曹錕在另一墨梅題詞中寫道：

世界間有無量無數無邊梅花，即有無量無數無邊眾生見梅花而得度。我寫世界間無量無數無邊梅花，亦即有無量無數無邊眾生見我所寫梅花而得度。眾生以見見梅花而得度，不如以不見見梅花而得度，是為真得度。

之所以能見梅花而得度，乃是因為梅花清淨，比於涅槃。而曹錕曾說「寫梅姿態是為寫真，傳梅性情是為傳神」，透過筆墨將梅

48　慈怡主編：《佛光大辭典》，頁 1535。

花的姿態、性情展現予眾生，讓眾生參悟清淨涅槃之理，便是畫梅的功德。不過誠如《金剛經》所說：「凡所有相，皆是虛妄。若見諸相非相，即見如來。」「不可以三十二相得見如來。何以故？如來說三十二相，即是非相，是名三十二相。」梅花之清淨固然無與倫比，但若執著於梅花之香色，而不知諸相非相之理，便無法得見如來。這正是曹氏「眾生以見見梅花而得度，不如以不見見梅花而得度」之意。

除了將梅之本體及畫梅、觀畫之舉與佛理相扣合外，曹錕還關注到儒學與梅花的關係。其又一墨梅題詞云：

> 數點梅花天地心。《易經》云：「復，其見天地之心乎？」渤叟於此一點梅花中，見伏犧、文王、孔子三聖人之心矣。

「數點梅花天地心」一句，出自元代翁森〈四時讀書樂‧冬〉：「木落水盡千崖枯。迥然吾亦見真吾。坐對韋編燈動壁，高歌夜半雪壓廬。地爐茶鼎烹活火。四壁圖書中有我。讀書之樂何處尋？數點梅花天地心。」[49] 從幾點綻放的梅朵中，便可發現天地宇宙的本心。梅花開放，意味着冬去春來，生機盎然。此詩曾收入民國時代的中學課本，曹錕還將這一句鐫成印章，作畫時使用。在曹錕看來，宇宙萬事萬理都藏在微小的事物中，梅花能向世界宣示萬物復蘇的先機，為物雖微，而功德極大。不僅如此，他更將梅花忍寒報春的特徵與〈復卦〉相扣連，並由此直追儒家古聖人之心。而一如前文所論，曹氏認為儒釋二道是相通的。他在甲戌年孟冬上浣題畫云：

> 般若波羅蜜多。梅花開徧娑婆。仁者莫生分別，來參

---

49 〔元〕翁森：《一瓢稿剩稿》，載本公司編輯部：《叢書集成續編》（臺北：新文豐出版公司，1988 年），第 167 冊。

香雪彌陀。

　　將梅花稱為「香雪彌陀」，而將體道者稱為「仁者」。「仁者」之稱固然見於佛經，卻也與儒家思想相扣連矣。獲釋歸隱未幾，曹錕曾贈墨梅與駐日公使芳澤謙吉（1874－1965），題詞云：

> 　　余年二十，始為國家服役，六十入總大政。近以倦勤，皈心釋氏之學。或問：「治國尚名實，釋氏言解脫，為有二乎？」余曰：「無二也。甯獨惟是，余好種植，所至必闢場圃。暇時臨池，或寫老梅古松及怪石，凡此皆以治吾心而已。甯有二耶？道生一，一生二，二生三，三生萬物，而心惟一。」

　　言辭間雖不無自飾，然其以為儒釋合一，且將畫梅與體道相結合，視為治心之法，則可謂一以貫之。再觀現存百餘首墨梅題畫詩之內容，更可窺見曹氏晚年如何透過文學的手法，體現自己對仁論的理解與追尋。

二、曹錕墨梅題詠中的心靈圖像

　　六朝以來詠梅者雖多，而重要者首先當數宋初林逋「孤山八梅」確立梅花的隱逸形象，其後蘇軾提出梅格——以及梅花「孤瘦雪霜」的品格，並與之比德。其〈紅梅三首〉即曰「詩老不知梅格在，更看綠葉與青枝」。而南宋陸游更有「何方可化身千億，一樹梅花一放翁」之句，在詩中將自己與梅花融為一體。至於墨梅題詠之舉，張高評教授認為始於宋代僧人華光仲仁，其以「淡墨暈染，烟雨朦朧」之匠心，創為墨梅畫法。墨梅之作，出於文人畫之墨戲，所謂「適興寄意」，中多遊戲三昧之禪趣。墨梅題詠，為詠物詩之流亞，故除畫中

有禪外，詩中有畫、畫外傳神，更為詩人所重。[50] 這些梅花審美文化的積澱，也承載於曹錕的墨梅題詠中。如其〈詠梅百首〉其八四曰：

> 俗務煩勞半點無。偏從春色覓工夫。不知我淡還花淡，一樣冰心畫入圖。

所謂淡，於人則是屏除俗務煩勞，於梅則是不著旖旎風情，因人之淡，故能畫出花之淡，兩者心心相印。所言深得陸游舊作之遺意。曹氏還曾題詞道：

> 余少習戎旅之事，老耽禪悅。暇日臨池，偶以餘墨為梅花寫生。或言似甚，或曰不似。余縱意揮灑，不知吾心之所至，為筆之所至耶？不知吾筆之所至，為心之所至耶？或問：「畫有法耶？」余曰：「惡得無法？寧獨吾畫云介耶？兵家之於兵，為有法耶？為無法耶？法耶？夫吾畫亦猶是也。」

筆至與心至，都在於人花之間的心靈契合。一旦心靈契合，繪畫時一片神行，縱無法而有法；一旦格格不入，繪畫時絞盡腦汁，縱有法卻無法。故此，對於梅花的描摹，無論圖像還是詩句，都不在於畫工，而在於化工。再如〈詠梅百首〉其二：

> 花如玉片幹如銀。非是毫端出樣新。心地生成仙品卉，自然清淨不沾塵。

50　張高評：〈墨梅畫禪與比德寫意：南北宋之際詩、畫、禪之融通〉，《中正漢學研究》，2012 年第一期（總第十九期），頁 168。

　　玉、銀色皆淺，極言梅花之淡雅。如此美色，並非筆墨可輕易
描摹，而是梅花與畫師二者都具有清淨不沾塵俗的心地，才能達到這
個境界。當然，梅花的花色多樣，並非只有淡色一種。然而正因這種
花朵生於寒天冷凍之時，故天然造就了耐寒自得、不競繁華的本性。
因此，即使有的花色較為穠麗，卻也並不妨礙其淡雅之本性。如其
四九云：

　　　　描摹格梅意悠悠。萬象寒光一筆收。莫道癯仙色不
豔，春情無限露花頭。

　　一筆之間，便勾勒出在萬象寒光中醞釀生成的梅格，因此縱然
其有艷色春情，也依然清淨。曹錕此處所畫，當是紅梅。南宋范成
大《梅譜》稱：「紅梅，粉紅，標格猶是梅，而繁密則如杏，香亦類
杏。」[51] 蘇軾〈紅梅三首〉則有「故作小紅桃杏色，尚餘孤瘦雪霜姿。
寒心未肯隨春態，酒暈無端上玉肌」二聯，曹錕此詩當源於此。進
而言之，曹詩所謂「春情無限」，點出梅花除了耐寒，還有報春的特
徵。春至陽氣萌動、萬物復蘇，正是天地好生之德展現的重要時刻。
如〈鄭州行邸寫梅花題詩〉云：

　　　　寫梅難到是精神。寫得精神便是真。萬壑千山冰雪
裏，祇憑一點便生春。

　　「一點」語帶雙關，既謂梅花之一點，也謂揮筆之一點。梅花一
點是一瓣知春，揮筆一點是着手成春。若說梅花之耐寒象徵自度，其

51　〔宋〕陳景沂：〈花部‧紅梅‧雜著〉，《全芳備祖》（上海：上海古籍出版社，1992，
　　影印文淵閣《四庫全書》），第 935 冊，前集卷 4，頁 63。

報春則象徵度人了。梅花禪成為曹錕仁論的重要環節，不為無因。類似的作品還有〈詠梅百首〉其三八曰：

> 一味清真恥懶殘。滌新墨硯似湯盤。毫端探得勾芒信，點破孤山萬種寒。

為了好好畫梅，連硯臺都要日日清洗，所謂「日新又新」也。而下筆點出梅花，每一點都捎來春神勾芒的消息，千點萬點便營造出整個春天。復如其十五曰：

> 傲雪凌霜骨格癯。未春花事早榮敷。行將寔任調羹業，止渴還孚眾望蘇。

此處所言「眾望蘇」，正與〈仲虺之誥〉「后來其蘇」之語相呼應，不贅。然而，當春天終於降臨，繁花吐蕊之際，當初占得春機的梅花卻功成不居，其五一曰：

> 春令休和雨渟濡。百般凡卉盡華腴。此花冷眼微含笑，伴我嚴寒傲霜〔雪〕無。

所謂「待到山花爛漫時，她在叢中笑」，梅花之冷眼不必深求為嘲諷不屑之意，蓋其生來冰肌雪骨之故。曹氏另一首題詠可為佐證：

> 萬樹梅花一艸廬。隨緣寫作放翁圖。大千世界同春色，到此方知德不孤。

縱然其他花朵不似梅花耐寒，但畢竟也有眷戀春陽之心，這與梅花是沒有區別的。然而不同的是，梅花在一陽初生時召喚春光，眾

花則在三陽開泰時沐浴春光，梅花儼然是眾花的先導與魁首。因此，梅花所生宜冬宜春，梅花之色可淡可濃，但人們不應徒因其色而聯想到男女閒情。〈詠梅百首〉其七六曰：

> 摹寫花枝入素紈。消〔肖〕形容易入神難。橫斜卻有堅貞操，莫當相思豆蔻看。

當梅花與其他花朵共同沐浴在大千世界的春色之中，人們不知道它曾經歷過多少嚴寒，具有多麼堅貞的節操，此時若止簡單根據表象將梅花也視為男女閒情的化身，實在謬以千里。此後，即使花隕芳落，梅花卻仍舊保持着自身的品格。其五九曰：

> 閒尋生意話詩囊。惟有梅花興味長。天地心培仙骨格，縱然憔悴也清香。

「縱然憔悴也清香」一句，令人聯想起陸游〈卜算子·詠梅〉：「零落成泥碾作塵，只有香如故。」即使飄落的花片碾作塵泥，永久的芬芳依然留在人間。如此品格，自非其他花朵所能及。因此曹錕認為，在冰天雪地之時，只有梅花堅守着那一絲春陽之氣，一直等到花團錦簇之時卻又冷眼旁觀，不自競逐。對於修道之人來說，實應以梅為師。

三、曹錕墨梅題詠中的創作影跡

張高評教授以為：「題畫詩本詠物詩之一種，詠物往往借物寫心，題畫則因畫寄情。」[52] 曹錕的墨梅題詠正是如此，一方面描繪其

52　張高評：〈墨梅畫禪與比德寫意：南北宋之際詩、畫、禪之融通〉，《中正漢學研究》，2012 年第一期（總第十九期），頁 160。

心靈圖像，另一方面則記錄其創作影跡。前者主要以梅花為主體，而
對其姿態、品格加以詠嘆，建構出清淨無塵的理想世界；後者主要以
作者自身為觀照，而對其創作過程、思考加以描繪，點染出自得其樂
的生活態度。兩者相輔相成，將精神與現實兩個層面密切無間地結合
起來，予讀者、觀者以審美之愉悅、修道之領悟，這正是曹氏所謂
「梅花禪」之本質，而「梅花禪」乃係其仁論的一種詩意體現。如〈詠
梅百首〉其二五云：「欠伸靜空倦治經，又向梅花淡結因。香茗熟煎
盜胸臆，揮毫發洩滿腔春。」可見其墨梅題詠乃是讀經之餘的一種調
劑。有關曹氏的創作影跡，前目已略有涉及，本目再進一步申發之。

墨梅之外，曹錕還喜畫松樹、怪石、佛像等，但配以題詩的畫
作，大概還是以墨梅為主。這固因曹氏對梅花情有獨鍾，並可藉其特
性來說法。〈詠梅百首〉其一便開宗明義地說：

> 隨緣度日樂閒居。儘把繁華意念除。花落花開春自
> 在，箇中妙裡〔理〕借梅舒。

曹錕隱居，雖已無權可掌，但仍身處繁華的天津。但曹氏自云
在這片繁華中，只是隨緣度日，花開花落皆淡然處之，而墨梅題詠正
是要闡發這個道理。世界縱然煩囂紛擾，曹氏卻以閒居自樂。這在
〈詠梅百首〉其四也有言及：

> 月日何堪忙裡催。不如自在養靈石〔胎〕。於今悟得神
> 仙術，只要冰心似玉梅。

他以為只要保持如梅花的一片冰心，便是培養自身的靈胎。其
七亦云：

> 靜向梅粧寫影疏。百憂千慮總消除。春來春去花長

好，搦管栽培不用鋤。

　　若要保持這片冰心，以筆墨繪出梅花的姿態，便是最好的方法。畫梅不僅可將諸般憂慮消除，而紙上之梅不必荷鋤栽培，也不會因季節輪替而萎謝，自可隨時精進。再觀其八六：

　　　　天授生花筆一枝。青蓮佳譽每神馳。我令濡翰描清卉，卻怕中書老禿時。

　　曹錕甚至擔心筆毫老禿，足見其畫梅之勤。他將此筆稱為「生花」，一則確是用來畫梅，二則不無自許之意，一語雙關的同時也添上幾分幽默。又如其四一：

　　　　片時描得百忙身。飛筆揮成幾幅屏。未識旁觀稱意否，自家殊覺味津津。

　　他說自己在畫梅時津津有味、怡然自得，乃至旁若無人，這不僅是繪畫心無旁鶩，更意味着對於大道之深契。復觀其十二：

　　　　欲描梅格骨棱棱。十指俱僵風味澄。休怪瘦枝花透雪，硯池墨汁也凝冰。

　　曹錕此詩講述了自己在冬日畫梅的情形：硯墨結冰、十指僵硬，但依然樂此不疲，覺得自有一種澄澈的風味。在如此作畫環境中，更能理解、感受梅花耐寒的特質，臻至人梅合一的境界。
　　抑有進者，既然梅花禪是仁論的詩意體現，故曹錕十分樂意把墨梅題詠這種神仙之術與大眾共享，藉以傳道弘法。如其曾先後題詠兩首道：

　　萬樹梅花樂壽仙。偶從靜處悟先天。聞香說法吾無
隱，春在枝頭玄又玄。
　　萬樹梅花樂壽仙。一枝瑤管得春先。清香妙諦生何
處，三十三天自在禪。

　　所謂「春在枝頭」、「得春先」，便是曹錕標舉的仁論，前文已
詳論，茲不贅。「聞香說法」，便是以梅花喻禪，而「無隱」則是法
佈施的真諦。而「三十三天自在禪」一句，「梅花禪」的名稱更呼之
欲出。又如〈詠梅百首〉其十八云：

　　繪梅成癖自津津。酬應知交不厭頻。到處宜人無雅
俗，何妨都贈一枝春。

　　由於曹錕性格寬厚，晚年隱居之際，慕名登門求字畫者絡繹不
絕。曹氏對這些請求大多一一滿足，無論登門者是雅是俗。時人指
出，曹錕不善治財，「視金錢如糞土，到手輒盡，所以下臺之後就根
本沒有幾百萬幾千萬存入銀行中，在津十載，早將少數流動金用罄，
生活因之發生問題」。又云：「曹素不喜聲色，暮年生活，更淡恬灑
脫，除買些碑帖書籍外，倒也並無其他奢侈的消耗，但最感困難的乃
是各方的賑災公益捐款，而且捐起來也不便過少，因此他每月消耗於
捐款的，有時連兩個四百元也不夠，這一點常使他捉襟見肘，愁眉不
展，臨時要想辦法彌補。」[53] 有人以為曹錕靠書畫潤筆頗有進益，然
觀〈詠梅百首〉其十七所言則未必然：

53　未明：〈曹錕輯百家詩：每月生活費祇三百元〉，《星華》，第 1 卷第 1 期（1936），頁
　　14。

栽培桃李口難魝。筆放梅花意自愉。知己不須榆莢
換，好吟香句答清矚。

曹氏自言，若是欣賞其畫便是知己，不須潤筆，只要賦詩酬答
即可。這種慷慨，仍是基於其仁論之思想。如其十四曰：

日尋梅格結時盟。筆硯耗神愩〔娛〕半生。知好相因
託知好，怕題聲價重調羹。

所謂「結時盟」，就是後文所言「知好相因託知好」。曹鋆以墨
梅題詠相贈，乃是希望獲贈者能藉此悟得「梅花禪」，與自己結成同
道。參其九九云：

交結何須動誓盟。梅花心事見生平。交稱莫逆都緣
淡，畫到名家一味清。

曹鋆有一方「數點梅花天地心」的印章，往往鈐於墨梅題詠之
上，乃是自許淡泊明志，一如淡雅梅花之耐寒報春。這種淡泊也體現
在友情上，如《莊子·山木》曰：「君子之交淡若水，小人之交甘若
醴。君子淡以親，小人甘以絕。」意指君子間的交往源於誠信與欣
賞，和而不同，如此友情雖平淡如水，卻細水長流。進而言之，既然
畫梅、贈梅屬於法佈施，本當無偏無私，不論雅俗賢愚，有求便要必
應，更不當收取潤筆，破壞了修道的純潔性。即使請託者一時不能參
悟，也不必在意，蓋種子識已自此種下，終有發芽的時機。他唯一擔
心的，倒是請託者轉相炒賣，背離了法佈施的原意。實際上，對於身
邊出現的躁進者，曹鋆並非茫然無知。如其七十曰：

呵硯開冰寫淡粧。冷然風味指俱僵。世途多少趨炎

客，好向清氛洩熱腸。

可見他依然希望這些「趨炎客」看過墨梅後，能夠靜下心來反思內省，提升自己的精神與道德境界。由於求畫者多，而佛理不二，故題畫內容或有重複之處。不過即使內容相近，其中的詩作卻盡量不沿用舊有者。如前節所引：「點出梅花百萬圈。三星斜月勢相連。不須認作伊三點，只算梅花渤叟禪。」目前所見另一幅畫作的題字也以「伊三點」為主旨，詩作卻不盡相同：「禪家頌伊三點，有無上妙諦，亦是伊，亦不是伊。樂壽老人寫梅花時，但見滿紙是伊字，不住文字相，亦不離文字相也。偈曰：五法三自性，八識二無我。解得空諸所有時，道是梅花無不可。」[54] 以雜言佛偈替代七絕體式，亦無所不可。當然，透過墨梅題詠與社會各色人等結緣，無疑也進一步拓展了曹錕之文學場域的邊界。

如何創作好的墨梅題詠作品，曹錕自有其心得。如〈詠梅百首〉其五三曰：

　　詩到無題情益摯，畫嫌有樣格常新。詩宜濃艷畫宜淡，淡到梅花殊絕倫。

此作融論詩、論畫絕句於一體，可謂提綱挈領的真知灼見。曹氏以為，無題詩正因沒有將主題限死，故每個讀者都可以依據自身的生活經驗從中覓得共鳴感。而繪畫講求視覺效果，如果千篇一律便乏味可厭，因此必須在佈局、格套上推陳出新。詩歌是文字的組合，繪畫是圖像的呈現。文字組合中如果能承載最大的訊息量，與人以最大的想像空間，則是濃密；圖像呈現中如果內容過於密集，顏色過於穠

---

54 〈天津曹錕畫梅〉，《仁智林叢刊》，第一期（1926.09），不著頁碼。

艷，無所留白，便會扼殺想像空間。因此，可以說曹錕的題詠雖皆名為詠梅詩，內容卻頗為多元化，而並不一一標明，庶幾無題。其筆下的墨梅姿態各異，然皆以淡色為主，詠梅詩七絕廿八字，卻承載了大量的內容。詩畫之間既具有張力，也達到了和諧。再如其二四：

> 老本苗芽翻細嫩，瘦枝榮雪驚肥腴。何須讀易求深
> 奧，天地盈虛一畫圖。

曹錕這幅畫，梅枝瘦削而積雪甚多，似乎不成比例。但梅枝綻放的花骨朵如一陽初生，積雪如層陰在上。陽雖弱、陰雖強，但終有三陽開泰的一天。這正與《周易·復卦》的道理相應。但曹錕說，與其深求抽象易理，不如從梅花的具象來參悟天地盈虛，既直接又便捷。又如其題詞曰：

> 佛經八字讀作漚和。所謂「以字不成，八字不就」者
> 也。余借以作梅花中之鬚與蒂，寫成觀之，但有一花，即
> 有一八字。系以詩曰：以字不成八不就，開經先要念漚
> 和。我今借作花鬚蒂，一朵梅花一佛陀。

所謂「以字」，就是前文所言「以字三點」；而另一梵文漚和（upāya）的寫法則如「八」字，接近漢字的「八」。漚和在梵文本為方法、教法之義，佛教解作權宜之法，亦即方便善巧。蓋佛理閎奧，難以闡明，因此需要以種種權宜方便，幫助眾生參悟契道、離苦得樂。曹錕以為佛經中代表漚和的字母接近「八」字，可用其筆法描繪梅花的鬚蒂。這與用「以」字寫梅朵一樣，當是曹氏自創的畫法，其關鍵在於融入了佛法，故云「一朵梅花一佛陀」。曹氏以具象的方式，表達了「一花一世界，一葉一菩提」的教義，誠然巧慧。

值得注意的是，曹錕似乎還曾借梅花來說世間法。如其有一墨

梅題詠，詩曰：

> 北枝傳到春消息，爛縵南枝幾日開。惟有老人都道
> 好，要他着手便春來。[55]

詩後題款為「漢卿賢姪，丙寅八月樂壽老人曹錕」。漢卿即張學良，丙寅八月在陽曆為 1926 年 9 月 7 日至 10 月 6 日。當年三一八慘案後，段祺瑞下臺。4 月，曹錕在度過兩年軟禁生活後獲釋，前往河南投奔部下吳佩孚。5 月 1 日，張學良率軍攻佔首都。7 月 9 日，廣州國民政府決定啟動北伐，蔣介石親自在「北伐」揭幕儀式上向國民革命軍十萬官兵發表講話。了解如此時代背景，便可推想曹錕贈詩張學良的涵義。「爛縵」一語，與北洋國歌〈卿雲歌〉的歌詞互文：「卿雲爛兮，糾縵縵兮。」而所謂北枝、南枝，不僅令人想起張氏父子的東北軍和廣州的國民革命軍。「惟有老人都道好」一句，似乎顯示已經下野的曹錕對南北雙方都保持中立態度，只要能「着手成春」，有益於國計民生，便會予以支持。如果這番解讀無誤，可見此詩不僅向晚輩張學良表達了鼓勵，也從超越政治立場的角度流露了對全國統一的支持態度。曹氏〈學佛須知〉謂「真共和世界即是真佛世界」，可與此詩交相印證。

第五節｜結語

一般認為北洋元首中，曹錕文化水平最低。實際上，他和段祺瑞、馮國璋一樣，幼年曾就讀私塾，而因家貧輟學。後又就讀新式軍校，重新接觸文化。據記載，曹錕在賣布時，「因為他為人直爽，又

---

55 〈天津曹錕畫梅〉，《仁智林叢刊》，第三期（1926.11），不著頁碼。

好酒貪杯，經常喝醉了便席地而臥，街上的頑童趁機把他的錢偷走，他也不當回事，只是一笑了之。當別人告訴他，是誰誰誰拿了你的錢時，曹錕也不去追討，別人問他為什麼，他笑道：『我喝酒，圖一樂耳；別人拿我的錢，也是圖一樂耳，何苦再去追拿？』」[56] 此後曹錕在軍中，也以寬厚著稱，可見性格一以貫之。然而與段、馮不同的是，曹錕的政治立場長期搖擺不定。如他曾支持袁世凱稱帝，獲封一等伯，並赴四川鎮壓護國軍。其後又參與張勳復辟，旋隨段祺瑞討伐張勳，任西路討逆軍總司令。直皖戰後，曹錕以恢復法統為名，迫使徐世昌引退，重迎黎元洪復位。然當初安福國會選出徐世昌後，曹錕卻躍躍欲試擔任副總統。其政見前後不一如此。故方惠芳認為：「可見其態度依迴，南征北返，皆着眼於增強己身實力及謀求利益，並無特定的政治立場及政治理想。」[57] 又說：「曹錕之崛起固因具有觀測軍閥間勢力消長之識見，而能因緣際會，步步為營，考量本身軍事實力之發展，延攬人才，收束將領，鞏固派系內部之聚合。但也由於曹錕與北洋軍閥之形勢發展有深切認識，其個人遂受到袁世凱、馮國璋、段祺瑞等人發展模式之影響，而隱含達到最高權位之權威意識。」[58] 然而，曹錕急於接任總統大位，罔顧愛將吳佩孚之勸阻，甚至以賄選的方式達到目的，其識見未及馮、段，可得而知。故其因賄選而貽敵對政治勢力之口實，不待著龜。據楊雄威所言，民國十三年（1924）的 2 月 5 日乃是舊曆正月初一，推之以干支，此日為中元甲子新紀元；而言之以節候，則其恰逢當日立春。元旦日立春，俗謂「歲朝春」或「歲頭春」，而歲朝春又遇六十甲子頭，便成就了千載難逢的「甲子歲朝春」。在傳統文化中，甲子新紀元有強烈的更新

56　金滿樓：〈圖一樂：賄選總統與豬仔議員〉，載氏著《武夫治國：北洋梟雄的發達往事》（太原：山西人民出版社，2015 年），頁 153。

57　方惠芳：《曹錕賄選之研究》（臺北：國立臺灣大學出版委員會，1983 年），頁 24。

58　同前註，頁 193－194。

寓意。歲朝春則「主民大安」。時任大總統的曹錕發表新年賀詞，有云：「共和肇造，年歷十三，而推步干支，歲逢甲子。以歲陰論，則十二辰又轉周星；以運會論，則六十年更逢元命。與民更始，端在此時。」[59] 將其與甲子運會之說並舉，更加強化了 1924 年「更始」的意味。故曹錕自稱對此「尤有無窮之希望」。[60] 楊氏又指出：「曹錕因賄選總統而成為眾矢之的，然曹錕亦曾對記者表示當前做總統是『大犧牲』（〈曹錕對美記者之談話〉，《晨報》一九二三年七月八日第二版）。其明知如此為何還要執意為之？考慮到其本人及其左右近習的學識，再結合其元旦演講，不難推想甲子開新運的傳統觀念是一個巨大的誘惑。」[61] 進而言之，甚至曹錕在掌握北京實權後急於就任大總統，大抵也有配合「甲子歲朝春」的迷思，為其「神道設教」之用。

不過，曹錕早年接受傳統文化教育，進入軍政界乃至下野後，始終服膺於舊禮教，即使其下野後信仰由道教轉向佛學，也依然如此。如前文所言，報道指曹錕晚年生活並不寬裕，但卻熱心於賑災公益捐款，且「捐起來也不便過少」，足見他對前總統身分之在意。他對國民教育的重視，在督直時期便有顯現。有記載道：「曹錕重視文化教育，重視知識分子，並時常到學校視察。天氣炎熱時，他看見教授們在課堂內講得滿臉是汗，就命令校工以後上課時必須送毛巾，給教授們擦汗。教授每次發薪，曹錕都會來到學校，將薪水用紅紙包好，放在托盤上，高高地舉過頭頂，敬呈教授。」民國十三年（1924）馮玉祥發動的北京政變，雖意味着曹錕政治生命的終結，卻也象徵着他文化生涯的開端。他在幽禁中南海時期以種菜自遣，獲釋回到保定後開始修佛法，並於餘暇在幕僚的協助下透過書畫詩文明志。移居天

59　〈曹錕氏元日之訓詞〉，《益世報》，1924 年 1 月 5 日。

60　楊雄威：〈甲子歲朝春：一九二四年的星命與政治〉，《讀書》，2019 年第 2 期，頁 124－125。

61　同前註，頁 131。

津後，這種生活模式依然持續，直至去世。如保定時期刊印的三期《仁智林叢刊》，便收錄了不少曹氏的詩文偈語及書畫作品。而其刊印《孝經》、編選《古今百家詩鈔》等，亦可見其文化事業之一斑。筆者以為，曹錕投身文化事業，一則排遣無聊，二則還含有向社會作自我辯白之意。如此辯白未必能夠贏得對賄選之舉的諒解，卻足以向後人展現一個與不同固有軍閥形象的晚年曹錕。

　　曹錕的詩文作品長期湮滅無聞，隨着近年網絡資訊日益發達，才逐漸為世人所知。筆者認為，曹錕的思想主體是貫通儒佛二道，而貫通點則在一「仁」字，故本章先以曹氏的仁論為中心，考察其對儒家之仁、佛法之仁、儒佛融合之仁及仁論與生活實踐，以梳理其內涵。然後再以其墨梅題詠為主，探討其畫梅的緣起及其中的心靈圖像、創作影跡，以見其如何表述、體現仁論思想。由於限於筆者水平，及文獻難徵，本章所論必然多有不足之處，還望方家多多指正。

第六章

餘論：古典詩教的現代延續

在詩教觀念的影響下，歷代帝王大多與文壇保持着較為緊密的關係。傳統詩文總集，首卷往往為「御製詩」，收錄本朝帝王之作。但元首詩因有代筆的可能，類似情況在民國時期亦復如是。如 1916 年題名野史氏者出版《袁世凱軼事續錄》，認為袁世凱的洹村酬唱諸作乃吳北山代筆。[1] 甚至毛澤東名下的〈沁園春·雪〉，亦有被認為係柳亞子（1887－1958）或胡喬木（1912－1992）代筆者。代筆情況的存在導致原作者不明，研究難度增加，兼以政治環境影響，元首詩一直並非學界關注的焦點。筆者以為，研究元首詩固然需要辨析作者與作品情況，但宜從更為宏觀的角度審視相關問題。正如福柯所言，吾人應該要認識到作者身分以及與之相關的不同價值和意義是一種文化產品，隨時間和地點而產生很大差異。例如科學文本的價值更在於其內容，而非其「作者身分」，而就文學文本來說，作者身分卻是作品中最有趣的部分。福柯更為看重的，是圍繞作者的「話語」（discourse）：形成特定問題或研究領域的相關言說（utterances）的整個範圍，都由話語所包含；話語產生知識和權力效果，並且有規則可遵循。[2] 就列朝元首詩情況來說，其創作又可以分為幾種情況，茲先表列如下：

1　野史氏編輯：《袁世凱軼事續錄》（上海：文藝編譯社，1916 年），頁 125－126。

2　Foucault, M., "What is an Author?", Smith, Steven B. (ed.), *Modernity and Its Discontents: Making and Unmaking the Bourgeois from Machiavelli to Bellow* (New Haven: Yale University Press, 2016), pp. 299-314.

元首詩之創作	自作		
	代作	經認可而代作	
		未經認可而代作（偽託）	政治、思想動機
			文學動機
			其他利益動機

　　元首自作方面，如魏文帝、梁簡文帝、陳後主等以文學著稱之古代帝王的大部分詩作皆是。元首親筆，不僅言志、抒情，其實也是在進行自我塑造。所謂「經認可之代作」，一般情況是元首左右代作而得到該元首之同意，如西周初年的《大武》樂章雖然全為周武王口吻，但傳統認為乃出自周公旦手筆。如《呂氏春秋‧仲夏紀》云：「武王即位，以六師伐殷。六師未至，以銳兵克之於牧野。歸，乃薦俘馘於京太室，乃命周公為作《大武》。」[3] 又如清華簡〈耆夜〉中，武王分別向畢公、周公祝酒而作的〈樂樂旨酒〉、〈輶乘〉二終。今人劉光勝認為這兩首逸詩實際上早已選定，由樂官提前配以樂曲、編輯好的，武王屆時吟唱、演奏而已，其形式如同現在領導致辭，並非即興創作。[4] 由此可見，《大武》樂章及〈耆夜〉二詩大抵是武王授意左右創作，其最終公諸於世也顯然得到武王應許。這種情況，吾人可稱之為「代言體」。其雖與第一種情況有差異，但代言作品畢竟獲得認可，對於該元首依然能發揮出形象塑造、推動施政乃至弘揚教化的作用。此外，詩中所營構者縱非完全合乎實際，卻也和第一種情況一樣，展現出該元首所期待之公眾形象。

　　所謂「未經認可之代作」，一般為當世或後世偽託，而並未、或無法得到該元首之同意。這種情況中，創作或偽託動機最為複雜，除

3　許維遹撰，梁運華整理：《呂氏春秋集釋》（北京：中華書局，2009 年），頁 127。
4　劉光勝：〈清華簡《耆夜》考論〉，《中華文化論壇》，2011 年第 1 期，頁 166。

可能是出於好事而為、牟利而為等等利益因素外，還可能基於其他動機。其一多涉及思想、政治因素，其二多涉及文學因素。先觀其一，係將自身崇奉之理念託於某元首之口，以增加影響力。如筆者曾指出現存古逸詩中，虞舜名下的作品至少竟有八首，〈思親操〉的孝子形象、〈元首歌〉的君臣關係、〈南風歌〉、〈祠田辭〉的施政理念、〈大唐之歌〉、〈卿雲歌〉、〈帝載歌〉的禪讓故事等。有些作品已是成熟的楚歌體，與詩歌發展規律不符，偽託之跡明顯。[5] 偽託者通過這些作品來塑造虞舜，賦予他聖君、孝子、良民乃至音樂家、文學家的諸重身分，以豎立符合儒家理想的典範，並弘揚其自身信奉之思想理念。又如《大戴禮記》所收〈武王踐阼〉一篇，謂武王在與姜太公談話後回宮，創作戒文十七篇，自我警戒。許兆昌、李大鳴認為「武王所勒用於自戒的名言警句，有些內容不能說與治國為政完全無關，但大多數內容主要體現的是個體修身的意義」，「這些內容與武王在前文中的追問顯然不是一回事。其中像『惡乎相忘於富貴』、『慎之勞，勞則富』等，則更非王家口吻，對於開國之君而言，絕無勒於席衽之間的必要。此外，所勒之文細碎繁複，與前兩段中武王所要求的『藏之約』的文字特點也相去甚遠。」[6] 換言之，這些「細碎繁複」的戒文也是後人託於武王名下之作。如此文字雖非「王家口吻」，但畢竟涉及人生哲理，而武王非僅政治人物，更是聖君，因此於人倫物理方面不分巨細皆應具有典範意義，此當為〈武王踐阼〉編撰者將諸篇戒文歸於武王名下的動機。

其二多涉及文學因素，係依據自身對某元首的認知而創作與之相符的作品。如《穆天子傳》中周穆王與西王母之間詩歌酬答，穆王

5　陳煒舜：《卿雲光華：列朝帝王詩漫談》（臺北：唐山書店，2017 年），頁 7。

6　許兆昌、李大鳴：〈試論《武王踐阼》的文本流變〉，《古代文明》，第 9 卷第 2 期（2015.05），頁 52。

唱道：「余歸西土，和治諸夏。萬民平均，吾顧見汝。比及三年，將復而野。」這顯然是作者依循小說情節所創作的。又宋人小說〈海山記〉記載隋煬帝自製〈湖上曲・望江南〉八闋。然四庫館臣云：「〈望江南〉詞本李德裕為亡妓謝秋娘作，則其調起於中唐。世傳〈海山記〉隋煬帝作，實出偽託。」[7] 大抵因為周穆王西征、隋煬帝南巡的事蹟眾所周知，《穆天子傳》和〈海山記〉的作者如此偽託詩詞，故能迎合讀者的期待視野（horizon of expectation）。與前文所論武王左右代作之《大武》、〈樂樂旨酒〉、〈輶乘〉相比，虞舜名下的詩作、〈武王踐阼〉的十七篇戒文以及《穆天子傳》、〈海山記〉中的詩詞是不可能得到被代言者之認可的。

在傳統認知中，一首元首詩若是經過認可而創作（如《大武》樂章諸篇），因執筆者與該元首並世，兼以二人間有交流互動，故價值多獲得肯定。但若被考證為未經認可而創作，情況則各各不同。如〈武王踐阼〉的十七篇戒文中，雖有若干被認為是後世假託的篇章，卻因該篇畢竟是先秦故籍、距今久遠，學者依然抱持肯定態度。但如〈海山記〉中隋煬帝之〈望江南〉八闋，大抵創作於唐宋之際，年代較為晚近，故四庫館臣貶斥之意昭然紙上。在西方，生活在公元前一世紀的希臘哲人狄俄尼修（Dionysius of Halicarnassus）曾提出一種修辭實踐，對於一個作者的「源文本」（source text）加以仿真、改編、修改、增益，這種方法在後世西方文學語境中甚具影響力，被稱為「狄俄尼修之模仿」（Dionysian imitatio）。中國歷代元首詩的「模仿」，誠有以源文本為基礎上而加工者。如漢武帝的〈天馬歌〉：「太一貢兮天馬下。霑赤汗兮沫流赭。騁容與兮跇萬里。今安匹兮龍為友。」此詩稍後發展出兩個篇幅較長的文本，如：「太一況，天馬下。霑赤汗，沫流赭。志俶儻，精權奇。籋浮雲，晻上馳。驊容與，跇萬

7　〔清〕永瑢主編：《四庫全書總目提要》（北京：中華書局，1965 年），頁 841。

里。今安匹，龍為友。」兩相比對，不計「兮」字在抄寫過程之存奪，「志俶儻」等四句顯然是稍後所增益。增益的文字是否也出自武帝之手，不得而知，但理應獲得了武帝認可。因此，〈天馬歌〉這幾個版本的作者權大抵仍繫於武帝名下。進而言之，歷代元首名下詩作中並無源文本而全然代作者為數更多，如此寫作也應納入狄氏所謂仿真（emulation）一途，吾人可稱之為代言。今人廖群論道：「中國古代詩歌大多為主觀抒情的言『我』之作，這一點似無多大異議。不過具體審視就會發現，這些『我』實際上又有自言與代言之分，對它們作出的甄別，直接關係到對作者創作意圖、作品情感內容乃至文學特徵的理解。」[8] 以此推之，《大武》樂章、〈耆夜〉諸詩這類得到元首認可之作固可視為代言體，但當世或後世未經被代言者認可之作，仍可視為一種廣義的代言體——以福柯的作者理論觀之，虞舜名下諸詩、〈武王踐阼〉的戒文，乃至《穆天子傳》、〈海山記〉中的詩詞，大多是假託元首為作者的話語。

　　本書涉及之北洋元首諸詩，也都可能切合前表展示的幾種情況。如徐世昌就屬於第一種情況：這位科班出身的文人，對於文學創作可謂手到拿來，其現存六千餘首詩作，大抵不會有人質疑其真偽。又如袁世凱的洹村酬唱諸作，筆法瑕瑜互見，袁氏卻並未接受他人的修改建議，似可反證《圭塘倡和詩》所收袁氏諸詩果真為其手筆。段祺瑞《正道居集》中的詩作也近似，一如章士釗序言所云：「釗亦以此道非公所長，意存獻可，而反覆視之，轉無以易。」[9] 不過，段集以外的作品如〈致祭孫中山文〉、〈章太炎壽辰頌詞〉、〈劉母高太夫人誄〉等，皆為應酬文字，[10] 或有幕僚代筆之可能，唯目前並無確

8　廖群：〈代言、自言與刺詩、淫詩：有關《國風》的兩種闡釋〉，《文史哲》，第 6 期，頁 57。

9　章士釗：〈序〉，段祺瑞：《正道居感世集》（上海圖書館藏民國刊本），頁 1a－1b。

10　見陳煒舜主編：《段祺瑞正道居詩文註解》（臺北：萬卷樓圖書公司，2020 年）。

證。又如馮國璋作於甲午戰後未幾的「東赴日本過馬關」一絕，平仄頗有瑕疵。然身居北洋政要後所作「萬古千秋大統歌」一絕，則格律和諧。馮氏平素甚少吟詠，一二十年間是否詩藝大進，不得而知。相形之下，曹錕於 1924 年下野後致力藝文創作，其現存詩作至少達百餘首之多，可見頗有訓練，又與馮國璋甚為不同。不過，馮、段晚年此類作品縱係幕僚捉刀，也必然經過本人認可而後發出，大抵也能反映這兩位被代言者的思想精神，當可歸於前文所論第二種情況。至於第三種情況，如袁世凱名下、相傳創作於早年的那些「似通非通、殺氣騰騰」、「霸蠻無理、野性難馴」的打油詩，的確令人懷疑，是否「日後袁世凱梟雄本色暴露無餘之後，時人有意的『造偽』」[11] 而〈自題漁舟寫真〉四首不收於《圭塘唱和詩》及《洹村逸興》，但據王揖唐等人的記載，其內容確曾由袁氏題寫於照片。因此，即使至今仍有學者懷疑這組七律為捉刀之作，但退一步說，將之判定為「經認可之代作」，庶無大謬。又如張作霖名下，既有〈到片瀨觀〉這種富於雅趣的作品，也有「江南塞北雪紛飛，疑是天公彈棉被」、「本帥有原則，墨字寫成黑。不是我寫錯，寸土不能失」之類的打油詩。若說〈到片瀨觀〉或為其幕僚所潤色、代筆，後二首打油詩大抵則是好事者體現張氏之粗豪氣息附會而作，具有戲劇性，顯示出將張氏之言說建構為話語的嘗試。這與《穆天子傳》、〈海山記〉中周穆王、隋煬帝諸作的創作動機相近。

至於本書聚焦之文本，要為袁世凱之洹村酬唱、徐世昌之丁巳和陶詩、段祺瑞之正道居詩文及曹錕之題畫詩並若干散文，根據前文論證可知，這些作品大抵皆為諸人親筆，而非代言之作，故而尤能從此窺知這幾位北洋元首如何透過文學創作來宣示自身的思想、塑造自身的形象，在相關文本的眾聲喧嘩中尤其具有話語權（power of

---

11　秦燕春：《袁氏左右：清末民初的流年碎影》（南京：鳳凰出版社，2009 年），頁 42。

discourse）。四位元首中，袁世凱、段祺瑞、曹錕皆出身行伍。但與段、曹素來對藝文活動念茲在茲不同，袁世凱自從早年投筆從戎後，似乎一直於文事無所究心。據辜鴻銘記載，袁世凱認為自己與張之洞不同之處在於：「張中堂是講學問的，我是不講學問，我是辦事的。」[12]張之洞於學問、文學皆為擅場，而袁氏此語進一步顯示自己於吟詠並不措意。正因如此，袁氏在宣統年間歸隱洹上，竟以吟詠自娛，無疑出乎世人意料：吟詠既然無關「辦事」，這似乎意味着袁氏與政壇一刀兩斷。儘管袁克文所編《圭塘唱和詩》營造出一個以袁世凱為核心的文學場域，實際情況卻未必如書中所展現的一般。如吳保初身為袁世凱的結拜兄弟，對於袁氏在庚子年間的某些決定是有微詞的，這在他的和詩中便有所呈現。事實上，詩歌最終果然成了袁世凱以退為進的工具──〈自題漁舟寫真〉四首展現的仕隱拉鋸，顯然在以「散髮天涯」為籌碼，與清廷、與革命黨、與全國輿論討價還價，最終令袁氏再入中樞，並得償所願地成為「中國之華盛頓」。清廷遜位後，袁世凱幾乎完全停止了吟詠活動，當年洹村唱酬的文學場域也隨而消亡──儘管 1913 年，袁世凱還選取洹村酬唱時期的〈春雪〉、〈雨後遊園〉、〈嘯竹精舍〉、〈海棠二首〉等作向《憲法新聞》投稿，為這些舊作賦予了新的內涵，讓議會了解自己的文藝面向，以及無意權勢的心態。但有趣的是當年的唱和者中，此時不僅如以遺老自居的陳夔龍因憤慨於袁氏「謀國」而與之斷交，連其子袁克文、其幕僚費樹蔚竟也透過重印《圭塘倡和詩》來表達對帝制運動的不滿，婉轉勸諫袁世凱收回稱帝的計劃。這組詩作曾經是袁世凱用作議價的籌碼，如今卻成為反帝制者手中的武器，誠乃其始料未及。雖然此舉對袁氏未必有極大的傷害力，卻再一次對他那番「辦事而不講學問」之高論造成

12　辜鴻銘：《張文襄公幕府紀聞》，收入黃興濤主編：《辜鴻銘文集》（海口：海南出版社，1996 年），頁 433。

了反諷。作為當年洹村文學場域的成員，陳夔龍、袁克文、費樹蔚等人這些舉動在大眾眼中或許更為顯眼，也促使讀者重新審視、甚或質疑袁世凱其人及洹村酬唱活動之性質。

徐世昌擔任大總統近四年，是袁氏以後在位最久者。和袁世凱一樣，徐世昌也曾為清末現代化政策推波助瀾，但畢竟是一個舊官僚。一旦踏入民國，其思想未必能與時俱進。古爾德納（Alvin W. Gouldner, 1920-1980）說過，舊式官僚組織的幹部是一群倚仗法定權力來發號施令的官僚；他們的主要任務是控制下級，以及組織外人們的行為，心裏深藏着一種想控制一切的慾望。由於他們並沒有一套屬於自己的信念，所以他們不會說自己是為着達到什麼理想而工作，只會說是在照章辦事。[13] 這固然是西方的情況。帝制中國的舊官僚皆受過儒家思想洗禮，但擁有「治國平天下」之信念者依然所在乏人。當然，徐氏就任後以「文治總統」自許，著作等身，未嘗沒有嘗試重構國民精神，可是他的《弢齋述學》不過重彈三教合一的故調，推崇清儒顏元、李塨之學也難以對治如蛈如螗的世局，仍然與世人以守舊之觀感。徐氏名列《光宣詩壇點將錄》，其詩藝自然遠高於袁世凱。然而，徐世昌創作於 1917 年的丁巳和陶詩，其動機卻可能與袁氏的洹村酬唱一脈相承。徐世昌是個通才式的人物，其詩歌反映出文人生活的方方面面。然而對於時事，徐世昌在詩歌中卻諱莫如深，鮮難窺得片鱗隻爪。本書指出，這是因為徐氏具有深藏隱忍之個性，且手中並無實權，故不欲以詩句招引是非。不過，丁巳和陶詩卻是罕有的例外。究其原因，大抵由於 1916 年至 1917 年間國家多事，袁世凱的去世固然令徐氏悲悼，而群龍無首、府院之爭、張勳復辟的局面卻又有賴其居中調停。兼以天津大水，讓他再次目睹民間疾苦。故此，丁巳

---

13 〔美〕古爾德納著、杜維真等譯：《新階級與知識分子的未來》（北京：人民文學出版社，2001 年），頁 52。

和陶詩中藏在字裏行間的用世之念，似乎在隱然展露自己再度出山的計劃，讓支持者相與推轂。李澤昊指出，徐世昌在清末擔任東三省總督時多有建樹；而 1918 年出任大總統，支持者中就有許多曾是其督東之時所重用的人。[14] 不過徐氏在大總統任內卻未必與這些支持者有太多文學互動。他在這三數年間鮮有詩作，如〈辛酉守歲〉將自己塑造成一個「文治總統」、「太平元首」的形象，〈題蓮花石〉二首在詠嘆風物之餘雖然表達了對國運的思索，筆觸卻非常幽微。可是由於手無兵權，徐氏在任內雖然在中南海創設了晚晴簃詩社這個文化場域，卻僅將其性質設定為編書，自身並不參與社內之吟詠活動。至若上任前、下野後，徐世昌吟詠雖多，卻也出於避禍心態，不願與北洋同僚有詩歌往來，遜清舊友又可能對他身為「貳臣」頗有微詞，因此在其身邊畢竟無法形成一個詩歌創作的「元場域」。同樣身為飽受傳統文化薰染的北洋元首，袁氏無心吟詠，徐氏有心而難為，最終竟「殊途同歸」，皆未能透過詩歌創作的方式來繼承古老的儒家詩教、主持風雅。所幸徐世昌於任內尚能挾其固有之詩名來主持《晚晴簃詩匯》的編選工作，並於下野後繼續營運徐東海編書處，也可謂難能了。古爾德納又指出：「新知識匠與老官僚不同的是他們有充足的文化資本，因而有更廣闊的出路。舊式官僚的技能也就是會讀、會寫、會整理文件，侷限於處理供職的官僚機構內部的事務。而新知識匠巨大的文化資本實際上使他們能夠增加生產或提供更多的服務，因此他們不會那麼刻意去炫耀自己的才華，或者顯示自己與下屬的不同。」[15] 換言之，中國古代帝王身處「元場域」頂端，需要炫才以設教，但現代元首卻未必如此。更何況徐世昌在位期間不多吟詠，則其於公於私皆缺乏炫

14　李澤昊：《變局・能臣・轉機：徐世昌新政研究》（上海：上海三聯書店，2021 年），頁 170。

15　〔美〕古爾德納著：《新階級與知識分子的未來》，頁 52－53。

才的機會。如張伯駒批評徐世昌「利國無能但利身」，是否完全真確尚待討論，但徐氏在新知識分子乃至普羅大眾心目中只剩下八面玲瓏、謀求私利的舊官僚形象，縱其不甘也莫若之何了。

　　北洋政府向來對國民黨存有一定的敵視心態，自身卻始終缺乏更恢弘而精密的政治論述，遠不及孫中山推出的三民主義深得人心。大概有鑑於袁世凱當國時期實施黨獄的無補於事，徐世昌、段祺瑞、曹錕皆嘗試與其幕僚合作建構自己的思想體系。作為徐世昌晚輩兼政治對手的段祺瑞、曹錕皆是行伍出身，雖也在軍校中受過儒家思想的薰陶、同樣是推崇三教合一的保守派人物，但畢竟不具傳統文人士大夫的身分，舊學根柢遠不能及。但正因如此，他們相對於徐世昌（以及袁世凱）少了些官場習氣，對民國的新遊戲規則有了一定的認知，作為現代元首的可塑性更高。段祺瑞、曹錕雖然在身居高位時已着意建構幕府、創設文學與文化場域，但其本人從事吟詠皆在失去實權以後——段祺瑞大抵始於直皖戰爭失敗後下野，曹錕始於北京政變遭囚後獲釋。從事吟詠，自然是在塑造一個不同於起起武夫的尚文形象。段祺瑞於 1924 年擔任羌無實權的臨時執政後，顯然開始認識到著述與現代媒體的重要性，因此出資支持章士釗創辦《甲寅》週刊，並發表〈內感篇〉、〈外感篇〉、〈聖賢英雄異同論〉等文字，嘗試構築一己之思想體系，更讓人將之裒輯為《正道居感世集》等書。縱使二〈感〉篇被魯迅譏為「擺空架子」，但其直接議論中國及國際時局，與徐世昌「迂闊」地言必稱三教相比還是新鮮了若許。〈聖賢英雄異同論〉認為英雄如成吉思汗，不行聖賢之道，在歷史上也只是過眼雲煙，藉以勸戒割據四方的軍閥勿以英雄自居而殘暴不仁。當然，這也正是段氏所標榜自己異於並世其他軍政人物之處，故其所作詩文一以「感世」自許。與段祺瑞相似，下野後的曹錕同樣推崇儒釋二教，創辦《仁智林叢刊》，並發表若干論述，甚至提出「真共和世界，人人真平等，人人真博愛，人人真自由，即是真佛世界」。如此表述，大概還有對當年種種具爭議行為的自辯、補過之意。曹錕大概很快認

識到自己的政治生命已徹底終結，因此《仁智林叢刊》僅發行三期就停辦了。不過，他依然在天津當寓公的晚年生活中禪修、書畫、吟詠不斷，也可謂因時制宜了。有趣的是，段、曹二人論武功殆不及袁氏，論文治也不及徐氏，但他們對詩歌之政教功用的信奉卻更甚於袁、徐。雖然他們同樣透過作詩來塑造自我形象，卻不會像袁氏那般藉以謀取個人利益，也不會像徐氏那般對時事避而不談。究其原因，蓋其武人出身，秉性較為悃誠，無袁氏之狡黠，亦無徐氏之權謀也。他們身居高位時經營之文學場域，在下野後依然殘留並發揮作用。如段祺瑞與國內外政商鉅子、僚屬、僧人保持詩文往來，曹錕透過墨梅題詠與社會各色人等結緣，這些更拓展了以兩人為中心之文學場域的邊界。

正如綜論所言，袁、徐、段、曹諸人皆十分注重自身之公眾身分，故其詩文之對象讀者，亦必然以大眾為目標。如袁世凱於宣統二年（1910）致函孫雄，雖自稱洹村酬唱諸作「不過山野之間，自適其樂，未敢出以示人」，卻畢竟讓孫雄選入《四朝詩史》，此後更由袁克文編成《圭塘倡和詩》，足見《軼事續錄》謂袁世凱「飲酒賦詩，以掩外人之耳目。又刊印《圭塘唱和集》，分贈諸親友及門生故吏，以示其無遠志也」，當非虛言。徐世昌各種詩集皆有刊本，更不待言。段祺瑞晚年所編《正道居集》中的絕大部分詩文皆以感世為寫作動機，洵如章士釗所言「雅善名理，每有述作，伸紙輒千數百言」，[16]其「感」無論是「感懷」或「感化」，皆以社會大眾為對象讀者。時人徐一士讚許段氏「關懷國事之忱，溢於言表」，[17]此論正是依據其詩文而發。段氏晚年透過創作進行自我形塑之舉的成功，由此可窺一斑。與段祺瑞相比，曹錕於詩歌、書畫創作似乎更具天賦。他的詩作

---

16 章士釗：〈序〉，段祺瑞：《正道居感世集》（上海圖書館藏民國刊本），頁 1a−1b。
17 徐一士：《亦佳廬小品》（北京：中華書局，2009 年），頁 82。

多為題畫詩，其中又尤以墨梅題詠居多。曹錕詩作多扣合畫作內容，雖富情韻而多宣揚禪學（所謂「梅花禪」），甚少如段氏那般直接齒及時事。當然，曹氏推廣「梅花禪」，同樣具有自我形塑、洗刷早年所作所為的動機。但在不知就裏的社會大眾看來，曹氏此舉的自辯力顯然不足，更可能造成「逃禪」的印象。此後大半個世紀，世人全然不曉曹錕能詩，乃至幾種曹氏傳記都罕有齒及，似乎可見耽於藝文之舉在其晚年大約只能發揮自娛之功，藉以改變社會觀感的效果卻遠未達到。饒是如此，曹錕注重晚節，在抗戰爆發後堅拒與日軍合作，聲稱「窮到喝粥也不當漢奸」，這與他早年動輒因個人利益而改變政治立場，不可同日而語。故而重慶國民政府在曹氏去世後發佈特別訓令予以表彰，並追授陸軍一級上將。可以說，曹錕以晚節對自己進行了最後的形塑，而其拒當漢奸的選擇，或許還得力於其最後十餘年的禪修精進、詩畫沉潛功夫。

北洋時代終結後，在國民政府、偽滿洲國、汪偽政府等幾個政權中，元首留下詩歌者也不在少數，如溥儀（1906－1961）、蔣介石（1887－1975）、譚延闓（1880－1930）、林森（1868－1943）、汪精衛（1883－1944）、陳公博（1892－1946）等人皆然。然而，溥儀之作稚劣，蔣、林之作甚少，譚、陳之作長期不為人知。唯一例外的是汪精衛，其人學殖富贍、才氣縱橫，卻因附敵而落得後世罵名。而其雖腆顏事敵，箇中辛酸畢竟不足為外人道，故其主持偽政府時期所作詩詞，一如錢鍾書所言：「莫將愁苦求詩好，高位從來讖易成。」[18]如此這般，皆無法達致延續「詩教」的功效。倒是 1949 年後，因毛澤東（1893－1976）性好吟詠，其詩詞在全國範圍內成為了舊體詩之典範。如〈沁園春・雪〉一詞，據說是毛氏 1936 年寫於長征途中，1945 年重慶談判期間書贈柳亞子。柳亞子將毛詞和自己所作和詞，

---

18 錢鍾書：《槐聚詩存》（北京：生活・讀書・新知三聯書店，2001 年），頁 67。

一併交《新華日報》。1945 年 10 月 11 日，即毛澤東離開重慶那天，
《新華日報》刊發柳亞子和詞。11 月 14 日，吳祖光在《新民報晚刊》
首次公開發表毛澤東〈沁園春‧雪〉。11 月 28 日，《大公報》發表了
毛唱柳和的兩首詠雪詞。毛氏此詞隨即引起巨大反響。木山英雄指
出：「職業軍人出身的蔣介石，其公眾印象落得個如詞中成吉思汗一
樣的粗野。據說，蔣曾固執地向身邊的文人策士陳布雷詢問，毛詞是
否有他人偽作的可能性，藝術上的缺點如何等等，卻沒有得到爽快的
回答，只有『帝王思想』的嫌疑可以肯定，於是命令此為目標發動
攻擊宣傳。」[19] 在國民黨機關報《中央日報》、《和平日報》發表之次
韻詞作或撰文抨擊者達二十多篇，包括易君左（1898－1972）、尉素
秋（1908－2003）等人之作。當然，也有郭沫若（1892－1978）、陳
毅（1901－1972）等次韻支持者。但是，對於所謂「帝王思想」的嫌
疑，不僅國民黨人作如是觀，連與毛氏唱和此詞的柳亞子亦然。木山
指出：早在此前，柳亞子對這首詞「類帝王口吻」也很敏感。10 月
23 日，在毛澤東手跡跋文中，他對《新華日報》不發表〈沁園春‧
雪〉作出揣度：「中共諸子，禁余流傳，諱莫如深，殆以詞中類帝王
口吻，慮為意者攻之資；實則小節出入，何傷日月之明……余意潤
之豁達大度，決不以此自謙，否則又何必寫與余哉。」直至 1958 年
12 月 21 日，毛氏親自批註〈沁園春‧雪〉：「雪，反封建主義，批判
二千年封建主義的一個反動側面……末三句（筆者按：指『俱往矣，
數風流人物，還看今朝』三句），是指無產階級。」此說隨即定於一
尊，但當年包括柳亞子在內的眾人多以「帝王思想」目之，可見未必
全係曲解，而是在舊詩詞語境中，如此文字本具有如此引譬連類的傾
向。1957 年 1 月，毛澤東在《詩刊》發表致臧克家等人函，文中寫

19　〔日〕木山英雄：《人歌人哭大旗前：毛澤東時代的舊體詩》（北京：生活‧讀書‧新
　　知三聯書店，2016 年），頁 167。

道：「舊詩可以寫一些，但是不宜在青年中提倡，因為這種體裁束縛思想，又不易學。」但在特殊的年代，有意學習創作舊詩詞的青年人多將毛氏之作奉為範式。正如木山所說：「建國後仍繼續不斷的毛澤東詩作，以及憑借超級權威對那個時代詩歌觀念的介入，也是值得研究的。」[20] 時至今日，仍有人將毛氏詩詞之價值歸納為六點：一、毛澤東詩詞是中國優秀傳統文化的繼承和發展，是中華民族文化的精華，是詩詞典範，文化標杆。二、毛澤東詩詞是中國革命和建設的宏偉史詩，紅色經典。三、毛澤東詩詞體現了愛國性和人民性，展現了家國情懷和軍民風采。四、毛澤東詩詞中蘊含着中華民族的偉大民族精神——中國精神，是民族的脊樑和精神支柱。五、毛澤東詩詞體現了崇高品質和人格魅力，是我們學詩做人和修身進德的極好教材。六、毛澤東詩詞蘊含着深厚的情感、智慧和哲理，是啟迪激勵後人在新的征程中艱苦探索、奮勇前進的力量源泉。[21] 如此表述雖具有較濃郁的政治色彩，但吾人不難從中發現詩教傳統在脫胎換骨後某種特殊的延續狀況。相對於北洋諸元首，毛澤東擁有的文學場域不僅只包括柳亞子、郭沫若、陳毅等少數與其唱和的詩家，而是拓展至全國，但凡觀摩、學習、次韻、誦讀、演唱其詩詞者，皆成為這個文學場域的一員，而場域中如從前易君左、尉素秋等人的不和諧音也不復存在。雖然時移世易，而該場域綿延不絕至今，毛氏詩詞放曠雄豪的風格，也依然影響着廣大讀者的詩詞審美觀，此誠袁、徐、段、曹諸人當日難以想像者。

20　同前註，頁 172。

21　舒貴生：〈論毛澤東詩詞的歷史地位和當代價值〉，「江南時報網」2021 年 6 月 5 日，https://www.jntimes.cn/jnwm/202106/t20210605_7114591.shtml。（2023 年 2 月 21 日瀏覽）

北洋元首詩文新輯

附錄一　新輯《洹村酬唱》

袁克文序

家大人以足疾致政，歸田課耕訓子之暇，間以吟詠自娛，賓友酬和，積稿累寸。大人輒以示克文，因次其目錄，都為一編，命曰《圭塘倡和詩》云。宣統庚戌項城袁克文寫記。[1]

內藤順太郎識語

容菴為袁世凱之號，克文，世凱第二子也。圭塘，河南彰德府城外別墅前洹水上之橋名。別墅內有小園，蒔花種竹，疊石濬池，綴點林亭，名曰養壽園。大正癸丑。編者識。[2]

袁克文跋

昔輯《圭塘倡和詩》一卷，刊貽朋友。比來江南印本久罄，海內索讀者猶紛紜至，乃無以應焉。茲檢舊篋，得寫定原稿，爰錄示瘦鵑，俾重刊以公於世云。癸亥二月克文再識。[3]

《圭塘倡和詩》叙　汾陽王式通撰

寒雲主人手書《圭塘唱和詩》既竟，屬贊一辭。式通未睹平泉之勝，初聞流水之音，受而讀之，移情累日。蓋自長信鐘沉，鼎湖弓墮，素柰之簪方痛，金支之患已深，顛覆有徵，機緘隱見。吾謀不用，微疾遂行，洹上園居，委蛇偃仰。譬諸神龍既躍，葆素曾淵，威

1　高寫本、內藤本、豹龕本、大東本皆有，唯後二本移至卷末，以為跋語。

2　此文僅見於內藤本。

3　豹龕本、大東本皆有。

鳳已翔,餐真遂穴。謝家東墅,荀氏西豪,廖剛成世綵之堂,永叔作
晝錦之記。誦芬家術,疏照鼎門。文采相高,賡酬斯盛。眉山昆季,
是曰坡潁;梁園賓客,亦有鄒枚。羣從風流,寶氏聯珠之集;四時花
事,晉公碎錦之坊。每當山水方滋,少長咸集,流連光景,發為詠
歌,吐歙芳華,溢於豪素。或繾綣以懷人,或蒼茫以感舊。葦垂露
晚,墨灑霞初。往往朝出一篇,夕傳四座,題名壇坫,多叉手之詞
人;著籍門牆,有掃眉之才子。異音合奏,前于後喁。援翰泉流,分
箋雲起。元許可用,得康氏別業;鑿池如圭,日與子弟嘯詠。有《圭
塘欸乃集》、《圭塘小稿》諸編。其客馬熙追和,別題曰圭塘補和,
以古方今,後先輝映。然彼祇歸老之娛,此則興亡所繫,揆厥終始,
可得言焉。向使黼扆方新,寶臣是任,竭其矻矻,塞此涓涓,計可出
於安劉,功亦侔於微管。奈何長城自壞,讒人高張。二叔危周,八王
柄晉,坐使赤心之佐、戮力之英,長揖歸田,角巾就第。歲未三易,
難發一朝。伯紀雖用而已遲,諸葛再生而莫捄。迨至土崩瓦解,海立
雲垂,人厭黃屋之尊,國有白宮之戴,玉步既改,魁柄有歸。綠野之
興未闌,朱果之祥頓渺。用知得失禍福,可參倚伏之微;風雨晦明,
已兆謳歌之運。雖曰天命,亦由人事。後之覽者,可以觀也。癸丑
十一月汾陽王式通謹識。[4]

費樹蔚《圭塘倡和詩》跋

歲戊申,今大總統容庵袁公致樞政歸田,越一年,洹上養壽園
成,樹蔚以舊賓客,數往起居,遊讌信宿。嘗集龔定公詩句,綴諸楹
曰:「君恩殼向漁樵說,身世無如屠釣寬。」公顧而善之,謂真能寫
出心事。燕居清暇,道平生憂勞之端,惓惓于救國之方策。又嘗登臨
亭沼,流連景光,銜杯賦詩,聲情遒上,遠近傳誦,和者益夥,樹蔚

---

4 豹龕本、大東本皆有。

亦偶有所作。既而樹蔚奉諱歸，公一再寓書，盛稱園中花木向榮，四時佳景，有終焉之志。事會所迫，遂膺鉅艱，四方多難，以次戡定。樹蔚一臥滄江，獨居漊念，知公良苦，顧自問操術多疏，未堪從政，雖累荷辟召，未敢應也。甲寅之夏，公傳語尤諄至，乃觸暑入都，埶服上謁，便坐深語。見公精神意氣，視昔彌壯，而須鬢如雪，喟然謂曰：「漳水老農之樂，子所覩也，今復何如！」相與三太息。出晤抱存公子，贈我以《圭塘倡和集》，則曩時酬唱之作具焉。倦游南旋，臥疾累月，念茲編流布人間不多，輒重印一過，以貽世之知者，使共識公文武之兼資，情韻之不匱。抑樹蔚有私愛於公：竊冀十年以後，寰宇奠安，敝屣名位，跌宕詩酒，舉韓富文馬退休後不能幾及之境，以較華盛頓門洛而無愧色，此其福德地望為何如者！息壤具在，吾言之終踐與否，則天實為之，既非公所能自主，亦非樹蔚所能臆測矣。要之，公，傑魁人也，投艱遺大，而有所弗辭，功成身退，而不必自居。讀茲編者，庶幾推見其素心，則茲編所以傳世之意，為不虛爾。若夫諸子文采之茂美，抱存繕寫之精善，猶其餘事，不遑贅已。乙卯初春，吳江費樹蔚。

袁克定《洹村逸興》跋

清季先公家居養疴，蒔花種竹，吟詠其間，如謝大傅臨安山中，有伯夷不遠之慨。詩中「連天風雨三春老，大地江河幾派流」之句，已成詩讖。

先公從戎前應貢舉帖，詩題為九月肅霜，有「重門驚蟋蟀，萬瓦冷鴛鴦」句，見者驚奇。

先公仕清在宰輔，但知翼戴二聖，鎮攝八方，遑有東山寄興之暇。洹上雜詠，可作中華民國虞謌觀，亦可做中華民國緯文觀。

不肖男克定恭識。（章：學吃虧）

次王介艇丈遊養壽園均[5]　容菴

乍賦歸來句，林棲舊雨存。卅年醒塵夢，半畝辟荒園。

雕倦青雲路，魚浮綠水源。漳洹猶覺淺，何處問江村。[6]

　《袁檔》標為「頁一」，評曰：二韻自然老當，五句健舉，結韻意遠。

次韻　會稽　沈祖憲　呂生

賃廡臨洹水，名流目笑存。蛾眉非茂苑，驥尾附梁園。

藥竈三山客，松舟四瀆源。蒓鱸隨地有，何必戀江村。[7]

次韻　宜賓　董士佐　冰谷

鉅柳黃同坼，寒松綠盡存。天心徵在物，春意快浮園。

竹下新通徑，桃邊舊是源。此間深可隱，何用覓山村。[8]

次韻　番禺　凌福彭　潤臺

解柄歸農日，真靈位業存。勛名三尺劍，生計數弓園。

戀岫知雲意，尋山到水源。東皋春已及，布穀喚前村。[9]

次王介艇廉韻游養壽園二首　袁克文

藏身惟抱道，泉石故山存。仕宦都如夢，歸來有此園。

閉門留蔣徑，垂釣戀秦源。未老先疏懶，經年不出村。

5　《四朝詩史》收，題作〈和王介艇中丞遊養壽園韻〉。

6　高寫本、內藤本、豹龕本、大東本、《洹村逸興》皆有。

7　高寫本、內藤本、豹龕本、大東本皆有。

8　高寫本、內藤本、豹龕本皆有，大東本無。

9　高寫本、內藤本、豹龕本、大東本皆有。

漫漫蓬蒿翳，依依邱壑存。牆東堪避世，洹上自名園。
春暖耕雲塢，泉香洗藥圃。春深寒意盡，花柳又千村。[10]

月下遊養壽園聯句上容菴師

　　江都女士 史濟道 子希　靜海女士 權靜泉 效蘇

纖纖素魄照遊人。史　迤邐行來觸目新。
幾處亭臺通曲徑，權　數叢花竹結芳鄰。
沿溪露冷蛩聲切，史　入夜風清鶴唳頻。
漫道蓬萊仙境好，權　此中已似隔紅塵。史[11]

次韻[12]　容菴

曾來此地作勞人。[13] 滿目林泉氣象新。[14]
牆外太行橫若障，[15] 門前洹水喜為鄰。[16]
風煙萬里蒼茫繞，[17] 波浪千層激盪頻。
寄語長安諸舊侶，素衣早浣帝京塵。[18]
《袁檔》標為「頁二」，評曰：結語溫厚。

10　諸本皆無，自《寒雲集》輯入。

11　高寫本、內藤本、豹龕本、大東本皆有。

12　《袁檔》題作〈和子希景泉塾師遊園聯句原韻〉。《四朝詩史》題作〈和子希景泉遊園聯句韻〉。

13　《袁檔》「曾來此地作」五字墨點，側批：「青山萬疊隱」。

14　《袁檔》「滿目」，《袁檔》作「四面」。「四面林泉氣象」六字墨點，側批：「卜築漳洹邨落」。

15　《袁檔》「太行」二字墨點，側批：「遠峰」。「若」字墨點，側批：「列」。

16　《袁檔》「洹」字墨點，側批：「曲」。「喜為」二字墨點，側批：「數家」。

17　《袁檔》「煙萬里」三字墨點，側批：「沙不信」。「波浪千層激盪」五字墨點，側批：「雲物何堪變幻」。

18　高寫本、內藤本、豹龕本、大東本皆有，《洹村逸興》不收。

次韻寄容菴宮太保　貴陽 陳夔龍 小石

知公餘事作詩人。花木平泉物候新。

兩字范韓曾儷敵，一家坡潁自為鄰。

急流江上收帆易，小隱山中著屐頻。

話到先朝恩禮渥，眼枯望斷屬車塵。[19]

次韻上容菴府主　吳江 費樹蔚 仲深

瑰想瑤思託酒人。春光瀲灧管絃新。

門無冠劍參賓坐，天與溪山作比鄰。

危閣琴聲魚聽慣，閒庭花影鶴飛頻。

西來搖扇真多事，地遠風高怯自塵。[20]

次韻上容菴宮太保　凌福彭

天涯芳草望歸人。忽漫開緘墨瀋新。

一畝宮牆成小築，千秋洛社結比鄰。

蒼龍闕角催耕早，金爵觚棱入夢頻。

三月桑乾河上過，連營萬騎已前塵。[21]

次韻　永城 丁象震 春農

幅巾天與作閒人。別業春回氣象新。

賓從兩三陪書舫，俸錢千萬買芳鄰。

詩存竹所傳鈔遍，酒醒花間嘯傲頻。

19　高寫本、內藤本、豹龕本、大東本皆有。

20　高寫本、內藤本、豹龕本、大東本皆有。《費韋齋集》（1951 年刊本）題作〈又和容老
　　園游韻〉，見卷一，頁 9b。

21　高寫本、內藤本、豹龕本、大東本皆有。

玉宇瓊樓天上夢，未忘十丈輭紅塵。[22]

次韻上容菴府主　沈祖憲

當代如公有幾人。用富弼詩句　勛華才藻並清新。

梁園賓客詩無敵，洛社衣冠德有鄰。

已分輕鷗栖峙穩，笑他語燕往來頻。

卅年宦跡騰中外，差喜冰壺不染塵。[23]

次韻上容菴太保　元和　徐沅　芷笙

綠塹蔥蘢住偉人。成功遞嬗四時新。

平泉養壽春常好，涑水懷賢德有鄰。

近局還應憂樂共，退方致問起居頻。

沉思砥柱神州事，肇造元基已絕塵。[24]

和項城宮太保遊園　漢陽　田文烈　煥庭

洹上環村有偉人。園林手擘最清新。

江湖豈竟忘金闕，歸去猶將畏比鄰。

喜我雪鴻因應慣，笑他勞燕往來頻。

在山泉水清如此，何事長安踏軟塵。[25]

22　高寫本、內藤本、豹龕本、大東本皆有。

23　高寫本、內藤本、豹龕本、大東本皆有。

24　高寫本、內藤本有，豹龕本、大東本皆無。

25　諸本不收，見田文烈《拙安堂詩集》，收入汪夢川、熊燁主編：《民國詩集選刊》（揚州：廣陵書社，2017），頁85。

春日飲養壽園[26] 容菴

背郭園成別有天。盤飧尊酒共群賢。[27]

移山繞岸遮苔徑，[28] 汲水盈池放釣船。[29]

滿院蒔花媚風日，[30] 十年樹木拂雲煙。[31]

勸君莫負春光好，[32] 帶醉樓頭抱月眠。[33]

《袁檔》標為「頁四」，評曰：詩思清遠。

次韻 費樹蔚

徙倚高樓獨看天。留連觴詠映前賢。

晴嵐雜樹當窗檻，細雨飛花入酒船。

世事滄桑感雲物，村居水木靜風煙。

登臨定觸心靈起，如此江山忍醉眠。[34]

次韻 商邱 謝恂 琴仲

春寒料峭杏花天。園囿平章且避賢。

碣石殉山堆作徑，漳河引水淺浮船。

太行萬疊開新障，村郭千家起暮煙。

乘興登樓同眺望，檻前綠柳欲成眠。[35]

---

26 《袁檔》題作〈園成約諸友小飲〉，《四朝詩史》同。

27 《袁檔》「盤飧尊」三字墨點，側批：「山蔬邸」。「群」，側批：「高」。

28 《袁檔》「移山繞岸」四字墨點，側批：「疊巖便可」。

29 《袁檔》「汲」字墨點，側批：「聚」。「盈池」二字墨點，側批：「何堪」。

30 《袁檔》「蒔」字墨點，側批：「閒」。「風」字墨點，側批：「曉」。

31 《袁檔》「樹」字墨點，側批：「高」。「雲」字墨點，側批：「晴」。

32 《袁檔》「勸君莫」三字墨點，側批：「相期不」。

33 《袁檔》「帶醉」二字墨點，側批：「看月」。「抱月」二字墨點，側批：「未肯」。高寫本、內藤本、豹龕本、大東本皆有，《洹村逸興》不收。

34 高寫本、內藤本、豹龕本、大東本皆有。《費韋齋集》亦收，「感雲物」作「幻雲物」，「靜風煙」作「定風煙」，「定觸」作「忽觸」。見卷一，頁9a。

35 高寫本、內藤本有，豹龕本、大東本皆無。

次韻　甘泉　閔爾昌　葆之

門前洹水碧浮天。共說歸田六一賢。

垂釣偶臨楊柳渚，看花更泛木蘭船。

一犁平野宜春雨，十里蒼嵐帶晚煙。

還恐二蘇無此樂，夜吟兄弟對牀眠。[36]

次韻　沈祖憲

鑪香拂袖下諸天。直為鱸魚也自賢。用蘇軾詩句

身健不攜挑藥杖，波平聊試採蓮船。

新栽蓬島三株樹，笑指齊州九點煙。

誰寫韓公康樂景，畫家應數李龍眠。[37]

次韻　南昌　沈兆祉　小沂

正是江南水拍天。看花中酒共群賢。

何因公幹臨漳賦，來坐知章騎馬船。

綠野橋邊春似海，平泉莊上柳如煙。

南朝老子風流替，不為婆娑早醉眠。[38]

憶庚子舊事[39]　容菴

八方烽舉古來無。稚子操刀建遠謨。

慚對齊疆披枳棘，還臨燕水補桑榆。

奔鯨風起驚魂夢，歸馬雲屯感畫圖。

36　高寫本、內藤本、豹龕本、大東本皆有。豹龕本、大東本此詩在沈祖憲詩後。

37　高寫本、內藤本、豹龕本、大東本皆有。

38　高寫本、內藤本、大東本皆無，豹龕本有，在此題最末。

39　《袁檔》題作〈憶庚子年故事〉，《四朝詩史》同。

海不揚波天地肅，共瞻日月耀康衢。[40]

《袁檔》標為「頁三」，評曰：前三韻稍嫌質實，尚待潤色。結韻莊嚴。

次韻　廬江　吳保初　君遂

汝陰一老世非無。洛社流風翊廟謨。

點點疏星橫塞雁，依依邊月照關榆。

曾勞至計安宗社，坐昧連橫失霸圖。

江左夷吾能再出，佇看逸足騁天衢。[41]

次韻　董士佐

當年塵影半歸無。論罪迎鑾總俊謨。

見察秋毫三削草，記傳春秋十鑽榆。

大行此日皆黃壤，王會何時更繪圖。

每一登樓輒悵望，惟期奮力騁高衢。[42]

次韻　沈祖憲

斗米神仙事有無。蘭臺倘亦吐忠謨。

金閨也詡逢黃石，銀漢何曾種白榆。

羯鼓愁翻淋雨曲，龍舟淒絕上河圖。

老臣早淡凌煙志，願製歌謠繼壤衢。[43]

40　高寫本、內藤本、豹龕本、大東本皆有，《洹村逸興》不收。

41　高寫本、內藤本豹龕本、大東本皆有。吳著、孫文光點校《北山樓集》（合肥：黃山書社，1990）亦收，「汝陰」作「汝陽」，訛。（頁74）

42　高寫本、內藤本、大東本皆無，豹龕本有，在吳保初詩後。

43　高寫本、內藤本無，豹龕本、大東本皆有。

春雪[44]　容菴

連天雨雪玉蘭開。[45] 瓊樹瑤林掩翠苔。[46]

數點飛鴻迷處所，[47] 一行獵馬疾歸來。[48]

袁安踪跡流風渺，裴度心期忍事灰。[49]

二月春寒花信晚，[50] 且隨野鶴去尋梅。[51]

《袁檔》標為「頁五」，評曰：寄託遙深。

次韻　祥符　王廉　介艇

韶春取次畫圖開。柳氣通林妒綠苔。

荏苒靈辰挑菜過，摩挲醉眼看花來。

那知社後麥苗雨，化作人間豆秸灰。

惟有午橋莊耐冷，瓊樓玉宇放紅梅。[52]

次韻　田文烈

春深二月萬花開。飛雪無端掩碧苔。

匝地風雲千嶂合，寒江蓑笠一舟來。

詩成驢背心真壯，香煖鴨鑪爐未灰。

44　《袁檔》題作〈二月雪〉。

45　《袁檔》「連天雨」三字墨點，側批：「霏霏春」。「玉蘭開」三字墨點，側批：「掩蒼苔」。

46　《袁檔》全句墨點，側批：「木華衝寒著意開」。

47　《袁檔》「迷處所」三字墨點，側批：「天外隱」（「隱」本作「影」，抹去）。

48　《袁檔》「獵」字墨點，側批：「歸」。「疾歸」二字墨點，，側批：「樹邊」。

49　《袁檔》袁氏自批於側：「裴詩灰心緣忍事」。

50　《袁檔》「二月」二字墨點，側批：「莫道」。

51　高寫本、內藤本、豹龕本、大東本皆有，《洹村逸興》不收。

52　高寫本、內藤本無，豹龕本、大東本皆有。豹龕本此題諸作之次序為：吳保初、閔爾昌（二首）、丁象震、陳夔龍、謝愷、王廉、田文烈、嚴震、朱家磐、史濟道—權效蘇。茲從袁集本，將王廉詩於首。

解凍噓陽緣底事，方令東閣正調梅。[53]

次韻 陳夔龍

秋容老圃報花開。又見東風長綠苔。
謝傅中年有哀樂，泉明荒徑盍歸來。
一場蘧醒春婆夢，十載曾經劫火灰。
我擬孤山寄行腳，騎驢湖上去尋梅。[54]

次韻 桐鄉 嚴震 梟鄉

二月春光鎖未開。紛綸玉屑點階苔。
偶因北海風雲變，仍化東皇雨露來。
大地似聞阻花信，一陽早喜動葭灰。
韶華闃寂非天意，衝破嚴寒有老梅。[55]

次韻 商邱 謝愃 仲琴

春寒桃李未爭開。微雪霏霏點綠苔。
芳孕胚胎含不洩，玉英消散聚還來。
三千世界鋪瓊屑，百六光陰憶琯灰。
待放繁花先醞釀，天公有意作鹽梅。[56]

次韻 丁象震

二月春遲花未開。花飛六出點莓苔。

---

53 高寫本、內藤本、豹龕本、大東本皆有。亦見田文烈《拙安堂詩集》，文字全同，唯題作〈和項城宮太保二月雨雪原均〉（頁 85）。
54 高寫本、內藤本、豹龕本、大東本皆有。
55 高寫本、內藤本、豹龕本皆有，大東本無。
56 高寫本、內藤本、豹龕本皆有，大東本無。

謝庭兒女裁詩就，梁苑賓朋載筆來。

勝地林亭閒遠略，勞臣心迹蒸寒灰。

從知憂樂關天下，贏得餘情賦早梅。[57]

次韻　合肥　朱家磐　石菴

寒雲密合久難開。春雪如簁已覆苔。

敝履狂行增眾笑，局門贏臥更誰來。

試看著柳添長線，且復圍爐撥宿灰。

麥秀薺青矜歲熟，不堪遲杏並欺梅。[58]

次韻聯句　史濟道　權效蘇

已報枝頭杏正開。史　又看飛雪點蒼苔。

搴帷更覺東風冷，權　入戶還兼細雨來。

作意欲添新粉本，史　驅寒重撥舊鑪灰。

詩壇百戰堪乘興，權　何必山中更訪梅。史[59]

次韻　吳保初

徑野殘花寂歷開。曾攜屐齒印蒼苔。

袁安高臥人間世，陶令一官歸去來。

往事沈沈渾若夢，相思寸寸總成灰。

春風三月燕山道，笛裏猶聞唱落梅。[60]

57　高寫本、內藤本、豹龕本、大東本皆有。

58　高寫本、內藤本、豹龕本皆有，大東本無。

59　高寫本、內藤本、豹龕本、大東本皆有。

60　高寫本、內藤本、豹龕本、大東本皆有。吳著《北山樓集》亦收，「徑野」作「野徑」。
　　（頁73）

次韻　閔爾昌

罨畫溪山粉本開。雙雙凍雀啄園苔。

聲兼野竹蕭騷灑，寒趁東風料峭來。

才語曾聞吟柳絮，初陽早已動葭灰。

紅爐綠酒堪斟酌，更倚新詞譜落梅。[61]

雪後園遊用前均呈容菴府主　前人

林花爛漫冒寒開。石上飛泉瀞綠苔。

隔樹禽聲催雪霽，當樓山翠撲人來。

更從洛下聯詩社，莫憶昆明話劫灰。

朝圃春叢歌雅調，風流端已壓歐梅。[62]

清明偕叔兄遊養壽園[63]　容菴

昆季偕遊養壽園，[64]清明雪盡草粗蕃。[65]

蒼松繞屋添春色，綠柳垂池破釣痕。[66]

畫舫疑通桃葉渡，[67]酒家仍在杏花村。[68]

鶯歌燕語無心聽，[69]笑把塤篪對坐喧。[70]

《袁檔》評曰：春意盎然。

61　高寫本、內藤本、豹龕本、大東本皆有。

62　高寫本、內藤本、豹龕本、大東本皆有。

63　《袁檔》題作〈清明偕兄遊園〉，《四朝詩史》同。

64　《袁檔》「昆季」二字墨點，側批：「白首」。「養壽園」三字墨點，側批：「樂弟昆」。

65　《袁檔》全句墨點，側批：「養疴隨地闢林園」。

66　《袁檔》「釣」作「浪」，墨點，側批：「曉」。

67　《袁檔》「疑」字墨點，側批：「恍」。「通」字點去。「桃葉」二字墨點，側批：「臨古」。

68　《袁檔》「仍在杏花」四字墨點，側批：「何處問山」。

69　《袁檔》全句墨點，側批：「春深庭樹新陰合」。

70　《袁檔》「鶯歌燕與無心」六字墨點，側批云：「好」、「黃鸝」，其意當係改作「好聽黃鸝對座喧」。高寫本、內藤本、豹龕本、大東本皆有，《洹村逸興》不收。

次韻　謝恓

勝日尋芳共涉園。芊綿青草踏來蕃。

新懽稱意皆成趣，舊夢追思不著痕。

歷亂鶯花忻得主，低迷煙柳別為村。

錫簫蝶扇平常事，弟倡兄酬未覺喧。[71]

次韻　閔爾昌

欣欣生意滿芳園。榆柳垂陰梅杏蕃。

花底流鶯嬌弄舌，橋邊春漲綠添痕。

尚傳往事分新火，恰見斜陽淡遠村。

美景佳辰須盡醉，東風隔斷市聲喧。[72]

次韻　沈祖憲

秀野真同獨樂園。更懸藤榻效陳蕃。

偶移松竹添山勢，為種菰荷刻水痕。

坡潁依然聯舊雨，漳洹且喜繞孤村。

錫簫吹暖桃花塢，一任蜂衙過午喧。[73]

家大人示遊園詩命次韻一首　袁克文

大好安陽負郭園。閒庭未埽任花蕃。

會成真率招吟侶，臺上逍遙憶舊痕。

四壁圖書萬竿竹，千山風雨一家村。

71　高寫本、內藤本、豹龕本皆有，大東本無。

72　高寫本、內藤本、豹龕本、大東本皆有。

73　高寫本、內藤本無，豹龕本、大東本皆有。

悠然樂賦淵明句，人境差無車馬喧。[74]

寄陳筱石制軍二首[75]　容菴
武衞同袍憶十年。光陰變幻若雲煙。
敏中早已推留守，彥博真堪代鎮邊。
笑我驅車循覆轍，願公決策著先鞭。
傳聞鳳閣方虛席，那許西湖理釣船。

北門鎖鑰寄良臣。滄海無波萬國賓。
湘鄂山川謳未已，幽燕壁壘喜從新。
鳴春一鶚方求侶，點水群蜂漫趁人。
旭日懸空光宇宙，勸君且莫愛鱸蒪。[76]

次韻寄畲　陳夔龍
老去都非少壯年。略園師友散如煙。
目窮蒼狗浮雲外，心在金鼇夕照邊。
射虎短衣譚校獵，騎驢佳句試吟鞭。
臨流不信風波惡，漳水茫茫好泊船。

已有獅兒作帝臣。齊眉鴻案敬如賓。
錦堂鄰下初成記，碁局長安又換新。
三逕菊松應笑我，一總風雨正懷人。

74　諸本皆無，據孫雄《四朝詩史》輯入。此詩亦見於《寒雲集》，文字時有出入。「閒庭未埽任花番」作「掃除一室笑陳蕃」；「臺上逍遙憶舊痕」作「臺署逍遙印履痕」；「萬竿竹」作「數竿竹」；「千山風雨一家村」作「萬山風雨幾家村」；「樂賦」作「再賦」；「差無」作「真無」。

75　《洹村逸興》題作〈贈庸菴友人七律二首〉。《四朝詩史》作〈和庸庵原韻〉。

76　高寫本、內藤本、豹龕本、大東本、《洹村逸興》皆有。

淇泉鱖筍供春酌，惜少西湖雉尾蓴。[77]

次韻上容菴府主為二客薪禱問盦之體　費樹蔚

大藥仙山駐巨年。落花禪榻颭茶煙。

自邀古月來襟底，卻抱餘香向酒邊。

北斗夜明閒撫劍，東華塵濁暫投鞭。

知公康濟心無限，忍便滄浪獨掉船。

清時魁柄付宗臣。願狎煙波作鷺賓。

白首憂天年未老，赤心捧日事如新。

對床風雨聯詩課，橫海戈船讓肉人。《真誥》靈筆真手初不敢下交于肉人。

出處自關家國運，不同張翰戀鱸蓴。[78]

次韻二首　沈祖憲

漢官重覯鼠兒年。勁舶通潮散綠煙。

四鎮弓刀新註籍，三韓旌節舊臨邊。

延齡術少想求藥，馭日途長懶借鞭。

下瀨將軍休問訊，雨簑風幔五湖船。

韓范綏邊太重臣。迌還詩墨耀龍賓。

水衡漫告金繒竭，海客頻驚壁壘新。

---

77 高寫本、內藤本、豹龕本、大東本皆有。

78 高寫本、內藤本、豹龕本、大東本皆有。《費韋齋集》題作〈和容庵老人寄筱石尚書二首原韻〉。其一「餘香」作「餘春」，「無限」作「無極」。其二「白首」句下自註：「年甫五十而鬚髮皆白。」「對床」句下自註：「哲兄清泉觀察同居洹上。」見卷一，頁 9b-10a。

黎幹鳴騶先減騎，魏徵飛鳥肯依人。
東都八院行廚好，淇鯽盈盤薦紫蓴。[79]

次張馨菴都轉賦懷見示韻[80]　容菴
人生難得到仙洲。咫尺桃源任我求。
白首論交思鮑叔，赤松未遇愧留侯。
遠天風雨三春老，大地江河幾派流。
日暮浮雲君莫問，願聞強飯似初不？[81]

次韻上容菴府主　費樹蔚
煙景分明勝十洲。端居養壽更何求。
乾坤濩落數君子，天地支離一醉侯。
省識浮雲無定相，偶看逝水悟橫流。
高勛碩望歸田早，傲得安陽羨叟不。韓魏公晚年自號安陽羨叟。[82]

雨後遊園[83]　容菴
昨夜聽春雨，披蓑踏翠苔。人來花已謝，借問為誰開？[84]

次韻　謝愃
關心花易謝，夜雨濕莓苔。三徑添紅暈，呼僮掃不開。[85]

79　高寫本、內藤本有，豹龕本、大東本皆無。
80　《洹村逸興》題作〈和馨庵都轉元韻〉。《四朝詩史》題作〈和張馨庵都轉韻〉。
81　高寫本、內藤本、豹龕本、大東本、《洹村逸興》皆有。
82　高寫本、內藤本、豹龕本、大東本皆有。「韓魏公」，豹龕本同，大東本作「韓琦」。
　　《費韋齋集》亦收，「乾坤」作「風塵」，「偶看」作「坐看」。此詩前有題曰：〈容庵
　　老人垂示洹上登樓春望及春日飲養壽園七律各一首依韻奉和〉，見卷一，頁 8b-9a。
83　《四朝詩史》收，同題。
84　高寫本、內藤本、豹龕本、大東本、《洹村逸興》皆有。
85　高寫本、內藤本、豹龕本皆有，大東本無。豹龕本在王錫彤詩後。

次韻　汲縣　王錫彤　小汀
濯濯池邊柳，盈盈階上苔。料知春雨足，不覺笑顏開。[86]

次韻　沈祖憲
一雨花爭放，香泥涴綠苔。帶圍金芍藥，應為魏公開。[87]

又疊前韻倣齊梁體柬豹岑公子　沈祖憲
物性各自得，同岑却異苔。春風荊樹發，古雪桃花開。[88]

次韻　克文
雨趁東風過，青青石上苔。嬌花禁不住，猶賸數枝開。

輕塵飛不起，水色又如苔。心似紅蕉捲，眉從綠柳開。

穿階飛宿雨，染岸聚新苔。多少好顏色，天將畫本開。

新泥塗石徑，行處展連苔。萬樹雨初洗，一天雲正開。[89]

嘯竹精舍　容菴
烹茶檐下坐，竹影壓精廬。不去窗前草，非關樂讀書。[90]

次韻　董士佐
日下影當戶，風來聲滿廬。離離萬寒玉，了了一床書。[91]

次韻　克文
當戶千竿翠，娟娟影入廬。參差弄風月，左右伴琴書。[92]

登樓　容菴
樓小能容膝，檐高老樹齊。開軒平北斗，翻覺太行低。[93]

次韻　沈祖憲
樓迴凌千尺，平看雁翼齊。岱宗曾弭節，自覺萬山低。[94]

次韻　王錫彤
不作登樓感，全將物我齊。檻前列牛斗，誰復問高低。[95]

次韻　克文
東北高樓矗，浮雲欲與齊。河山隨望淼，煙樹傍人低。[96]

晚陰看月　容菴
棹艇撈明月，逃蟾沈水底。搔頭欲問天，月隱煙雲裡。[97]

91　高寫本、內藤本、豹龕本皆有，大東本無。

92　高寫本、內藤本有，豹龕本、大東本皆無。

93　高寫本、內藤本、豹龕本、大東本、《洹村逸興》皆有。葉德輝《郋園讀書志》卷十六記載，此詩末二句本作「憑軒看北斗，轉覺夕陽低」。

94　高寫本、內藤本、豹龕本、大東本皆有。

95　高寫本、內藤本、豹龕本、大東本皆有。

96　高寫本、內藤本有，豹龕本、大東本皆無。《寒雲集》題為〈登樓次韻〉；「傍人」，《寒雲集》作「接天」。《遊戲新報》1920 第 1 期亦登載之，「淼」作「遠」。

97　高寫本、內藤本、豹龕本、大東本、《洹村逸興》皆有。

次韻　沈祖憲

夜深魚讀月，影聚平橋底。忽驚撥剌聲，舟漾水雲裡。[98]

次韻　克文

千里說同心，飛光何所底。浮雲復來去，不照微塵裡。[99]

海棠二首[100]　容菴

海棠帶雨濕紅粧。乞護重陰晝正長。

蛺蝶不知花欲睡，飛來飛去鬧春光。

垂絲幾樹拂池塘。夾岸紅雲絢夕陽。

番信風來驚睡夢，落花飛向水中央。[101]

次韻　沈祖憲

海棠夾岸鬥新妝。細馬遊春覺路長。

雛燕也知春富貴，口銜香雪掠波光。昨攜稚子遊園蒙頒活計。

一樹嫣紅照柳塘。鉛華穠艷冠河陽。

分簪曾沐東皇寵，檐子穿花入未央。唐宰相均騎馬，宋惟溫潞二公許乘檐子，即今二人肩輿。[102]

98　高寫本、內藤本、豹龕本、大東本皆有。

99　高寫本、內藤本有，豹龕本、大東本皆無。

100　《洹村逸興》題作〈詠海棠二首〉。

101　高寫本、內藤本、豹龕本、大東本、《洹村逸興》皆有。

102　高寫本、內藤本、豹龕本、大東本皆有。

次韻　克文

漫將金屋貯紅妝。側臥鈎簾興味長。
睡去不知燒燭久，依依輕影透霞光。

嬌嬈體態泛春塘。幾處新紅襯豔陽。
芍藥應羞桃李俗，杜鵑聲裡簇央央。[103]

落花[104] 容菴

落花窗外舞，疑是雪飛時。剛欲呼僮掃，風來去不知。[105]

榆錢 容菴

榆錢童子掠，野鳥盡高飛。燕雀知人意，枝頭尚未歸。[106]

病足二首[107] 容菴

採藥入名山。愧余非健步。良醫不可求，莫使庸夫誤。

行人跛而登，曾惹齊宮笑。扶病樂觀魚，漁翁莫相誚。[108]

---

103 高寫本、內藤本有，豹龕本、大東本皆無。《寒雲集》亦收，題為〈海棠二首次韻〉，
　　文字時有出入。「側臥鈎簾興味長」作「簾捲看花味更長」；「依依輕影透霞光」作「錯
　　疑嬌臉透霞光」；「芍藥應羞桃李俗」作「同在花陰分苦樂」；「簇央央」作「睡鴛鴦」。
104 《四朝詩史》收，同題。
105 高寫本、內藤本、豹龕本、大東本皆無，《洹村逸興》有。
106 高寫本、內藤本、豹龕本、大東本皆無，《洹村逸興》有。
107 《四朝詩史》收其一，同題。
108 高寫本、內藤本、豹龕本、大東本皆無，《洹村逸興》有。

和子希塾師遊園韻 容菴

老去詩篇手自刪。興來扶病強登山。

一池花雨魚情樂，滿院松風鶴夢閒。

玉宇新詞憶天上，春盤鄉味採田間。

魏公北第奚堪比，卻喜家園早放還。[109]

和景泉塾師遊園韻 容菴

池上吟成一倚欄。老梅晴雪不知寒。

年來了卻和羹事，自向山廚撿食單。[110]

自題漁舟寫真四首 容菴

身世蕭然百不愁。煙簑雨笠一漁舟。

釣絲終日牽紅蓼，好友同盟只白鷗。

投餌我非關得失，吞釣魚卻有恩仇。

回頭多少中原事，老子掀鬚一笑休。

中年無地可埋憂。寵辱紛紜總是休。

月淡風蕭雙短鬢，煙簑雨笠一漁舟。

得魚不必求人賣，換酒無須向婦謀。

今夜小船何處泊，平沙淺水白蘋洲。

不學漁師無厭求。但期寄興在滄洲。

為貪山水纔垂釣，倘遇風光便可留。

鷺友鷗鄰皆伴侶，煙簑雨笠一漁舟。

---

109 高寫本、內藤本、豹龕本、大東本皆無，《洹村逸興》有。

110 高寫本、內藤本、豹龕本、大東本皆無，《洹村逸興》有。

畫圖寫就江鄉景，樂趣能致尺幅收。

百年心事總悠悠。壯志當時苦未酬。
野老胸中負兵甲，釣翁眼底小王侯。
思量天下無磐石，歎息神州變缺甌。
散髮天涯從此去，煙蓑雨笠一漁舟。[111]

孫雄跋

瑤想瓊思託古人。琳琅滿幅墨痕新。
勳高潞國輝成史，山傍蘇門喜德鄰。
閣上麒麟圖像美，郄前雛鳳和詩頻。
不才虛荷孫陽顧，鎩羽燕郊未出塵。

蒼生憂樂繫斯人。一品披衣得句新。
功在乾坤補媧石，情怡林壑結仙鄰。
浮雲蒼狗移形速，退食金鼇入夢頻。
異日來遊陪杖履，俗懷撲去軟紅塵。

名園依綠畫圖開。賓從追陪屐印苔。
三顧漫驚諸葛臥，群首猶畏令卿來。
百年洛社傳吟卷，廿載昆池痛劫灰。
時局方艱天似醉，幾人調鼎協鹽梅。

---

111 高寫本、內藤本、豹龕本、大東本、《洹村逸興》皆無。據 1916 年 10 月野史氏《袁世凱軼事續錄》中〈吳北山代筆題詩〉一條輯入。

板蕩神州倦眼開。鮌生閉戶徑侵苔。

憂時淚灑看天去，伙莽潮翻捲地來。

槐市蒼茫心枉熟，比任文科大學事宜，既短於才，又絀於費，不得盡
行其志。藤陰淒斷夢成灰。

儒冠坐誤詩吟杜，拙句慚傳驛使梅。

辛亥三月常熟孫雄師鄭初稿 [112]

楊圻〈題容菴圭塘集（此袁世凱隱洹上唱和之作）〉

太白園中桃李開。落花芝蓋簇春苔。

眼前湖海元龍氣，天外風塵野鶴來。

詩酒微名無乃拙，英雄心事未全灰。

儒冠誤盡書生志，合向空山種老梅。

——載《江山萬里樓詩詞鈔》卷五

葉德輝《郋園讀書志》卷十六〈圭塘倡和詩一卷〉

《圭塘倡和集》為項城致樞政時田居賓僚倡和之作，二十年秉
政，以勢利奔走一世之人才，梁園風雅，安有餘韻可尋思耶？集中
〈登樓〉一首，末二句本作「憑軒看北斗，轉覺夕陽低」，大有宋太
祖「趕卻殘星趕卻月」之概，辛亥革命此其見端；今此本改為「開軒
平北斗，翻覺太行低」，語雖不凡，失其奸雄氣概矣。丙辰四月大盡
日得之蘇城玄妙觀書攤。

---

112 見於豹龕本。

附：酬唱詩人簡介

沈祖憲（1852－1932），字呂生，會稽人。同治年間優貢出身，長期擔任袁世凱貼身秘書。晚年曾遭袁氏懷疑反對帝制、暗通孫中山而一度入獄。

董士佐，字冰谷，宜賓人。袁世凱幕客。1914 年，供職內史監，與閔爾昌、夏壽田、張鳳臺、劉春霖等同任內史。

凌福彭（1856－1931），字潤臺，番禺人。光緒二十一年（1895）進士，歷任戶部主事兼軍機章京、天津知府兼天津工藝局及習藝所督辦、保定知府、天津道長蘆鹽運使、順天府尹代理、直隸布政使。1911 年後曾任北洋政界約法會議議員、參政員參政。

史濟道，字子希，江都人。袁氏女塾教師，著有《淨心齋詩》。其姊濟莊，字敬之，監城金倬雲妻，著有《九畹齋詩槀》。

權靜泉，字效蘇，靜海人。袁氏女塾教師。

陳夔龍（1857－1948），字筱石，號庸庵居士，貴陽人。光緒十二年（1886）進士，庚子時署理順天府尹。歷任漕運總督、河南巡撫、江蘇巡撫、四川總督、湖廣總督，宣統元年（1909）任直隸總督兼北洋大臣。清亡不仕。有《夢蕉亭雜記》、《庸庵尚書奏議》、《花近樓詩存》等。

費樹蔚（1883－1935），字仲深，吳江人。十九歲成秀才，後由張一麐薦入袁世凱幕府。光緒三十三年（1907）袁世凱赴京入軍機處，費隨同前往。宣統元年（1909）應徐世昌之邀入郵傳部，任員外郎，兼理京漢鐵路事。翌年（1910），丁母憂歸回蘇州。民國四年任北洋政府政事堂肅政史。袁氏稱帝，直言勸諫，未採納，遂隱退回蘇。費氏與袁克定為連襟，其子費鞏又娶克定之女家第。

丁象震，字春農，永城人。光緒六年（1880）進士，改翰林院庶吉士。官至直隸河間府知府。丁氏〈賀袁世凱五十壽聯〉云：「五嶽同尊，惟嵩曰峻極；百年上壽，如日之方中。」

謝愃（？－1916），字仲琴，商邱人，袁氏在朝鮮時即參戎幕。民國後曾負責修復彰德天平渠。工程未半而去世，其弟謝季璵繼續施工，至 1917 年夏基本完成主體工程。歷史學家謝國楨為其嫡孫。

徐沅（1880－？），字芷生，號藚盦，元和人。光緒二十九年（1903）癸卯經濟特科進士。曾任山東聊城縣知事。1906 年，任直隸洋務局會辦。1911 年，出任津海關監督。民元後，仍任津海關監督，1913 年兼任外交部直隸交涉員，1914 年專任津海關監督，1915 年去職。1915 年 11 月 19 日，任肅政廳肅政史，1916 年 6 月 29 日裁免。著有《珊村語業》、《珊村筆記》、《雲到閒房筆記》、《雲到閒房雜鈔》、《白醉棟話》、《檐醉雜記》、《斗南老人詩集》、《清秘述聞再續》（與祁頌威合撰）等。

閔爾昌（1872－1948），字保之，江都人。秀才出身，經袁克定薦入袁世凱幕府，擔任機要文牘多年。為人耿介，未嘗以權謀私。工於詩，時稱「一時鸞鳳」，居寒廬七子之一。與修徐世昌主編之《清儒學案》。編有《碑傳集補》六十卷。

沈兆祉，又名士孫，字小沂、曉宜，南昌人。張百熙門人。深於國故，工詩，與陳寶琛、陳散原等時有唱和。1899 年與日人佐原篤介於上海創辦《五洲時事彙報》半月刊。與葉恭綽合辦廣雅書局。曾擔任袁世凱幕僚，以結交各省文友著稱，人稱「小智囊」。袁氏稱帝，沈兆祉表示反對。袁死，沈旋逝。

吳保初（1869－1913），字君遂，廬江人，吳長慶之子。光緒二十一年（1895），補授刑部山東司主事，旋派充貴州司主稿，兼秋審處幫辦。甲午戰敗，上《陳時事疏》。戊戌變法失敗後，作〈哭六君子詩〉以悼。此後寓居上海，徘徊於革命、維新之間。袁世凱任直隸總督，招遊天津，月致用度甚豐，然不得議政，終年鬱鬱。袁罷職後，至洹上與之酬唱，旋離去。晚年患病時，袁氏曾兩度電匯醫資。有《北山樓詩》。

王廉，字介艇，祥符人。同治十年（1862）進士，授編修。光緒十七年（1891）由鳳潁六四道升湖南按察使，二十年（1894）升安徽布政使，二十一年（1895）改直隸布政使，二十二年（1896）革職。早年與袁保恒過從，直隸革職時，袁世凱曾為其奏請復職。革職後居彰德，與袁世凱過從甚密。有《大梁詩集》卅四卷。

田文烈（1858－1924），字煥庭，漢陽人。鄉試後轉為武官。光緒十一年（1885）入讀北洋武備學堂。袁世凱朝鮮赴任，任仁川理事府文案，袁氏以為心腹。甲午戰爭前夕，隨袁回國，任北洋水師學堂教習。光緒二十一年（1895），袁氏創設新建陸軍，田氏任督練處總文牘。三十年（1904），任北洋常備軍左翼營務。翌年，任北洋督練公所正參議兼兵備處總辦。宣統三年（1911），任陸軍部副大臣。民元後，歷任總統府軍事顧問、山東民政長兼軍務會辦、河南民政長、河南都督、河南軍務會辦兼巡按使、農商總長、內務總長、交通總長等職。有《拙安堂詩集》一卷。

嚴震，原名文藻，又名作霖，號鳧薌，桐鄉烏鎮人。光緒五年（1879）優貢，十四年（1888）副貢。官遂昌訓導，升廣西梧州、鎮安等府知府，桂平梧道左江道，降任直隸順德府知府，調首府署清河道。有《攬秀閣詩存》一卷。

朱家磐，字石菴，合肥人，朱熹後裔。袁世凱幕客，謝恒曾推薦予周學熙，不果。後任甘肅花定榷運局長。

王錫彤（1865－1938），字小汀，汲縣人。十九歲時獲縣試第一名，繼而獲府試第二名、院試第三名。光緒十三年（1887）入開封大梁學院，後執教衛輝經正書舍、禹州三峰實業學堂。卅一年（1901）應禹州方面邀請，管理三峰礦物公司。卅二年，支持自辦鐵路，促成洛潼鐵路竣工通車。袁世凱隱居衛輝，介紹王氏與周學熙相識，成為周氏資本集團之核心人物。1914 年，以「華豐實業社」的名義代辦湖北水泥廠，有「洋灰王」之稱。1925 年退隱，閒居天津，潛心文史著述。有回憶錄《抑齋自述》。

袁克文（1890－1931），字豹岑，號寒雲，袁世凱次子，母為朝鮮金氏，生於朝鮮漢城（今韓國首爾）。博學多才，擅長詩文書畫，富於藏書、古玩。因反對乃父稱帝，放浪形骸，加入青幫。乃父去世後，長期客居上海，以賣文販字為生。後病逝於天津。編撰有《圭塘唱和詩》、《寒雲詩集》、《寒雲詞集》、《洹上詞》、《寒雲日記》、《辛丙秘苑》、《洹上私乘》、《養壽園志》、《寒雲手寫所藏宋本提要廿九種》等著作。

附錄二　徐世昌丁巳和陶詩

一、秋前和陶

余移居後頗有閒適之致偶讀淵明移居詩率爾賦此

靖節先生樂可知。南村卜宅有新詩。

枌榆社近爭攜酒，漢魏人遙但訪碑。

論史俾窺前古上，勸農正及早春時。

藤牀莞蓆殊安穩，五柳當門颺綠絲。

連日微雨和淵明連雨獨飲

我性不嗜酒，得酒欣然醉。人生貴適意，軒冕安足累。

仙人王方平，命酒如川至。飲徧四海人，酩酊半酣睡。

微雨從東來，苔草綠平地。輕涼擊衣襟，偶動天外思。

飲啄亦尋常，鯤鵬酬遠志。欲足閭閻食，何人運神智。

和淵明問來使

太行山南麓。昔種滿園竹。昨來山中人，問我山中屋。

春筍幾尺肥，秋稻幾家熟。他日巾車歸，來伴白雲宿。

和淵明還舊居

棲遲在京國，荏苒三十載。去住已尋常，門巷亦屢改。

今年又移家，登樓望遠海。新燕何翩翩，猶復戀舊壘。

畦韭剪未齊，園葵香可採。修竹長琅玕，奇花含蓓蕾。

書堂坐幽深，閒軒更爽塏。何日還舊居，短童掃徑待。

和淵明有會而作

人生何所營，萬事自紛擾。兀坐如空山，余懷常幽杳。

策杖出門去，白雲在天杪。偶逢長者言，學道苦不早。
希夷窮妙悟，貞白具深抱。荊榛任翦鋤，閒花落更掃。
一卷南華經，枕中祕鴻寶。長揖謝時輩，去嘗神農草。

和淵明九日閒居

四時必有秋，天地始清曠。塵世多紛爭，聖人制禮讓。
歲序去不留，日月遞相望。荒畦菊正肥，野水落寒漲。
放眼看南山，蒼翠列屏障。幾日秋社過，小甕餘村釀。
陶然撫我琴，群雁江湖上。眷言懷良友，日暮但惆悵。
天半有停雲，獨立勞相向。

和淵明歸園田居六首

其一

組綬非所榮，簿書勞神智。脫然謝塵鞅，山水酬夙志。
沉魚樂深淵，倦鳥動歸翅。駕言返田園，及春勸農事。
晨趨短犢耕，暮課稚女字。翦草闢荒園，種秫有餘地。
溪霞落淺紅，山雨滴晚翠。道逢送酒人，門無催租吏。
歲晚百務閑，讀易求古意。身世兩悠悠，百年本如寄。

其二

青山繞吾廬，綠水圍吾村。時有放鴨兒，持竿著短褌。
荷葉高於屋，稻花香到門。夕陽射山背，雨氣斷虹吞。
獨立數歸鴉，林杪點墨痕。此時心志閒，未易與人論。

其三

種竹十萬竿，春來見筍茁。幾日碧參天，竹雞鳴軋軋。
織簾為篷笘，不如儕稿秸。請看種竹人，長守此清拔。

其四

秋晚農事畢，田家有餘歡。鄰閭正釀酒，朋交共盤餐。
今年收穫豐，新稅早輸官。高囷上齊屋，鵝鴨鬧門欄。
婚嫁樂及時，好語說團欒。父老腰腳健，薄醉顏微丹。
出門看秋色，塞鴻振羽翰。誰家羽獵兒，珠勒紫金鞍。
莫射天邊鴻，人物兩相安。

其五

蕭然蓬戶中，彈琴獨嘯歌。乾坤自清淑，雲物亦婆娑。
熟讀神農經，採藥山之阿。昨入城市游，慷喟抑何多。
翻然逃空虛，其樂當如何。

其六

種樹東原上，十年成美蔭。下有澄水潭，月華深夜浸。
酒渴脫襟來，偶借一瓢飲。清風盪吾懷，詩思不能禁。
王道至坦平，南山亦幽峻。浩淼大河流，千里滋沁潤。
五嶽紀游蹤，嵩高居中鎮。長歌激天風，白雲來如陣。
既醉仍復飲，不知霜上鬢。

二、秋後和陶

和淵明飲酒詩二十首

其一

宇宙一何曠，俯仰樂紆徐。清秋風日美，策杖出吾廬。
良友久不至，歡然接襟裾。相對不飲酒，高論負古初。

其二

秋霖敗禾稼，野水多鰥鱸。舉網雖得魚，不如力田疇。

睠彼枌榆社，浩淼成沙洲。月上兒啼飢，窗外橫漁舟。

其三

萬物各相競，營營何時已。抱一無所求，澄心涵清沘。
眾流必歸德，上善本若水。飲和徧人間，功成而不恃。
大道入元虛，稽首拜李耳。

其四

富貴如煙雲，功業亦草草。昨日華堂宴，清辭發蘭藻。
今日過其門，牆傾屋攲倒。溝水日南流，斜陽下城堡。
人世無炎涼，百卉自榮槁。歸山飲流霞，駐顏不知老。

其五

出門一拄杖，逍遙問莊叟。窗外有孤松，宅畔種五柳。
觀空虛可致，無為拙能守。人事本難齊，物理有奇偶。
太羹未易調，何如飲吾酒。

其六

清風吹我衣，巾車向東皋。朝耕與夕耨，收穫亦云勞。
償勞更無幾，歲月去滔滔。柘陰社鼓鳴，小甕熟村醪。

其七

亭亭雙碧梧，秋來結子繁。何必棲鸞鳳，託根謝塵樊。
讀書綠陰下，懷古望羲軒。我持一樽酒，欲飲悄無言。
且復理瑤琴，鴻飛杳無痕。

其八

視聽等希夷，學道期長生。默默山中人，名之無能名。

中天一輪月，照子心光明。登高望瀛海，何日澄且清。
勸君飲美酒，萬物自虛盈。

其九
讀書不療貧，為農長苦飢。數卷神農經，人病必求醫。
壺公朝入市，賣藥果何為。日日雜屠沽，有道人不知。
君子當濟物，達人貴逢時。著手天下春，民物自熙熙。
有如飲醇酎，芳甘浸肺脾。既醉亦陶然，載詠風人詩。

其十
巢許富野性，用綺有童顏。不為塵世羈，難得日月閒。
巖耕土脈瘠，荷鋤空往還。一瓢長無酒，蕭然屋兩間。
日午且高眠，白雲掩松關。

其十一
青山銜落日，牛羊入孤村。漁樵各有業，猶見古風存。
村路溪流折，山寺嵐煙吞。數里歸路遙，鄰叟顏色溫。
著意話桑麻，攜手有童孫。燈火茅檐低，偶酌三兩樽。

其十二
貴顯本有時，才質當求己。梗枏處深巖，良匠搜不已。
枯楊委道旁，爨薪敗竈底。豈無焦尾桐，處士恥可洗。
管鮑託深交，美哉傳青史。悠悠千載心，河清或可俟。

其十三
醉鄉無何有，聞別有天地。上古造酒人，亦自有深意。
聖賢範以禮，神仙偶然醉。下至塵外人，一樽無餘事。
賦詩有餘興，更作醉鄉記。

其十四

秋風吹茅屋，疏雨滴空廊。有客偶蒞止，夜語對繩牀。
出沽半餅酒，野饌炊黃粱。孤鐙耿耿明，百憂集衷腸。
慇勤勸我友，寂寞勿相忘。

其十五

登高望荒園，蓬麻雜荊棘。金碧幾時銷，廢殿炊煙黑。
富貴有窮期，川原失顏色。野老記當時，語罷長太息。
回首問斜陽，西山仍崱屴。

其十六

歲晚日無事，補我未讀書。六經在人世，日月照天衢。
秦火燔書後，羽翼出漢儒。道義託文字，所得亦緒餘。
緬懷洙泗澤，至教無歧途。百家分門戶，仍傍聖人居。

其十七

年少陳俎豆，貞教在我躬。禮樂今崩壞，慨焉想古風。
心志廢簡述，帝天安可通。醴酒如不設，賢哲何由逢。

其十八

夙有山水癖，遨遊不辭遠。五嶽聳靈秀，年衰愁策蹇。
一邱隱林壑，知足在自返。密竹護春溪，幽蘭發秋巘。
一尊薄薄酒，松下脫粟飯。

其十九

昔聞龐德公，鹿門甘棲遯。春花媚林屋，秋月臥隴坂。
龍鳳識異才，濟時居臺袞。高躅勵頹俗，君子貴務本。
千載沮溺心，滔滔去不返。耦耕亦尋常，衡門願長偃。

年豐村釀熟，室家樂歲晚。

其二十

兩間有至道，萬物託以生。周流貫六虛，擒埴日冥行。
下士大笑之，誹謗於焉生。孰能挽狂瀾，操舟涉寰瀛。
著書五千言，乃抉天地精。閉戶窮研索，大隱祇逃名。
道體本無為，所為無不成。濟世有傳人，鏡清砥以平。
願飲康樂酒，比戶安鑿耕。勿謂儒生迂，守道猶硜硜。

附錄三　段祺瑞佚文補輯

清光祿大夫傅公墓誌銘

大勳位建威上將軍陸軍上將合肥段祺瑞撰文
大總統府諮議兼清史館提調紹興周肇祥書丹
清賞頭品頂戴提調實錄館事合肥李經畬篆蓋

　　民國八年三月二十九日，吾友傅君子范年七十有六，卒於京師旅邸。即以其年六月十六日葬於城南南苑之新阡。其子良佐纍然喪服，泣請為銘幽之文曰：「知吾父者，莫公若也。」余曰：「然。往者壽州戴公宗騫統領綏鞏軍屯威海衛，余與君同事武備學堂。甲午之戰，戴公殉疆場，幕僚皆散走，獨君與余始卒一心，踐危蹈難，不避義死。壬寅之秋，俄與日鬥，時余參項城戎幕，偕君出關，畫策中立。是後與君或離或合，或見或不見，蓋無一日不心在君左右也。君故明決善斷，大事億則多奇中，故當代名臣巨公爭欲致君幕下，幣聘交馳於途。初從提督張公世福軍瀘溪，圖地形以獻。吳清卿大澄為欽使，勘界吉林，聘君與俱，乃歷寧古塔、三姓，東南至琿春，折北渡興凱湖，溯烏蘇里江右岸東北，抵伯力，考其山川扼塞、道里遠近險易，土地之肥磽，人情風俗之淳薄，條其所以歸土實民通道之策甚詳。且備吳公謀，設縣琿春，疏薦君為之宰。會吳公內調去，君遂應戴公之聘，為學校大師，嚴肅有章。鍾忠武麟同、趙中將理泰、劉中將躍龍，皆翹出其校，聲號於時。日本變作，君周視海岸，謂戴公曰：「成山斗絕，入東海中，敵若潛師襲我之背，則威海危矣！宜屯重兵以為之備。」戴公不聽，再三詀之，始戍以一營。敵瞰其虛，卒由是登岸，而威海遂失。時軍用浩穰，器械多些齾，不可用。王文勤公文韶奇君言多效，檄駐山海關，專治軍械。汰浮裁冗，有贏無騫。

袁中丞大化調君主辦永平金礦，張公仁駿撫廣東，再調永建金礦。國用枷績，無一毫己私。有丐餘地作商埠者，啖以重金，君揮之若污，目不一瞬。當道以君聲績章著，屢薦於朝。君故勇於趨義，不顧怨嫌而畏避榮祿。望望然有若怯夫大吏不能強也。君即不樂仕進，乃命良佐從余遊，學兵法，而自寫陶靖節愛菊圖，題詩寄其子以示志。及良佐貴為湖南督軍，始一就養長沙。再入京居年餘，而君遂逝矣。君自為諸生，歷充諸疆吏幕賓，恂恂卑抑，無改儒素。性孝友，不訾省家事。宦遊數十年，囊橐所入，悉均給諸弟昆。弟錫周歿於粵之北海，躬踔萬里返其柩。兄錫霖負債三十六家，有已償而券未歸者，君皆代贖，不校有無。邑中有善舉，必首為之。倡教子女，嚴整不失先矩。良佐官居京師，時時貽書，勗以廉儉敬勤，毋染流俗，噫，可風矣！君諱錫疇，子範其字也。先世籍江西，清初始徙湖南乾州廳，遂為乾城著姓。曾祖恆彩，祖興隆，父承基，皆追贈光祿大夫。曾祖妣氏王，祖妣氏楊，妣氏熊，皆封夫人。君兄弟五人，而次居仲，娶南康知縣張公誕五之女，生丈夫子三，長即良佐，勳二位，冠威將軍陸軍上將銜陸軍中將、湖南督軍。次良藻，陸軍少將。次良璧，清知縣。女二，長適王，次適陳。乃為之銘曰：維才之豐，而嗇其躬。維聲之隆，而蹇其逢。積仁累功，厥施不終。報以孫子，為世之雄。刻詩詔後，閟此幽宮。

故清封光祿大夫傅公墓表

大勛位建威上將軍陸軍上將合肥段祺瑞撰文
大總統府咨議兼清史館提調紹興周肇祥書丹
清賞頭品頂戴提調實錄館事合肥李經畬篆額

傅君子范之喪，其孤良佐求銘，余敘次世系行跡以歸之。既葬，良佐又請曰：先人幸託鴻文，光於幽宮。今外碑將樹，不可無

辭，願終錫之，以卒大惠。祺瑞與君交垂三十年，知君為深，君託我以子而老於家，良佐最貴顯，良璧亦嶄然有以自見，貽謀之善，君殆不死矣！君諱錫疇，其先由江西遷湖南乾州廳，今為乾城縣也。傅氏世業商，至君大父諱興隆而益富。君少為諸生，所交皆邑中名宿。嘗過瀘溪，圖其山川以進張提督世福。提督，瀘溪人也，大喜，立召入幕。吳公大澂奉命勘吉林界，以君從，自吉林歷寧古塔、三姓，東南至琿春，北渡興凱湖，溯烏蘇里江右岸，東北至伯力，籌通道致民之策。吳公知君可用，將設縣琿春使宰之，會內調，不果。戴公宗騫統綏鞏軍，駐威海衛，以君理武備學堂，余之知君自此始也。甲午之役，戴公嚴守礮臺，君建言成山斗入海中，敵若乘虛襲拊我背，勢必不守，且賦詩以進。時守軍少，戴公第分一營往戍，敵果由之登，不能禦，戴公遂殉焉。後從王文勤於山海關，袁中丞大化於永平金鑛，皆以能著。壬寅之秋，俄日違言，余方奉前北洋大臣直隸總督袁公檄，出關詗二國動靜，請與君偕，歸乃決策中立。張中丞人駿撫粵，擬開永建金鑛，袁公大化舉君自代。或請沙面地作商埠，以巨金求一言，力卻之。君既命良佐從余天津小站學治軍數年，及良佐自海外歸，君乃退休就養，間返故鄉優遊，不與世事者凡十六年。以民國八年己未夏曆二月二十九日，卒於京邸，得年七十八，官知府、封中憲大夫、晉光祿大夫。配張，封一品夫人。子三：良佐，勳二位，冠威將軍、陸軍上將銜，陸軍中將、湖南督軍；良藻，陸軍少將；良璧，清知縣。女二：適王、適陳。孫四：定彌，陸軍中校；殿彌、育彌、昭彌。君葬於京師之南苑。余獨回憶初與君交迨今，世變未已，君雖不究其用，得以老壽終，諸子皆才，則君之立身教子，為足法也。因揭出處之大，俾刻石以諗過者云。中華建國之九年庚申四月吉日立。

勳三位內務總長田公神道碑銘

合肥段祺瑞撰

　　煥庭田公諱文烈，漢陽人。邑庠生。項城袁公使朝鮮，掌書記。甲午次年，項城創新建陸軍，於小站設七統帶，余居其一，領砲隊。公贊襄帷幄，樸實中正，寄以心交。迨項城督直，公以正參議融洽三處，軍聲丕震。洊至道員，署通永鎮。民國紀元，巡按山東。旋調中州，捕盜賊，肅吏治，官方澄清，民安其業。繼兼都督軍務，白狼餘孽掃除淨盡。賈魯河開自元季，利轉輸者數百年，後漸淤塞。前代議濬治，卒不果。公設水利局，經營逾年，工竣河暢，商賈稱便。修整堰渠，五十餘縣蒙其利。中外語吏治者，首推魯豫，皆公蒞臨之效也。七年，長農商。八年，調內務。九年，兼交通，整躬率屬，無敢偷惰。積勞成疾，因而引去。夙望所歸，當路敬慕，勸任國柄。婉謝者再，自謂剛拙不耐繁劇，輕於一試，何益於國？性率真，行敦篤，公私截然，義利明辨。平視時賢，吾何閒然？十三年十一月二十四日，余蒞京就執政職，擬建中樞，推公首列，冀可談孔孟而行中和，敦中信篤敬之風，矯機巧變詐之習。不意先十二日而逝。藐躬德薄，蒼生何辜？嗚呼，痛哉！余既弔孤於喪，次最平生行治，令有司議褒卹，風示有位。所司援故事，以碑文請。余否德膺非常，旌賢忝有責重，以三十載心交，不欲以不文辭也。爰約令文大指，繫之以辭曰：寶善為務，久要在心。詞盡在是，銘何能任？

故參議院議員王君之碑

合肥段祺瑞撰并書

　　嗟！上庸之陷，非命興悲；司空之亡，壯懷未已。魯國染翰，流連益部之交；蘭臺成編，慨想程公之業。故參議院議員王君䣕隆，琅琊名胄，渤海高閎。冕組九葉之華，桑植千畝之盛。備載簡牒，早富陂池。粵維東夏，始建行臺。越喜虞婁勿吉之州大啟，燕支蒙兀室韋之長爰來。花雪萬畦，資遼海之煮；氊氈千落，仰鞬使之籌。君贊畫郗堂，參戎儉府。朱扉畫角，宣昕夕之勤；玉粒銀波，宏牢盆之利。紫標黃庫，溢賦入于度支；猺獞烏羅，興頌謳于比戶。崔營州之政，式懋綏懷；薛安東之章，特騰薦剡。況荊州之善治，郭服爭觀；擬冀部之殊榮，朱像斯畫。君之在江，至可稱已。後元修約，景德成盟。拂菻岐蘭，賈際天以萬數；璉瓶鎮鎧，市越地而百重。國幣日耗，曰闇契丹之場；民緡告空，在償回紇之直。龍門有書，勿遺山澤之產；猗頓售術，其阜農牧之原。君志擴本圖，利虞外溢。金刀銀幕，劑圜府之重輕；麟趾褭蹄，權貝品之高下。阜前民之用，建市易之司。凡錦繡襄邑之饒，繐總清河之富，織皮有貢，爭精巧于罽賓；生秔治渠，易斥鹵于骨律。皆集孔卓之鏉，實萃梁楚之金。豐九夏蕃殖之良，抑八紘瓌奇之入。南陽有作，胥法雍容；北地推雄，不矜鼓吹。道在濟國，抑何多也！若夫袚繼大極，兵滿神州。托劉何之名，隆安期復；假并蒲之舉，光啟還迎。撼大道之為公，欲一人而稱制。君大裕軍儲，力襄義旅。飛芻輓粟，饋十鎮而飽騰；越騎輕車，奠千門而靜謐。鄴下無驚，歎森嚴于秦甲；關中既入，羨唐濟于冠侯。旋轉乾坤，光華日月。抗衡平樂，接武凌煙。莫之與京，於斯為盛。已而涼州之將，敢偪長安；蘇卿之部，竟窺建業。君與國人之議，勞時揖之詢。疾惡之懷，鷹鸇欲逐；蹈危之慨，鸞鳳徒傷。漢京李杜，阨鉤黨而何嫌？秦世徐盧，志游遠而達道。空桑之里，忽化洪川；大壚之崩，竟壞諸舍。非石羯之酷，而難等排牆；異庾袞之登，而禍逾墜塈。以民國十二年癸亥九月卒于橫濱地震之災，年六十有一。

嗣子寶鑫濤，栝柏早成，圭璋挺秀。修樊侯之田澤，承班氏之旌旗。滕公城成，顏氏廟立。感范張之疇昔，寫陳郭之名徽。垢谷沉淵，歷千年而不朽；光珉顯行，斯一字而無華。

中華民國十四年歲在乙丑孟秋之月　穀旦

輓前總統黎元洪聯

尚留黃札憂當世；同為蒼生悼此人。

畫論一則

予閱畫多矣，古今名家不可更僕數，豈湘蘅獨推倒一世耶？願青年有此足徵繪事之高才，願努力直進，前人毋因畢業於前而自限於後也可。

辛未端節前五日正道老人贈言于滬西旅次

楊藝芳祠宇落成聯

得天下英豪，訓武講文，培植梁材支大廈，忝列門牆，深慚不敏；望諸生奮發，行義達道，維持王化變夷風，仰瞻祠宇，素志可知。

致楊翰西函

翰西仁兄世大人左右：久別深念，書來，如面覿也。惠泉桂栗蜂蜜，皆足慰我朵頤，徵君雅愛。時艱如水深火熱，何時還我太平？老懷漸空，惟冀此耳。兄家弄閒居，順時納福，真地行仙也。可勝健羨，復謝。並承時祉。段祺瑞啟。

附錄四　曹錕詩文輯錄

傳染病八種證治晰疑序

　　余以國家多故，投筆從戎，轉展萬里，以至於今，衰鬢毛、耗精血，每思息肩於泉石，致志於黃老而未遑。今歲復奔命於湘鄂之間，櫛風沐雨，披星戴月，苦其心志，勞其筋骨，數月以來，遂攖危疾。群醫束手，勢將殆矣。徐東海，余師也，聞而憫之，以余屬名醫曹巽軒，一劑而沉痾立起，二三日而爽然若失。余驚其技之神，亟叩其所學，始知曹子之醫盡得岐軒之術，所謂參天地、配陰陽，位中和、育萬物，道精理密，神出化入，雖以之治天下而有餘，豈獨醫而已哉！曹子將歸，出所輯《傳染病八種證治晰疑》十卷以示余，屬為序。余見東海師之序是書，已吐其葩而褒其實，曹子焉用余不文之言為哉！余思曹子治愚疾之神，余信其人矣。曹子所輯諸子之書，其學問必為曹子所深許而相等者，則余又因信曹子而兼信其友及其書矣。則余雖不文，亦不能已於言，請即書此以為序。時中華民國七年戊午夏五月，析津曹錕仲珊甫識。

重摹聖蹟圖序

　　　　　　　　虎威上將軍直魯豫巡閱使領直隸督軍天津曹錕撰

　　中夏者，法制之國也。孔子者，制法之聖也。周公所以治天下之法，《周官》是也。孔子所以治天下之法，《春秋》是也。撥亂世，返之正，立法三世而致太平者，莫大乎《春秋》，故曰春秋經世，先王之志也。孔子曾言：「道之以政，齊之以刑，民免而無恥。道之以德，齊之以禮，有恥且格。」政也，刑也，法之所能條列而範圍之者也，立法之麤跡也。德也，禮也，法之所不能條列而範圍之者也，立法之精意也。孔子既往，弟子別為儒墨。儒墨又自別為申韓，專法家之名，乃以刻覈見病於世。要之皆得孔子之一端，知治法之跡，而不知治法之意者也。孔子之道，博大精微，其於用世也，庸言庸行，日

用飲食莫之或離。其為言也，深切著明，其悲天閔人之懷，萬世猶一日也。癸亥之年，余得明時所刊《聖蹟圖》，罫然有文采之思。乃命工重摹，以置座右，高山景行，斯朝斯夕。今國家亟望法治，國民殷殷於制憲，而有感於孔子筆削之微旨而推論立法之本，以俟賢者而就正焉。若夫斯圖，乃取諸舊史所紀孔子之行事擬議而形容之，以是為能見聖人之蹟也。學者因其麤蹟而窺其精意，則所能見者又豈徒聖人之蹟云爾哉！是為敘。

　　　　　直魯豫巡閱使公署高等顧問前翰林院編修桂陽夏壽田敬書

形意拳術講義敘

　　泰西今言三育，吾國古稱六藝。禮樂者，德育之事也；射御者，體育之事也；書數者，智育之事也。後世既分文武為二科，又重文而輕武。儒者方勞神敝精於八比帖括之學，以雍容雅步為賢，固不屑留意於技擊；武科功令徂取弓刀石及騎步射，亦不足以窺拳術之堂奧；而方外之士，習以自衛，且以噓噏吐納、熊經鳥申為養生助道之具，秘不輕言；至江湖遊俠之徒，亦各有師承，久之亦漸失其真。求能深造有得、因技而進乎道者，難乎其選矣！有造育人才之責，不為之倡率，明立課程，而草澤之間，轉相授受，以為秘術。其弊也，勇於私鬥，怯于公戰，遂以好勇鬥狠為世詬病。此非拳術之過，而國家重文輕武之過也。誠使國家復古大學之法，知有文事者之必有武備，則知所謂春夏干戈者，即今之所謂兵勢體操也；所謂秋冬羽籥者，即今之所謂柔式體操也。今之學校，當列拳術為專科。拳術既精，本根先立，一切槍法、劍術，不旬日而可皆通。中華民國十有八年歲在己巳十月之望，樂壽老人曹錕。

樂壽園自敘

　　樂壽園者，仁智之所宜居也。孔子嘗曰智者樂、仁者壽，又曰智者樂水、仁者樂山。吾園蓋居乎山水之間，其名之也固宜。若夫博

施濟眾，堯舜猶難。之才之美，周公不足。惟仁與智，則吾豈敢。雖然，吾既有斯園也，務勉吾仁智而居焉。人之情也。吾園罕臺榭而多樹植，罕臺榭故人之造作簡，多樹植故天之畀予豐。惟夫天之畀予者豐，故吾之居是園也，寡求而恆足，身勞而心逸。人之與吾處者，安其率易而無虞詐。物之與吾群者，恣其長養而無矯揉。乃至吾園中一昆蟲草木之微，皆得有以遂其天年，斯則吾之所謂仁也。惟夫人之造作者簡，故吾之居是園也，偃息其間易以為安，傳之子姓易以為守，斯則吾之所謂智也。自今以往，鄉人父老賓客故舊之從吾於斯園也，其有樂天之天，舉天之所畀予者以相娛悅，吾願得而為鄰，相與永朝夕焉。於古有之，所謂里仁為美處仁，是智者也。其有樂人之樂，舉人之所造作者以相詔勉，吾則謝不敏焉。易不云乎，仁者見之謂之仁，智者見之謂之智，斯亦吾之所謂見智見仁也。於是記焉，以諗來者。

得雨記

歲丙寅夏，河北久不雨。樂壽老人行觀於野，憂歲之不登，依古禳旱之典，為壇保陽，躬勤昭格，三日而雨大澍，千里霑足，嘉種勃發，民庶熙怡。於是客有請曰：「求雨得雨，樂可知也。盍因而說法，使眾生知真樂之所在乎？」老人曰：「客言允矣。凡生於天地之間者，莫不有求。求而得之則樂，則樂人之情也。雖然，古者生人之嗜欲簡，生眾而食寡，耕三而餘一，雖有旱而不為災。其求之也恆儉，其得之也恆易。雖得之而不知其為樂也。後世嗜欲日孳，物力不足以濟，豐歲縱恣，不知嗇畜，小不給則攘竊，大不給則兵爭。其求之也恆奢，其得之也恆難。得之雖樂，樂亦僅矣。今也耕者常飢，甚者為盜賊，幸得所求，苟免溝壑役而已役者常痛，甚者疫癘，幸得所求，苟免夭札而已，苟免者何樂之足云？先覺有言，求不得苦，求得無竟，苦樂亦無竟，大慈之悲憫又寧有竟乎？客曰：是則然矣。然則老人何勤勤焉雨之是求？又何欣欣焉得雨之為樂耶？老人曰：言各有

當也，吾民之苦甚矣，苟有稍蘇吾民者，則盡吾力以求之，求之而得，不愈於不得耶？幸免於溝壑，而乃求致之康樂。幸免於夭札，而乃求遂其長養。一雨之澤，一溉之功，吾又何敢少之也？老人無求，以眾生有求，故老人有求。老人無得，以眾生有得，故老人有得。眾生得雨而樂，故老人得雨而樂。無求而求，無得而得，夫是之為真樂。

金剛經叙

我佛如來，登等正覺，轉大法輪，始說華嚴為第一時教，說阿含為第二時教，說方等為第三時教，說般若為第四時教，說法華涅槃為第五時教。金剛般若波羅密經者，佛為破小乘執而說也。佛於鹿苑說苦集滅道四諦，證諸小乘，入有餘涅槃。復憫小乘之執為實有，乃廣說般若，滅度無量無邊眾生，令入無餘涅槃。般若之體，離諸名相。般若之用，能破一切。曹溪大師聞人誦金剛般若一句，徒步萬里，求法黃梅。及至三鼓入室，受法傳衣，畢竟祇是初聞初悟。一句金剛般若而已。龐居士有言，但願空諸所有，切勿實諸所無。吾願善說般若者為世尊之不說說，吾尤願善聞般若者為迦葉之聞聞也。是為叙。

孝經叙

孔子志在春秋，行在孝經。春秋撥亂世而反之正，聖人之用也。孝經明天經地義以順民行，聖人之體也。國之本在民，治國者以正人心為本，正人心者以孝為本。故曰聖人之德，無以加於孝也。吾願吾國人童而誦之，成人而踐履之，百歲皓首而不忘，使天下萬世咸知吾國人以孝為立國之大本，是則世道人心之幸也夫。

保定武廟碑

緊維國之大事，在祀與戎。武廟釋奠，關岳合觀，民國之令典

也。溯自丙辰，余承乏畿輔，視師保陽，始令有司營治武廟，以共禋祀。洎夫丁巳建節巡方，規略荊衡，秉鉞而行，櫜弓而返。及庚申又誓師戡亂，奠定京邑。兵以義動，天人允洽。凡以除民疾苦，樹國紀綱，至誠感神，惠迪則吉，六年於茲，弗敢失墜。歲在辛酉，民國肇造之十年，時維仲夏，新廟告成，有翼有嚴，式肅瞻對，乃戒司儀，卜上吉，躬率將士，舉行時事，於穆昭通，萬眾鼓謞，爰敘武烈。系之以頌，頌曰：

> 合祀之典，始於嚳宗。先聖先師，昭明有融。
> 炎精作輔，維關允武。大常肅將，秩亞宣父。
> 精忠維岳，湯陰是奉。亦祀名臣，來格罔恫。
> 民獻制禮，明禋合致。先後一揆，師表百世。
> 發揚武節，聞鼙則思。執事有恪，禮亦宜之。
> 漢丁陽九，局於巴蜀。宋踐典午，燕雲不復。
> 今我共和，五族大同。我漢我滿，我藏回蒙。
> 神威是震，神德是食。无思不服，宣邑四極。
> 大宗維藩，天定爾基。新廟有赫，作鎮神畿。
> 古者元子，納之澤宮。奚斯作頌，在泮獻功。
> 今也軍服，專之學校。我思古人，是則是效。
> 同袍同澤，四海一家。有勇知方，建我中華。
> 大矣哉！對越在天，乃在人心。神之聰明，靡感不通。
> 刻石著烈，以告無窮。

不二說

法華經，諸佛出於世，惟此一事實，餘二則非真。維摩詰問諸菩薩，云何菩薩入不二法門？諸菩薩各各說已，問文殊師利，文殊師利曰：如我意者，於一切法，無言無說，無示無識，離諸問答，是入不二法門。於是文殊師利問維摩詰：仁者當說何等是菩薩入不二法

門？維摩詰默然無言。文殊師利歎曰：善哉，乃至無有文字語言，是
真菩薩入不二法門。三祖僧璨大師信心銘云：信心不二，不二信心。
誌公十四頌：菩提煩惱不二，持犯不二，佛與眾生不二，事理不二，
靜亂不二，善惡不二，色空不二，生死不二，斷除不二，真俗不二，
解縛不二，境照不二，運用無礙，迷悟不二。曹溪大師說佛性曰：蘊
之與界，凡夫見二，智者了達，其性無二。不二之性，即是佛性。樂
壽老人曰：一切葛藤，一齊放下。單拈不二兩字，與世界佛子共參。

好生說

　　孔子說仁，老氏說慈，釋迦牟尼說度眾生。總是此好生之一念
而已。天地之大德曰生，天地之所以能長久無窮者，祇在此一點生
機，生生不已。人心一小天地，人能一念好生，即此一點生機便充滿
十方世界，所有山河大地、人民國土，無情有識，下至一草一木之
微，莫不於此一點生機中自在遊行，自然長養。學道之人，常將此好
生一念種在心田，生生不已，一念如是，念念如是，乃至千萬億念無
不如是，念念以度人救世為心，念念與孔子老氏釋迦牟尼心心相印，
息息相通，世界中一切惡念、一切殺機，從何而起？即自身中一呼一
吸，總是春夏生氣，不與秋冬肅殺為緣。心主泰然，百體從令。太和
之氣，發於一心而普及世界。一切兵戈水火、凶荒疾疫，不禳自解，
豈非好生之德與天地同流乎？以此養生則長生不老，以此治國則天下
太平。余言雖淺，此理不虛。願與同志共證之也。

法名自敘

　　釋迦名能仁，余名惟仁。釋迦萬能，余則惟一。釋迦之仁，猶
余之仁也。余之惟仁，猶釋迦之能仁也。惟者惟一，不二也。惟初太
極，道立於一。天得一以清，天之不二也。地得一以寧，地之不二
也。惟精惟一，堯舜之不二也。一以貫之，孔子之不二也。抱一以為
天下式，老子之不二也。惟一真實，我佛釋迦之不二也。仁者，天地

好生之德也。天地之大德曰生，萬物資始，天之好生也。萬物資生，地之好生也。君子體仁足以長人，親親而仁民，仁民而愛物，聖賢之好生也。諸佛出世，惟一大事為眾生開佛知見，為眾生示佛知見，為眾生悟佛知見，為眾生入佛知見。如來慈覆，眾生悲仰，三世諸佛之好生也。惟者仁之體也，仁者惟之用也。惟一者不二之體，不二者惟一之用也。仁者好生之體，好生者仁之用也。體用兼備，故曰惟仁者不二好生也。釋迦以大慈大悲普度眾生，余以不二好生普救眾生。釋迦以仁為萬能之本，故曰能仁。余以仁為惟一之宗，故曰惟仁也。

佛光記

余涖鄭州之明日，天降甘霖，霶沐竟夕。戌亥之交，祥光見於空中，發為異采，五色交輝，狀如華蓋，瓔珞繽紛，聯珠相綴，萬眾仰視，歡呼稱慶。尹之鑫以來告余曰：「此我佛大吉祥華蓋瓔珞寶光也。昔諸天聞佛說法，歡喜讚歎，以無量寶藏上奉如來。如來以神力結為華蓋，瓔珞交垂，徧覆三千大千世界。今我佛慈悲，現此大吉祥華蓋瓔珞寶光，表示大仁，無所不庇，世界所有一切眾生，得見斯相，得聞斯名，皆為與佛有緣，當發善心，行諸善行，一心皈依，福德無量。余故樂為記之。光見之夕，為夏曆丙寅八月二十二日也。

訓言

我佛如來，轉大法輪，救一切眾生，同證無上菩提。聲聞緣覺獨樂涅槃，我佛所訶責，正以其但知自度，不肯更發度人弘願耳。文殊大心，普賢大行，開一切方便甘露門，凡以自度度人而已，世界眾生，應以種種身得度者，觀自在即現種種身而為說法，所謂自度具足，然後度人具足也。世界眾生，有一未度，地藏誓願，不先成佛，所謂度人具足，然後自度具足也。凡我會中大眾，皆是福根深厚，與我佛有最大因緣，會師為大眾先導，尤當勇猛精進，惟一不二，仗我佛大慈，生眾大信，人人發文殊大心，人人修普賢大行，人人好生，

人人向善，挽回今日世界劫運，其在於斯。書田書田，尚勉之哉！

說佛

說佛一　余書佛字多矣，千佛萬佛，其實祇是一佛。即是慈悲救世之一心。人人心中存一佛，即人人心中存一悲慈救世之心，劫運自然挽回，天下自然太平。此則余書佛字之真意也。

說佛二　手寫佛字有數，心存佛字無數。口說佛法有窮，身行佛事無窮。手寫口說，功德有量，手寫而即心存，口說而即身行，功德無量無量。

說佛三　我佛出世，為度眾生，眾生皆病夫，我佛獨為醫王。眾生之病在貪，我佛治之以戒。戒者貪之藥也。眾生之病在瞋，我佛治之以定。定者瞋之藥也。眾生之病在癡，我佛治之以慧。慧者癡之藥也。眾生皈依既久，由戒生定，由定生慧，貪瞋癡之病盡除，眾生皆可成佛矣。

鄭州海灘禪寺觀釋迦臥像記

余南行過鄭州，訪古迦藍於城北八里許，得金人所建海灘禪寺，入禮釋迦文佛像，泊然晏臥，慈寂莊嚴，十大弟子諸天龍阿修羅環遶供養，或問余曰：我佛如來，三十二相，八十一好，婆眾婆生仰瞻具足，於四大威儀中獨現臥相，何耶？余告之曰：佛說般若波羅密，諸相非相，我尚不以相見如來，更何有於威儀之別耶？我正覺佛，自覺覺他，悲願廣大。今眾生迷夢深矣，日顛倒於貪癡瞋恚之中，遷流生死，不自覺悟。我佛雖偃寢一堂，而無量慈悲，普照一切眾生，十方目前，萬年一念，吾不以相見如來，而以心見如來，如睹青蓮妙目，顧盼眾生，一一援手，引登彼岸也。瞻禮既畢，從者請留影佛前，余諾之而為之記。

仁佛前偈

　　我佛能仁，大慈大悲，普度眾生。惟仁繼佛度世，惟一弘願曰自度度人。自度度人，即心是佛。度人自度，眾生皆佛。心佛不二，自度具足。度人具足，諸佛眾生不二。度人具足，自度具足，諸佛說法惟一。曰心離心別無佛法。惟仁說法，惟一曰仁，離仁別無心法。萬法不離一心，一心能生萬法。眾生本心，即是諸佛本心。諸佛本心，即是眾生本心也。諸佛本心中一念之仁，慈覆眾生。眾生本心中一念之仁，悲仰諸佛。慈覆無量，本心惟一。悲仰無量，本心亦惟一也。諸佛眾生，無量心惟一心。法無量，仁惟一。無量無量，惟一惟一，聽吾偈曰：

> 惟仁弘願度世，惟一大法曰仁。
> 度人具足自度，自度具足度人。
> 佛法惟一曰心，離心別無佛法。
> 心法惟一曰仁，離仁別無心法。
> 仁是諸佛本心，仁為不二法門。
> 仁於無量佛所，種諸無量善根。
> 諸佛因緣出世，祇為眾生大事。
> 眾生一念菩提，佛佛等無一異。

仁佛後偈

　　達摩東來，直指人心，見性成佛。惠能傳衣說法，不離本心。故曰心平何勞持戒？行直何用修禪？恩則親養父母，義則上下相憐。仁者人之本心，人未有失其本心而能為人者。佛法度人，祇是令人自見本心而已。不見本心是迷，能見本心是悟。不見本心是凡，能見本心是聖。不見本心是煩惱，能見本心是菩提。不見本心是愚癡，能見本心是智慧。一念不見本心，即諸佛是眾生。一念能見本心，即眾生是諸佛。學道者不見本心，即諸佛自諸佛、眾生自眾生。學道者但見

本心，郎諸佛眾生不二，一切迷悟聖凡煩惱菩提智慧愚癡等無有二。
聽吾偈曰：

達摩直指人心，惠能見心成佛。
仁為人之本心，心外別無他物。
仁是無上智慧，照破一切愚癡。
仁是具足圓覺，仁為無量慈悲。
仁是敬老慈幼，仁是愛物仁民。
仁是視人猶已，仁是推己及人。
仁是眾善奉行，仁是諸惡不作。
祇此便證菩提，何處更求極樂。

念佛淺說歌

修道道為何物，念佛佛在何方。
口念何如心念，拜佛不在燒香。
修道修自本性，念佛念自天良。
天良真佛種子，本性無盡法藏。
出家千戒萬行，在家三綱五常。
為人本於孝弟，處世要在慈祥。
行險步步荊棘，心平大道康莊。
萬事心安理得，自然火燄清涼。
本性度人良藥，天良不二慈航。
一念惡為地獄，一念善即天堂。
作惡念佛無益，行善不念何妨。
念佛不離方寸，隨處菩薩道場。
念佛若離方寸，蕩子迷失家鄉。
任是千燈千照，祇憑一點心光。
心印本來佛印，法王即是心王。

識得天良般若，原來本性金剛。

阿彌陀佛真言

西方淨土，阿彌陀佛。四字真言，即心是佛。

念佛求佛，先求自己。阿彌陀佛，人心天理。

阿彌陀佛，一切不貪。貪之一念，如大海淹。

阿彌陀佛，一切不瞋。瞋之一念，如猛火焚。

阿彌陀佛，一切不癡。癡之一念，如惡風吹。

阿彌陀佛，阿彌陀戒。一切不貪，一心無礙。

阿彌陀佛，阿彌陀定。一切不瞋，一心清淨。

阿彌陀佛，阿彌陀慧。一切不癡，一心自在。

由貪生瞋，由瞋生癡。一念之惡，永墮泥犁。

由戒生定，由定生慧。一念之善，超登佛位。

惡即地獄，善即天堂。阿彌陀佛，極樂四方。

眾善奉行，諸惡不作。阿彌陀佛，西方極樂。

學佛須知

第一章

學佛須知佛是大善人。

學狒須知學佛人是善人。

學佛須知佛世界是善世界。

學佛須知善世界從一善念起。

學佛須知學佛人第一當發善念。

學佛須知學佛人既發善念，當行善事。

學佛須知一切善念即是佛念，一切善事皆是佛事。

學佛須知一切善事從善念起，一切善念從一善念起。

學佛須知發一善念，生善世界，發一切善念，行一切善事，成善世界。

　　學佛須知一日發善念、行善事，一日為善人，日日發善念、行善事，終身為善人。

　　學佛須知一人發善念、行善事，一人為善人，人人發善念、行善事，人人為善人。

　　學佛須知一念善，為善人，念念善，為大善人。大善人便是佛。

　　學佛須知一人善，為善人，人人善，為善世界，善世界便是佛世界。

第二章

　　學佛須知凡學佛人當發大願，作佛成佛。

　　學佛須知三世諸佛是學佛人發願成佛，學佛人當學三世諸佛，發願成佛。

　　學佛須知釋迦牟尼是學佛人發願成佛，學佛人當學釋迦牟尼，發願成佛。

　　學佛須知第一大願，願自身自度，自身成佛。

　　學佛須知第二大願，願自度度他，人人成佛。

　　學佛須知自身未發大願，當願即發大願。

　　學佛須知自身已發大願，當願不退大願。

　　學佛須知自身未發大願，即發大願，當願他人未發大願，即發大願。

　　學佛須知自身已發大願，不退大願，當願他人已發大願，不退大願。

　　學佛須知發願佛是因，滿願成佛是果。

　　學佛須知有因決定有果。

　　學佛須知作佛決定成佛。

　　學佛須知發願自身自度，決定自身成佛。

　　學佛須知發願自度度人，決定人人成佛。

第三章

學佛須知凡學佛人，當增長一切善念，脩行一切善事。

學佛須知出家人脩行，以戒律為本；在家人脩行，以綱常為本。

學佛須知孝於父母，是脩行大事。

學佛須知友於兄弟，是脩行大事。

學佛須知忠於國家，是修行大事。

學佛須知信於朋友，是修行大事。

學佛須知樂善好施，是修行大事。

學佛須知敬老憐貧，是修行大事。

學佛須知救困扶危，是修行大事。

學佛須知解讐釋恨，是修行大事。

學佛須知勸人發善念，是修行大事。

凳佛須知勸人行善事，是修行大事。

學佛須知凡一念有益於人，皆是善念；凡一事有益於人，皆是善事。一切善念，皆是佛念；一切善事，皆是佛事。

第四章

學佛須知我佛大慈大悲，挽回世界眾生劫運。

學佛須知凡學佛人，當體我佛大慈大悲，同心挽回世界眾生劫運。

學佛須知眾生一念好殺之心，演成世界最大劫運。

學佛須知一念之貪，生好殺心，演成劫運。

學佛須知一念之瞋，生好殺心，演成劫運。

學佛須知一念之淫，生好殺心，演成劫運。

學佛須知我佛一念好生之心，挽回世界最大劫運。

學佛須知貪為殺根，第一戒貪，挽回劫運。

學佛須知瞋為殺根，第二戒瞋，挽回劫運。

學佛須知淫為殺根，第三戒淫，挽回劫運。

學佛須知一人一念好生之心，挽回一身劫運。

學佛須知眾生一念眾生之心，挽回世界劫運。

學佛須知天道好生惡殺。

學佛須知人情好生惡死。

學佛須知惟仁好生。

學佛須知惟仁合天理。

學佛須知惟仁順人心。

學佛須知惟仁大慈大悲，挽回世界眾生劫運。

第五章

學佛須知佛是世界第一大孝人。第一大報恩人。

學佛須知釋迦牟尼，上至忉利天宮，為母說法四十九日，是報父母之恩。

學佛須知佛法莫大於報恩。出家當報之恩，莫大於佛。在家當報之恩，莫大於父母。

學佛須知出家人報佛恩即是報父母恩，在家人報父母恩即是報佛恩。

學佛須知報恩是善因，報恩是善果。一善因必有一善果，一善因必有無量善果。

學佛須知父慈子必孝，子孝父必慈，是善因善果。

學佛須知兄友弟必恭，弟恭兄必友。是善因善果。

學佛須知孝子之門必生孝子，悌弟之門必生悌弟。是一善因，無量善果。

學佛須知孝子悌弟必為忠臣，孝子悌弟必為義士。是一善因，無量善果。

學佛須知孝子悌弟忠臣義士，報一切恩，皆是報佛恩。

學佛須知古今孝子悌弟忠臣義士，即是成佛。

第六章

學佛須知阿彌陀佛西方淨土，是學佛人大方便門。

學佛須知彌陀發大願力，接引眾生，往生淨土，是大方便。

學佛須知眾生發大願力，皈依彌陀，往生淨土，是大方便。

學佛須知彌陀願力搆成之淨土mg即是眾生願力搆成之淨土。

學佛須知不貪是彌陀淨土，眾生皈依彌陀，第一戒貪。

學佛須知不瞋是彌陀淨土，眾生皈依彌陀，第二戒瞋。

學佛須知不淫是彌陀淨土，眾生皈依彌陀，第三戒淫。

學佛須知貪是不淨，不貪是淨。

學佛須知瞋是不淨，不瞋是淨。

學佛須知淫是不淨，不淫是淨。

學佛須知願力搆成之淨土，即是彌陀願力搆成之淨土。

學佛須知口念阿彌陀佛，便是口淨。

學佛須知心念阿彌陀佛，便是心淨。

學佛須知口念心念，口淨心淨，決定往生阿彌陀佛西方淨土。

第七章

學佛須知佛是大懺悔人。

學佛須知凡學佛人第一當發願懺悔。

學佛須知懺悔是洗滌從前一切惡業。

學佛須知懺悔是斷止以後一切惡業。

學佛須知一切惡業生於惡念。

學佛須知懺悔從一念起。

學佛須知貪是惡念，盜是惡業。一念懺悔，洗滌從前盜業，斷止以後貪念。

學佛須知瞋是惡念，殺是惡業。一念懺悔，洗滌從前殺業，斷止以後瞋念。

學佛須知癡是惡念，淫是惡業。一念懺悔，洗滌從前淫業，斷

止以後癡念。學佛須知佛言懺悔，孔子言改過。改過即是懺悔。

　　學佛須知人不自知己過，一念懺悔，便能自知己過。

　　學佛須知人每憚於改過，一念懺悔，便能不憚改過。

　　學佛須知懺悔是成佛第一方便法門。

　　第八章

　　學佛須知佛法真理即是共和真理。

　　學佛須知佛法真理是普度眾生。共和真理是平等、是博愛、是自由。

　　學佛須知佛是大平等人，一切自在。

　　學佛須知佛是大博愛人，一切慈悲。

　　學佛須知佛是大自由人，一切解脫。

　　學佛須知佛以無私利心，普度眾生。無私利心是不貪，不貪是平等真理。

　　學佛須知佛以無憎恨心，普度眾生。無憎恨心是不瞋，不瞋是平等真理。

　　學佛須知佛以無嫉忌心，普度眾生。無嫉忌心是不癡，不癡是自由真理。

　　學佛須知不貪便不盜，不瞋便不殺，不癡便不淫。人人不盜不殺不淫，即是真共和世界。

　　學佛須知真共和世界，人人真平等，人人真博愛，人人真自由，即是真佛世界。

玄玄奧旨歌十六首

　　兩眼橫平如一字，中間一點是玄關。

　　關門令尹誰能識，萬古青牛自往還。（一）

　　好個人心大圓鏡，虛空方寸是明臺。

　　早知佛在當中坐，步步靈臺拜佛來。（二）

臍下一寸又三分。此是丹田氣候溫。

練盡人間文武火，不知三昧世中存。（三）

脊梁數下三十六，最下一節尾閭傳。

神龍伏在深淵底，平地雷聲上九天。（四）

左玄右牝兩邊分。玄牝相交是命門。

無極忽然成太極，陰陽從此下氤氳。（五）

脊梁上數三十六，最上一節是猴山。

傳聞子晉能騎鶴，始信成仙本不難。（六）

腦後玉閣名玉枕，相傳此是北天門。

至誠齋戒無他念，明日朝天拜至尊。（七）

至高無上崑崙頂，此是泥丸第一宮。

大小周天三百六，雙玄從此顯神功。（八）

六真六言觀自在，一玄通處六玄通。

如來不動三千界，祇此玄珠一點中。（九）

第一真言唵字安。玄珠一點照玄關。

但能首得玄關住，了道成真本不難。（十）

第二真言嘛字關，玄珠一點到明臺。

重樓十二徐徐降，日到天心一鏡開。（十一）

第三真言呢字銓。玄珠一點到丹田。

如來種子深深下，一念真堪度萬年。（十二）

第四真言叭字調。玄珠一點尾閭交。

周天三百六十度，子午回旋北斗杓。（十三）

第五真言咪字循。玄珠一點命門溫。

谷神不死綿綿在，到此方知天地根。（十四）

第六真言吽字申。玄珠一點度崑崙。

海中一躍天門上，始信真龍自有神。（十五）

直上靈山朝我佛，一玄存處六玄存。

六波羅密原無二，方便人天大法門。（十六）

自詠梅花詩一百首

其一

隨緣度日樂閒居。儘把繁華意念除。

花落花開春自在，箇中妙裡〔理〕借梅舒。

其二

花如玉片幹如銀。非是毫端出樣新。

心地生成仙品卉，自然清淨不沾塵。

其三

第一番風未達盟。點花袖惹嫩涼生。

果然奪得天工巧，氣後〔候〕還從筆力更。

其四

月日何堪忙裡催。不如自在養靈石。

於今悟得神仙術，只要冰心似玉梅。

其五

潔淨修梅遠俗埃。鍾山深處脫胎來。

美人容貌仙人骨，不向東風花自開。

其六

筆走梅花興奮飛。不嫌高古與時違。

昂然傲雪孤芳挺，愧煞傷春百卉腓。

其七

靜向梅粧寫影疏。百憂千慮總消除。

春來春去花長好，搦管栽培不用鋤。

其八
植李培桃歲罔虛。寫梅亦復費諸居。
從容修得靈根固，不似凡夫草草鋤。

其九
自裝梅格自吟哦。酬應賓朋筆債多。
特遣中書到香國，枝南枝北盡收羅。

其十
薄田一硯耐耕耘。世界花花不與聞。
窗外枝頭春色好，卻教毛穎弄清芬。

其十一
索書索畫意殷殷。筆陣慚輸王右軍。
差幸寫來梅格好，我還贏得有清芬。

其十二
欲描梅格骨棱棱。十指俱僵風味澄。
休怪瘦枝花透雪，硯池墨汁也凝冰。

其十三
傳家翰墨古梅香。無事推敲韶〔韻〕自當。
臨去客催飛手寫，圖書一筆硯時忙。

其十四
日尋梅格結時盟。筆硯耗神愓〔娛〕半生。
知好相因託知好，怕題聲價重調羹。

其十五

傲雪凌霜骨格癯。未春花事早榮敷。
行將寔任調羹業，止渴還孚眾望蘇。

其十六

窓前採得一枝春。體認芳心思入神。
花致整徐香邀韻，雅宜凣座供風人。

其十七

栽培桃李口難酾。筆放梅花意自愉。
知己不須榆莢換，好吟香句答清臞。

其十八

繪梅成癖自津津。酬應知交不厭頻。
到處宜人無雅俗，何妨都贈一枝春。

其十九

漸紅染紫抹毫端。深惜丹青俗也難。
我自一家隨意寫，天然古雅不容刪。

其二十

宜濃宜淡格青新。香邀花頭韻邀身。
和清璇閨窺不許，且從圖畫認天真。

其廿一

一到歲寒都識我，縱然形瘦亦宜人。
問渠誰與同心事，松柏青青指北鄰。

其廿二

初番春信到梅英。無限風情筆底生。
詞客漫誇多韻事，澹香一幅抵詩成。

其廿三

梅花何怕雪催殘。古格高飄自耐寒。
歷盡淒涼不減色，特描一本與君看。

其廿四

老本茁芽翻細嫩，瘦枝縈雪驚肥腴。
何須讀易求深奧，天地盈虛一畫圖。

其廿五

欠伸靜空倦治經。又向梅花淡結因。
香茗熟煎盪胸臆，揮毫發洩滿腔春。

其廿六

揚州何遜苦遷官。復任憐梅情未闌。
誰料江城仙客調，播將香韻到毫端。

其廿七

牡丹富貴競相諛。聲價高昂位置殊。
為問宦途熱心客，如渠清淡入時無。

其廿八

甫見玉葩舒古幹，旋開毛穎寫梅粧。
枝南枝北分先後，人與天工一樣忙。

其廿九

靜寫梅粧靜載吟，毫端不許一塵侵。
疏枝花瓣潔如玉，供向幽齋當點心。

其三十

花花世界日翻新，臭味還須古卉真。
貧女為情無所有，手頭只出一枝春。

其卅一

一陽初動硯田春。偏覺心花簌簌新。
心與硯田相印證，與渾梅是一家親。

其卅二

冰霜頻飲雪頻餐。固柢深根磐石安。
逼盡寒威都卜〔不〕怕，挺然出色與人看。

其卅三

清澄水墨點花茵。臨穎還頻吸玉津。
生動不干風嫋嫋，靈根培厚硯池春。

其卅四

不信香山悅目殊。只將情韻藹清癯。
淡描小影投知己，為開凡胎脫也無。

其卅五

硯田生長墨磨人。沒引冰魂筆有神。
青眼莫嗔骨格傲，芳心饒有大和春。

其卅六
袖裡乾坤動一陽。占春花事早開張。
秋毫不許紅塵染，宜淡宜濃自在粧。

其卅七
欽羨梅花厭眾芳。凌霜傲雪總無妨。
百般寒苦都經過，終許冰容見太陽。

其卅八
一味清真恥懶殘。滌新墨硯似湯盤。
毫端探得勾芒信，點破孤山萬種寒。

其卅九
和清微吟狎不妨。從知仙品愛清狂。
誰拈好韻評花品，定許凡心滌滌香。

其四十
莫將仙卉嫌消瘦，妒雨催風總不妨。
修到梅花原在骨，豈因消瘦減天香。

其卅一
片時描得百忙身。飛筆揮成幾幅屏。
未識旁觀稱意否，自家殊覺味津津。

其卅二
寫梅從不倣陳模。妙手空空產一株。
瘦影亭亭供賓榻，箇中心匠入神無。

其冊三
寫梅不寫醉顏紅〔醒〕，凡卉酕然此獨醒。
二十四番風第一，筆花開處墨流馨。

其冊四
媚紫嬌紅任閒酣。此花清醒自佔閒。
寫真供設高人榻，好向黃昏為解顏。

其冊五
靈臺靜儉玉無瑕。耕硯風光自一家。
不管春來與春去，筆頭隨放賞心花。

其冊六
東風吹送綺窗春。任照花顏靜寫真。
慧眼莫誇裝格古，筆痕墨色即時新。

其冊七
心天朗朗足春光。筆走梅花自有粧。
倘使詩人能領略，定教吟句也生香。

其冊八
筆底光陰惜寸分。心花開處慰辛勤。
不雕不琢耽清雅，自有宜人臭味薰。

其冊九
描摹格梅意悠悠。萬象寒光一筆收。
莫道癯仙色不豔，春情無限露花頭。

其五十

百金難買不龜手，對雪描摹劇耐寒。

呵筆點開花口笑，黃昏好當美人看。

其五十一

春令休和雨浼濡。百般凡卉盡華腴。

此花冷眼微含笑，伴我嚴寒傲霜無。

其五十二

淡粧有象渾無跡，濃抹凝香不卓塵。

無限清氛縑幅裡，藹然融洽大和春。

其五十三

詩到無題情益摯，畫嫌有樣格常新。

詩宜濃艷畫宜淡，淡到梅花殊絕倫。

其五十四

心猿意馬走天涯。山水因緣處處睓。

筆墨不趨時俗重，只將妙裡〔理〕寄梅花。

其五十五

玉貌清粧握管修。有香有味當珍饈。

和芸擺疊藏笥篋，不到療飢未肯售。

其五十六

珊珊仙子降瑤臺。名與文星並作魁。

未識幾生修到此，冰肌玉骨換凡胎。

其五十七

仚人隨遇是春光。何事尋芳走馬忙。

芸案裝成花世界，筆花墨海盡浮香。

其五十八

梅花與我有何因。為寫清粧格格新。

廿四番風獨占首，筆頭贏得萬家春。

其五十九

閒尋生意話詩囊。惟有梅花興味長。

天地心培仙骨格，縱然憔悴也清香。

其六十

握管裝梅畢肖真。清氛暗洩硯池春。

伊誰領略顏如玉，許向黃昏訂夙因。

其六十一

作梅筆下擅風流。心自清閒韻自悠。

莫道幽芳非貴品，探春挺占百花頭。

其六十二

翻空六出遍天涯。爭羨鋪銀笑語譁。

只有幽人耽靜穆，淡調水墨寫梅花。

其六十三

櫑枝映照寫娟妍。花事瓊瑤筆亦仙。

煙霧淡籠香韻靜，盎然佳制擁春眠。

其六十四

性地名花發硯池。真香不許蝶蜂知。

子枝孫幹蓬蓬盛，品自風流福亦奇。

其六十五

競逐繁華世道欹。善藏何苦銳毛錐。

作梅耽我清真味，一任傍人共笑癡。

其六十六

尋芳何事出庭幃。自有東風到硯池。

花氣襲人寒凜凜，嫩香千縷結時脾。

其六十七

對梅寫影贈相如〔知〕。運意毫端道子規。

點染總教格高古，杳無心事入時宜。

其六十八

看破繁華總是空。且從梅福表仙風。

栽花不事鋤明月，墨雨滋生當化工。

其六十九

梅花心事自陶鎔。何必功名上景鐘。

玉樣鮮明冰樣潔，雅宜客座作清供。

其七十

呵硯開冰寫淡粧。冷然風味指俱僵。

世途多少趨炎客，好向清氛洩熱腸。

其七十一
冰片烹茶字煅香。雅宜仚榻寫梅粧。
何須出谷炎三昧，嚼穎修花引味長。

其七十二
家山春色最怡情。何必天涯踏軟塵。
香入硯池花吐管，雅宜寄傲薜蘿身。

其七十三
撼動春情筆一枝。點香著色影參差。
箇中饒有神仙福，不了凡心未許知。

其七十四
情絲牽到嶺頭梅。清淡姿容約略栽。
特借筆花寄仚隱，豈縈心事作春魁。

其七十五
心府亨嘉雅麗春。無須揮塵自無塵。
癡呆不解耽花色，只被寒芳感筆情。

其七十六
摹寫花枝入素紈。消形容易入神難。
橫斜卻有堅貞操，莫當相思豆蔻看。

其七十七
閒雲野鶴伴清狂。懶聞當前熱鬧場。
只有梅花心事共，晏然山僻自珍藏。

其七十八
鍊就百花筆一枝。為濃為淡兩相宜。
所南與可人俱古，異曲同工更有誰。

其七十九
自珍墨卉當瓊枝。曲寫丰裁譜入詩。
我欲與花同淡泊，未知可否合時宜。

其八十
引睡羅浮認是仙。可餐秀色本天然。
我因圖影情成癖，風雅如君好結緣。

其八十一
逸少池邊發興新。管城別作一家春。
任教青眼凝眸看，不許紅塵半點侵。

其八十二
拈毫信手發天機。寫出嶺南第一枝。
寒到十分清到骨，滌人客氣雅相宜。

其八十三
生平知己是梅花。挺產中山淡素家。
不與俗氛參臭味，冰心一片玉無瑕。

其八十四
俗務煩勞半點無。偏從春色覓工夫。
不知我淡還花淡，一樣冰心畫入圖。

其八十五

傲骨嶙峋數點花。嶺南香國是吾家。
生平清潔如冰玉，任是離婁不見瑕。

其八十六

天授生花筆一枝。青蓮佳譽每神馳。
我令濡翰描清卉，卻怕中書老禿時。

其八十七

妙緒抒來人罔知。硯田歉獲意多違。
中山修到梅花福，白眼青眸共賞奇。

其八十八

丰神朗韻未春花。占得名園第一家。
香世界中藏太極，但教染翰不蒙瑕。

其八十九

散步閒遊竹苑西。一枝斜照影參差。
甫〔逋〕仙去後無消息，粧好如渠卻為誰。

其九十

不如司香青帝知。但憑心匠出花枝。
箇中自有神仙術，說與凡夫定笑癡。

其九十一

粉蝶仙禽伴曉粧。斷魂偷眼胥輕狂。
幽人不為花顏好，只作隆冬耐冷香。

其九十二
得意家山清白姿。俗氛凡卉罔縈思。
耐心休怕風霜冷，結子調元自有時。

其九十三
胸次成梅幾萬枝。平生惟有竹松知。
春來約戲天公玉，歲歲年年不誤期。

其九十四
歲歲營生指硯田。半由人事半由天。
唧毫多嚼梅花味，較腹菖腸更引年。

其九十五
吟榻毫無俗慮牽。企情偏要發春妍。
蒔花五畝嫌多事，一幹孤高植寸田。

其九十六
堪笑山僧說奇緣。朝朝暮暮苦參禪。
不知從事管城子，修到梅花即是仙。

其九十七
讀罷南華展玉箋。風規清白此耕傳。
披圖莫作尋常看，萬卉凋零獨此妍。

其九十八
寫梅競說我精妍。芸案常存百幅箋。
酬應愈多耽愈久，豈因筆硯故遲延。

其九十九
交結何須動誓盟。梅花心事見生平。
交稱莫逆都緣淡，畫到名家一味清。

其一百
畫到名家豈偶然。墨留青處筆如椽。
門前桃李多豐采，願共梅花種福田。

余少習戎旅之事，老耽禪悅，暇日臨池，常以餘墨為梅花寫
生，並賦詩吟詠。茲積百首錄呈裕甫先生郢正。辛未四月曹錕。

其他題詠輯錄（四十八則）

一
青囊有術亦何精。痛癢相關本性成。
那得環球無疾苦，慈航普渡賴先生。[113]
　　　　　　　己未年夏四月　井上先生大國手　紀念　曹錕

二
鄭州行邸寫梅花題詩一首
寫梅難到是精神。寫得精神便是真。
萬壑千山冰雪裡，祇憑一點便生春。

二
萬樹梅花一艸廬。隨緣寫作放翁圖。
大千世界同春色，到此方知德不孤。
　　　　　　　　　　乙丑仲冬　樂壽老人曹錕

---

113 此詩又見曹氏贈「衡山仁兄將軍」條幅，「賴」作「仰」。

三

若彼國徒天人見此樹者，得三法忍。一者音響忍，二者柔順忍，三者無生法忍。

丙寅年春正月十日　渤叟

四

一樹梅花庭畔發，虯枝不畏雪霜封。

歲寒誰是同心友，祇有千年太華松。

丙寅三月　樂壽老人曹錕題

五

東皇不惜歲華新。雪後園林意態真。

憑仗平生造化手，好花開徧四時春。

效坤仁弟　丙寅八月曹錕

六

北枝傳到春消息，爛縵南枝幾日開。

惟有老人都道好，要他著手便春來。

漢卿賢姪　丙寅八月樂壽老人曹錕

七

曹溪大師說「自性五分法身香」，一戒香：自心中無惡念是也；二定香：境相見前，自心不亂是也；三慧香：自心無礙，常以智慧觀照自性，不造諸惡。雖造諸善，心不執著是也；四解脫香：自心無所攀援，不思善、不思惡，自在無礙是也；五解脫知見香：自心達真理，和光接物，無我無人，直至菩提真性不易是也。樂壽老人曰：「余寫梅花，亦有自性香見。吾畫者得聞梅花自性香，即得聞曹溪五分自性香，吾無隱乎爾也。」曹錕

八

偶因寫得春消息，便覺含毫意邈然。

好把人間香雪海，都將盛載米家船。

蘊山仁弟　樂壽老人曹錕

九

禪家頌伊三點，有無上妙諦，亦是伊，亦不是伊。樂壽老人寫梅花時，但見滿紙是伊字，不住文字相，亦不離文字相也。偈曰：五法三自性，八識二無我。解得空諸所有時，道是梅花無不可。　樂壽老人曹錕

十

余寫梅花即是寫心，寫心即是寫佛。故為之偈曰：即心是佛，千林一月。文殊摩詰何分別。非佛非心，一月千林。拾得寒山自古今。丙寅夏樂壽老人曹錕

十一

佛經題𡸣字，或讀作漚和。有問羅漢琛：「以字不是八字非，畢竟是甚麼字？」琛曰：「看取下注腳。徑山杲頌曰：『以字不是八字非。爍迦羅眼不能窺。一毛頭上重拈出。忿怒那吒失却威。』」余寫梅時，偶借此為花須蕊，且系以詩曰：畢竟相看是甚麼。不妨隨意讀漚和。有時寫入畫三昧，一朵梅花一佛陀。樂壽老人曹錕

十二

寫出東風無量樹，花開天下盡知春。世人欲識春生處，樂壽堂中把筆人。　此余梅花禪也。樂壽老人曹錕

十三

羅浮山中有葛仙翁，手植梅猶存。仙翁以丹沙故，求為句漏令。若此樹者，亦當換骨為丹沙梅也。

季僑仁弟　丙寅十月

樂壽老人曹錕

十四

萬樹梅花圍老屋，應尋春在最高枝。

大千生趣盈懷抱，祇在揮毫寫意時。

歲在丁卯三月之中旬　樂壽老人曹錕畫并題

十五

林和靖「疏影橫斜水清淺，暗香浮動月黃昏」，此寫梅之形也。至於「雪後園林剛半樹，水邊籬落忽橫枝」，則寫出梅之性情矣。

丁卯九月　樂壽老人曹錕

十六

余年二十，始為國家服役，六十入總大政。近以倦勤，皈心釋氏之學。或問：治國尚名實，釋氏言解脫，為有二乎？余曰：無二也。甯獨惟是，余好種植，所至必闢場圃。暇時臨池，或寫老梅古松及怪石，凡此皆以治吾心而已。甯有二耶？道生一，一生二，二生三，三生萬物，而心惟一。

芳澤公使　樂壽老人曹錕

十七

佛經卍字讀作漚和。所謂以字不成，八字不就者也。余借以作梅花中之鬚與蒂，寫成觀之，但有一花，即有一卍字。系以詩曰：

以字不成八不就，開經先要念漚和。

我今借作花鬘蒂，一朵梅花一佛陀。

歲在辛未正月　樂壽老人曹錕

十八

余治軍垂四十年，未嘗敢一日自逸。倦勤以來，偶從事翰墨，以養氣治心而已。古人惜寸陰，余之為此不及陶士行運甓多矣。中華民國十有六年十一月為新井司令寫梅並識，曹錕。

十九

萬樹梅花樂壽仙。偶從靜處悟先天。
聞香說法吾無隱，春在枝頭玄又玄。

歲在辛未年春正月中吟　樂壽老人

二十

萬樹梅花樂壽仙。一枝瑤管得春先。
清香妙諦生何處，三十三天自在禪。

辛未年春二月為子玉仁弟寫梅并識　樂壽老人曹錕

廿一

藐姑射仙子肌膚若冰雪，淖約若處子，不食五穀，吸風飲露。此為陶鑄堯舜之人。寫梅花者當存一藐姑射仙子於胸中，然後下筆，不可作萼綠華、杜蘭香觀。

歲在辛未年春二月上澣　樂壽老人曹錕

廿二

山中的石頭，大的大、小的小。枝上的梅花，開的開、落的落。我見石頭，不見大小。我見梅花，不見開落。何以故？石大石小，總是真如，花開花落，無非般若。

歲在辛未春二月上旬　樂壽老人曹錕

廿三

萬樹梅花樂壽翁。筆端習習有春風。

天教老幹留元氣，放出清香滿太空。

辛未年春二月　樂壽老人曹錕

廿四

余少習戎旅之事，老耽禪悅，暇日臨池，偶以餘墨為梅花寫
生。或言似甚，或曰不似。余縱意揮灑，不知吾心之所至，為筆之所
至耶？不知吾筆之所至，為心之所至耶？或問：畫有法耶？余曰：惡
得無法？寧獨吾畫云介耶？兵家之於兵，為有法耶？為無法耶？法
耶？夫吾畫亦猶是也。

辛未年春二月中旬　樂壽老人曹錕

廿五

雪裡千林多不厭，江邊一樹少還佳。

道人細嚼梅花蘂，總是清涼一味皆。

歲在辛未年仲夏月上澣　樂壽老人曹錕

廿六

萬樹梅花樂壽翁，一枝健筆老猶雄。任他大地皆冰雪，春在靈
臺方寸中。梅花之香，一切香中最清之香也。梅花之色，一切色中最
淨之色也。我寫梅花，願眾生鼻界中聞無上清香，不聞其它一切之
香；願眾生眼界中見無上淨色，不見其它一切之色。無上香、無上
色，是為香色中無上菩提。

少川仁弟　辛未年仲夏月上澣　樂壽老人曹錕

廿七

樂壽堂中樂壽翁。偶然揮翰寫東風。

時人欲識翁真意，樂壽元來四海同。

潤江仁弟　樂壽老人曹錕

廿八

世界間有無量無數無邊梅花，即有無量無數無邊眾生見梅花而得度。我寫世界間無量無數無邊梅花，亦即有無量無數無邊眾生見我所寫梅花而得度。眾生以見見梅花而得度，不如以不見見梅花而得度，是為真得度。

辛未年九月上旬　樂壽老人曹錕

廿九

一如來，恆河沙無量梅花，恆河沙無量如來。過去未來現在恆河沙無量梅花，過去未來現在恆河沙無量如來。梅花即是如來，如來即是梅花。我今皈禮天人師等正覺調御丈夫梅花如來佛。

辛未年九月中澣　樂壽老人曹錕

三十

梅花之香，一切香中之最清之香也。梅花之色，一切色中之最淨之色也。我寫梅花，願眾生鼻界中聞無上清香，不聞其他一切之香，願眾生眼界中見無上淨色，不見其他一切之色。無上香、無上色，是為香色中無上菩提。

歲在辛未年秋月下澣　樂壽老人曹錕

卅一

秋風飄搖，黃花獨秀。仙客採之，喬松齊壽。

辛未九月　樂壽老人

卅二

數點梅花天地心。《易經》云：「復，其見天地之心乎？」渤叟於此一點梅花中，見伏羲、文王、孔子三聖人之心矣。

　　　　　　　　　　　　辛未冬十月上浣　樂壽老人曹錕

卅三

寫梅者不必寫雪寫月，而自得雪月之精神。

　　　　　　　　　　　　辛未年冬月上浣　樂壽老人曹錕

卅四

寫梅姿態是為寫真，傳梅性情是為傳神。

　　　　　　　　　　　　辛未年十月中浣　樂壽老人曹錕

卅五

佛有三身，梅花亦有三身。人見鐵榦，人見冰花，是梅花清淨報身。我寫鐵榦，我寫冰花，是梅花清淨化身。惟有梅花清淨法身不可得見而可得見，不可得寫而可得寫。此處乃是真正梅花清淨法身也。

　　　　　　　　　　　　癸酉年三月上澣　樂壽老人曹錕

卅六

「終日尋春不見春。芒鞋踏破嶺頭雲。歸來偶把梅花嗅，春在枝頭已十分。」今人祇要春在枝頭，那肯下芒鞋一段功夫？試和一偈：十年手種梅龍樹，一點花開天地春。祇有看花人似海，相逢誰是種花人？

　　　　　　　　　　　　癸酉年三月上澣　樂壽老人曹錕

卅七

般若波羅蜜多。梅花開徧娑婆。仁者莫生分別，來參香雪彌陀。

甲戌年孟冬上浣　樂壽老人曹錕

卅八

凌霜雪而獨秀，守潔白而不汙。人而象之，亦可以為友也。

愛棠仁弟　渤叟

卅九

梅花古佛。丹霞白雪。古佛梅花。白雪丹霞。

肖琴先生屬　樂壽老人曹錕

四十

維摩默處文殊說，三十三天長雨花。

松泉老弟　樂壽老人曹錕

卌一

禪家有六三點頌，今渤叟以三點寫梅花，亦可謂渤叟梅花禪
也。系以詩曰：點出梅花百萬圈。三星斜月勢相連。不須認作伊三
點，只算梅花渤叟禪。

渤叟

卌二

無價珍，用不盡。利物應機終不吝。
三身四智體中圓，八解六通心地印。

渤叟

其三

新粧雖異莫相爭。疎影暗香同樣清。月裡風前雙妙絕，紅難為弟白難兄。[114]

其四

東風峭峭送雲陰。雪滿籬邊春未深。自笑詩魔不掃地，梅花消息日關心。

其五

漠漠輕煙生柳塘。一梳春月澹無光。隔籬梅發何由識，遇賴開窗得暗香。

其六

幾度微吟倚小欄。梅花發處晚風寒。一枝高出竹籬外，好假詩人仔細看。

其七

獨倚書窗月上時。隣家梅發隔疎籬。南枝春淺人難認，早被東風吹得知。

其八

香風昨夜自東隣。梅發何人為主人。橫出牆來吾屋後，一株花是兩家春。

　　　　　　　　　　勁光仁兄先生　樂壽老人曹錕

---

114 以下六首錄自「曹錕先生書法冊」（章士釗題），此詩「絕」、「紅」二字顛倒，逕改。

家事遺囑

　　長子士岳知悉：余前因汝無生活之資，曾將英租界十九號路房產歸汝獨有，較汝弟所得為數仍少。茲再將坐落本市特二區金湯三馬路樓房全部給汝，以昭公平。仍指定汝閻子勤二哥為執行人，將來憑此管業為要。再十九號路房基係汝五叔代向英工部局呈報承領，故契內用汝五叔名義，特併示知。

自書遺囑父曹錕

親友　閻子勤

歲在丁丑年正月十九日

主要參考書目

傳統文獻

〔漢〕司馬遷:《史記》,北京:中華書局,1997 年。

〔漢〕西域三藏竺大力共康孟詳譯:《修行本起經》卷下,收入大藏經刊行會編輯:《大正新脩大藏經》第 3 冊,臺北:新文豐圖書公司,1983－1985 年。

〔魏〕何晏註、〔宋〕邢昺疏:《論語注疏》,臺北:藝文印書館據 1815 年阮元刻本影印。

〔晉〕范寧集解、〔唐〕楊士勳疏:《春秋穀梁傳注疏》,臺北:藝文印書館據阮元嘉慶二十年（1815）江西南昌學堂《十三經註疏》重刊本影印,1989 年。

〔晉〕陶潛著、王瑤編註:《陶淵明集》,北京:人民文學出版社,1956 年。

〔南朝梁〕蕭統著、俞紹初校注:《昭明太子集校注》,鄭州:中州古籍出版社,2001 年。

〔隋〕慧遠:《無量壽經義疏》,收入大藏經刊行會編輯:《大正新脩大藏經》第 37 冊,臺北:新文豐圖書公司,1983－1985 年。

〔唐〕房玄齡主編:《晉書》,北京:中華書局,1997 年。

〔宋〕胡仔:《苕溪漁隱叢話》,上海:中華書局四部備要本。

〔宋〕陳景沂:《全芳備祖》,上海:上海古籍出版社影印文淵閣四庫全書,1992 年。

〔宋〕樓鑰:《范文正公年譜》,上海:商務印書館四部叢刊本。

〔宋〕蘇軾著、孔凡禮點校:《蘇軾文集》,北京:中華書局,1986 年。

〔宋〕蘇軾著、李之亮箋注:《蘇軾文集編年箋注》,成都:巴蜀書社,2011 年。

〔金〕元好問:《元好問全集》,太原:山西人民出版社,1990 年。

〔元〕翁森:《一瓢稿剩稿》,載本公司編輯部:《叢書集成續編》第 167 冊,臺北:新文豐出版公司,1988 年。

〔元〕趙孟頫著、任道斌校點:《趙孟頫集》,杭州:杭州古籍出版社,1986 年。

〔明〕陳子龍著,施蟄存、馬祖熙標校:《陳子龍詩集》,上海:上海古籍出版社,1983 年。

〔明〕陸時雍:《古詩鏡》,臺北:臺灣商務印書館影印文淵閣四庫全書,1983 年。

〔清〕王夫之:《古詩評選》,長沙:嶽麓書社,1996 年。

〔清〕永瑢主編:《四庫全書總目提要》,北京:中華書局,1965 年。

〔清〕沈德潛:《古詩源》,北京:中華書局,1963 年。

〔清〕孫雄:《詩史閣詩話》,收入張寅彭主編:《民國詩話叢編》第二冊,上海:
　　上海書店出版社,2002 年。

〔清〕陳夔龍:《松壽堂詩抄》,宣統三年(1911)京師刊本。

〔清〕陳夔龍:《花近樓詩存》,北京:中國書店,1988 年。

〔清〕陳夔龍:《晚清重臣陳夔龍回憶錄:夢蕉亭雜記》,臺北:新鋭文創,2018 年。

〔清〕聖祖皇帝敕撰,曹寅、彭定求等主編:《全唐詩》,北京:中華書局,1960
　　年。

〔清〕戴名世:《戴南山集》,上海:大連圖書供應社,1935 年。

《孝經》,日本關西大學圖書館藏民國十五年(1926)曹錕刊本。

《聖蹟圖》,曹錕民國廿二年(1923)珂羅版印本。

中央研究院近代史研究所編印:《袁世凱家書》,臺北:中央研究院近代史研究所,
　　1990 年。

王錫彤著,鄭永福、呂美頤點注:《抑齋自述》,開封:河南大學出版社,2001 年。

田文烈:《拙安堂詩集》,收入汪夢川、熊燁主編:《民國詩集選刊》,揚州:廣
　　陵書社,2017 年。

全國公共圖書館古籍文獻編委會編:《袁世凱未刊書信稿》,北京:中華全國圖
　　書館文獻縮微複製中心,1998 年。

吳保初:《北山樓集》,合肥:黃山書社,1990 年。

言敦源:《愗莊詩存》《愗莊文存》,香港:1965 年刊本。

段祺瑞:《正道居集》,上海圖書館藏民國刊本。

段祺瑞:《正道居感世集》,上海圖書館藏民國刊本。

段祺瑞:《正道居感世續集》,北京國家圖書館藏民國刊本。

段祺瑞:《正道居詩》,上海圖書館藏民國刊本。

段祺瑞:《正道居詩續集》,上海圖書館藏民國刊本。

徐世昌:《水竹邨人詩集》,民國七年(1918)天津徐氏雕版。

徐世昌:《弢齋述學》,民國十年(1921)天津徐氏雕版。

徐世昌:《海西草堂詩集》,民國廿五年(1936)退耕堂刻本。

徐世昌:《歸雲樓題畫詩》,民國天津徐氏退耕堂刊本。

徐世昌著,吳思鷗、孫寶銘點校:《徐世昌日記》,北京:北京出版社,2018 年。

徐珂編撰:《清稗類鈔》,北京:中華書局,1984－1986 年。

袁克文:《洹上私乘》,上海:大東書局,1926 年。

袁克文主編:《圭塘倡和詩》,北京國家圖書館藏 1913 年影寫石印本。

袁克文著、吳瞳瞳整理:《袁克文集》,天津:天津古籍出版社,2019 年。

袁克文著、梁穎點校:《辛丙秘苑》,上海:上海書店,2000 年。

袁克定編:《洹村逸興》,袁世凱謄抄本,1940 年代編,現藏中國社會科學院近

代史所。

袁克權：《袁克權詩集》，天津：天津古籍出版社，2008 年。

國家清史編纂委員會、中國社科院近代史所、虞和平主編：《近代史所藏清代名人稿本抄本（第三輯）》，鄭州：大象出版社，2017 年。

張伯駒：《張伯駒集》，上海：上海古籍出版社，2013 年。

曹元森纂、陳舒述：《傳染病八種證治晰疑》，民國二十一年（1932）刊本。

許維遹撰，梁運華整理：《呂氏春秋集釋》，北京：中華書局，2009 年。

費樹蔚：《費韋齋集》，1951 年刊本。

賀培新：《水竹邨人年譜》，載北京圖書館編：《北京圖書館藏珍本年譜叢刊》第 184 冊，北京：北京圖書館出版社，1999 年。

辜鴻銘：《張文襄公幕府紀聞》，收入黃興濤主編：《辜鴻銘文集》，海口：海南出版社，1996 年。

滕修展等注譯：《列仙傳神仙傳注譯》，天津：百花文藝出版社，1996 年。

近人著述

上海人民出版社編：《章太炎全集》，上海：上海人民出版社，2014 年。

中國社科院近代史所民國史組編：《清末新軍編練沿革》，北京：中華書局，1978 年。

文斐編：《北洋三雄：徐世昌、曹錕、孫傳芳》，北京：中國文史出版社，2004 年。

方惠芳：《曹錕賄選之研究》，臺北：國立臺灣大學出版委員會，1983 年。

王揖唐：《晚清民初詩壇見聞：今傳是樓詩話》，臺北：新銳文創，2018 年。

王雄康：《歷史的碎片：小站大人物》，北京：團結出版社，2015 年。

王毓超：《北洋人士話滄桑》，北京：中國文史出版社，1993。

王爾敏、陳善偉編：《清代名人手箚真跡‧九‧盛宣懷珍藏書牘初編》，臺北：禹甸文化，1976 年。

王碧蓉：《百年袁家：袁世凱及楊氏夫人後裔百年家族史》，桂林：廣西師範大學出版社，2013 年。

吳小如等編著：《漢魏六朝詩鑑賞辭典》，上海：上海辭書出版社，1992 年。

吳廷燮：《段祺瑞年譜》，北京：中華書局，2007。

吳梅：《詞學通論》，臺北：五南出版有限公司，2017 年。

宋國濤：《民國總理檔案》，北京：人民日報出版社，2011 年。

李慶東：《段祺瑞幕府與幕僚》，杭州：浙江文藝出版社，2010 年。

李澤昊：《變局‧能臣‧轉機：徐世昌新政研究》，上海：上海三聯書店，2021 年。

沈雲龍：《徐世昌評傳》，臺北：傳記文學出版社，1979 年。

周玉和、高樂才：《曹錕全傳》，哈爾濱：黑龍江人民出版社，2001 年。

周言：《王國維與民國政治》，北京：九州出版社，2013 年。

林志宏：《民國乃敵國也：政治文化轉型下的清遺民》，臺北：聯經出版事業股份有限公司，2009 年。

金滿樓：《武夫治國：北洋梟雄的發達往事》，太原：山西人民出版社，2015 年。

胡曉：《段祺瑞年譜》，合肥：安徽大學出版社，2007 年。

唐沅等編：《中國現代文學期刊目錄彙編》，天津：天津人民出版社，1988 年。

唐德剛：《民國史軍閥篇：段祺瑞政權》，臺北：遠流出版事業股份有限公司，2012 年。

夏如秋：《皖遊札記：解析中國近現代歷史上若干事件和人物的真實細節》，臺北：萬卷樓出版有限公司，2014 年。

徐一士：《亦佳廬小品》，北京：中華書局，2009 年。

徐博東、黃志平：《丘逢甲傳〔增訂本〕》，臺北：秀威資訊科技股份有限公司，2011 年。

秦燕春：《袁氏左右：清末民初的流年碎影》，南京：鳳凰出版社，2009 年。

馬建標：《權力與媒介：近代中國的政治與傳播》，北京：北京師範大學出版社，2018 年。

高有鵬：《另一個面孔：袁世凱的人生世界》，北京：清華大學出版社，2014 年。

張立真：《馮國璋真傳》，瀋陽：遼寧古籍出版社，1997 年。

張國淦：《洪憲遺聞》，收入方建文、張鳴主編：《百年春秋：二十世紀大事名人自述》，北京：經濟日報出版社，1997 年。

張鳴：《北洋裂變：軍閥與五四》，臺北：遠流出版事業股份有限公司，2011 年。

曹汝霖：《一生之回憶》，香港：春秋雜誌社，1966 年。

章士釗：《章士釗全集》，上海：文匯出版社，2000 年。

章用秀：《總統畫家徐世昌》，南昌：江西美術出版社，2009 年。

郭廷以：《近代中國史綱》，香港：香港中文大學出版社，1980 年。

郭劍林、《北洋靈魂：徐世昌》，蘭州：蘭州大學出版社，1997 年。

野史氏編輯：《袁世凱軼事》，上海：文藝編譯社，1916 年。

野史氏編輯：《袁世凱軼事續錄》，上海：文藝編譯社，1916 年。

陳定山原著、蔡登山主編：《陳定山談藝錄》，臺北：新銳文創，2021 年。

陳煒舜：《卿雲光華：列朝帝王詩漫談》，臺北：唐山出版社，2017 年。

陳煒舜：《古典詩的現代面孔：「清末一代」舊體詩人的記憶、想像與認同》，臺北：新文豐出版公司，2021 年。

陳煒舜主編：《段祺瑞正道居詩文註解》，臺北：萬卷樓圖書公司，2020 年。

彭秀良：《段祺瑞傳》，北京：中華書局，2015。

馮學榮：《從共和到內戰：見證北洋十七年》，香港：中華書局，2014 年。

黃克武：《惟適之安：嚴復與近代中國的文化轉型》，臺北：聯經出版事業股份有限公司，2010 年。

黃征、陳長河、馬烈：《段祺瑞與皖系軍閥》，鄭州：河南人民出版社，1990 年。

慈怡主編：《佛光大辭典》，高雄：佛光文化事業有限公司，2012 年。

楊松冀：《精神家園的詩學探尋：蘇軾「和陶詩」與陶淵明詩歌之比較研究》，北京：人民出版社，2012 年。

楊穎奇主編：《民國政治要員百人傳》，南京：南京出版社，2014 年。

葉德輝：《郋園讀書志》，臺北：明文書局，1990 年。

路遙主編：《民間信仰與社會生活》，上海：上海人民出版社，2011 年。

裴高才、王鳳霞編著：《無陂不成鎮（上）人文風情》，武漢：長江出版社，2009 年。

齊白石：《白石老人自述》，長沙：嶽麓書社，1986 年。

劉彥：《帝國主義壓迫中國史》，上海：太平洋書店，1931 年。

劉春子、殷向飛編：《段祺瑞：三造共和的籠中虎》，南京：江蘇文藝出版社，2014 年。

蔡瑜：《陶淵明的人境詩學》，臺北：聯經，2012 年。

魯迅先生紀念委員會編纂：《魯迅全集》，北京：人民文學出版社，1973。

錢仁康：《新編世界國歌博覽》，上海：上海音樂出版社，2010 年。

錢仲聯：《夢苕庵詩話》，濟南：齊魯書社，1986 年。

錢鍾書：《槐聚詩存》，北京：生活‧讀書‧新知三聯書店，2001 年。

駱曉倩：《兩宋宗室文學研究》，北京：中華書局，2012 年。

《環球人物》雜誌編：《往事如煙：民國政要後代回憶實錄》，北京：人民出版社，2013。

薛大可著、蔡登山主編：《北洋軍閥：雄霸一方》，臺北：獨立作家，2014 年。

薛巔：《薛巔武學輯注：形意拳術講義》，北京：北京科學技術出版社，2017 年。

鍾應梅：《論詩絕句甲乙集》，香港：香港崇基學院中國語文學系華國學會，1975 年。

嚴泉：《民國初年的國會政治》，北京：新星出版社，2014 年。

嚴修：《嚴修日記》，天津：南開大學出版社，2001 年。

〔日〕佐藤鐵治郎著，李寧、盧浩文譯：《外國人眼中的袁世凱》，北京：東方出版社，2013 年。

〔日〕內藤順太郎著、張振秋譯：《袁世凱正傳》，上海：廣益書局，1914 年。

〔日〕木山英雄：《人歌人哭大旗前：毛澤東時代的舊體詩》，北京：生活‧讀書‧新知三聯書店，2016 年。

〔日〕西原龜三：《經濟自治論策》，東京：國策研究會，1926 年。

〔日〕酒井忠夫撰、青格力譯：《民間信仰與社會生活》，上海：上海人民出版社，2011 年。

〔法〕福柯著，汪民安主編：《福柯讀本》，北京：北京大學出版社，2010 年。

〔美〕古爾德納著、杜維真等譯：《新階級與知識分子的未來》，北京：人民文學出版社，2001 年。

Chen, Jack W., *The Poetics of Sovereignty: On Emperor Taizong of the Tang Dynasty*, Cambridge, MA: Harvard Asia Center, 2010

Michel Foucault, trans. Robert Hurley et al., ed. Paul Rabinow, *Ethics: Subjectivity and Truth*, New York: The New Press, 1997.

Pierre Bourdieu & Loïc J. D. Wacquant, *An Invitation to Reflexive Sociology*, University of Chicago Press, 1992.

單篇論文

丁放：〈晚清政治風雲中的吳保初〉，《安徽史學》，1995 年第 1 期，頁 48－49。

文迪義：〈莫友芝和陶詩淺論〉，《黔南民族師範學院學報》，2011 年第 4 期，頁 6－9、39。

毛文芳：〈自我認同的困惑──明清文人自題像贊初探〉，載彰師大國文系編：《第六屆中國詩學會議論文集》，臺北：萬卷樓出版有限公司，2002 年，頁 27－67。

毛翰：〈民國首腦們的詩〉，《書屋》，2006 年第 5 期，頁 4－15。

王士君：〈淺論《和陶飲酒》在蘇詩中的獨特地位〉，《荷澤師專學報》，2002 年第 3 期，頁 4－7。

田曉菲：書評：*The Poetics of Sovereignty: On Emperor Taizong of the Tang Dynasty*. By Jack W. Chen. Cambridge, MA: Harvard Asia Center, 2010, pp. xvii＋445.《中國文哲研究集刊》，第三十八期（2011.03），頁 299－305。

艾俊川：〈養壽園紙上考古記〉，《掌故》，第六集，北京：中華書局，2020 年 8 月，頁 33－61。

吳元嘉：〈徐世昌《二十四氣詩》之觀物、寫境特徵〉，《藝見學刊》，6 期（2013.10.01），頁 63－74。

孫文光：〈吳保初和他的《北山樓集》〉，《江淮論壇》，1990 年第 1 期，頁 97－100。

袁行霈：〈論和陶詩及其文化意蘊〉，《中國社會科學》，2003 年第 6 期，頁 149－161。

馬勇：〈袁世凱「開缺回籍養痾」諸問題〉，《華東師範大學學報（哲學社會科學版）》，2017 年第 1 期，頁 46－59。

高有鵬：〈詩人袁世凱〉，《中華讀書報》，2013 年 6 月 5 日。

崔建利：〈徐世昌詩集敘錄〉，《文學與文化》，2015 年第 1 期，頁 112－117。

張桂琼：〈金問泗的社交詩詞初探〉，《華人文化研究》，第七卷第一期（2019.06），頁 157－177。

張華騰：〈洹上漁翁垂釣照考釋〉，《文博雜誌》，2010 年第 1 期，頁 34－38。

張愛平：〈段祺瑞致蔣介石的一封密信〉，《檔案與史學》，1996 年第 1 期，頁 72－73。

張劍：〈日記中的歷史：紹英眼中的清末民初〉，《中華文史論叢》，2018 年第 3 期（總 131 期），頁 237－278。

許毅、趙雲旗：〈「西原借款」與段祺瑞獨裁賣國〉，載許毅主編：《北洋政府外債與封建復辟》，北京：經濟科學出版社，2000 年，頁 162－196。

郭雙林：〈論《甲寅》雜誌與「甲寅派」〉，本書編委會編：《近代文化研究的繼承與創新》，北京：中華書局，2010 年，頁 349－376。

楊治宜：〈從「杯酒唱酬」到「追和古人」——試論蘇軾〈和陶飲酒〉詩的意義〉，《北京大學研究生學志》，2005 年第 2 期，頁 58－67。

楊雄威：〈甲子歲朝春：一九二四年的星命與政治〉，《讀書》，2019 年第 2 期，頁 124－125。

廖群：〈「代言」、「自言」與「刺詩」、「淫詩」：有關《國風》的兩種闡釋〉，《文史哲》，1999 年第 6 期，頁 57－63。

劉光勝：〈清華簡《耆夜》考論〉，《中華文化論壇》，2011 年第 1 期，頁 164－170。

劉路生：〈彰德養疴時期的袁世凱〉，載中國史學會：《辛亥革命與 20 世紀中國》，武漢：湖北人民出版社，2001 年，頁 366－386。

樊振：〈宋慶齡鄧演達海外籌組「第三黨」始末〉，《縱橫》，2011 年第 12 期，頁 16－20。

潘靜如：〈《晚晴簃詩匯》編纂史發覆——兼論清遺民與徐世昌等北洋舊人的離合〉，《蘇州大學學報（哲學社會科學版）》，2018 年第 2 期，頁 151－157。

薛天緯：〈師範淵明，唯取一適——蘇軾為什麼要寫和陶詩〉，《古典文學知識》，2009 年第 5 期，頁 66－71。

韓寧：〈莫棠、袁克文跋元建陽本《極玄集》述論〉，《古典文學知識》，2019 年第 2 期，頁 61－69。

羅澤珣：〈羅常培先生的治學精神——紀念先生逝世 30 周年〉，《文史哲》，1988 年第 6 期，頁 75－83。

顧農：〈《問來使》非陶淵明詩〉，《中華讀書報》，2015 年 5 月 6 日。

〔日〕橫山伊勢雄著、張寅彭譯：〈關於蘇軾的「和陶詩」〉，《陰山學刊》，1998 年第 2 期，頁 9-15。

Foucault, M., "What is an Author?", Smith, Steven B. (ed.), *Modernity and Its Discontents: Making and Unmaking the Bourgeois from Machiavelli to Bellow* (New Haven: Yale University Press, 2016), pp.299-314.

Wu Shengqing, 'Nostalgic Fragments in the Thick of Things: Yuan Kewen (1890—

1931) and the Act of Remembering', *Journal of Chinese Literature and Culture* (2019) 6 (1), pp.239—271.

報刊資料文章

一川：〈和曹錕玄玄奧旨歌〉，〈如是我聞室補白〉（二九五），《鐵報》，1935 年 10 月 1 日。

〈天津曹錕畫梅〉，《仁智林叢刊》，第一期（1926.09），不著頁碼。

王楚卿：〈段祺瑞公館見聞〉，《文史資料選輯》，第 41 輯，頁 236－249。

未明：〈曹錕輯百家詩：每月生活費祗三百元〉，《星華》，第 1 卷第 1 期（1936），頁 14。

《申報》，民國二十二年（1933）元月 23 日。

朱煒：〈低首藏人海的蔡寶善〉，《湖州日報》，「飛英」副刊第 25 期（2017.10.11.）。

宋達元：〈寶木堂筆記卷之一：袁世凱感懷詩〉，《化報》，第 13 期（1933）。

〈段芝泉挽貞惠先生詩〉，《北洋畫報》，18 卷 895 期（1933），頁 2。

段祺瑞：〈奉贈清浦子爵〉，《遼東詩壇》，第 16 期（1926），頁 3。

段祺瑞：〈產猴記〉，《甲寅週刊》，第 1 卷 31 期（1926），頁 1。

段祺瑞：〈覆蔣總司令函書〉，《軍事雜誌》，第 3 期（1928），頁 3。

胡文輝：〈跋《圭塘倡和詩》乙卯本〉，《華人文化研究》，第十卷第二期（2022.12），頁 261－265。

《香港華字日報》，1909 年 4 月 9 日、7 月 12 日、10 月 16 日、10 月 28 日。

殷文波：〈段祺瑞覆蔣介石信〉，《合肥文史資料》，十四輯，頁 75－76。

袁世凱：〈春雪〉、〈雨後遊園〉、〈嘯竹精舍〉、〈海棠二首〉，《憲法新聞》周刊，第 22 期（1913），「雜纂·文苑」，頁 1－2。

袁世凱：〈容菴詩存〉，《震旦》，第一期（1913.02），頁 109－111。

袁弘哲口述、付文永整理：〈我所收藏的《大鈞元模》〉，載本社編：《百年家族：項城袁氏家族資料匯輯》，開封：河南大學出版社，2012），頁 406－410。

袁靜雪：〈我的父親袁世凱〉，載全國政協文史和學習委員會編：《八十三天皇帝夢》，北京：中國文史出版社，2016 年，頁 1－68。

巢章甫：〈袁世凱興學及其所為詩〉，《子曰叢刊》，1948 年第 4 期，頁 36－37。

巢雲：〈和曹錕玄玄奧旨歌〉，《小日報》，1926 年 11 月 21 日。

張達驤：〈我所知道的徐世昌〉，載全國政協文史資料委員會編：《中華文史資料文庫·政治軍事編·北洋軍閥統治》，北京：中國文史出版社，1996 年，頁 736－747。

張達驤：〈袁世凱與徐世昌〉，載全國政協文史和學習委員會編：《八十三天皇帝夢》，北京：中國文史出版社，2016 年，頁 173－180。

曹錕：〈仁佛前偈〉，《仁智林叢刊》，第一期（1926.09），頁 1－2。

曹錕：〈仁佛後偈〉，《仁智林叢刊》，第一期（1926.09），頁 2。

曹錕：〈好生説〉，《仁智林叢刊》，第二期（1926.10），頁 1－2。

曹錕：〈孝經敍〉，《仁智林叢刊》，第一期（1926.09），頁 1。

曹錕：〈法名自敍〉，《仁智林叢刊》，第二期（1926.10），頁 1－2。

曹錕：〈金剛經敍〉，《仁智林叢刊》，第一期（1926.09），頁 1－2。

曹錕：〈訓言〉，《仁智林叢刊》，第三期（1926.11.），頁 1－2。

曹錕：〈得雨記〉，《仁智林叢刊》，第一期（1926.09），頁 1－2。

曹錕：〈説佛一〉，《仁智林叢刊》，第三期（1926.11.），頁 1。

曹錕：〈樂壽園自敍〉，《仁智林叢刊》，第一期（1926.09），頁 1。

曹錕：〈鄭州海灘禪寺觀釋迦臥像記〉，《仁智林叢刊》，第三期（1926.11.），頁 1－2。

曹錕：〈學佛須知〉，《仁智林叢刊》，第三期（1926.11.），頁 13－15。

曹錕：《仁書大成》卷一，《仁智林叢刊》，第二期（1926.10），頁 10。

曹錕：《仁書大成》卷二，《仁智林叢刊》，第三期（1926.11.），頁 8－9。

曹錕：《仁書大成》卷三，《仁智林叢刊》，第三期（1926.11.），頁 1－2。

〈曹錕氏元日之訓詞〉，《益世報》，1924 年 1 月 5 日。

許兆昌、李大鳴：〈試論〈武王踐阼〉的文本流變〉，《古代文明》，第 9 卷第 2
期（2015.05），頁 42－54。

寒雲（袁克文）：〈雨後遊園〉、〈登樓〉，《遊戲新報》，1920 第 1 期，頁 62。

程靖宇：〈袁世凱及其《洹村逸興》〉附影印手稿，香港《大成》雜誌，第 26 期
（1976），頁 19－22。

舜九：〈記袁項城遺詩〉，《新民報半月刊》，第 5 卷第 23 期（1943），頁 22。

賀偉：〈民國要員與廬山〉，《檔案天地》，2007 年第 1 期，頁 15－18。

鄭逸梅：〈曹錕精印孝經〉，《子曰叢刊》，第 5 期（1948），頁 19。

黎紹基著、張樹勇譯：〈黎元洪的一生〉，載全國政協文史資料委員會編：《我所
知道的黎元洪》，北京：中國文史出版社，2021 年，頁 7－23。

戴健：〈段祺瑞：皖系北洋軍閥集團的首領〉，載合肥市政協文史資料委員會、
阜陽市政協文史資料委員會編：《皖系北洋人物》，合肥：安徽人民出版社，
1993 年，頁 24－28。

羅常培：〈羅常培自傳〉，載中國人民政治協商會議天津市委員會文史資料研究
委員會編：《天津文史資料選輯》，第 43 輯，天津：天津人民出版社，1988
年，頁 1－15。

蘊輯：〈曹錕與白玉佛〉，載《佛化新青年》，第 1 卷第 9－10 期（1923），頁 4。

網絡資料

「2015 年秋季日本美協拍賣」，https://images.artfoxlive.com/product/19452.html
（2016 年 03 月 06 日）。

大眼編輯部：〈袁世凱的詩，讀出曹操的味道，也是民國時期一大奸雄〉，「網易讀書頻道」，https://3g.163.com/dy/article/G906KDSB0543W69E.html。（2021年 10 月 6 日瀏覽）

小清説歷史：〈齊白石為他刻印、畫畫，「賄選」總統曹錕的畫梅情結〉，http://k.sina.com.cn/article_6431043220_17f51ee9400100bub8.html?cre=tianyi&mod=pcpager_focus&loc=8&r=9&doct=0&rfunc=100&tj=none&tr=9。（2021 年 10 月 6 日瀏覽）

【中國嘉德春拍】袁世凱居仁判牘，https://mp.weixin.qq.com/s/Afu1Q69-sfQcniyyK-xOcg?fbclid=IwAR1vv59iyX22tHuCbHFKjDJiGhqNtJ_RaNCb1B327dEnJVDNPDDjm0vKSiU。（2021 年 10 月 6 日瀏覽）。

香港星輝拍賣行「藝海拾貝 - 中國書畫（二）」專場，2020 年 8 月 8 日。https://www.epailive.com/goods/13554699。（2021 年 10 月 6 日瀏覽）

「徐世昌故居」，http://www.wenbao.net/html/whyichan/lsmc/tianjin/mingsheng/guju/xushichang.htm（2021 年 10 月 6 日瀏覽）

〈徐定茂談徐世昌〉，「鳳凰網‧中國近代史頻道」，https://news.ifeng.com/history/zhongguojindaishi/special/xdmtxsc/?fbclid=IwAR3FLOKGOMEqAzDhvLcuvLwHnMBeMqWBZFRuYYA8fpChlAb-NvKhWen_V6c（2020.5.12 瀏覽）

桑盛庭：〈「沈祖憲案」內情〉，「亦凡圖書館」，http://www.shuku.net:8082/novels/baogao/mgyaxzjsh/mgyaxzjsh09.html。（2021 年 10 月 6 日瀏覽）

「曹錕自詠梅花詩一百首冊頁」，https://auction.artron.net/paimai-art0055944262/。（2021 年 10 月 6 日瀏覽）

「陶淵明飲酒詩專家評論－葉嘉瑩教授」，https://blog.xuite.net/gk4013/wretch/183045717- 陶淵明飲酒詩專家評論－葉嘉瑩教授。（2021 年 10 月 6 日瀏覽）

舒貴生：〈論毛澤東詩詞的歷史地位和當代價值〉，「江南時報網」2021 年 6 月 5 日，https://www.jntimes.cn/jnwm/202106/t20210605_7114591.shtml。（2023 年 2 月 21 日瀏覽）

「馮國璋書法立軸，水墨紙本」，https://wwwdev.artfoxlive.com/product/398605.html#。（2023 年 2 月 25 日瀏覽）

〈馮鞏曾祖父、民國代總統馮國璋書法欣賞〉，https://kknews.cc/culture/kx82g38.html。（2019 年 9 月 5 日瀏覽）

諶旭彬：〈宋慶齡籌組「第三黨」始末〉，http://view.news.qq.com/a/20131011/000001.htm（2015 年 2 月 17 日）。

謝國秀著、李恩義（豫記作者）整理：〈一個安陽老人的真實經歷：我和袁世凱家是鄰居〉，「騰訊網」，https://new.qq.com/omn/20180123/20180123G0ULBR.html。（2021 年 10 月 6 日瀏覽）

「藝術家」網站，https://www.yishujia.com/a/a1007898。（2021 年 10 月 6 日瀏覽）

後記

　　2023 年 2 月 28 日——香港施行口罩令的最後一天，終於完成《感世與自適：北洋元首的文學場域》一書的修訂工作。下定決心草就這部書稿，乃是在 2020 年初，亦即新冠疫情首次爆發之際。回頭已經三年消逝無蹤，陡增遲暮之感，不禁長吁。

　　當然，若論此書的撰寫動機，仍要追溯到 2005 年。彼時執教宜蘭，於在職碩士專班開設「歷代元首詩」專題課。我發現當代所編好幾種帝王詩選，都從漢高祖劉邦的〈大風歌〉開始，至若先秦時代的作品由於真偽莫辨，大多棄而不論。而研究歷代帝王詩的學者，多半着眼於曹氏父子、蕭氏父子、陳後主、隋煬帝、唐太宗、李後主等幾位卓有才名的人物，因為他們名下作品的著作權基本上是可以保證的。然而，每位帝王背後都一個詞臣團隊，那些不以文學著稱的帝王，我們擔心其名下作品乃是詞臣代筆，又無法確證，因此往往避而不談。實際上，如果不將某帝王僅僅視為個體詩人，而是理解詞臣團隊參與建構其名下作品的可能性（包括所謂「代言」），並將這些作品視為官方詩學的範本，就未必需要繼續糾結於單一作者著作權的問題。進而言之，那些託名上古三代聖君之作，縱使並非出自這些君主乃至其詞臣之手，但若可較精密地考察其偽託年代，卻也未嘗不能考察偽託者的思想精神。因此我這門課的設計，是從上古時代堯舜禹名下那些古逸詩一直談到民國初年孫文、袁世凱、徐世昌、段祺瑞、林森、汪精衛、蔣中正諸人之作。正因為要包納民初，所以課名選用「元首」而非「帝王」一語。

　　準備參考資料，孫、袁、徐、蔣諸人的詩作尚可從文集中覓得，校內的唐山書店甚至還在銷售汪氏《雙照樓詩詞稿》的影印木刻本，唯是段祺瑞《正道居集》無從訪得。我向未來系主任段昌國教授打聽此書，段老師說他的叔父曾經有一種鈔本，但辭世後卻不知去

向，令人扼腕。因此，我僅能由錢仲聯《清詩紀事》中過錄一二段氏之作，聊備同學采覽而已。不過，我一直未曾遺忘尋訪段集之事。直到 2014 年，在上海圖書館梁穎先生慨然協助下覓得段祺瑞諸集，隨即撰寫了一篇題為〈段祺瑞《正道居集》之感世宗旨探論〉的論文。翌年 6 月，我先後參加香港中文大學第一屆「風雅傳承：民初以來舊體文學國際學術研討會」（3 日至 5 日）及臺南成功大學第一屆「『從誤讀、流變、對話到創意』國際學術研討會」（12 日），遂將該文分成兩篇，依次宣讀。在與會先進鼓勵下，復以五年時間帶引臺港兩地一批研究生和本科生為段集輯佚、作註。2019 年 4 月，吳儀鳳教授相約於 25 日到花蓮東華大學發表題為〈古典北洋：談段祺瑞的舊體詩文〉的演講。2020 年 3 月，《段祺瑞正道居詩文註解》終於正式出版，邀得段昌國、王漢國兩位老師賜序，無任榮幸。

原本以為《正道居詩文註解》一旦出版，長達十餘年的因緣也就告一段落。想不到 2016 年起，陸續在舊期刊和拍賣網站上發現不少曹錕的書畫。其中令人驚艷的一部題為「曹錕梅花詩自詠一百首」的冊頁，乃曹氏親筆書贈葉恭綽之作。由此我才知道，原來曹錕晚年非僅如幾部傳記所言那般修禪學、習書畫，更從事吟詠，而最為常見的詩作為墨梅題詠，往往在畫畢一幅墨梅後便題詠一首七絕，是即所謂「梅花禪」。曹氏致贈葉恭綽的冊頁，就是集錄一百首題詠而成。觀其書法為圓潤的顏體，然筆力視早前作品為弱，且偶有錯字，由此益可知非秘書幕僚所為。這一筆罕見的新資料，我認為頗值得研究。北洋時代的七位正式元首中，袁、徐、段的詩集是有案可稽的。但袁氏不以吟詠著稱，洹村酬唱猶在宣統之世；徐氏詩作達六千餘首，卻難以知人論世，竊以為皆不易入手。因此，曹錕詩文的發現於我而言真可謂一大驚喜——以四人作品為中心作通盤研究，視野無疑更為完足，且大抵能構築起一本小書的篇幅。

恰好 2018 年冬，漢珍數位圖書公司朱小瑄董事長邀我參加來年 2 月 13 日臺北書展的「近代圖文敘事研討會」，就北洋政要的詩文作

一報告。於是，我將報告題目定為〈感世與自適：北洋元首詩淺說〉，和各位與會者討論袁、徐、段、曹四人的詩文，這也為本書今天的出版埋下了伏筆。（日後，我又在香港中文大學中文系「文德徽猷學術演講系列」〔2022 年 4 月 29 日〕、新亞書院通識教育導論講座〔2022 年 11 月 18 日〕等處就此主題再作演講，其內容則因應研究進度及聽眾背景而有所調整。猶記演講完畢後，曾口占七絕曰：「弘文未得安弘道，利國無從說利身。齊物還須犬羊韇，何勞炳蔚誤真淳。」）臺北書展後，着手撰寫與曹錕詩文相關的論文。這時，蒙佛光大學蕭麗華院長厚愛，邀我於暑假前往澳洲南天大學參加首屆「『人間佛教』暨『中國佛教文學』國際學術研討會」（7 月 9 日）；與此同時，香港中文大學嚴志雄師兄主持的中國古典詩學研究中心舉辦「『新文化史』視野下的明清、民國文學研究——反思與前行」國際學術論壇（5 月 27 日至 28 日），也讓我參加。恭敬不如從命，遂藉此良機撰成〈曹

香港中大中文系「文德徽猷」講座海報

錕《梅花詩自詠一百首》初探〉及〈曹錕詩文所見仁論初探〉二文，先後與會宣讀。7 月末，研修假期結束返港，隨即整合兩篇論文，仍題為〈曹錕詩文所見仁論初探〉。長春蕭蒙兄讀到此文，甚為垂青，於是推薦刊登於他主編的《關東學刊》。

　　2019 年 11 月底，香港正值多事之秋，學校停課已超過兩週。此時收到《關東學刊》樣刊，差可寬慰，當日曾作詩鐘兩聯，以誌此事。其一曰：「梅竹臨冬唯我契，桑榆未晚復誰知。」其二曰：「一痕菩影生禪喜，數點梅香悟復爻。」可嘆的是步入 12 月，新冠疫情爆發。2020 年春節剛過、一元復始之時，所有課程改為網上進行。此後居家避疫的那三個月裏，窗外的春陽顯得如此溫煦可愛，卻又如此遙不可及。為了不負韶光，我先草成《倉央嘉措舊體譯述研究》的書稿，然後馬不停蹄以袁、徐詩作為主題，撰成了兩篇論文。這段朝九晚九的日子裏，幾乎每晚都精疲力竭，翌日一早又滿懷興奮、踴躍敲鍵而不知分秒之流逝。完成〈袁世凱的洹村酬唱因緣〉一文初稿後依然亢奮，毫無休息的念頭，索性立刻開始〈徐世昌丁巳和陶詩芻議〉的寫作……

　　無巧不成書。二文完稿未幾，城大崔文東兄告知天津社科院文學所將於當年 10 月舉行「徵獻長存——徐世昌與中國近代學術研討會」，我於是冒昧投稿。會議籌備人孫愛霞教授正是洋洋一百二十四冊「徐世昌文獻輯刊」的主編，她寓目拙文後非常高興，謂這是與會論文中唯一關於徐氏文學之作。此後由於疫情及其他原因，該會議延期一年，改由問津書院、河北大學出版社與保定國學學會於 2021 年 5 月 29 日聯合主辦。當時香港與內地尚在隔絕，我只好選擇以線上形式宣讀了拙文。2022 年 11 月，此文經修訂後刊登於臺灣《華人前瞻研究》18 卷 2 期。

　　〈袁世凱的洹村酬唱因緣〉一章撰寫及發表情況較為複雜。此章達五萬餘字，實際上是由四篇較短的論文糅合而成。第一篇為〈袁世凱洹村酬唱詩之文本載體初探〉，刊登於《南山有栲：楊松年教授八

秩華誕祝壽論文集》（龔鵬程主編，河北教育出版社，2021 年）。第
二篇為〈世出世間輪轉回：袁世凱〈自題漁舟寫真四首〉的自我塑
造〉，先宣讀於「2020 韓國中國學研究與漢語教學國際學術研討會暨
在韓中國教授學會第二十一屆全體會議」（10 月 31 日），經修訂後應
潘承玉教授之邀，刊登於《紹興文理學院學報》41 卷 7 期（2021 年
7 月）。第三篇為〈煙蓑雨笠一漁舟：袁世凱的洹村酬唱因緣〉，宣
讀於香港樹仁大學中國語言文學系、北京師範大學文學院合辦「中
國文學『典律化』流變的反思國際研討會」（2021 年 10 月 23 日至 24
日），經修訂後刊登於《中國文學學報》第十二期（2022 年 6 月）。
至 2022 年下半年訪問浙江大學、旅居桐廬舒羽山房之際，蒙北京大
學胡琦兄代為掃描《近代史所藏清代名人稿本抄本》第三輯中的「袁
世凱檔」（此叢書至今未見香港大專館藏），其中包括袁克定所編《洹
村逸興》及另外五頁袁世凱謄鈔詩稿的影印本。這份資料既印證了我
對袁世凱詩作撰編過程及版本的某些猜測，也令我得以糾正前此的某
些謬誤。修訂舊稿後，又撰成〈質實與潤色：論新見袁世凱詩稿之批
點〉。承李萌博士相邀，將於 2023 年 5 月 24 日於香港理工大學孔子
學院就此主題作專題演講。另外，此文也將登載於香港文學館最新一
期《方圓》專刊 2023 年夏季號。再者，對於袁世凱酬唱的整體論述，
則蒙「城中讀書會」創辦人梁卓恩律師與中大通識中心李行德教授垂
青，於 2023 年 1 月 20 日舉行一次講座，題為〈袁世凱的洹村酬唱因
緣與清末政局〉。在此章撰寫過程中，臺北蕭錦鴻先生曾慨然讓我試
用「袁世凱史料彙編」全文檢索系統，甚為感激。

　　在臺灣、香港幾度以北洋元首詩文為主題作演講，也促成了本
書綜論和餘論的撰寫。綜論完成初稿後，在黎志添教授獎掖下刊登
於香港中文大學《中國文化研究所通訊》2022 年 3 月號。當時曾口
占一聯曰：「赤子其心，漫經成住壞空事；青山多媚，懶辨東南西北
洋。」稍後還有一些補充想法，故連綴成一短文，題為〈滔滔江漢
映卿雲——試談北洋元首任內的詩作〉，刊載於《國文天地》第 451

期（2022 年 12 月）。本書綜論，便是融合上述二文而成。至於餘論部分，將收錄於《華人前瞻研究》第 19 卷第 1 期（2023 年 5 月）。附錄方面，則簡介如下：袁世凱酬唱詩作的版本甚多，各本所收篇目每有出入，文字亦或有不同處。因此，附錄一〈新輯《洹村酬唱》〉盡量蒐集各種版本，加以比勘，力圖呈現此書最完整的面貌。附錄二為〈徐世昌丁巳和陶詩〉，僅迻錄《水竹邨人詩集》中的三十一首和陶之作，以便讀者檢閱。附錄三為〈段祺瑞佚文補輯〉。《正道居詩文註解》付梓後，又發現段氏文、聯八題。故將這些佚文輯錄於此，以備《詩文註解》日後增訂再版時納入，並誌「補過」之意。附錄四為〈曹錕詩文輯錄〉。曹氏名下的詩文，雖見於其所編《仁智林叢刊》及書畫作品，但從未結集。在本書資料蒐集的過程中，我迄今共檢得其詩文作品共一百八十餘篇（不計公文電報）。職是之故，遂藉此良機編成此錄，俾讀者一窺曹氏文翰之概貌。

　　本書主體大抵於 2022 年暑假脫稿，但仍有不少地方尚待收拾。此時剛好收到藝術發展局通知，書稿獲得資助，由香港中華書局出版。當年下半年又逢研修假期，前往浙江大學傳媒及國際文化學院，原計劃於訪浙期間完成一種關於《詩經》的書稿，並將本書及《倉央嘉措舊體譯述研究》加以修訂。但正因如此，本書也未必趕得及於年內梓行，遂與黎耀強副總總編輯商議，將出版時間延至 2023 年春夏。2022 年 9 月中旬抵浙後，承蒙江弱水師兄一家在疫情間多有照拂，至 10 月底順利完成《詩國晨曦：古今風雅話《詩經》》。11 月的公開活動甚多，僅能就新見袁氏詩稿草成論文一篇。12 月初返港，繼續修訂書稿，並補寫餘論部分，同時邀請何文匯教授、段昌國教授為拙著賜序。近日先後收到兩位老師的大序，也正是書稿完成全部修訂之時。書稿雖撰寫多時，但紕繆之處在所難免，還望大雅君子多多賜正，以備日後修正！

　　行文至此，謹向關懷、協助此書問世的師友們致以謝忱。他們包括了：潘美月老師、曾永義老師、吳宏一老師、楊松年老師、何文

匯老師、黃德偉老師、黃維樑老師、段昌國老師、黃啟江老師、張高
評老師、王偉勇老師、朱國藩博士、蕭麗華教授、車行健教授、吳儀
鳳教授、劉國威教授、嚴志雄教授、范宜如教授、江弱水教授、舒羽
女士、周興陸教授、李行德教授、梁卓恩律師、黎志添教授、劉繼峰
先生、梁穎先生、朱小瑄董事長、黎耀強先生、胡文輝先生、孫愛霞
教授、王振良先生、蕭振豪教授、胡琦教授、崔文東教授、蕭錦鴻先
生、謝小萌先生、鄧小樺女士、林彥廷博士、南江濤博士、楊悅庭博
士、楊月英博士、方穎聰博士、李萌博士、徐鼎鼎博士、廖宜家女
士、香婷婷女士、王晟宇先生、黃懷訢同學、李小妮同學以及在韓中
國教授學會、港中大中文系、中大新亞書院、中大中國文化研究所、
中大通識教育部、樹仁大學、佛光大學、《國文天地》、「城中讀書會」
同仁。大家的支持與鼓勵，當時刻銘記於心。

　　這次封面設計，以舊藏袁、徐、段、曹四人之紀念幣為主題。
記得 2017 年時，曾以幾近打油之七律分詠四幣。茲不揣譾陋，迻錄
於茲聊作呼應，並博讀者一哂：

　　　　〈袁世凱洪憲飛龍紀念幣〉
　　　　袁公千古作春聯。民國中華祝萬年。
　　　　兩個文明誰落後，八秋抗戰要推前。
　　　　終身皇帝輪流做，小眾選單循例填。
　　　　約法籌安君莫問，北洋遺產數銀圓。

　　　　〈徐世昌仁壽同登紀念幣〉
　　　　洪憲官封國務卿。位居嵩友奈皇清。
　　　　著書博論稱歐戰，選韻勝朝標晚晴。
　　　　遙愧武夫多識字，近觀文治率耽名。
　　　　貳臣篇幅應盈傳，遑向狐狸嘲水晶。

〈曹錕憲法成立紀念幣〉

文曹錕復武曹錕。燕尾戎衣總至尊。

饒舌毋庸辨馮段，轉睛何處有袁孫。

易旆自古都漫度，行憲而今莫細論。

槍彈爭如銀彈好，畫梅還索向津門。

〈段祺瑞執政就職紀念幣〉

新裝燕尾解戎衣。白髮蒼顏事已非。

直皖大防決何早，孫袁正統辨無違。

黎菩薩本泥菩薩，段合肥承李合肥。

南下豈悲三一八，最憐五色慶雲旂。

　　至2022年3月系上「文德徽猷」講座後，復謅一律。亦迻錄於下，以收結拙文：

小人為狀亦能風。君子休憐似轉蓬。

舊錦灰間刀筆絕，新華夢裡古今同。

說文還識止戈武，履道漫占山水蒙。

詩教微言皆已盡，猶將盛德美形容。

陳煒舜謹識於烏溪沙壹言齋

二〇二三年三月三日

責任編輯：黎耀強
裝幀設計：簡雋盈
排　版：陳美連
印　務：劉漢舉

香港藝術發展局全力支持藝術表達自由，
本計劃內容並不反映本局意見。

感世與自適：北洋元首的文學場域

□
著者
陳煒舜

□
出版
中華書局（香港）有限公司
香港北角英皇道 499 號北角工業大廈一樓 B
電話：(852) 2137 2338　傳真：(852) 2713 8202
電子郵件：info@chunghwabook.com.hk
網址：http://www.chunghwabook.com.hk

□
發行
香港聯合書刊物流有限公司
香港新界荃灣德士古道 220 - 248 號
荃灣工業中心 16 樓
電話：(852) 2150 2100　傳真：(852) 2407 3062
電子郵件：info@suplogistics.com.hk

□
版次
2023 年 6 月
© 2023 中華書局（香港）有限公司

□
規格
特 16 開（230 mm×170 mm）

□
ISBN：978-988-8809-97-4